UNIVERSITÁRIO

Processo Penal

ASPETOS GERAIS; SUJEITOS E PARTICIPANTES PROCESSUAIS;
PROCESSO COMUM E PROCESSOS ESPECIAIS; MEDIDAS DE COAÇÃO E DE GARANTIA PATRIMONIAL

Rui Soares Pereira • João Gouveia de Caires

ALMEDINA

Processo Penal

Processo Penal

ASPETOS GERAIS; SUJEITOS E PARTICIPANTES PROCESSUAIS; PROCESSO COMUM E PROCESSOS ESPECIAIS; MEDIDAS DE COAÇÃO E DE GARANTIA PATRIMONIAL

2023

Rui Soares Pereira
Professor Auxiliar da Faculdade de Direito da Universidade de Lisboa
e Professor Auxiliar convidado da Academia Militar. Jurisconsulto

João Gouveia de Caires
Assistente Convidado da Faculdade de Direito da Universidade de Lisboa
e da Academia Militar. Jurisconsulto

ALMEDINA

PROCESSO PENAL
Aspetos gerais; sujeitos e participantes processuais; processo comum e processos especiais; medidas de coação e de garantia patrimonial
AUTORES
Rui Soares Pereira
João Gouveia de Caires
EDITOR
EDIÇÕES ALMEDINA, S.A.
Avenida Emídio Navarro, 81, 3D
3000-151 Coimbra
Tel.: 239 851 904 · Fax: 239 851 901
www.almedina.net · editora@almedina.net
DESIGN DE CAPA
FBA.
PRÉ-IMPRESSÃO
EDIÇÕES ALMEDINA, S.A.

Fevereiro, 2023

ISBN
978-989-40-1072-2

DEPÓSITO LEGAL

ALMEDINA | GRUPOALMEDINA

SIGLAS E ABREVIATURAS

AAFDL	– Associação Académica da Faculdade de Direito da Universidade de Lisboa
Ac.(s)	– acórdão(s)
al.	– alínea
als.	– alíneas
AR	– Assembleia da República
art.	– artigo
arts.	– artigos
ASAE	– Autoridade de Segurança Alimentar e Económica
AT	– Autoridade Tributária
CC	– Código Civil
cfr.	– confronte; conferir
CMVM	– Comissão do Mercado de Valores Mobiliários
CP	– Código Penal
CPC	– Código de Processo Civil
CPP	– Código de Processo Penal
CRP	– Constituição da República Portuguesa
FDUL	– Faculdade de Direito da Universidade de Lisboa
GNR	– Guarda Nacional Republicana
IGAMAOT	– Inspeção-Geral da Agricultura, do Mar, do Ambiente e do Ordenamento do Território
JI	– Juiz de Instrução
LA	– Lei Antiga
LN	– Lei Nova
LOIC	– Lei de Organização da Investigação Criminal, aprovada pela Lei nº 49/2008, de 27 de agosto

LOSJ	– Lei Orgânica do Sistema Judiciário, aprovada pela Lei nº 62/2013, de 26 de agosto
MP	– Ministério Público
nº(s)	– número(s)
OPC	– órgão de polícia criminal
p.	– página
pp.	– páginas
PGR	– Procurador-Geral da República/Procuradoria-Geral da República
PJ	– Polícia Judiciária
PJM	– Polícia Judiciária Militar
PR	– Presidente da República
PSP	– Polícia de Segurança Pública
RGIT	– Regime Geral das Infrações Tributária, aprovado pela Lei nº 15/2001, de 5 de junho
SEF	– Serviço de Estrangeiros e Fronteiras
STJ	– Supremo Tribunal de Justiça
TC	– Tribunal Constitucional
TEDH	– Tribunal Europeu dos Direitos Humanos
TFUE	– Tratado sobre o Funcionamento da União Europeia
TIR	– Termo de Identidade e Residência
TJUE	– Tribunal de Justiça da União Europeia
TRE	– Tribunal da Relação de Évora
TRC	– Tribunal da Relação de Coimbra
TRG	– Tribunal da Relação de Guimarães
TRL	– Tribunal da Relação de Lisboa
TRP	– Tribunal da Relação do Porto

NOTA PRÉVIA

A presente obra corresponde ao desenvolvimento do conteúdo das aulas de Direito Processual Penal ministradas aos cadetes da Guarda Nacional Republicana (GNR) do 4º ano do Curso de Mestrado Integrado em Ciências Militares, na Especialidade de Segurança, da Academia Militar, e também aos alunos dos Cursos de Licenciatura, de Mestrado e de Doutoramento da Faculdade de Direito da Universidade de Lisboa (FDUL).

No ano letivo de 2017/2018, foi confiada ao primeiro signatário a regência daquela unidade curricular, com natureza semestral, na Academia Militar. Com a colaboração do segundo signatário desde o ano letivo de 2019/2020, vêm sendo transmitidos aos cadetes da GNR os conhecimentos habitualmente considerados fundamentais para a formação de qualquer jurista no domínio do Direito Processual Penal. Têm também os signatários procurado propiciar aos cadetes as ferramentas que lhes permitam prosseguir nos estudos e aprofundar matérias relacionadas com aquele ramo do direito, em particular questões relativas a medidas cautelares e de polícia, bem como à investigação criminal e à prova penal. Para o efeito, os signatários vêm também aproveitando a experiência docente adquirida e fazendo uso dos materiais que recolheram e prepararam ao longo de vários anos nos Cursos de Licenciatura, de Mestrado e de Doutoramento na FDUL.

O grau de exigência que vem sendo adotado no ensino e avaliação da unidade curricular de Direito Processual Penal na Academia Militar não destoa do seguido na FDUL. Os signatários têm fornecido aos cadetes da GNR materiais de estudo em tudo equivalentes aos utilizados no Curso de Licenciatura da FDUL e, por vezes, disponibilizando ainda materiais específicos, habitualmente utilizados também nos Cursos de Mestrado (em Direito e Prática Jurídica e em Ciências Jurídicas) e de Doutoramento da FDUL.

Ao ensino ministrado na Academia Militar, de pendor teórico-prático, têm servido de base as Lições de Direito Processual Penal, da autoria do Professor Paulo de Sousa Mendes[1], uma obra de referência no panorama jurídico português, publicada pela editora Almedina em 2013 e que conta já com 9 reimpressões. Têm sido também utilizados os elementos de estudo preparados, sob a sua regência e com o contributo das diferentes equipas de colaboradores (das quais os signatários também fazem ou fizeram parte), para os alunos do 4º ano do Curso de Licenciatura da FDUL, Dia e Noite, publicados pela editora AAFDL, em 2009 (1ª edição) e, mais recentemente, em 2020 (2ª edição), bem como a coletânea contendo a legislação e jurisprudência relevantes para o ensino da unidade curricular de Direito Processual Penal, frequentemente atualizada[2].

As Lições e os elementos de estudo acima referidos têm facilitado a tarefa dos signatários na preparação dos cadetes da GNR no que respeita ao Direito Processual Penal. Porém, a experiência docente de mais 5 anos letivos consecutivos revelou a utilidade, não apenas de chamar a atenção para os desenvolvimentos mais recentes em matéria de prova penal e de proibições de prova[3] e acerca da utilização de novas tecnologias e de sistemas de inteligência artificial (ou sistemas autónomos)[4], mas de se proceder a um ajuste dos temas, que implicou da parte dos signatários repensar o desenvolvimento de algumas matérias e introduzir modificações nos próprios conteúdos do Direito Processual Penal, bem como a necessidade de se pro-

[1] Paulo de Sousa Mendes, *Lições de Direito Processual Penal*, Coimbra: Almedina, 2013.

[2] *Código de Processo penal e Legislação complementar*, 12ª ed. (coord. Augusto Silva Dias, João Gouveia de Caires, Vânia Costa Ramos e Catarina Abegão Alves), Lisboa: AAFDL, 2022.

[3] AA.VV., *Prova Penal Teórica e Prática* (coord. Paulo de Sousa Mendes e Rui Soares Pereira), Coimbra: Almedina, 2019; AA.VV., *Novos Desafios da Prova Penal* (coord. Paulo de Sousa Mendes e Rui Soares Pereira), Coimbra: Almedina, 2020; Paulo de Sousa Mendes, "A privacidade digital posta à prova no processo penal", in *RMP*, 165 (Jan.-Mar. 2021), pp. 109-143; AA.VV., *Novos Desafios da Prova Penal* (coord. Paulo de Sousa Mendes e Rui Soares Pereira), vol. 2, Coimbra: Almedina, 2023.

[4] Com algumas reflexões no domínio sancionatório e penal, cfr. Paulo de Sousa Mendes, "Uma nota sobre Inteligência Artificial aplicada ao Direito e sua regulação", in *RFDUL*, 63, nºs 1 e 2 (2022), pp. 791-813", e Rui Soares Pereira, "Sobre o uso de sistemas de identificação biométrica (e de tecnologias de reconhecimento facial) para fins de segurança pública e de aplicação coerciva da lei: reflexões a propósito da proposta de regulamento europeu sobre a inteligência artificial", in *RFDUL*, 63, nºs 1 e 2 (2022), pp. 839-865.

mover uma adaptação do ensino desta unidade curricular às especificidades do plano de estudos do Curso de Mestrado Integrado em Ciências Militares em vigor na Academia Militar e às necessidades de aprendizagem teórica e prática dos cadetes da GNR que o frequentam.

A presente obra reflete esse ajuste e essa adaptação, tendo como destinatários privilegiados (ainda que não exclusivos) os cadetes da GNR do 4º ano do Curso de Mestrado Integrado em Ciências Militares, na Especialidade de Segurança, e procura também dar satisfação à procura por parte dos alunos dos Cursos de Licenciatura, de Mestrado e de Doutoramento da FDUL de mais elementos de Direito Processual Penal.

Opta-se por indicar a bibliografia essencial e, sempre que possível, por se proceder a uma seleção da jurisprudência mais relevante em relação a cada tema. Pese embora a importância inequívoca do Direito Comparado, a indicação bibliográfica cinge-se à doutrina portuguesa e a da jurisprudência centra-se nos tribunais superiores (STJ e Relações) e no TC, bem como na do TEDH e do TJUE.

Para além de fornecer aos cadetes e alunos um ponto de referência atualizado para o estudo da unidade curricular, esperam os signatários conseguir dar, através da presente obra, o seu contributo para o estudo e desenvolvimento do Direito Processual Penal.

Lisboa, 7 de dezembro de 2022

RUI SOARES PEREIRA
JOÃO GOUVEIA DE CAIRES

PARTE I

ASPETOS GERAIS SOBRE O PROCESSO PENAL E A LEI PROCESSUAL PENAL

Capítulo I
A estrutura do processo penal e a Constituição Processual Penal

Sumário: 1. Breve enquadramento histórico; 2. As dúvidas sobre a atribuição da titularidade ao MP; 3. A questão da compatibilidade com a estrutura acusatória da promoção pelo MP nos termos do art. 16º, nº 3 do CPP

Bibliografia escolhida: Paulo de Sousa Mendes, *Lições de Direito Processual Penal*, Coimbra: Almedina, 2013, pp. 21-49; Maria João Antunes, *Direito Processual Penal*, 3ª ed., Coimbra: Almedina, 2021, pp. 21-27; Germano Marques da Silva, *Direito Processual Penal Português*, vol. 1, 2ª ed., Lisboa: Universidade Católica Editora, 2017, pp. 60-61 e 186-189; Paulo Dá Mesquita, *Direcção do Inquérito Penal e Garantia Judiciária*, Coimbra: Coimbra Editora, 2003; Rui Pinheiro/Artur Maurício, *A Constituição e o Processo Penal*, Coimbra: Coimbra Editora, 1976 (reimpressão, 2007), pp. 27-61; Jorge de Figueiredo Dias, *Direito Processual Penal*, I, Coimbra: Coimbra Editora, 1974 (reimpressão, 2004), pp. 239-300.

Jurisprudência escolhida: Ac. TC nº 7/87, de 09.01.1987, Proc. 302/86 (Mário Brito); Ac. TC nº 23/90, de 31.01.1990, Proc. 180/90 (Tavares da Costa); Ac. TC nº 265/95, de 30.05.1995, Proc. 182/95 (Ribeiro Mendes); Ac. TC nº 517/96, de 28.03.1996, Proc. 204/96 (Fernanda Palma); Ac. TC nº 694/96, de 21.05.1996, Proc. 461/96 (Bravo Serra).

1. Breve enquadramento histórico[5]

1.1. A Lei de Autorização Legislativa nº 43/86, de 26 de setembro

O CPP foi aprovado na sequência da Lei de Autorização Legislativa nº 43/86, de 26 de setembro, que concedeu autorização ao Governo para aprovar um novo Código de Processo Penal e revogar a legislação vigente sobre essa matéria.

Para além de se dispor que o CPP a elaborar teria de observar os princípios constitucionais e as normas constantes de instrumentos internacionais relativos aos direitos da pessoa humana e ao processo penal a que Portugal se encontrava vinculado (art. 2º, nº 1), a Lei de Autorização fixou de forma detalhada (em 81 pontos) o sentido e a extensão da autorização concedida (art. 2º, nº 2). Várias das soluções consagradas no CPP devem ser interpretadas e podem ser criticamente analisadas tomando em consideração o sentido e a extensão fixados pela AR.

No diploma autorizativo manifestaram-se preocupações com: (i) a adoção pelo Governo das providências organizativas, técnicas e financeiras necessárias à mais célere entrada em vigor do novo CPP compatível com o normal funcionamento das instituições judiciárias (art. 4º, nº 1); (ii) os processos pendentes nos tribunais de instrução criminal que deveriam prosseguir aí os seus termos até conclusão da instrução (art. 5º, nº 1); (iii) a publicação prévia da respetiva legislação complementar, nomeadamente sobre o quadro próprio de funcionários do MP e demais meios necessários à efetivação das respetivas competências, o regime do júri, o regime das perícias médico-legais; (iv) a organização e funcionamento da PJ, a orgânica dos tribunais judiciais e a garantia do acesso ao direito e aos tribunais (art. 6º, nº 1); (v) a relevância da articulação com a revisão da parte especial do CP (art. 7º).

1.2. O reenvio para fiscalização preventiva de constitucionalidade

Na sequência do envio do CPP para promulgação, foram suscitadas algumas dúvidas acerca da sua eventual desconformidade com a CRP.

Desde logo, dúvidas em relação à solução de atribuir a titularidade da fase de inquérito ao MP (art. 263º, nº 1 do CPP), em face do disposto no art. 32º, nº 4 da CRP, que dispõe que *"toda a instrução é da competên-*

[5] Com maior desenvolvimento, cfr. PAULO DE SOUSA MENDES, *Lições de Direito Processual Penal*, Coimbra: Almedina, 2013, pp. 25 e ss.

cia de um juiz, o qual pode, nos termos da lei, delegar noutras entidades a prática dos actos instrutórios que se não prendam directamente com os direitos fundamentais".

Para além disso, suscitaram-se outras dúvidas acerca: (i) do carácter facultativo da instrução (art. 286º, nº 2 do CPP); (ii) da competência dos OPC para realizar diligências e investigações durante o inquérito (art. 270º, nº 1 do CPP); (iii) da suspensão provisória do processo, em virtude de a decisão competir ao MP e não ao juiz de instrução, sendo certo que à data não se previa – como atualmente sucede – a obrigatoriedade de concordância do juiz de instrução (art. 281º do CPP).

Tais dúvidas foram manifestadas pelo então PR, em requerimento dirigido ao TC para fiscalização preventiva da constitucionalidade de várias normas contidas no CPP.

1.3. O Acórdão do TC nº 7/87

As dúvidas do PR deram azo à prolação do Ac. TC nº 7/87[6].

Este aresto não julgou inconstitucional a solução de atribuição da titularidade do inquérito ao MP, mas a decisão conta com votos de vencido, em particular do então Conselheiro Vital Moreira, que adotou uma posição crítica bastante contundente em relação à solução maioritária que fez vencimento no sentido do juízo de não inconstitucionalidade. No essencial considerou Vital Moreira no seu voto de vencido que: (i) quando a CRP determinou que *"toda a instrução é da competência de um juiz"*, quis sem qualquer dúvida dizer que a instrução, que até aí não era da responsabilidade de um juiz, passava a sê-lo; (ii) quando da revisão constitucional de 1982, existiram propostas no sentido de alterar aquela regra constitucional, mas que não lograram aprovação; (iii) se a CRP utilizou o conceito de instrução para abranger *"toda a instrução"* (isto é, na nomenclatura anteriormente vigente, não apenas a *"instrução contraditória"*, mas também a *"instrução preparatória"*), o legislador ordinário não é livre de rebatizar de "inquérito" a antiga instrução preparatória para assim a furtar à competência do juiz, tanto mais que a definição de inquérito dada no art. 262º do CPP não é mais do que uma reprodução da definição que o Decreto-Lei nº 35 007 dava do conceito global de instrução; (iv) ser ou não ser a instrução da competência apenas do juiz não

[6] Ac. TC nº 7/87, de 09.01.1987, Proc. 302/86 (Mário Brito).

é questão de somenos sob o ponto de vista constitucional, pois figura entre as *"garantias do processo criminal"* e, consequentemente, integra o elenco dos direitos, e garantias pessoais dos cidadãos; (v) embora possam existir estimáveis argumentos a favor do modelo previsto no CPP, não é admissível legislar enquanto a proibição constitucional não for afastada pelas vias apropriadas.

Para além de não julgar inconstitucional a atribuição da titularidade do inquérito ao MP, o referido acórdão também não julgou inconstitucional o carácter facultativo da instrução, nem a delegação de competências do MP nos OPC. Já em relação à suspensão provisória do processo decidida apenas pelo MP, o TC julgou a solução inconstitucional, por entender que a suspensão poderia implicar a imposição de injunções e regras de conduta que se assemelhavam a penas.

1.4. O CPP de 1987 e as principais alterações

A entrada em vigor do CPP, inicialmente pensada para 01.06.1987 (art. 7º do Decreto-Lei nº 78/87, de 17 de fevereiro), foi deferida para 01.01.1988 pela Lei nº 17/87, de 1 de junho.

Embora goze de alguma longevidade e a doutrina sublinhe que não terá ocorrido qualquer desvirtuação de essência (Faria Costa[7]) ou desfiguração (Paulo de Sousa Mendes[8]), a verdade é que o CPP já foi objeto de 42 alterações em 35 anos de vigência.

Em média, ter-se-á verificado mais do que uma alteração por ano. As alterações têm sido frequentes. Nos últimos 4 anos o CPP foi alterado 9 vezes: 4 alterações em 2019, 1 alteração em 2020, 3 alterações em 2021 e 1 alteração em 2022.

Algumas das alterações mais relevantes ao CPP saldam-se em verdadeiras revisões próximas de reformas[9], outras representam sobretudo aperfei-

[7] José de Faria Costa, "Os códigos e a mesmidade: o Código de Processo Penal de 1987", in *Que futuro para o direito processual penal? – Simpósio em Homenagem a Jorge de Figueiredo Dias, por ocasião dos 20 anos do Código de Processo Penal Português*, Coimbra: Coimbra Editora, 2009, pp. 441-459 (445).

[8] Paulo de Sousa Mendes, *Lições de Direito Processual Penal*, Coimbra: Almedina, 2013, p. 41.

[9] Adotando, porém, um sentido mais restritivo da noção de reforma, escreve Jorge de Figueiredo Dias, "Por onde vai o processo penal português: por estradas ou por veredas?", in *As conferências do Centro de Estudos Judiciários* (coord. António Pedro Barbas Homem),

çoamentos. Pela sua maior importância justifica-se sublinhar alguma dessas alterações, mas sem que tal signifique desvalorizar as restantes alterações.

1.4.1. A reforma de 1998

A reforma de 1998, aprovada pela Lei nº 59/98, de 25 de agosto, assume importância a vários níveis.

Por um lado, alterou o regime da alteração da qualificação jurídica no julgamento, submetendo-o ao regime da alteração não substancial de factos (art. 358º, nº 3 do CPP), depois acompanhado de idêntica alteração no domínio da instrução pela Lei nº 48/2007, de 29 de agosto (art. 303º, nº 5 do CPP).

Por outro lado, modificou o regime dos impedimentos constante dos arts. 39º a 42º do CPP, aditando várias situações de impedimento.

Por fim, procedeu à introdução de uma nova forma de processo especial: o processo abreviado, que passou a figurar nos arts. 391º-A a 391º-G do CPP, ou seja, intercalado entre o processo sumário e o processo sumaríssimo.

1.4.2. As reformas de 2007 e de 2010

A Lei nº 48/2007, de 29 de agosto, conduziu a uma profunda reforma do CPP, tendo sido: (i) reforçada a proteção da vítima (em virtude da necessidade de transposição de diretivas europeias); (ii) ampliadas as garantias do arguido; (iii) reforçados os poderes do MP; (iv) realizadas precisões importantes no regime do objeto do processo; (v) alterado o paradigma do segredo de justiça no sentido da publicidade; (vi) modificado o regime da previsão preventiva; (vii) compatibilizado o regime das escutas telefónicas com diversas decisões do TC e procedendo-se também ao seu alinhamento com a jurisprudência do TEDH; (viii) alargado o âmbito do sumário; e (ix) alterado o regime dos recursos[10].

Coimbra: Almedina, 2014, pp. 49-88 (50-51), *"de uma* reforma *legislativa do processo penal julgo só dever falar-se quando se verifica a elaboração de um código novo, baseado num paradigma do direito processual penal e num modelo do processo anteriores diferentes; (....) Como merecerá ainda o nome de reforma a modificação de velhos códigos quando ela se traduza em alterações mais ou menos extensas, mas essenciais, de* princípios e orientações fundamentais *igualmente de índole político-criminal: (....) Tudo o resto constituirá não uma reforma, mas uma simples "revisão legislativa""*.

[10] Com desenvolvimento, cfr. PAULO DE SOUSA MENDES, *Lições de Direito Processual Penal*, Coimbra: Almedina, 2013, pp. 41-47. Em termos próximos, MARIA FERNANDA PALMA,

A uma tal reforma foi dada continuidade pela Lei nº 26/2010, de 30 de agosto, que introduziu vários ajustamentos no CPP na sequência da avaliação do impacto da revisão efetuada em 2007[11].

1.4.3. As reformas de 2013 e de 2015

O sentido mais garantístico da revisão de 2007, aperfeiçoado pela revisão de 2010, foi invertido pela Lei nº 20/2013, de 21 de fevereiro, que alterou várias normas do CPP[12].

Merecem particular destaque: (i) o alargamento significativo do âmbito do processo sumário (que viria a ser rejeitado pelo TC e depois repristinado pela Lei nº 1/2016, de 25 de fevereiro), com reflexos no reforço da competência do tribunal singular, e a alteração do regime do processo sumário (arts. 381º, 382º, 383º, 384º, 385º, 387º, 389º, 389º-A e 390º do CPP); (ii) as modificações ao regime do aproveitamento das declarações prestadas pelo arguido em fases anteriores ao julgamento (arts. 141º, nº 4, al. *b)* e 357º do CPP).

Em 2015 foram introduzidas diversas alterações ao CPP. Pela Lei nº 27/2015, de 14 de abril, surgiram limitações ao número de testemunhas arroladas na acusação do MP e do assistente (arts. 283º, 284º e 285º do CPP), restrições ao adiamento das audiências (art. 328º do CPP), reforço

"Linhas estruturais da reforma penal: problemas de aplicação da lei processual penal no tempo", in *O Direito*, 140, nº 1 (2008), pp. 9-21, sintetiza os seguintes traços da reforma de 2007, referindo que qualquer reforma do processo penal é sempre um parto difícil: (i) o reforço moderado da jurisdicionalização do processo penal; (ii) a intensificação da celeridade processual; (iii) a adequação à jurisprudência constitucional; (iv) a resposta à criminalidade organizada e ao terrorismo.

[11] Paulo de Sousa Mendes, *Lições de Direito Processual Penal*, Coimbra: Almedina, 2013, pp. 47-48. Sobre as linhas da reforma de 2010, referindo alterações transversais e alterações pontuais (no regime do segredo de justiça, na detenção e nas medidas de coação e nos processos especiais) e fazendo um balanço de continuidade em relação à revisão de 2007, nomeadamente no que se refere à proteção das vítimas, cfr. Inês Ferreira Leite, "As linhas gerais da reforma do CPP de 2010", in *Direito da investigação criminal e da prova* (coord. Maria Fernanda Palma *et al.*), Coimbra: Almedina, 2014, pp. 81-93.

[12] Paulo de Sousa Mendes, *Lições de Direito Processual Penal*, Coimbra: Almedina, 2013, pp. 48-49. Apreciando criticamente a reforma de 2013, na parte dos recursos, da valoração de declarações prestadas pelo arguido, da aplicação de medidas de coação e do julgamento sob forma sumária, cfr. José Damião da Cunha, "Aspetos da revisão de 2013 do CPP", in *Revista Portuguesa de Ciência Criminal*, 23, nº 2 (Abr.-Jun. 2013), pp. 237-278.

da documentação da audiência (art. 364º do CPP) e verificou-se a consagração do princípio da plenitude da assistência dos juízes (art. 328º-A do CPP). Já a Lei nº 58/2015, de 23 de junho, limitou-se a atualizar a definição de terrorismo constante do art. 1º, al. *i)* do CPP. Maior relevo terá assumido a Lei nº 130/2015, de 4 de setembro, ao aditar o art. 67º-A do CPP e ao aprovar o Estatuto da Vítima, transpondo a Diretiva 2012/29/UE do Parlamento Europeu e do Conselho, de 25 de outubro de 2012.

1.4.4. As reformas de 2021 e de 2022

As alterações legislativas continuam a suceder-se a bom ritmo. No ano de 2021 o CPP foi objeto de 3 alterações e já em 2022 foi objeto de mais 1 alteração.

Nem todas as alterações promovidas em 2021 assumem idêntica importância. A alteração promovida ao art. 67º-A do CPP pela Lei nº 57/2021, de 16 de agosto, teve em vista alargar a proteção das vítimas de violência doméstica. As alterações realizadas pela Lei nº 79/2021, de 24 de novembro, ao regime das escutas telefónicas (art. 187º, nº 2, al. *e)* do CPP) e ao regime da prisão preventiva (arts. 202º, nº 1, al. *d)* e 215º, nº 2, al. *c)* do CPP) justificam-se pela transposição da Diretiva 2019/713/UE do Parlamento Europeu e do Conselho, de 17 de abril de 2019, relativa ao combate à fraude e à contrafação de meios de pagamento que não em numerário. Por seu turno, a Lei nº 94/2021, de 21 de dezembro, que aprovou as medidas previstas na Estratégia Nacional Anticorrupção, alterou os arts. 24º, 30º, 40º, 57º, 58º, 59º, 61º, 64º, 68º, 79º, 86º, 89º, 107º, 113º, 133º, 134º, 174º, 194º, 196º, 197º, 199º, 200º, 204º, 225º, 227º, 228º, 264º, 281º, 282º, 283º, 287º, 291º, 297º, 312º, 313º, 335º, 342º, 344º, 364º, 391º-A, 392º, 400º, 432º, 434º, 499º e 508º, aditou os arts. 275º-A, 311º-A, 311º-B e 491º-B e revogou nº 3 do art. 313º, o art. 315º, a al. *a)* do nº 4 do art. 340º, o nº 3 do art. 364º e o nº 2 do art. 419º. Embora várias alterações constituam decorrência da atribuição de um estatuto processual à pessoa coletiva ou entidade equiparada arguida, outras alterações escapam a essa lógica, como é o caso do alargamento das situações de impedimento previstas nas als. *a)* e *b)* do nº 1 do art. 40º do CPP.

Em 2022, o CPP foi novamente alterado pela Lei nº 13/2022, de 1 de agosto, que entrou em vigor no dia seguinte ao da sua publicação. Foi dada nova redação aos arts. 40º, 57º, 107º, 196º, 268º, 311º-B, 312º, 418º, 419º, 425º, 429º e 435º e foi revogado o nº 9 do art. 57º. Para além de alterações no que respeita ao regime da constituição de arguido, estando em causa pessoa coletiva ou entidade equiparada, ao regime dos prazos processuais, ao regime da prestação de TIR por pessoa coletiva ou entidade equiparada, às competências reservadas ao juiz de instrução, a alguns aspetos dos regimes do julgamento e dos recursos, destaca-se a repristinação da redação dada às als. *a)* e *b)* do nº 1 do art. 40º do CPP antes da entrada em vigor da Lei nº 94/2021, de 21 de dezembro.

2. As dúvidas sobre a atribuição da titularidade da ação penal ao MP
No Ac. nº 7/87, o TC debruçou-se sobre a questão da atribuição da titularidade da ação penal ao MP, tendo a posição assumida sido reafirmada nos Acs. nºs 23/90[13], 517/96[14] e 694/96[15].

Vários dos argumentos que foram invocados pelo TC no Ac. nº 7/87 vão ao encontro da posição assumida por Figueiredo Dias[16]. Este já havia respondido às dúvidas sobre a conformidade constitucional da solução e reiterou-as perante as acusações de inconstitucionalidade em relação à solução consagrada no CPP de atribuição da direção do inquérito ao MP. No entender de Figueiredo Dias, o sentido jurídico-processual penal do termo "instrução" não estaria inscrito em qualquer "lei natural" ou "natureza das coisas", que permitisse decidir logo a partir dela o que é e o que não é instrução. Também não faria sentido tornar a instrução obrigatória. Careceria ainda de fundamento a crítica de perigosa "administrativização" do processo penal na fase anterior ao julgamento, pois não é pelo facto de o MP ter a direção da tarefa de investigação conducente à fundamentação da decisão de acusar ou de não acusar que perde a sua configuração jurídico-constitucional de magistratura autónoma. Por fim, a solução não esvaziaria de sentido e de conteúdo a função do juiz de instrução, sendo ao invés tal função reconduzida à sua dignidade jurídico-constitucional, consistente na prática de atos materialmente judiciais e não na de atos materialmente policiais.

[13] Ac. TC nº 23/90, de 31.01.1990, Proc. 180/90 (Tavares da Costa).

[14] Ac. TC nº 517/96, de 28.03.1996, Proc. 204/96 (Fernanda Palma).

[15] Ac. TC nº 694/96, de 21.05.1996, Proc. 461/96 (Bravo Serra).

[16] Jorge de Figueiredo Dias, "A Revisão Constitucional e o Processo Penal", in *A Revisão Constitucional, o Processo Penal e os Tribunais*, Lisboa, 1981, pp. 53 e ss. e 83 e ss.

Apesar do referido aresto e das tomadas de posição da doutrina em sentido favorável à solução (de Figueiredo Dias[17], Anabela Miranda Rodrigues[18], Souto de Moura[19] e mesmo de Germano Marques da Silva[20], que infletiu a sua posição inicial), a questão veio a ser retomada no Ac. TC nº 23/90[21]. Este acórdão também decidiu não julgar inconstitucional a norma do art. 263º, nº 1 do CPP (não apenas no confronto com o nº 4 do art. 32º, mas também com o nº 5 do mesmo artigo), embora mantendo um voto de vencido de Dinis Monteiro (por entender que as razões anteriormente invocadas contra aquando do Ac. nº 7/87 mantinham inteira validade, eventualmente acrescida após a Revisão Constitucional de 1989, e por considerar que as achegas entretanto agenciadas a favor do entendimento contrário padeceriam do vício de traduzirem não uma perspetiva constitucional da lei, mas e contrariamente, uma interpretação legal da Constituição). Não foi outra a solução adotada nos Acs. TC nºs 517/96, e 694/96[22], este último aresto contando com voto de vencido de Guilherme da Fonseca, quando apreciaram ambos os arestos a compatibilidade dos arts. 53º, nº 2, al. *b)* e 263º, nº 1 do CPP com o art. 32º, nº 4 da CRP.

Outros argumentos foram, entretanto, trabalhados e esgrimidos pela doutrina, nomeadamente por Paulo de Sousa Mendes[23], de modo a tentar justificar a atribuição da titularidade do inquérito ao MP de modo compatível com a CRP ou a reforçar os argumentos no sentido da não inconstitucionalidade.

[17] Reiterada em JORGE DE FIGUEIREDO DIAS, "Sobre os sujeitos processuais no novo código de processo penal", in *Jornadas de direito processual penal: o novo código de processo penal* (org. CEJ), Coimbra: Almedina, 1988, pp. 1-34 (23-25).

[18] ANABELA MIRANDA RODRIGUES, "O Inquérito no Novo Código de Processo Penal", in *Jornadas de direito processual penal: o novo código de processo penal* (org. CEJ), Coimbra: Almedina, 1988, pp. 59-79.

[19] JOSÉ SOUTO DE MOURA, "Inquérito e Instrução", in *Jornadas de direito processual penal: o novo código de processo penal* (org. CEJ) Coimbra: Almedina, 1988, pp. 83-145.

[20] GERMANO MARQUES DA SILVA, *Direito Processual Penal Português*, vol. 1, 2ª ed., Lisboa: Universidade Católica Editora, 2017, pp. 60-61.

[21] Ac. TC nº 23/90, de 31.01.1990, Proc. 180/90 (Tavares da Costa).

[22] Acs. TC nºs 517/96, de 28.03.1996, Proc. 204/96 (Fernanda Palma) e 694/96, de 21.05.1996, Proc. 461/96 (Bravo Serra).

[23] PAULO DE SOUSA MENDES, *Lições de Direito Processual Penal*, Coimbra: Almedina, 2013, pp. 38-41.

Em primeiro lugar, pode invocar-se um argumento de natureza teleológica estribado no próprio nº 4 do art. 32º da CRP. Tal argumento baseia-se na premissa de que a referência constante do nº 4 do art. 32º da CRP de que *"toda a instrução é da competência de um juiz"* não pode ser lida de forma desligada da teleologia decorrente da parte final do mesmo número ao se dispor que o juiz *"pode, nos termos da lei, delegar noutras entidades a prática dos actos instrutórios que se não prendam directamente com os direitos fundamentais"*. Nas palavras do Ac. TC nº 23/90, *"o nº 4 do artigo 32º da CRP prossegue a tutela de defesa dos direitos do cidadão no processo criminal e, nessa exacta medida, determina o monopólio pelo juiz da instrução, juiz-garante dos direitos fundamentais dos cidadãos («reserva do juiz»). Intervenção do juiz que vale – e só vale – no âmbito do núcleo da garantia constitucional"*. Assim, o que o nº 4 do art. 32º da CRP procura garantir é que os atos que contendem diretamente com direitos fundamentais sejam da competência de um juiz. Ora, tal exigência encontra-se satisfeita pelos arts. 268º e 269º do CPP ao se prever que os vários atos realizados no inquérito que mais contendem com direitos fundamentais são da competência exclusiva do juiz de instrução: só este os pode realizar, só este os pode ordenar ou só este os pode autorizar. Por outras palavras, como também se sublinhou no Ac. TC nº 23/90, a intervenção do juiz-garante está assegurada no CPP sempre que é afetado aquele núcleo da garantia constitucional. E, apesar de existirem atos realizados no inquérito que não são da competência do juiz de instrução, a verdade é que no CPP existe a possibilidade de sindicar judicialmente através do requerimento para a abertura da instrução as decisões tomadas no final do inquérito (arts. 286º e 287º do CPP).

Em segundo lugar, é possível invocar o disposto no art. 219º, nº 1 da CRP, na medida em que nele se estatui que compete ao MP *"exercer a acção penal"*. Apesar das dúvidas que veio suscitar em termos de valia e utilidade (até porque não é usada no CPP), esta expressão pode ser entendida como traduzindo uma das funções fundamentais constitucionalmente cometidas ao MP, fazendo-a corresponder à direção do inquérito, tal como dispõe o art. 263º do CPP.

Em terceiro lugar, justifica-se invocar – até como elemento decisivo – um argumento decorrente da garantia constante do nº 5 do art. 32º da CRP de que *"o processo criminal tem estrutura acusatória"*. Uma tal garantia exige uma separação entre a entidade que investiga e acusa e a entidade que julga, a qual não seria alcançável caso o juiz fosse também titular da ação penal ou dirigisse a fase de inquérito. Tal como decorre do Ac. TC nº 23/90, citando Gomes Canotilho e Vital Moreira, a estrutura acusatória carece de uma densificação semântica através da articulação de uma dimensão material (fases do processo) com uma dimensão orgânico-subjetiva (entidades competentes), significando, no plano material, a distinção entre instrução, acusação e julgamento, e, no plano subjetivo, a diferenciação entre juiz de instrução (órgão de instrução) e juiz julgador (órgão julgador) e entre ambos e o órgão acusador. Assim sendo, a solução de atribuir a direção do inquérito ao MP, ao invés de atentar contra a estrutura acusatória, promove-a.

Não espanta por isso que alguma doutrina (Paulo Dá Mesquita[24]) conclua que a atribuição da direção do inquérito ao MP tal como resulta do CPP, longe de ser incompatível com a CRP, constitui na verdade um "imperativo constitucional".

3. A questão da compatibilidade com a estrutura acusatória da promoção pelo MP nos termos do art. 16º, n º 3 do CPP

Uma outra dúvida de constitucionalidade prende-se com a solução contida no nº 3 do art. 16º do CPP, por força do qual se permite ao MP sujeitar um arguido a julgamento estando em causa crime cuja pena máxima, abstratamente aplicável, seria superior a 5 anos de prisão, mesmo em caso de concurso de infrações, ou seja, crime cujo julgamento seria à partida da competência do tribunal coletivo, *ex vi* art. 14º, nº 2, al. *b)* do CPP.

Caso o MP faça uso da faculdade ali prevista, então o tribunal não poderá, em caso de condenação, aplicar ao arguido pena de prisão superior a 5 anos.

O art. 16º, nº 3 do CPP pode ser visto como uma norma de determinação concreta de competência, estabelecida a partir de critérios próprios do MP na sua veste de titular da ação penal e órgão da acusação e que pode ser entendida como corolário do princípio do acusatório: o MP no uso dos poderes, processuais e estatutários, de sujeito proces-

[24] Paulo Dá Mesquita, "Polícia Judiciária e Ministério Público – Notas para o Enquadramento das suas Relações e Funções no Sistema Português", in *Processo Penal, Prova e Sistema Judiciário*, Coimbra: Coimbra Editora, 2010, pp. 379-402 (385), e já antes do mesmo autor em *Direcção do Inquérito Penal e Garantia Judiciária*, Coimbra: Coimbra Editora, 2003, pp. 26-51, 101-120 e 154-163.

sual na conformação material da acusação, determina um máximo para a medida da pena aplicável perante as circunstâncias do caso (Henriques Gaspar[25]).

Ainda que assim seja, o certo é que, como sublinhou Germano Marques da Silva[26], o preceito não se limita a fixar de forma precária a competência, na medida em que por via indireta (e ao contrário do que resultava do anteprojeto que acompanhava a proposta de Lei de Autorização Legislativa) acaba por limitar os poderes do tribunal de determinação da medida da pena ao caso, tal como decorre do nº 4.

A solução, que está prevista desde a versão originária do CPP, foi objeto de apreciação pelo TC em diversas ocasiões. Embora desde o Ac. TC nº 265/95[27] se tenha asseverado a constitucionalidade da solução, a verdade é que a mesma não tem acolhimento generalizado.

As críticas que Maria Fernanda Palma dirigiu no seu voto de vencido à solução que obteve vencimento no referido Ac. TC nº 265/95 assumem particular relevância à luz dos arts. 29º, nº 1, 32º, nº 1, 20º, nº 1, e 208º, nº 1 (atual art. 205º, nº 1) da CRP. Como se assinalou no voto de vencido: (*i*) por força do art. 16º, nº 3 do CPP, o conteúdo da sentença é condicionado através de critérios que não são de estrita punibilidade do facto, previstos na lei; (*ii*) o princípio da legalidade exige uma rigorosa conexão entre previsão e estatuição da norma incriminadora e, ao nível processual, de efetiva prova da verificação da previsão como fundamento da estatuição normativa; (*iii*) as regras processuais que formulem condições de aplicação de normas incriminadoras não deixam de receber a sua validade e o seu sentido da própria norma incriminadora, de acordo com o princípio da legalidade; (*iv*) o alcance do princípio da legalidade ultrapassa a função de defesa do arguido, visando garantir a objetividade na aplicação do direito penal, convergindo na tipicidade das normas incriminadoras interesses dos arguidos, das vítimas, dos cidadãos em geral e do Estado; (*v*) a solução contida no nº 3 do art. 16º do CPP

[25] Henriques Gaspar, *Código de Processo Penal Comentado* (coord. António da Silva Henriques Gaspar *et al.*), 3ª ed., Coimbra: Almedina, 2022, anotação 3 ao art. 16º, p. 68.

[26] Germano Marques da Silva, *Direito Processual Penal Português*, vol. 1, 2ª ed., Lisboa: Universidade Católica Editora, 2017, pp. 187-188.

[27] Ac. TC nº 265/95, de 30.05.1995, Proc. 182/95 (Ribeiro Mendes).

conduz à violação da plenitude das garantias de defesa do arguido e à restrição da proteção dos interesses do ofendido constituído assistente.

Já se tem sustentado como interpretação conforme à CRP a exigência do acordo de todo os sujeitos processuais (além da promoção do MP, concordância judicial, do arguido e do assistente). Havendo tal acordo, seriam ultrapassadas as dúvidas/críticas de constitucionalidade. Contudo, tal interpretação encontra um óbice: no processo penal o acordo dos sujeitos processuais não ultrapassa a competência material (cfr. no lugar paralelo quanto à limitação do acordo como forma de ultrapassar os limites do objeto processual nos termos da parte final do nº 3 do art. 359º do CPP).

Outra forma porventura eficaz será entender-se o mecanismo previsto no art. 16º, nº 3 do CPP como uma promoção, que o juiz de julgamento sempre cuidará de apreciar, podendo deferir ou indeferir, e neste último caso declarando-se incompetente e remetendo para o tribunal competente (nos termos dos arts. 32º, nº 1 e 33º, nº 2 do CPP). Tal indeferimento poderá sustentar-se por exemplo na circunstância de o crime pelo qual o MP tenha promovido o art. 16º, nº 3 seja afinal da competência do art. 14º, nº 2, al. *a*) ou mesmo do nº 1 do mesmo preceito legal, ou ainda na divergência sobre o juízo de prognose da pena concreta. Se o juiz entender que, em face dos elementos constantes dos autos naquele momento, e com os fundamentos da promoção do MP, a pena aplicável possa ser superior a 5 anos, deverá declarar-se incompetente e remeter para o tribunal coletivo que sempre será competente.

Capítulo II
A natureza processual dos crimes e as respetivas implicações

Sumário: 1. A distinção entre crimes públicos, semipúblicos e particulares; 2. A identificação da natureza dos crimes; 3. As consequências processuais da distinção entre crimes públicos, semipúblicos e particulares

Bibliografia escolhida: Paulo de Sousa Mendes, *Lições de Direito Processual Penal*, Coimbra: Almedina, 2013, p. 203; Maria João Antunes, *Direito Processual Penal*, 3ª ed., Coimbra: Almedina, 2021, pp. 71-77; Germano Marques da Silva, *Direito Processual Penal Português*, vol. 1, 2ª ed., Lisboa: Universidade Católica Editora, 2017, pp. 251-261, 287-288; Frederico da Costa Pinto, *Direito Processual Penal, Curso Semestral*, Lisboa: AAFDL, 1998, pp. 84-89; Paulo Pinto de Albuquerque, *Comentário do Código de Processo Penal à luz da Constituição da República e da Convenção Europeia dos Direitos do Homem*, 4ª ed., Lisboa: Universidade Católica Editora, 2011, anotação aos arts. 49º-52º, pp. 149-154, e *Comentário do Código Penal à luz da Constituição da República e da Convenção Europeia dos Direitos do Homem*, 4ª ed., Lisboa: Universidade Católica Editora, 2021, anotação aos arts. 113º-117º, pp. 507-517; Manuel Simas Santos/ Manuel Leal-Henriques, *Noções de Direito Penal*, 7ª ed., Lisboa: Rei dos Livros, 2020, pp. 405-421; Jorge de Figueiredo Dias, *Direito Processual Penal*, I, Coimbra: Coimbra Editora, 1974 (reimpressão, 2004), pp. 115-125; António Castanheira Neves, *Sumários de Processo Criminal – 1967-1968*, Coimbra, 1968, pp. 114-117; Manuel Cavaleiro de Ferreira, *Curso de Processo Penal*, 1º vol., Lisboa: Danubio, 1986, pp. 156-159.

Jurisprudência escolhida: Ac. STJ de Fixação de Jurisprudência nº 7/2011, de 27.04.2011 (Henriques Gaspar); Ac. STJ de Fixação de Jurisprudência nº 4/2012, de 18.04.2012 (Pires da Graça); Ac. STJ de 15.07.2021, Proc. 178/19.0JAGRD.C1.S1 (Margarida Blasco); Ac. TRC de 19.01.2011, Proc. 549/07.4TAENT.C1 (Orlando Gonçalves); Ac. TRC de 22.01.2014, Proc. 973/12.0PBLRA.C1 (Maria José Nogueira); Ac. TRC de 17.09.2014, Proc. 92/13.2TAVZL.C1 (Jorge Dias); Ac. TRC de 04.11.2015, Proc. 245/14.6TACBR.C1 (Maria José Nogueira); Ac. TRC de 27.09.2017, Proc. 780/16.1T9LMG-A.C1 (Orlando Gonçalves); Ac. TRC de 17.01.2018, Proc. 358/14.4PBVIS.C1 (Orlando Gonçalves); Ac. TRE de 18.09.2012, Proc. 1445/10.3PBFAR-A.E1 (João Amaro); Ac. TRE de 11.07.2013, Proc. 921/11.5TAPTM.E1 (Sénio Alves); Ac. TRE de 29.09.2014, Proc. 130/12.6GCFAR.E1 (Renato Barroso); Ac. TRE de 10.05.2016, Proc. 83/13.3GACUB.E1 (Gilberto Cunha); Ac. TRE de 22.02.2022, Proc. 2020/19.2T9FAR.E1 (José Simão); Ac. TRG de 24.01.2005, Proc. 2097/04-1 (Francisco Marcolino); Ac. TRG de 10.07.2014, Proc. 525/12.5GAAMR.G1 (Fernanda Monterroso); Ac. TRG de 27.04.2015, Proc. 708/13.OGAFAF.G1 (Ana Teixeira); Ac. TRG de 26.09.2016, Proc. 90/14.9GAMGD.G1 (Fernando Chaves); Ac. TRG de 25.09.2017, Proc. 573/16.6PBVCT.G1 (Ausenda Gonçalves); Ac. TRG de 23.10.2017, Proc. 68/14.2TAAVV.G1 (Fátima Bernardes); Ac. TRL de 23.04.2013, Proc. 1034/10.2TAALM-5 (Artur Vargues); Ac. TRL de 02.10.2014, Proc. 20/13.5SOLSB.L1-9 (Antero Luís); Ac. TRL de 22.10.2020, Proc. 1233/15.0PBLSB.L1-9 (Calheiros da Gama); Ac. TRL de 19.05.2022, Proc. 4/21.0T9AGH.L1-9 (Paula Pires); Ac. TRP de 07.06.2000, Proc. 0040233 (Conceição Gomes); Ac. TRP de 11.09.2013, Proc. 1060/11.4PAESP.P1 (Maria do Carmo Silva Dias); Ac. TRP de 25.09.2013, Proc. 1131/09.7PBMTS.P1 (José Piedade); Ac. TRP de 16.10.2013, Proc. 555/12.7GAMAI.P1 (Cravo Roxo); Ac. TRP de 11.06.2014, Proc. 151/11.6TACNF.P1 (Vítor Morgado); Ac. TRP de 30.07.2015, Proc. 73/14.9GBMTS.P1 (Pedro Vaz Pato); Ac. TRP de 24.03.2021, Proc. 164/20.7GAFLG-A.P1 (Liliana de Páris Dias); Ac. TRP de 04.05.2022, Proc. 626/19.9GDGDM.P1 (Amélia Catarino).

1. A distinção entre crimes públicos, semipúblicos e particulares

Do ponto de vista processual, os crimes costumam ser classificados como crimes públicos, semipúblicos e particulares.

No primeiro caso (dos crimes públicos), não existem condições de procedibilidade (por isso, também se diz que quanto a estes crimes o MP exerce a ação penal incondicionalmente).

Já no caso dos crimes semipúblicos (ou quase públicos – sendo certo que, anteriormente, também se usava a expressão "semi-particulares") e no dos crimes particulares, a lei penal substantiva e o CPP encarregam-se de esclarecer quais são essas condições de procedibilidade. Tratando-se de crimes semipúblicos, exige-se queixa ou participação de autoridade (art. 49º do CPP). Tratando-se de crime dependente de queixa, tal pressupõe que a queixa seja apresentada por quem possa assumir a qualidade de queixoso (art. 113º do CP) ou então por mandatário judicial ou por mandatário munido de poderes especiais (art. 49º, nº 3 do CPP) no prazo legalmente estabelecido para o efeito (art. 115º do CP) e que seja mantida a queixa ao longo do processo-crime, o que exclui as situações de renúncia ou de desistência da queixa (art. 116º do CP). Se o crime depender de participação de autoridade, verifica-se uma equiparação aos crimes dependentes de queixa, por força do nº 4 do art. 49º do CPP, pelo que os trâmites da participação e da queixa serão essencialmente os mesmos. Não assim em relação à questão da legitimidade: a legitimidade da autoridade que pode apresentar participação poderá emergir da própria norma incriminadora (*v.g.*, arts. 319º e 324º do CP, que se referem à participação do Governo português ou do Governo estrangeiro ou representante da organização internacional), mas, se tal não suceder (como no caso dos arts. 188º e 198º do CP), então deverá considerar-se que a legitimidade é conferida à autoridade ofendida pelo crime. Tal como sucede com os crimes dependentes de queixa, a autoridade que tem legitimidade para fazer a participação poderá renunciar ao direito de participação ou desistir da participação. Nos crimes particulares, para além da apresentação de queixa pelo queixoso, por mandatário judicial ou por mandatário munido de poderes especiais (art. 49º, nº 3, aplicável *ex vi* art. 50º, nº 3 do CPP), exige-se a constituição como assistente e, no final do inquérito, a dedução de acusação particular pelo assistente (art. 50º, nº 1 do CPP).

Diferentes critérios podem ser convocados para justificar a classificação, gozando o legislador ordinário de amplo poder de conformação. Entre outros critérios podem referir-se: (i) o da gravidade da lesão do bem jurídico protegido; (ii) o da disponibilidade do bem jurídico; (iii) o do interesse público – fins de política criminal; (iv) o das especiais relações de proximidade e humanitárias.

2. A identificação da natureza dos crimes

Embora subjacente à classificação adotada para os crimes constantes da parte especial do CP e da legislação penal extravagante possam estar alguns dos referidos critérios, uma conclusão acerca da natureza de cada crime deve ser feita em concreto mediante a consulta da legislação incriminadora, analisando se o CP ou a legislação extravagante consagram condições de procedibilidade em relação ao crime.

O legislador sinaliza a existência de condições de procedibilidade quando refere que o procedimento criminal depende de queixa (*v.g.*, nos arts. 143º, nº 2, 148º, nº 4, 153º, nº 2, 154º, nº 4, 155º-A, nº 5, 156º, nº 4, 178º, nºs 1 e 3, 198º, 203º, nº 3, 205º, nº 3, 208º, nº 3, 209º, nº 3, 210º, nº 3, 215º, nº 2, 217º, nº 3, 219º, nº 3, 220º, nº 2, 221º, nº 4, 224º, nº 3, 225º, nº 3, 226º, nº 3, 249º, nº 3, 254º, nº 5, 259º, nº 4 e 295º, nº 3 do CP) ou de participação (*v.g.*, arts. 198º, 319º, nº 2, 324º, nº 1 e 383º, nº 3 do CP) ou então de acusação particular (*v.g.*, arts. 188º, nº 1, 207º, 208º, nº 3, *in fine*, e 295º, nº 3, *in fine* do CP). No primeiro caso, o crime será de qualificar como crime semipúblico, uma vez que a pedra de toque dos crimes semipúblicos quando comparados com os crimes públicos baseia-se no facto de dependerem de queixa ou de participação criminal. No segundo caso, o crime será de qualificar como crime particular, já que, embora os crimes particulares também dependam de queixa, o que os distingue dos crimes semipúblicos é a exigência de dedução de acusação particular. Formulações equivalentes, ainda que menos precisas e mais equívocas, são usadas quando o legislador refere que é suficiente a queixa ou a participação (*v.g.*, no art. 188º, nº 1, *in fine* do CP) ou quando refere que é correspondentemente aplicável uma outra norma que estabelece condições de procedibilidade (*v.g.*, arts. 209º, nº 3, *in fine*, 212º, nº 4, 213º, nº 3, 216º, nº 3, 217º, nº 4, 220º, nº 3, 224º, nº 4, 225º, nº 4 e 231º, nº 3, al. *b)* do CP).

Quando o CP ou a legislação substantiva nada refiram acerca de condições de procedibilidade o crime deve ser considerado um crime público. Mais rigorosamente se a norma incriminadora, sistematicamente considerada (e não apenas a norma penal), não exigir qualquer condição de procedibilidade, então deve concluir-se que o crime tem natureza pública. É o que decorre do princípio da oficialidade consagrado no art. 48º do CPP.

A referência às condições de procedibilidade, quando existam, surge com alguma frequência no próprio tipo incriminador: é o caso do crime de dano simples (art. 212º, nº 3 do CP). Igualmente frequente é a inclusão de condições de procedibilidade em norma autónoma situada fora do tipo incriminador, como sucede com o crime de devassa da vida privada (art. 192º do CP) ou, em princípio, no caso do crime de violação (art. 164º do CP), em que as respetivas condições de dependência de queixa surgem formulada em artigo próprio (respetivamente, arts. 198º e 178º do CP). Por assim ser, justifica-se analisar, não apenas o artigo do qual consta o tipo incriminador, mas os artigos subsequentes que façam parte da mesma ou de outra seção ou que integrem o mesmo capítulo.

3. As consequências processuais da distinção entre crimes públicos, semipúblicos e particulares

A discussão acerca da natureza dos crimes assume uma relevância prática e teórica acrescida.

A conclusão acerca da natureza do crime tem implicações processuais significativas no que respeita à tramitação do processo, às medidas de polícia, à utilização de formas de processo e ainda em matéria de sujeitos processuais.

Em concreto, costumam assinalar-se consequências principais ao nível da abertura do inquérito, do encerramento do inquérito, da detenção em flagrante delito, da aplicabilidade de formas de processo (dos processos especiais) e do prazo para a constituição como assistente. A estas podem somar-se implicações no que respeita à dedução do pedido de indemnização civil fundado na prática de crime, ainda que porventura menos relevantes tendo em consideração que serão muitos os casos em que não surgirá qualquer pretensão indemnizatória.

3.1. No que respeita à abertura do inquérito

A natureza dos crimes manifesta-se de forma mais intensa na abertura de inquérito.

O art. 262º, nº 2 do CPP dispõe que a notícia do crime dá sempre lugar à abertura de inquérito, mas ressalva as exceções previstas no Código.

Entre as exceções registam-se, desde logo, as condições de procedibilidade nos crimes semipúblicos e particulares (cfr. *infra*) ou ainda o regime da denúncia anónima (cfr. art. 246º, nº 6 do CPP).

A denúncia anónima genérica e que não contenha indícios de constituir, ela própria, crime não gera a abertura de inquérito. Apenas nas condições previstas no nº 6 do art. 246º do CPP poderão tais denúncias sustentar a abertura de inquérito.

Discute-se se devem determinar a abertura de inquérito as notícias de crime que não suscitem ao MP, enquanto *dominus* do inquérito, o mínimo de dúvida de não haver qualquer indício de crime (*v.g.*, a absurda "denúncia" de alguém contra outrem que não lhe respondeu ao cumprimento social de "bom dia"). O CPP não parece ter conferido discricionariedade ao MP quanto à abertura de inquérito, mas saber se certa factualidade pode constituir crime pode ser alvo de uma triagem muito elementar e não controvertida. Perante a mínima dúvida sobre se tal denúncia revela indícios de crime, parece que deverá o MP determinar a abertura de inquérito, já que as dúvidas se resolvem no âmbito de procedimento que admite controlo – como o inquérito. De outro modo, seria admitir que exista atividade relevante (abertura ou não de inquérito consoante se considere haver crime) sem que a mesma possa ser escrutinada.

Já os OPC deverão sempre transmitir toda e qualquer notícia, mesmo as manifestamente infundadas, ao MP nos termos do art. 248º, nº 2 do CPP, cabendo a este a decisão sobre a abertura, ou não, de inquérito.

3.1.1. Os crimes públicos

Tratando-se de crimes públicos vigoram em pleno os princípios da oficialidade e da legalidade (no sentido de obrigatoriedade da ação penal).

De acordo com o art. 48º do CPP, que consagra o princípio da oficialidade, o MP tem legitimidade para promover o processo penal, mas essa legitimidade (tal como consta da segunda parte) pode conhecer as restrições constantes dos arts. 49º a 52º do CPP. Deste modo, quem tem legitimidade para promover o processo penal, independentemente de qual seja a natureza do crime, é o MP. Contudo, essa promoção pode depender do preenchimento de certas condições (de procedibilidade). Essas condições estão assinaladas nos arts. 49º e 50º do CPP para os procedimentos dependentes de queixa e de acusação particular.

Fora dos casos dos arts. 49º e 50º do CPP bastará a aquisição da notícia do crime (arts. 241º-247º do CPP) para que estejam reunidas as condições para abertura de inquérito ou equivalente (art. 262º, nº 2 do CPP) e para que o MP possa promover, sem restrições, o processo penal (art. 48º do CPP).

3.1.2. Os crimes semipúblicos

3.1.2.1. A dependência de queixa ou de participação

Estatui o art. 49º, nº 1 do CPPP que, no caso dos procedimentos dependentes de queixa (ou de participação, por força da equiparação constante do nº 4), torna-se necessário que o ofendido ou outras pessoas deem (por si próprias ou através de mandatário judicial ou mandatário munido de poderes especiais, nos termos do nº 3) conhecimento do facto ao MP, para que este promova o processo.

Assim, se a norma incriminadora, sistematicamente considerada, exigir queixa (*v.g.*, art. 143º, nº 2 do CP) ou participação (*v.g.*, art. 319º, nº 2 do CP), o crime será considerado semipúblico e a legitimidade do MP para promover o processo penal conhece restrições, em especial para a abertura do inquérito.

3.1.2.2. A queixa e a participação

O conhecimento do facto ao MP é dado através de queixa ou de participação.

A queixa mais não representa do que uma declaração de vontade do titular do direito de queixa de que pretende ação penal. Idêntico raciocínio pode ser feito para a participação de qualquer autoridade: *"A participação, de modo análogo à queixa, é a manifestação de vontade de que seja instaurado o procedimento e distingue-se da queixa simplesmente pela qualidade da entidade que condiciona o procedimento"*[28]. Por esse motivo a queixa (tal como a participação) integra, não apenas uma declaração de ciência (de transmissão do conhecimento acerca do facto, como a denúncia), mas também uma declaração de vontade (de promoção do processo penal).

Não estabelecem o CPP nem o CP exigências quanto ao conteúdo ou à forma da queixa. Porém, importa que o queixoso manifeste de forma inequívoca (ou seja, de forma nítida e sem qualquer dúvida[29]) a sua vontade

[28] Ac. TRC de 17.01.2018, Proc. 358/14.4PBVIS.C1 (Orlando Gonçalves).

[29] Ac. TRP de 04.05.2022, Proc. 626/19.9GDGDM.P1 (Amélia Catarino).

de que tenha lugar procedimento criminal contra o agente ou agentes do facto que descreve ou menciona (ainda que em sentido naturalístico e não num sentido jurídico), o que não sucede quando alguém se limita a dar conhecimento ao MP ou aos OPC de algo que sucedeu para efeitos de denúncia dos factos apurados[30]. Na jurisprudência[31] entende-se a este respeito: *"A efectivação da queixa não está sujeita a quaisquer formalidades legalmente impostas, podendo ser feita por toda e qualquer forma que dê a perceber a intenção inequívoca do titular de que tenha lugar procedimento criminal contra o agente pelos factos que descreve ou menciona"*. Outros arestos sublinham que: para a apresentação da queixa *"não são necessários especiais conhecimentos jurídicos, nem a sua validade está dependente de qualquer fórmula sacramental"*, mais acrescentando que *"não é necessário que o facto seja descrito com todos os pormenores, nem que sejam identificados os seus autores (que podem não ser conhecidos), mas tem de ser identificado o episódio a que a queixa se refere, para que não haja dúvidas sobre o que estava no espírito do queixoso quando tomou a decisão"*[32]; *"Não obstante não ser exigível que a queixa seja manifestada através de qualquer fórmula tabelar usual, sendo a mais comum a "desejo procedimento criminal contra", o que não é admissível é a queixa meramente suposta, implícita"*[33].

A manifestação inequívoca de vontade do queixoso no sentido de pretender desencadear o procedimento criminal pode extrair-se da declaração do queixoso a que seja possível atribuir esse significado, como será o caso de alguém relatar factos a um OPC, descrevendo os factos tal como os vivenciou e ainda declarar que pretende *"ver toda a situação esclarecida e que se faça justiça e se prendam aqueles bandidos"*[34]. Também se poderá extrair essa vontade ainda que o queixoso seja cidadão estrangeiro e não domine a língua portuguesa[35], sobretudo quando lhe tenha sido traduzido e explicado o conteúdo do auto em que se consagra desejar o mesmo procedimento criminal[36]. E não impede ainda tal

[30] Assim, no caso de comunicação ao MP, Ac. TRL de 19.05.2022, Proc. 4/21.0T9AGH.L1-9 (Paula Pires).

[31] Ac. TRC de 17.01.2018, Proc. 358/14.4PBVIS.C1 (Orlando Gonçalves), e Ac. TRL de 23.04.2013, Proc. 1034/10.2TAALM-5 (Artur Vargues).

[32] Ac. TRG de 10.07.2014, Proc. 525/12.5GAAMR.G1 (Fernanda Monterroso).

[33] Ac. TRE de 10.05.2016, Proc. 83/13.3GACUB.E1 (Gilberto Cunha).

[34] Ac. STJ de 15.07.2021, Proc. 178/19.0JAGRD.C1.S1 (Margarida Blasco).

[35] Ac. TRL de 02.10.2014, Proc. 20/13.5SOLSB.L1-9 (Antero Luís).

[36] Ac. TRL de 22.10.2020, Proc. 1233/15.0PBLSB.L1-9 (Calheiros da Gama).

conclusão o facto de a declaração em causa não estar corporizada em forma processualmente adequada, por exemplo, figurar de auto de notícia, do qual constava a denúncia de crime público, mais tarde convolado em crime semipúblico, pois o auto de notícia materialmente *"não deixa de encerrar uma «queixa», verbalmente apresentada, embora não «corporizada» na forma processualmente adequada"*[37]; mas já não se do auto não constar qualquer declaração, contendo apenas a narração objetiva dos factos[38].

Porém, para que possa valer como queixa válida, terá a declaração de conter a indicação de factos que possam ter sido praticados contra o queixoso, não se admitindo que a indicação posterior (nomeadamente na acusação particular) possa ultrapassar a falta de queixa[39]; num sentido algo diferente, decidiu-se no Ac. TRE de 29.09.2014[40] que poderia existir queixa numa situação em que, tendo havido notificação do MP à queixosa, na sequência de declarações por esta prestadas, para, em 10 dias, requerer a sua constituição como assistente, nos termos dos arts. 68º, nº 2 e 264º, nº 4 do CPP, sob pena de, não o fazendo, o processo não poder prosseguir quanto ao indicado crime de injúria, a queixosa veio na sequência dessa notificação a constituir-se assistente e, posteriormente até deduziu acusação particular contra o arguido pelos factos integrantes desse crime). Na jurisprudência não se exige que da queixa conste a identificação do agente, admitindo-se que a mesma possa ser apresentada contra incertos[41]. Contra a validade da queixa não depõe também a circunstância de posteriormente (por exemplo, durante o inquérito) se apurar que a identidade do agente é de pessoa diversa da referida na queixa[42].

Terá de existir, em todo o caso, um ato formal que dê conhecimento do facto ao MP ou a entidade com a obrigação legal de o transmitir àquele, uma vez que tal ato não pode ser dispensado[43].

[37] Ac. TRC de 22.01.2014, Proc. 973/12.0PBLRA.C1 (Maria José Nogueira).

[38] Ac. TRE de 18.09.2012, Proc. 1445/10.3PBFAR-A.E1 (João Amaro).

[39] Ac. TRC de 27.09.2017, Proc. 780/16.1T9LMG-A.C1 (Orlando Gonçalves).

[40] Ac. TRE de 29.09.2014, Proc. 130/12.6GCFAR.E1 (Renato Barroso).

[41] Ac. TRE de 24.06.2010, Proc. 321/08.4GCFAR.E1 (Maria da Graça Santos Silva).

[42] Ac. TRG de 24.01.2005, Proc. 2097/04-1 (Francisco Marcolino).

[43] Ac. TRG de 10.07.2014, Proc. 525/12.5GAAMR.G1 (Fernanda Monterroso).

3.1.2.3. O regime da queixa previsto no CP

Os arts. 113º-116º do CP regulam a queixa, prevendo, além do mais, os titulares do direito de queixa (art. 113º do CP), a extensão dos efeitos da queixa (art. 114º do CP), o prazo para o exercício do direito de queixa (art. 115º do CP) e as hipóteses de renúncia e desistência da queixa (art. 116º do CP).

À partida terão legitimidade para a queixa aqueles a quem a lei atribuir tal direito, que pode ser o ofendido ou outras pessoas a quem a lei atribuir legitimidade (nº 1 do art. 113º do CP). Tal como decorre do Ac. STJ de Fixação de Jurisprudência nº 7/2011[44], no crime de dano poderá ser titular do direito de queixa *"o proprietário da coisa «destruída no todo ou em parte, danificada, desfigurada ou inutilizada», e quem, estando por título legítimo no gozo da coisa, for afectado no seu direito de uso e fruição"*. Para alguma jurisprudência[45], tal pode incluir *"o usufrutuário, o possuidor, o titular de qualquer direito real de gozo sobre a coisa e, ainda, todo aquele que tenha um interesse juridicamente reconhecido na fruição das utilidades da coisa"*, sendo inclusive de reconhecer legitimidade a *"quem utiliza, de forma contínua e permanente, para proveito próprio, um automóvel"*. Noutros arestos[46] parece adotar-se uma orientação mais restritiva, ao defender-se que não estão incluídos *"os familiares dos arrendatários da casa danificada, mesmo que nela habitem, pois não dispõem (ao contrário dos próprios arrendatários) de um título jurídico que lhe dê o direito de uso e fruição dessa casa"*.

Nos nºs 2, 3 e 4 do art. 113º do CP preveem-se situações especiais. Desde logo, em caso de morte do ofendido sem ter apresentado queixa ou renunciado a ela, o direito de queixa pertencerá a *"qualquer das pessoas pertencentes a uma das classes"*, que podem apresentar queixa independentemente umas das outras (nºs 2 e 3). Além disso, sendo o ofendido menor de 16 anos ou se não possuir discernimento para entender o alcance e o significado do exercício do direito de queixa, este direito *"pertence ao representante legal e, na sua falta, às pessoas indicadas sucessivamente nas alíneas do nº 2"*. Embora as responsabilidades parentais possam ser exercidas por mais do que uma pessoa não obriga a que estejam ambos de

[44] Ac. STJ de Fixação de Jurisprudência nº 7/2011, de 27.04.2011 (Henriques Gaspar).

[45] Ac. TRP de 25.09.2013, Proc. 1131/09.7PBMTS.P1 (José Piedade), e Ac. TRP de 11.09.2013, Proc. 1060/11.4PAESP.P1 (Maria do Carmo Silva Dias), sobre a locatária de um equipamento danificado, que estaria legitimamente na sua posse.

[46] Ac. TRP de 30.07.2015, Proc. 73/14.9GBMTS.P1 (Pedro Vaz Pato).

acordo quanto à apresentação da queixa em favor do menor: *"ainda que desacompanhado do outro progenitor, e contra a vontade deste, tem legitimidade para exercer o direito de queixa em favor do filho de ambos e em sua representação"*[47]. O facto de o menor depois atingir a maioridade não obriga a uma ratificação da queixa que tenha sido apresentada pelo representante legal ou a apresentação de uma nova, mantendo ainda assim o MP a legitimidade para promover o processo penal[48].

No caso dos crimes dependentes de participação, a legitimidade pertence às autoridades identificadas pela norma incriminadora ou, na falta dessa identificação, às autoridades que possam ser consideradas ofendidas pelo crime.

Sendo apresentada queixa contra um dos comparticipantes no crime, o procedimento criminal torna-se extensivo aos restantes (art. 114º do CP). Na prática, permite-se a alargar os efeitos da queixa aos demais comparticipantes e sem necessidade de contra eles apresentar outra queixa, mas alguma jurisprudência[49] sublinha que tal só poderá suceder em relação àqueles cuja identificação ou existência o queixoso desconhecia e só vieram a ser conhecidos no inquérito.

O prazo regra para o exercício do direito de queixa é de 6 meses após o conhecimento do facto e dos seus autores ou a partir da morte do ofendido, ou da data em que ele se tiver tornado incapaz (art. 115º, nº 1 do CP[50]), prevendo-se depois nos nºs 2 a 4 regras especiais de contagem do referido prazo para os menores, para o não exercício tempestivo do direito de queixa em situações de comparticipação e também para contagem do prazo sem situações de multiplicidade de titulares do direito de queixa. Este regime conhece adaptações nos crimes dependentes de participação, na medida em que algumas normas deverão ser entendidas como inaplicáveis.

[47] Ac. TRP de 16.10.2013, Proc. 555/12.7GAMAI.P1 (Cravo Roxo), e, no mesmo sentido, Ac. TRC de 17.09.2014, Proc. 92/13.2TAVZL.C1 (Jorge Dias).

[48] Ac. TRE de 11.07.2013, Proc. 921/11.5TAPTM.E1 (Sénio Alves).

[49] Assim, por exemplo, Ac. TRG de 26.09.2016, Proc. 90/14.9GAMGD.G1 (Fernando Chaves), e Ac. TRG de 23.10.2017, Proc. 68/14.2TAAVV.G1 (Fátima Bernardes).

[50] Sobre a contagem do prazo, Ac. STJ de Fixação de Jurisprudência nº 4/2012, de 18.04.2012 (Pires da Graça), e sobre a contagem e a natureza de prazo de caducidade, Ac. TRC de 19.01.2011, Proc. 549/07.4TAENT.C1 (Orlando Gonçalves).

O art. 116º do CP regula as situações de renúncia e desistência de queixa, que, embora sejam distintas, permitem falar num impulso processual (inicial ou subsequente) negativo. No caso da renúncia à queixa (expressa ou concludente) pelo respetivo titular, que terá de ter ocorrido antes do exercício do direito de queixa (condição de procedibilidade inicial negativa), prevê-se que o direito de queixa não possa ser por ele exercido (art. 116º, nº 1 do CP). Diferentemente, a desistência da queixa (que se efetuada em relação a um dos comparticipantes pode aproveitar aos demais) pressupõe um prévio exercício do direito de queixa pelo respetivo titular (condição de procedibilidade negativa subsequente) e só poderá ocorrer se estiverem verificadas certas condições: a não oposição do arguido e a observância do limite temporal da publicação da sentença da 1ª instância (116º, nº 2 do CP). Embora a questão tenha sido objeto de discussão aquando do anteprojeto de revisão do CP, terá vingado a posição segundo a qual também se admite a renúncia e a desistência da participação de autoridade.

3.1.2.4. As implicações na legitimidade do MP para promover o processo penal

Em relação a crimes dependentes de queixa ou de participação o MP continua a ter legitimidade para promover o processo penal, mas para que o possa promover tem de existir queixa ou participação: apresentada e mantida.

A queixa ou a participação terá de ser apresentada por quem tenha legitimidade para o efeito[51] e no prazo legalmente previsto – condição de procedibilidade inicial – e não poderá ter ocorrido renúncia à queixa ou participação (prévia à sua apresentação) ou desistência da queixa ou participação (subsequente à sua apresentação) – condições de procedibilidade negativa inicial e subsequente.

Sem a apresentação da queixa ou da participação o MP não poderá abrir inquérito (*"sem a queixa o Ministério Público carece de legitimidade para promover o processo, instaurando o inquérito"*[52]), ainda que tenha adquirido a notícia do crime, integrando tal situação uma das ressalvas previstas no Código, indicadas no art. 262º, nº 2 do CPP.

[51] Por exemplo, sobre um caso de queixa não apresentada por legal representante de menor, Ac. TRE de 22.02.2022, Proc. 2020/19.2T9FAR.E1 (José Simão).

[52] Ac. TRC de 17.01.2018, Proc. 358/14.4PBVIS.C1 (Orlando Gonçalves).

O facto de se deduzir queixa contra desconhecidos é suficiente para legitimar o MP a exercer a ação penal[53]. Apurando-se, no decurso do inquérito, que a identidade do agente é de pessoa diversa da referida na queixa, tal também não contende com a legitimidade do MP para exercer a ação penal[54].

O art. 113º, nº 5 do CP estabelece ainda um regime especial para os crimes semipúblicos que visa proteger a finalidade do procedimento criminal depender de queixa: em nome do interesse do ofendido pode o MP nas condições aí mencionadas dar início ao processo criminal.

3.1.3. Os crimes particulares

3.1.3.1. A dependência de acusação particular

No art. 50º do CPP prevê-se que, quando o procedimento depender de acusação particular, torna-se necessário que o ofendido ou outras pessoas (por si próprias ou através de mandatário judicial ou mandatário munido de poderes especiais, nos termos do nº 3) se queixem, se constituam assistentes e deduzam acusação particular.

Deste modo, se a norma incriminadora, sistematicamente considerada, exigir acusação particular (*v.g.*, arts. 180º e 188º do CP), o crime será considerado particular e a legitimidade do MP para promover o processo penal também conhece restrições, incluindo para a abertura do inquérito.

3.1.3.2. A queixa, a constituição como assistente e a dedução de acusação particular

Diferentemente dos crimes semipúblicos, as restrições à promoção do processo penal nos crimes particulares não se reduzem à queixa: como condições de procedibilidade acrescem a constituição como assistente (discutível se condição de procedibildiade inicial ou subsequente) e a dedução de acusação particular (condição de procedibilidade subsequente).

Em relação à queixa (regulada nos arts. 113º-116º do CP) vale, *ex vi* art. 117º do CP, o que se referiu acima para os crimes semipúblicos. Não obstante, aquele regime não pode ser invocado nos crimes particulares para dele extrair consequências para a acusação particular. Tal como refere a jurisprudência é *"de negar a aplicabilidade à acusação particular das*

[53] Ac. TRE de 24.06.2010, Proc. 321/08.4GCFAR.E1 (Maria da Graça Santos Silva).
[54] Ac. TRP de 07.06.2000, Proc. 0040233 (Conceição Gomes).

normas e princípios referentes à queixa, em matéria do seu alcance, da extensão dos seus efeitos ou da sua extinção ope legis"[55] e, *"não tendo sido deduzida, pelo assistente, acusação particular contra um dos comparticipantes (...), tal omissão (...) aproveita aos demais comparticipantes, em termos tais que o processo criminal não poderá prosseguir por renúncia tácita do referido direito (de acusação particular)"*[56].

Quanto à constituição como assistente, desdobra-se tal exigência em 2 sub condições: por um lado, a declaração de que deseja constituir-se como assistente prevista no art. 246º, nº 4 do CP; por outro lado, a efetiva constituição como assistente. A declaração de que deseja constituir-se como assistente terá de ser feita pelo queixoso no momento da apresentação da queixa. Trata-se de uma declaração obrigatória. Feita a declaração, será então o queixoso advertido pela autoridade judiciária ou OPC de que a efetiva constituição como assistente é também obrigatória. Para a efetiva constituição como assistente exige-se a apresentação de um requerimento (o requerimento de constituição como assistente), por parte de quem tenha legitimidade para o efeito nos termos do nº 1 do art. 68º do CPP e no prazo previsto no nº 2 do mesmo artigo (ou seja, na prática, 10 dias a contar da data em que o queixoso foi advertido da obrigatoriedade de efetiva constituição como assistente). O requerimento de constituição como assistente terá de ser subscrito por advogado (art. 70º do CPP) e implica o pagamento da taxa de justiça devida pela constituição de assistente (art. 519º do CPP), salvo se o ofendido beneficiar do regime do apoio judiciário na modalidade de dispensa do pagamento da taxa de justiça.

Deste modo, nos crimes dependentes de acusação particular (crimes particulares) o MP continua a ter legitimidade para promover o processo penal, mas para que o possa promover tem de existir queixa, constituição como assistente e dedução de acusação particular.

3.1.3.3. As implicações na legitimidade do MP para promover o processo penal

Caso não tenha sido apresentada queixa, não poderá o MP abrir inquérito, ainda que tenha adquirido a notícia do crime, pois tal hipótese inte-

[55] Ac. TRP de 11.06.2014, Proc. 151/11.6TACNF.P1 (Vítor Morgado).

[56] Ac. TRC de 04.11.2015, Proc. 245/14.6TACBR.C1 (Maria José Nogueira).

gra uma das ressalvas previstas no Código tal como referido no art. 262º, nº 2 do CPP.

Mais duvidosa é a questão de saber se a constituição como assistente constitui também uma exigência relevante para a abertura do inquérito (uma condição de procedibilidade inicial[57]) ou se, tal como sucede com a dedução de acusação particular, se está perante uma condição de procedibilidade subsequente. À partida, a apresentação de um requerimento de constituição como assistente terá de se verificar no prazo de 10 dias a contar da advertência da obrigatoriedade de efetiva constituição como assistente (art. 246º, nº 4 do CPP), o que significará que, em princípio (supondo que a declaração de intenção de constituição como assistente é feita na data da queixa), ocorrerá no prazo de 10 dias a contar da dedução da queixa[58]. Com elevada probabilidade, a abertura do inquérito será determinada pelo MP apenas após a apresentação do requerimento de constituição como assistente, ainda que sobre o mesmo possa ainda não existir decisão, uma vez que terá de ser dada ao MP e ao arguido a possibilidade de sobre ele se pronunciarem antes de o juiz proferir despacho sobre o mesmo (art. 68º, nº 4 do CPP).

3.2. No encerramento do inquérito

Também assume relevância a natureza dos crimes para o encerramento do inquérito.

Mais concretamente, poderá dizer-se que a natureza dos crimes influi nas decisões que podem ser tomadas no final do inquérito e nas reações que se podem seguir a essas decisões.

Ao contrário do que sucede na abertura do inquérito, não existe qualquer diferença entre os crimes públicos e os crimes semipúblicos, que ficam sujeitos ao mesmo regime e se distinguem ambos do regime aplicável aos crimes particulares.

[57] Assim, por exemplo, Ac. TRC de 17.01.2018, Proc. 358/14.4PBVIS.C1 (Orlando Gonçalves), segundo o qual *"[n]os crimes particulares há, ainda, a necessidade de constituição de assistente para que o procedimento seja instaurado com a abertura de inquérito"*.

[58] Assim também pareceu entender o Ac. TRP de 24.03.2021, Proc. 164/20.7GAFLG-A.P1 (Liliana de Páris Dias), ao decidir que *"[o] início do prazo para requerer a constituição como assistente pressupõe o prévio exercício do direito de queixa"*.

3.2.1. Os crimes públicos e semipúblicos

Nos crimes públicos e semipúblicos, no final do inquérito o MP poderá, aspeto que se será desenvolvido mais à frente, arquivar o inquérito (art. 277º do CPP), deduzir acusação (art. 283º do CPP), determinar o arquivamento em caso de dispensa da pena (art. 280º do CPP), determinar a suspensão provisória do processo (art. 281º do CPP), enviar para processo sumaríssimo (arts. 392º-398º do CPP) ou remeter para mediação penal (Lei nº 21/2007, de 12 de junho).

Em relação às duas primeiras decisões (arquivamento do inquérito e dedução de acusação pelo MP), poderão o assistente e o arguido reagir. O assistente pode, perante o arquivamento do inquérito, deduzir requerimento para abertura da instrução (art. 287º, nº 1, al. *b)* do CPP), ou requerer a intervenção hierárquica (art. 278º do CPP) e, perante a acusação do MP, pode aderir à acusação do MP ou deduzir acusação "subordinada", mas autónoma, por factos que não representem uma alteração substancial de factos ou por discordância em relação à qualificação jurídica (art. 284º do CPP) ou então deduzir requerimento para abertura da instrução por factos que representem uma alteração substancial de factos (art. 287º, nº 1, al. *b)* do CPP). Por seu turno, o arguido poderá, perante a acusação do MP, requerer a abertura da instrução (art. 287º, nº 1, al. *a)* do CPP), discutindo-se se o poderá também fazer perante o arquivamento do inquérito.

3.2.2. Os crimes particulares

Nos crimes particulares não compete à partida ao MP tomar qualquer decisão quanto à submissão ou não do arguido a julgamento.

O MP deve notificar o assistente (a constituição de assistente já terá de ter ocorrido nesta fase do processo, tal como também resulta do nº 1 do art. 50º do CPP) para que este (não pode ser deduzida por quem não seja assistente[59]), querendo, deduza acusação particular (art. 285º, nº 1 do CPP). Caso o assistente não deduza acusação particular (e a decisão de deduzir ou não a acusação particular repousa inteiramente no assistente), poderá então o MP arquivar o processo nos termos do art. 277º, nº 1, *in fine* do CPP, mas apenas porque, na falta daquela condição de procedibilidade, se terá de concluir que o procedimento (a sua conti-

[59] Ac. TRG de 27.04.2015, Proc. 708/13.OGAFAF.G1 (Ana Teixeira).

nuação) se tornou legalmente inadmissível. Se o assistente deduzir acusação particular[60], o MP poderá aderir à acusação do assistente (art. 285º, nº 4 do CPP – paralelo com o art. 284º do CPP), ou não a acompanhar (o que implica nada fazer). Já o arguido poderá, perante uma dedução de acusação particular pelo assistente, requerer a abertura da instrução (art. 287º, nº 1, al. *a)* do CPP).

3.3. Na detenção em flagrante delito

No art. 255º do CPP surge regulada a detenção em flagrante delito, extraindo-se do artigo algumas consequências associadas à natureza dos crimes.

Esta modalidade de detenção pode ocorrer nos crimes públicos caso exista uma situação de flagrante delito, nos termos do art. 256º do CPP (que consagra diversas modalidades de flagrante delito).

Tratando-se de crimes semipúblicos, o nº 3 do art. 255º do CPP estabelece uma particularidade importante: a detenção pode efetivar-se, como nos crimes públicos, mas *"só se mantém quando, em ato a ela seguido, o titular do direito respetivo [de queixa] o exercer. Neste caso, a autoridade judiciária ou a entidade policial levantam ou mandam levantar auto em que a queixa fique registada"*. Caso após a detenção não seja exercido o direito de queixa, não resta outra alterativa que não seja a de fazer cessar a detenção, devendo o detido ser libertado.

Já nos crimes particulares está afastada qualquer possibilidade de detenção em flagrante delito: o nº 4 do art. 255º do CPP refere expressamente que *"não há lugar a detenção em flagrante delito, mas apenas à identificação do infractor"*. Embora possa ocorrer uma situação de flagrante delito (numa das modalidades previstas no art. 256º do CPP), não pode o infrator ser detido, procedendo-se apenas à sua identificação.

[60] Aceitando que essa dedução poderia extrair-se da adesão à acusação pública pelo crime de violência doméstica, uma vez que na adesão teria sido manifestada a vontade de que o arguido fosse perseguido também pelos factos naturalísticos que, na substância, eram parte dos mesmos que eram descritos na acusação e que também fundamentavam a incriminação referente ao crime de violência doméstica, Ac. TRG de 25.09.2017, Proc. 573/16.6PBVCT.G1 (Ausenda Gonçalves).

3.4. Na aplicabilidade das formas de processo especiais

Não se suscitam problemas de compatibilidade da forma de processo comum com os crimes em função da sua natureza pública, semipública ou particular.

O mesmo não poderá ser dito em relação a todas as formas de processo especiais.

A forma especial do processo sumário (arts. 381º-391º do CPP) é incompatível com os crimes particulares, embora seja compatível com os crimes públicos e semipúblicos. Tal sucede em virtude de o processo sumário exigir como um dos requisitos a detenção em flagrante delito (art. 381º, nº 1 do CPP), possibilidade que o art. 255º, nº 4 do CPP veda expressamente para os crimes particulares.

Já as formas especiais do processo abreviado (arts. 391º-A-391º-G do CPP) e do processo sumaríssimo (arts. 392º-398º do CPP) são compatíveis com todas as naturezas de crimes, incluindo com os crimes particulares (cfr. arts. 391º-B, nº 3 e 392º, nº 2 do CPP).

3.5. No prazo para a constituição como assistente

Uma derradeira implicação da natureza dos crimes pode ser encontrada no prazo para a constituição como assistente.

Nos crimes particulares, em que a constituição como assistente é, a par da queixa e da dedução de acusação particular, uma condição de procedibilidade, o prazo para ser requerida a constituição como assistente está previsto no nº 2 do art. 68º do CPP: o queixoso dispõe apenas do prazo de 10 dias a contar da declaração de intenção de constituição como assistente prevista no art. 246º, nº 4 do CPP, ou seja, na prática dispõe de um prazo de 10 dias a contar da apresentação da queixa.

Esse prazo (mais curto) não vigora para os crimes públicos e semipúblicos, em que a constituição como assistente, apesar de facultativa, também poderá ocorrer (o estatuto de assistência pode ser aplicado a todos os que se possam constituir como assistentes e o façam): para crimes com natureza pública e semipública o prazo para a constituição como assistente é o previsto no art. 68º, nº 3 do CPP (nas suas diversas alíneas). No limite, a constituição como assistente poderá ser requerida no prazo para a interposição de recurso da sentença, ainda que o requerente tenha sempre de aceitar o processo no estado em que se encontrar.

3.6. Na dedução do pedido de indemnização civil

Uma consequência processual adicional da distinção entre crimes públicos, semipúblicos e particulares pode ser identificada no regime da dedução do pedido de indemnização civil, previsto nos arts. 71º a 84º do CPP.

Estando em causa crimes dependentes de queixa ou de acusação particular, a dedução do pedido de indemnização civil fundado na prática de crime não tem de ocorrer por princípio (embora tal possa suceder), como nos crimes públicos, no processo penal.

Tais hipóteses integram o elenco de exceções ao princípio da adesão consagrado no art. 71º do CPP. No art. 72º, nº 1, al. *c)* do CPP prevê-se expressamente que o pedido de indemnização civil pode ser deduzido em separado, perante o tribunal civil, quando o procedimento depender de queixa ou de acusação particular. Quanto aos crimes públicos a possibilidade de dedução do pedido de indemnização civil em separado também existe, mas pressupõe a integração numa das outras exceções contempladas no nº 1 do art. 72º do CPP. Por outras palavras, vigora, em relação aos crimes semipúblicos ou particulares, uma permissão geral de dedução do pedido de indemnização civil em separado, ao passo que, no que toca aos crimes públicos, terá de se verificar uma das hipóteses previstas nas als. *a)*, *b)*, *d)*, *e)*, *f)*, *g)*, *h)* e *i)* do nº 1 do art. 72º do CPP para que a dedução do pedido civil possa ocorrer em separado.

Capítulo III
A aplicação da lei processual penal no tempo

Sumário: 1. A relevância do tema; 2. Os princípios gerais de aplicação da lei penal no tempo; 3. O regime previsto no art. 5º do CPP; 4. A contraposição entre normas processuais penais materiais e normas processuais penais formais; 5. Algumas hipóteses de aplicação da lei processual penal no tempo

Bibliografia escolhida: Germano Marques da Silva, *Direito Processual Penal Português*, vol. 1, 2ª ed., Lisboa: Universidade Católica Editora, 2017, pp. 121-125; Paulo Pinto de Albuquerque, *Comentário do Código de Processo Penal à luz da Constituição da República e da Convenção Europeia dos Direitos do Homem*, 4ª ed., Lisboa: Universidade Católica Editora, 2011, anotação ao art. 5º, pp. 62-67; AA.VV., *Comentário Judiciário do Código de Processo Penal*, Tomo I, Coimbra: Almedina, 2019, anotação ao art. 5º, pp. 109-119; AA.VV., *Código de Processo Penal Comentado* (coord. António da Silva Henriques Gaspar *et al.*), 3ª ed., Coimbra: Almedina, 2022, anotação ao art. 5º, pp. 28-31; Maria João Antunes, *Direito Processual Penal*, 3ª ed., Coimbra: Almedina, 2021, pp. 32-33; Manuel Simas Santos/Manuel Leal-Henriques/João Simas Santos, *Noções de Processo Penal*, 3ª ed., Lisboa: Rei dos Livros, 2020, pp. 67-69; José António Barreiros, *Sistema e Estrutura do Processo Penal Português*, vol. I, s/ed., 1997, pp. 182-224; Américo Taipa de Carvalho, *Sucessão de Leis Penais*, 3ª ed., Coimbra: Coimbra Editora, 2008, pp. 347-431; Teresa Quintela de Brito, "As normas processuais penais materiais e o problema da sua sucessão no sistema jurídico português", in *Anatomia do Crime*, nº 9 (Jan.-Jun. 2019), pp. 151-178; Jorge de

FIGUEIREDO DIAS, *Direito Processual Penal*, I, Coimbra: Coimbra Editora, 1974 (reimpressão, 2004), pp. 110-112; ANTÓNIO CASTANHEIRA NEVES, *Sumários de Processo Criminal – 1967-1968*, Coimbra, 1968, pp. 64-69.

JURISPRUDÊNCIA ESCOLHIDA: Ac. TC nº 551/2009, de 27.10.2009, Proc. 280/09 (Vítor Gomes); Ac. STJ de Fixação de Jurisprudência nº 4/2009, de 18.02.2009 (Henriques Gaspar); Ac. STJ de 07.11.2012, Proc. 1198/04.4GBAGD.C4.S1 (Raul Borges); Ac. STJ de 01.02.2017, Proc. 446/07.3ECLSB.L1-C.S1 (Raul Borges); Ac. STJ de 22.06.2022, Proc. 1085/14.8GAMTA.L1.S1 (Leonor Furtado); Ac. TRC de 12.03.2014, Proc. 308/12.2T3AND.C1 (Elisa Sales); Ac. TRP de 19.02.2014, Proc. 1467/12.0PHMTS.P1 (Fátima Furtado); Ac. TRP de 22.02.2017, Proc. 5954/12.1TDLSB-A.P1 (Maria Deolinda Dionísio).

1. A relevância do tema

Não raras vezes o CPP e demais legislação processual penal são objeto de alterações legislativas[61]. Ao longo de mais de 35 anos de vigência, o CPP já foi objeto de 42 alterações, o que significa uma média de mais do que uma alteração por ano. Desde 2018, o CPP foi alterado 9 vezes: 4 alterações em 2019, 1 alteração em 2020, 3 alterações em 2021 e 1 alteração em 2022. Fazem, por isso, algum sentido afirmações quanto à instabilidade legislativa recorrente no domínio processual penal.

As alterações legislativas verificadas no domínio processual penal têm por efeito a revogação da lei antiga (doravante, LA) pela lei nova (doravante, LN), que coloca um problema de sucessão de leis processuais penais no tempo: uma mesma realidade passa a ser regulada por mais do que uma lei. A aplicação da LA favorece o chamado *"interesse na estabilidade"*, ao passo que a aplicação da LN favorece o chamado *"interesse na adaptação"*[62].

O problema da sucessão de leis no tempo acentua-se sempre que as alterações legislativas não sejam acompanhadas da inclusão de normas transitórias que permitam resolver as dúvidas. As normas de direito

[61] Para uma explicação das possíveis razões para tal suceder em relação ao processo penal, cfr. JORGE DE FIGUEIREDO DIAS, "Por onde vai o processo penal português: por estradas ou por veredas?", in *As conferências do Centro de Estudos Judiciários* (coord. ANTÓNIO PEDRO BARBAS HOMEM), Coimbra: Almedina, 2014, pp. 49-88 (51-52).

[62] Sobre estes interesses, cfr. MIGUEL TEIXEIRA DE SOUSA, *Introdução ao Direito*, Coimbra: Almedina, 2012, p. 281.

transitório podem fixar um regime específico que não coincide com o da LA nem com o da LN (são as chamadas *"normas de direito transitório material"*) ou limitar-se a escolher, entre a LA e a LN, qual a lei aplicável (são as chamadas *"normas de direito transitório formal"*)[63].

A frequente (para não dizer reiterada) alteração de normas processuais penais (constantes do CPP ou de outra legislação processual penal) obriga o intérprete e aplicador das normas, não apenas a um esforço de permanente atualização, mas a saber lidar com os intrincados problemas que o tema da aplicação da lei (de natureza processual ou substantiva e de caráter penal ou não) sempre suscita. Muitas vezes o intérprete e aplicador fica na dúvida sobre a lei que deve ser aplicada: a LA ou a LN. Mesmo quando consegue determinar a lei que deve ser aplicada suscitam-se dúvidas sobre os termos dessa aplicação.

2. Os princípios gerais de aplicação da lei penal do tempo

Em princípio (até por estarem em causa, na expressão de Castanheira Neves[64], as soluções naturais e que convêm simultaneamente à lei material e à lei processual), a LN só deve dispor para o futuro (isto é, não deve aplicar-se retroativamente) e deve também ser de aplicação imediata.

Assim, abrangidos pela LN não ficam factos passados nem efeitos já produzidos antes da LN entrar em vigor. Porém, em princípio a LN será aplicável: (i) aos factos e efeitos futuros; (ii) aos factos jurídicos iniciados na vigência da LA, mas ainda em curso quando a LN entrou em vigor; (iii) às situações jurídicas constituídas na vigência da LA, mas ainda não extintas quando a LN entrou em vigor.

3. O regime previsto no art. 5º do CPP

3.1. O princípio da aplicabilidade imediata da LN

O princípio da aplicabilidade imediata da LN constitui uma regra que costuma prevalecer sobre as demais regras no domínio processual[65], fun-

[63] Distinguindo estas modalidades de direito transitório, cfr. Miguel Teixeira de Sousa, *Introdução ao Direito*, Coimbra: Almedina, 2012, pp. 283-284.

[64] António Castanheira Neves, *Sumários de Processo Criminal – 1967-1968*, Coimbra, 1968, p. 65.

[65] Assim, quanto ao processo civil, mas sublinhando que o recurso às soluções próprias da teoria geral do direito domina o problema da aplicação da lei processual no tempo, cfr. João

dando-se na ideia segundo a qual a entrada em vigor de uma lei tem por objetivo a sua aplicação (imediata) às situações pela mesma abrangidas. De alguma forma, pressupõe-se que a LN corresponde à lei que melhor (e mais atualmente) satisfaz os interesses prosseguidos e a realizar pelo direito processual.

Tal não significa, todavia, que uma LN deva aplicar-se de forma retroativa, desrespeitando o domínio regido pela LA. Em particular, os atos processuais regem-se pela lei vigente no momento da sua realização (princípio *tempus regit actum*), pelo que, caso os atos processuais tenham sido praticados no domínio da LA, deve entender-se que permanecem admissíveis e válidos.

O art. 5º, nº 1 do CPP consagra uma disposição consentânea com o princípio da aplicação imediata da LN[66]: dele decorre que a LN se aplica a processos iniciados (isto é, registados e autuados como inquérito) após a sua entrada em vigor, bem como a processos iniciados antes da sua entrada em vigor. Mesmo que o processo tenha sido instaurado antes da entrada em vigor da LN esta poderá aplicar-se aos atos processuais que tenham lugar no domínio da sua vigência. Porém, na parte final ressalva a validade dos atos já realizados em processos iniciados antes da sua entrada em vigor.

Daqui decorre que a LN se aplica aos processos penais novos e também aos processos penais anteriores à sua entrada em vigor, devendo os respetivos atos processuais reger-se pela LN e não pela LA. No entanto, a LA continua (é a chamada *"sobrevigência da LA"*[67]) a reger a validade dos atos processuais que não sejam novos, uma vez que à partida (e em caso de dúvida) se deve entender que a LN que disponha sobre condições de validade de factos só visará os factos novos e não os factos antigos. Note-se, porém, que os atos já realizados só não serão atingidos pelas condições de validade estabelecidas pela LN quando tenham sido praticados em conformidade com a LA (ou seja, desde que os mesmos tenham respeitado e cumprido o formalismo da LA). Os atos considerados juridicamente perfeitos à luz da LA assim permanecem, não obs-

de Castro Mendes/Miguel Teixeira de Sousa, *Manual de Processo Civil*, vol. I, Lisboa: AAFDL, 2022, p. 74.

66 De acordo com Maria Fernanda Palma, "Linhas estruturais da reforma penal: problemas de aplicação da lei processual penal no tempo", in *O Direito*, 140, nº 1 (2008), p. 17, a aplicabilidade imediata justificar-se-á "*dada a natureza adjetiva e instrumental do Processo Penal*".

67 Miguel Teixeira de Sousa, *Introdução ao Direito*, Coimbra: Almedina, 2012, pp. 287-288.

tante a entrada em vigor da LN. Como chamava a atenção Castanheira Neves, tal decorre de uma exceção à "solução natural" uma vez que implicará neste caso a não aplicação imediata da LN[68].

3.2. As exceções à aplicabilidade imediata da LN

Diferentes da limitação contida na parte final do nº 1 do art. 5º do CPP são as exceções vertidas nas als. do nº 2 do mesmo artigo.

Quanto a estas exceções fica claro que a LN só valerá para o futuro. Não se aplica a LN aos processos-crime iniciados anteriormente à sua vigência, mas essa restrição apenas vale quando da sua aplicabilidade imediata possa resultar: a) agravamento sensível e ainda evitável da situação processual do arguido (que suporta um entendimento da relação jurídica processual penal em sentido dinâmico e não estático), nomeadamente (isto é, em particular) uma limitação do seu direito de defesa; ou b) quebra da harmonia e unidade dos vários atos do processo.

Se a primeira exceção se funda numa tutela especial da situação processual do arguido e das garantias de defesa que o processo criminal assegura nos termos do nº 1 do art. 32º da CRP (que conduz à desaplicação da LN sempre que se mostre mais desfavorável)[69], a segunda exceção convoca a necessidade de tutela da continuidade do ato processual (por exemplo, verificada uma alteração dos requisitos para a realização de uma acareação de testemunhas ou das regras de inquirição de uma testemunha iniciada em audiência ocorrida antes da entrada em vigor da LN e continuada depois da entrada em vigor da LN). A necessidade de tutela da continuidade do ato processual pode encontrar justificação no facto de o processo ser constituído por diversos atos que estão encadeados de forma inextrincável (tal como explicava Figueiredo Dias[70]) ou de se evitar uma certa *"anarquia processual"* (na expressão de Simas Santos e Leal-Henriques[71]).

[68] António Castanheira Neves, *Sumários de Processo Criminal – 1967-1968*, Coimbra, 1968, p. 69.

[69] Assim também, Maria João Antunes, *Direito Processual Penal*, 3ª ed., Coimbra: Almedina, 2021, p. 32.

[70] Jorge de Figueiredo Dias, *Direito Processual Penal*, I, Coimbra: Coimbra Editora, 1974 (reimpressão, 2004), p. 111.

[71] Manuel Simas Santos/Manuel Leal-Henriques/João Simas Santos, *Noções de Processo Penal*, 3ª ed., Lisboa: Rei dos Livros, 2020, p. 68.

Em relação à hipótese de agravamento da situação processual do arguido prevista na al. *a)* do nº 2 do art. 5º do CPP não é evidente o significado das expressões *"sensível"* e *"ainda evitável"*. Há quem entenda (Tiago Caiado Milheiro)[72] que o agravamento será sensível estando em causa norma que: (i) elimine, diminua, dificulte ou condicione direitos que eram reconhecidos ao arguido pela LA; (ii) proíba ou restrinja meios de prova *"em seu benefício"* necessários para demonstrar a sua inocência ou colocar em dúvida os factos incriminatórios; (iii) amplie a possibilidade de produção e valoração de prova incriminatória ou agrave a sua posição processual por ser mais limitativa de direitos fundamentais, tais como o direito à liberdade ou o direito ao recurso, ou crie mais "entraves" à extinção do processo. O ser ou não evitável o agravamento da situação processual do arguido atende, segundo mesmo autor, ao facto de se revelar ou não possível e útil impedir a aplicação da LN[73]. Tiago Caiado Milheiro[74] equipara (com recurso a interpretação extensiva) às situações de agravamento sensível e ainda evitável da situação processual do arguido os casos em que a posição do arguido fica mais vulnerável (por exemplo, se for alargada a possibilidade de recurso do assistente para agravar a pena ou lograr a condenação do arguido).

3.3. A incompletude do regime do art. 5º

O CPP contém uma disposição legal especificamente destinada a solucionar questões da aplicação da lei processual penal no tempo: o art. 5º, que tem aliás por epígrafe *"Aplicação da lei processual penal no tempo"*.

Não obstante, essa epígrafe pode ser enganadora. Embora o art. 5º do CPP assuma manifesta relevância para o tema da aplicação da lei processual penal no tempo, não pode ser entendido como a disposição legal que soluciona todos os problemas. Por um lado, aquele artigo – ao referir, por exemplo, no corpo do nº 2 que *"a lei processual penal não se aplica aos processos iniciados"* – supõe a existência de um processo penal em curso, o que significa que não pode ser convocado quando a sucessão de normas processu-

[72] Tiago Caiado Milheiro, *Comentário Judiciário do Código de Processo Penal*, Tomo I, Coimbra: Almedina, 2019, anotações 9 e 10 ao art. 5º, pp. 114-115.

[73] Tiago Caiado Milheiro, *Comentário Judiciário do Código de Processo Penal*, Tomo I, Coimbra: Almedina, 2019, anotação 12 ao art. 5º, p. 115.

[74] Tiago Caiado Milheiro, *Comentário Judiciário do Código de Processo Penal*, Tomo I, Coimbra: Almedina, 2019, anotação 13 ao art. 5º, p. 115.

ais penais seja anterior à abertura do processo. Por outro lado, as soluções contidas no art. 5º, nºs 1 e 2 do CPP carecem de ser devidamente explicadas no quadro das soluções gerais adotadas em matéria de aplicação da lei processual no tempo. Por fim, atenta a natureza penal das normas processuais penais, coloca-se a questão de saber se a posição adotada pode deixar de compatibilizar a solução contida na al. *a)* do seu nº 2 com as normas da CRP (em especial, o art. 29º, nº 4) e deixar de ser interpretada de forma integrada com o próprio CP (em especial, o art. 2º, nº 4).

4. A contraposição entre normas processuais penais materiais e normas processuais penais formais

4.1. Os critérios de distinção

Na doutrina e na jurisprudência distingue-se entre: (i) normas processuais penais *stricto sensu* ou normas processuais formais; e (ii) normas processuais penais materiais.

Vários são os critérios avançados para suportar essa distinção. Alguns autores entendem que as normas processuais terão cunho material sempre que produzam *"efeitos sobre a penalidade concreta aplicável ao arguido"* (Germano Marques da Silva[75]). Outros preferem dizer que têm natureza material as normas processuais que *"condicionam [positiva ou negativamente] a efetivação da responsabilidade penal"*, bem como as normas processuais que *"contendem diretamente com os direitos do arguido ou do recluso"* (Taipa de Carvalho[76]). Também existe quem considere que são normas processuais materiais as que *"representam, em termos materiais, uma verdadeira pré-conformação da penalidade a que o arguido poderá ficar sujeito"*, estando, por isso, sujeitas ao princípio da legalidade (Paulo Pinto de Albuquerque[77]).

Vários exemplos de normas processuais penais materiais costumam ser apresentados na doutrina e na jurisprudência. É o caso de normas relativas: (i) à natureza dos crimes; (ii) à caducidade, exercício e desistência do

[75] Germano Marques da Silva, *Direito Processual Penal Português*, vol. 1, 2ª ed., Lisboa: Universidade Católica Editora, 2017, p. 122.

[76] Américo Taipa de Carvalho, *Sucessão de Leis Penais*, 3ª ed., Coimbra: Coimbra Editora, 2008, pp. 351-352.

[77] Paulo Pinto de Albuquerque, *Comentário do Código de Processo Penal à luz da Constituição da República e da Convenção Europeia dos Direitos do Homem*, 4ª ed., Lisboa: Universidade Católica Editora, 2011, anotação 2 ao art. 5º, p. 62.

direito de queixa; (iii) à prescrição do procedimento criminal, e, nomeadamente, aos prazos, causas de interrupção e suspensão e efeitos da prescrição; (iv) à aplicação, substituição e revogação de medidas de coação, com exceção do TIR; (v) ao ónus da prova; (vi) à fundamentação das decisões; (vii) à *reformatio in pejus*; (viii) à liberdade condicional e liberdade para a prova. Também por vezes são referidas as normas respeitantes às espécies de prova, à valoração da sua eficácia probatória ou aos graus de recurso.

Pese embora não exista unanimidade de vistas a este respeito, a adoção de um critério de distinção não constituiu uma questão de somenos. Assume relevância, na medida em que é usual reclamar para as normas processuais penais materiais um regime mais exigente em matéria de aplicação da lei no tempo do que aquele que vigora para as normas processuais penais formais ou *stricto sensu*. Daqui também decorre que se admite que o art. 5º do CPP não permite resolver todos os problemas relacionados com a aplicação da lei processual penal no tempo.

4.2. O regime das normas processuais penais materiais

A maior exigência em termos de regime na comparação com as normas processuais penais formais justifica, no entender de alguma doutrina, que se faça aproximar as normas processuais penais materiais das normas substantivas penais, para as quais vigora o disposto no art. 29º, nº 4 da CRP e no art. 2º, nº 4 do CP.

De facto, alguns autores (é o caso de Taipa de Carvalho[78]) defendem que o regime das normas processuais penais materiais decorre do art. 29º, nº 4 da CRP e do art. 2º, nº 4 do CP. Na medida em que se encontram submetidas à proibição de retroatividade da lei penal desfavorável, as normas processuais penais materiais devem considerar-se abrangidas pelo art. 2º, nº 4 do CP. Apesar da al. *a)* do nº 2 do art. 5º do CPP se referir ao direito de defesa (o que poderia inculcar estarem em causa normas processuais penais materiais, em razão da inclusão de um critério material), essa referência não é vista como correta, o que implica que se proceda a uma interpretação ab-rogante daquela alínea (*"o disposto na referida al. a) não devia constar do art. 5º, pois que versa uma questão que, por exigência constitucional e do Estado-de-Direito, está submetida ao princípio da proibição da retroatividade da lei penal desfavorável, e, portanto, é abrangida pelo art. 2º-4, do Código Penal"*).

[78] Américo Taipa de Carvalho, *Sucessão de Leis Penais*, 3ª ed., Coimbra: Coimbra Editora, 2008, pp. 362-367.

Essa posição não é, todavia, acolhida pela restante doutrina.

Germano Marques da Silva[79] aplica às normas processuais penais materiais a al. *a)* do nº 2 do art. 5º do CPP, entendendo que essa aplicação é uma decorrência do princípio da legalidade criminal (art. 29º, nº 1 da CRP).

Partindo do facto como termo de referência para aferir da sucessão de normas processuais penais materiais, a posição de Paulo Pinto de Albuquerque[80] também não coincide com a de Taipa de Carvalho. Defende o autor que do art. 29º, nº 4 da CRP emergem 2 ideias: (i) a proibição de aplicação retroativa de normas processuais materiais menos favoráveis ao arguido; (ii) a imposição de aplicação retroativa de normas processuais materiais mais favoráveis (ou menos desfavoráveis) ao arguido. E, de acordo com o mesmo autor, é sempre aplicável *"o regime que concretamente se mostrar mais favorável ao agente"* quando as normas processuais materiais vigentes no momento da prática do facto punível forem diferentes das estabelecidas em leis posteriores. Por assim ser, considera que o disposto no art. 5º, nº 2, al. *a)* do CPP não se aplica às normas processuais penais materiais: aplica-se às normas processuais formais que produzam um agravamento sensível e ainda evitável da situação processual do arguido.

A solução de rejeição da aplicação da al. *a)* do nº 2 do art. 5º do CPP às normas processuais penais materiais compatibiliza-se mal com o facto de a referida alínea fazer uma inequívoca alusão a um critério de tipo material (em especial, o direito de defesa do arguido), o que inviabiliza a sua recondução a uma norma relevante apenas para as normas processuais penais formais para quem defenda que poderão ser normas processuais penais materiais as que contendem diretamente com os direitos do arguido. Seja como for, o regime das normas processuais penais materiais não se pode esgotar na referida alínea. Desde logo, porque o universo das normas processuais penais materiais não se limita, seguindo o critério de Taipa e Carvalho e de outros autores, às normas processuais que contendem com os direitos do arguido ou com a sua situação processual. Além disso, a alínea em questão limita-se na prática a excecio-

[79] Germano Marques da Silva, *Direito Processual Penal Português*, vol. 1, 2ª ed., Lisboa: Universidade Católica Editora, 2017, p. 122 e nota 1.

[80] Paulo Pinto de Albuquerque, *Comentário do Código de Processo Penal à luz da Constituição da República e da Convenção Europeia dos Direitos do Homem*, 4ª ed., Lisboa: Universidade Católica Editora, 2011, anotação ao art. 5º, pp. 62-67.

nar a aplicabilidade imediata da LN em certas situações, obrigando a determinar por uma outra via a lei aplicável quando tal suceda: à luz do disposto no art. 29º, nº 4 da CRP e no art. 2º, nº 4 do CP a lei aplicável será então a que concreta (ou seja, em face das características do caso concreto) e globalmente (isto é, em face do conjunto das normas aplicáveis) se mostre mais favorável.

Uma via alternativa de solução poderia ser partir da ideia de Taipa de Carvalho[81] segundo a qual são normas processuais penais materiais, quer as que *"condicionam [positiva ou negativamente] a efetivação da responsabilidade penal"*, quer as que *"contendem diretamente com os direitos do arguido ou do recluso"*. O art. 5º, nº 2, al. *a)* do CPP apenas respeitaria às normas processuais penais materiais que contendem diretamente com os direitos do arguido. Quanto às normas que condicionam a efetivação da responsabilidade penal parece fazer sentido sujeitá-las a um regime equivalente ao das normas substantivas penais, servindo então de referência, tal como nestas, o momento da prática do facto – *tempus delicti* (art. 29º, nº 4 da CRP e art. 2º, nº 4 do CP; cfr. art. 3º do CP para o momento da prática do facto). Estando em causa estas normas processuais penais materiais aplicar-se-á a LN (por força da imposição de aplicação retroativa) se a mesma for de conteúdo mais favorável ou menos desfavorável ao arguido, caso contrário aplica-se a LA em decorrência da proibição de aplicação retroativa de normas menos favoráveis ao arguido[82]. Já no caso das normas que contendem diretamente com os direitos do arguido (com as suas garantias) será de aplicar o regime da al. *a)* do nº 2 do art. 5º do CPP, que exprime uma ideia consentânea com os princípios fundamentais do art. 29º, nº 4 da CRP[83], mas não coincidente com o art. 2º, nº 4 do CP. Será o caso, como sugere

[81] Américo Taipa de Carvalho, *Sucessão de Leis Penais*, 3ª ed., Coimbra: Coimbra Editora, 2008, pp. 351-352.

[82] Sobre os prazos máximos de suspensão da prescrição como normas processuais materiais e a problemática gerada com a entrada em vigor do CPP de 1987 quanto aos efeitos relativamente àqueles prazos, cfr. Pedro Caeiro, "Aplicação da lei penal no tempo e prazos de suspensão do procedimento criminal: um "caso prático", in *Estudos em Homenagem a Cunha Rodrigues* (org. Jorge de Figueiredo Dias *et al.*), vol. I, Coimbra: Coimbra Editora, 2001, pp. 231-253, em especial, pp. 249-252.

[83] Até por poder tal norma constitucional ser invocada a partir de um conceito amplo de leis penais, como refere Maria Fernanda Palma, "Linhas estruturais da reforma penal: problemas de aplicação da lei processual penal no tempo", in *O Direito*, 140, nº 1 (2008), p. 20.

Henriques Gaspar[84], de: separação entre as funções de acusação e defesa; admissibilidade das provas e validade ou suscetibilidade de produção de meios de prova invasivos admitidos pela LN, ou reconsideração da função de meios pré-existentes; ato processual que deixe de estar previsto; eliminação de um grau de recurso. Em tais hipóteses a LN não se aplicará aos processos já em curso, mas essa exclusão apenas ocorrerá quando a aplicabilidade imediata da LN representar um agravamento (sensível e ainda evitável) da situação processual do arguido. Na medida em que a aplicação da LN não implique qualquer agravamento (muito menos sensível e evitável) da situação processual do arguido, nomeadamente do seu direito de defesa, a LN poderá aplicar-se imediatamente. Caso contrário, deverá aplicar-se a lei que se mostrar mais favorável ao arguido. Contudo, para as normas processuais penais materiais a que se aplica a al. *a)* do nº 2 do art. 5º do CPP não parece assumir relevância a lei vigente no momento da prática do facto (como nas normas substantivas penais, em que, por força do art. 2º, nº 4 do CP, se atende ao momento da prática do facto previsto no art. 3º do CP) ou sequer do início do processo-crime (como no caso da al. *b)* do nº 2 do mesmo art. 5º): o termo de referência para um possível agravamento (sensível e ainda evitável) parece ser antes o da situação processual do arguido. A lei não esclarece o que significa a situação processual do arguido, nem indica o respetivo *terminus a quo* de aplicação da norma processual[85]. Mas a situação processual do arguido surgirá com a constituição de arguido (momento em que o arguido adquire um estatuto, com direitos e deveres, que pode não coincidir com o do início do processo) e não pode ser entendida como uma situação estática: poderá conhecer concretizações e vicissitudes ao longo do processo. Por assim ser, alguns autores admitem que, sucedendo no tempo várias normas processuais penais, será de aplicar a que se revelar menos gravosa para a situação processual do arguido e a jurisprudência vem reconhecendo a relevância de um *terminus a quo* posterior à constituição de arguido.

[84] Henriques Gaspar, *Código de Processo Penal Comentado* (coord. António da Silva Henriques Gaspar *et al.*), 3ª ed., Coimbra: Almedina, 2022, anotação 5 ao art. 5º, pp. 28-31 (31).

[85] Sobre este aspeto, com desenvolvimento, cfr. Teresa Quintela de Brito, "As normas processuais penais materiais e o problema da sua sucessão no sistema jurídico português", in *Anatomia do Crime*, nº 9 (Jan.-Jun. 2019), pp. 151-178.

4.3. O regime das normas processuais penais formais

As normas processuais penais que não condicionem a efetivação da responsabilidade penal (sujeitas ao regime do art. 29º, nº 4 da CRP e do art. 2º, nº 4 do CP) nem contendam diretamente com direitos do arguido (sujeitas ao regime do art. 5º, nº, al. *a)* do CPP) ou do recluso podem ser consideradas de natureza formal, o que significa que quanto a elas vigora o princípio da aplicabilidade imediata da LN no que se refere aos processos em curso, salvo se aplicável a exceção prevista na al. *b)* do nº 2 do art. 5º do CPP: quebra da harmonia e unidade dos vários atos do processo.

5. Algumas hipóteses de aplicação da lei processual penal no tempo

5.1. A alteração da natureza processual do crime

Desde logo, a alteração das condições de procedibilidade de um crime implica a modificação da natureza processual do crime e suscita dúvidas práticas.

Se, por força de uma alteração legislativa verificada no decurso do processo-crime, um crime que assumia natureza pública passar a ter natureza semipública ou particular ou se um crime que era semipúblico passar a ter natureza particular coloca-se a questão de saber se a alteração verificada não inviabiliza a continuação do processo[86].

Por exemplo, aceitando-se a aplicação imediata da LN (por inexistirem exceções que a impeçam), a entrada em vigor da LN que atribui ao crime natureza semipública quando tinha anteriormente natureza pública conduz a que tenha de ser deduzida queixa, suscitando-se a questão de saber que prazo dispõe o titular do direito de queixa para o fazer. Para alguns autores, o prazo para a dedução de queixa será o prazo previsto no art. 115º, nº 1 do CP, ou seja, o prazo de 6 meses após o conhecimento do facto e dos seus autores ou a partir da morte do ofendido, ou da data em que ele se tiver tornado incapaz. Contudo, existem soluções alternativas porventura mais eficientes. Caso tenha sido apresentada denúncia do crime (que era então público e passou a ser semipúblico) pelo titular do direito de queixa, poderá admitir-se a convolação da

[86] Já Henriques Gaspar, "Aplicação da lei no tempo, caducidade do direito de queixa", in *RMP*, 28 (Out. Dez. 1986), pp. 61-82 (77), considera o direito de queixa como um verdadeiro "direito potestativo" qualificando a condição de procedibilidade como pressuposto processual.

denúncia anteriormente apresentada em queixa ou, caso não exista coincidência entre o denunciante e o titular do direito de queixa, conceder-se um prazo de 10 dias ao titular do direito de queixa para a deduzir.

A situação é mais complicada caso já tenha sido deduzida acusação pelo MP e a alteração legislativa determinar que o crime (que era público ou semipúblico) passará a ter natureza particular. Recorde-se o caso do crime previsto no art. 207º, nº 2 do CP, que passou a ter natureza particular com a entrada em vigor da Lei nº 19/2013, de 21 de fevereiro, sendo certo que antes assumia natureza semipública. Em muitos casos, a entrada em vigor da LN, aplicada imediatamente aos processos em curso, conduziu a que se discutisse a falta de legitimidade do MP para prosseguir com a ação penal, pois os ofendidos, embora tivessem apresentado queixa, não se haviam constituído como assistentes nem deduzido acusação particular. Para ultrapassar a falta de constituição como assistente, alguma jurisprudência[87] veio defender que os ofendidos deveriam ser advertidos da obrigatoriedade de se constituirem como assistentes e dos procedimentos a observar, nos termos do disposto no nº 4 do art. 246º do CPP, contando-se o prazo para a constituição como assistente daquela advertência. De qualquer modo, a acusação do MP deduzida num cenário de crime público ou semipúblico não pode ser convolada em acusação particular, mas também deve entender-se que a alteração legislativa não é suscetível de pôr em causa a admissibilidade e validade da acusação já deduzida pelo MP, *ex vi* art. 5º, nº 1, parte final do CPP. O mesmo poderá ser dito estando em causa ao requerimento do MP para a aplicação da sanção em processo sumaríssimo (equiparado materialmente a uma acusação), apresentado antes de se ter operado a alteração da natureza do crime e ainda que seja posterior à entrada em vigor da alteração legislativa a não oposição do arguido e também a sentença condenatória proferida[88]. Porém, se o crime era público e tiver passado a particular, tendo já sido deduzida acusação, o titular do direito de queixa passa a ter a possibilidade de desistir da queixa, nos termos do art. 116º, nº 2 do CP.

Já se, por força de uma alteração legislativa verificada no decurso do processo-crime, um crime que assumia natureza semipública ou particular passar a ter natureza pública ou semipública (ou seja, na hipótese

[87] Ac. TRP de 19.02.2014, Proc. 1467/12.0PHMTS.P1 (Fátima Furtado).

[88] Ac. TRC de 12.03.2014, Proc. 308/12.2T3AND.C1 (Elisa Sales).

inversa), a LN não se aplicará, uma vez que, eliminando condições de procedibilidade que antes existiam, deve a mesma ser considerada mais desfavorável (ou menos favorável) ao arguido.

5.2. As alterações na recorribilidade das decisões

Também se têm suscitado dúvidas em matéria de aplicação da lei processual no tempo no que respeita a alterações legislativas em matéria de recursos.

No Ac. STJ de Fixação de Jurisprudência nº 4/2009[89], na sequência de várias divergências no seio do próprio STJ, decidiu-se, em relação a uma alteração legislativa tendo por objeto a recorribilidade de uma decisão em sentido desfavorável ao arguido (no caso do TRL), que a LN deveria ser comparada com a lei em vigor no momento da prolação da decisão condenatória em 1ª instância. Apesar de a al. *a)* do nº 2 do art. 5º do CPP se referir à situação processual do arguido, entendeu o STJ que essa situação processual se concretiza sucessivamente no processo desde o momento da constituição de arguido com a verificação dos pressupostos e com o correspondente exercício dos direitos que lhe caibam relativamente a cada ato, momento ou fase do processo, e com a sujeição a deveres que cada ato, momento ou fase imponha. Ora, na opinião do STJ, o direito do arguido a recorrer, nos termos da lei, das decisões que lhe sejam desfavoráveis assegurado pelo art. 61º, nº 1, al. *j)* do CPP pressupõe a existência de uma decisão desfavorável e só nesse momento será possível ao arguido analisar se a decisão é ou não passível de recurso e, em caso afirmativo, em que termos. Por assim ser, também só nesse momento se terá iniciado a fase recursória, a qual deve desde esse momento ficar sujeita a um regime uniforme (também por razões de harmonia e unidade). Daí que se as alterações legislativas verificadas após o início da fase de recursos podem agravar a situação processual do arguido, o mesmo já não sucede em relação às alterações legislativas verificadas antes da prolação de decisão condenatória em 1ª instância. Sendo proferido acórdão condenatório do TRL após a entrada em vigor de uma LN que passa a não admitir o recurso para o STJ, o que releva para aferir da recorribilidade é a lei que vigorava quando foi proferida a decisão de 1ª instância, a qual admitia o recurso para o STJ, pelo

[89] Ac. STJ de Fixação de Jurisprudência nº 4/2009, de 18.02.2009 (Henriques Gaspar).

que deve continuar a aplicar-se. A interpretação defendida pelo STJ foi secundada, de resto, no Ac. TC nº 551/2009[90], que a considerou conforme com a CRP[91], e aplicada em decisões subsequentes do STJ[92], que a consideraram inclusive transponível para a questão da impugnação da decisão instrutória[93].

Mais recentemente, voltou a colocar-se uma questão de aplicação no tempo em matéria de recursos, em virtude da alteração introduzida pela Lei nº 94/2021, de 21 de dezembro (dando nova redação à al. *e)* do nº 1 do art. 400º do CPP), que passou a admitir a recorribilidade para o STJ dos acórdãos da Relação que revertam decisões absolutórias, ainda que aplicando pena não privativa da liberdade. A esse respeito, considerou-se no Ac. STJ de 22.06.2022[94] que, ainda que a regra de aplicação imediata da lei processual penal no tempo, constante do art. 5º do CPP, fosse de aplicar na situação, sustentando a recorribilidade do acórdão por parte dos arguidos, com base na aplicação imediata da lei nova, tal não seria suficiente para dispensar a determinação do fator de conexão relevante, o que, de acordo com o entendimento doutrinal e jurisprudencial dominante, seria o momento em que é proferida a decisão recorrida.

De todo o modo, será sempre de admitir a aplicação de um novo regime relativo ao direito ao recurso que seja mais favorável ao arguido (apesar de tal ser pouco provável). Se após a prolação da sentença condenatória vier a entrar em vigor LN que atribua um direito de recurso mais favorável, ter-se-á de admitir que a LN também se aplica ao processo pendente mesmo que a LA fosse a vigente no momento da condenação em primeira instância. Quando muito o momento da condenação em 1ª instância será o da retroatividade máxima.

[90] Ac. TC nº 551/2009, de 27.10.2009, Proc. 280/09 (Vítor Gomes).

[91] Em sentido muito crítico quanto ao critério (momento da prolação da sentença condenatória em 1ª instância) adotado pelo STJ e julgado não inconstitucional pelo TC, cfr. Teresa Quintela de Brito, "As normas processuais penais materiais e o problema da sua sucessão no sistema jurídico português", in *Anatomia do Crime*, nº 9 (Jan.-Jun. 2019), pp. 151-178 (165-166). A autora considera este tipo de normas processuais materiais de segundo tipo, a que se aplicaria o art. 5º do CPP.

[92] Por exemplo, no Ac. STJ de 07.11.2012, Proc. 1198/04.4GBAGD.C4.S1 (Raul Borges).

[93] Ac. STJ de 01.02.2017, Proc. 446/07.3ECLSB.L1-C.S1 (Raul Borges).

[94] Ac. STJ de 22.06.2022, Proc. 1085/14.8GAMTA.L1.S1 (Leonor Furtado).

5.3. As alterações no prazo para a constituição como assistente

A Lei nº 130/2015, de 4 de setembro, aditou a al. *c)* ao nº 3 do art. 68º do CPP, o que veio a permitir que fosse requerida a constituição como assistente no prazo para interposição de recurso da sentença.

Para além de se terem suscitados dúvidas acerca da natureza interpretativa ou inovatória da referida norma, discutiu-se se tal norma poderia ser aplicada imediatamente aos processos em curso. No Ac. TRP de 22.02.2017[95] rejeitou-se essa aplicação imediata, *ex vi* art. 5º, nº 2, al. *a)* do CPP, por não se entender estar em causa uma alteração *"puramente adjetiva visto que atinente ao procedimento de constituição como assistente"*. Contra tal entendimento invocou o TRP: (i) os poderes autónomos de atuação que o assistente dispõe em todas as fases do processo, o que permitiria concluir que a sua admissão, *"ainda que apenas em fase de recurso da sentença, afeta a estabilidade da instância no tocante aos sujeitos processuais intervenientes, em prejuízo do arguido, confrontado agora com um opositor direto e com interesses próprios completamente contrários aos seus"*; (ii) a circunstância de estar em causa *"uma alteração muito significativa ao regime do assistente, com potenciais reflexos nas consequências penais a que o arguido se sujeita"*.

[95] Ac. TRP de 22.02.2017, Proc. 5954/12.1TDLSB-A.P1 (Maria Deolinda Dionísio).

Capítulo IV
A suficiência do processo penal e as questões não penais prejudiciais

Sumário: 1. O princípio da suficiência do processo penal e o seu significado; 2. A excecionalidade da devolução da questão não penal para outro tribunal; 3. A decisão sobre a questão não penal e o efeito de caso julgado

Bibliografia escolhida: Germano Marques da Silva, *Direito Processual Penal Português*, vol. 1, 2ª ed., Lisboa: Universidade Católica Editora, 2017, pp. 128-136; Paulo Pinto de Albuquerque, *Comentário do Código de Processo Penal à luz da Constituição da República e da Convenção Europeia dos Direitos do Homem*, 4ª ed., Lisboa: Universidade Católica Editora, 2011, anotação ao art. 7º, pp. 68-72; AA.VV., *Comentário Judiciário do Código de Processo Penal*, Tomo I, Coimbra: Almedina, 2019, anotação ao art. 7º, pp. 133-150; AA.VV., *Código de Processo Penal Comentado* (coord. António da Silva Henriques Gaspar *et al.*), 3ª ed., Coimbra: Almedina, 2022, anotação ao art. 7º, pp. 20-22; Fernando Gama Lobo, *Código de Processo Penal Anotado*, 4ª ed., Coimbra: Almedina, 2022, anotação ao art. 7º, pp. 40-43; Jorge de Figueiredo Dias, *Direito Processual Penal*, I, Coimbra: Coimbra Editora, 1974 (reimpressão, 2004), pp. 163-183; António Castanheira Neves, *Sumários de Processo Criminal – 1967-1968*, Coimbra, 1968, pp. 83-112; João de Castro Mendes/Miguel Teixeira de Sousa, *Manual de Processo Civil*, vol. I, Lisboa: AAFDL, 2022, pp. 642-643; Maria José Capelo, *A Sentença entre a Autoridade a Prova – em busca de traços distintivos do caso julgado civil*, Coimbra: Almedina, 2016, pp. 210-227.

Jurisprudência escolhida: Ac. STJ de 29.01.2015, Proc. 8/14.9YGLSB.S1 (Nuno Gomes da Silva); Ac. TRC de 23.05.2012, Proc. 387/08.7TATMR.C1 (Jorge Jacob); Ac. TRL de 25.02.2010, Proc. 667/2002.l1-8 (Catarina Arêlo Manso).

1. O princípio da suficiência do processo penal e o seu significado

1.1. A autossuficiência do processo penal

O art. 7º, nº 1 do CPP estabelece que *"O processo penal é promovido independentemente de qualquer outro e nele se resolvem todas as questões que interessarem à decisão da causa"*.

Daqui emerge o princípio da suficiência do processo penal, segundo o qual todas as questões, independentemente da respetiva natureza, podem ser conhecidas e resolvidas no processo penal, desde que assumam relevância para a decisão penal. Na expressão de Castanheira Neves[96], aquele princípio *"prescreve a autonomia e como que a plenitude intencional da ação penal: não só pode ser ela exercida e julgada independentemente de qualquer outra ação, como ainda a si mesma se deve bastar. O mesmo é dizer que a ação penal é autossuficiente"*. O tribunal criminal terá assim competência para decidir todas questões penais e não penais que sejam relevantes para resolver o caso penal. Revela-se desta forma a intenção de considerar o processo penal autossuficiente, admitindo que essa autossuficiência evita que sejam levantados obstáculos ao exercício da ação penal, promove a boa administração da justiça penal e reduz também a insegurança e a incerteza jurídicas.

Por assim ser, no processo penal serão, em princípio, conhecidas e resolvidas todas as questões, ainda que não tenham uma natureza especificamente penal (por exemplo, sejam de natureza civil, laboral, administrativa e fiscal), e mesmo que assumam caráter prejudicial em relação à decisão penal. Tal como refere a jurisprudência[97], o que releva é que estejam em causa questões essenciais para conhecer da existência de um crime (cuja resolução condiciona o *iter* da decisão penal), de modo que

[96] António Castanheira Neves, *Sumários de Processo Criminal – 1967-1968*, Coimbra, 1968, p. 83.

[97] Ac. STJ de 29.01.2015, Proc. 8/14.9YGLSB.S1 (Nuno Gomes da Silva).

se possa concluir que são questões de prejudicialidade substantiva, inerente aos elementos materiais do crime.

Através do princípio da suficiência fica então o tribunal criminal autorizado a exercer a competência normalmente atribuída a outros tribunais.

1.2. As questões prejudiciais penais e as questões prejudiciais não penais

Consideram-se questões prejudiciais aquelas cujo conhecimento condiciona (como seu pressuposto substantivo e não como questão prévia de natureza processual ou como exceção) a decisão sobre a questão principal, por existir uma conexão material com esta questão principal.

Embora possam existir questões prejudiciais penais no processo penal e questões prejudiciais penais em processos não penais, releva sobretudo o problema das questões não penais em processo penal. Só a estas se refere o art. 7º, nº 2 do CPP. Às primeiras aplicam-se as regras sobre a competência por conexão (divergindo a doutrina sobre se o tribunal penal está limitado a estas regras) e as segundas ficam sujeitas às regras do art. 92º do CPC. Tal como cedo referiu Figueiredo Dias[98], a questão dos limites do princípio da suficiência surge com maior dimensão e autonomia no que toca às questões prejudiciais não penais em processo penal.

1.3. O sistema misto ou intermédio consagrado no CPP

Apesar da consagração do princípio da suficiência no art. 7º, nº 1, o CPP também prevê, excecionalmente, a possibilidade de certas questões não penais, de cariz prejudicial, serem remetidas para o tribunal materialmente competente.

Por assim ser, a doutrina e a jurisprudência aludem à consagração no CPP de um sistema misto ou intermédio. Ao invés de se proceder sempre a uma remessa para o tribunal materialmente competente de questões prejudiciais não penais (sistema de devolução obrigatória), no CPP optou-se por prever apenas essa remessa em situações excecionais e não como princípio. Ao mesmo tempo, não se optou no CPP por uma solu-

[98] Jorge de Figueiredo Dias, *Direito Processual Penal*, I, Coimbra: Coimbra Editora, 1974 (reimpressão, 2004), p. 173.

ção de recusa de remessa de questões não penais para outros tribunais (sistema do conhecimento obrigatório ou da extensão da competência para as questões prejudiciais).

Portanto, só algumas questões prejudiciais são remetidas para os tribunais que seriam competentes para a sua resolução, na sequência de uma ponderação que compete ao tribunal penal efetuar (no quadro de um modelo de devolução facultativa ou, na expressão, de Castanheira Neves[99], de acordo com um *"sistema de suficiência discricionária"*).

Desta forma se alcança um bom equilíbrio entre as exigências de concentração e de continuidade do processo e a complexidade ou a especialidade de certas questões prejudiciais que desaconselham o conhecimento e resolução pelo tribunal criminal.

2. A excecionalidade da devolução de questão não penal para outro tribunal

Por força do princípio da suficiência e da excecionalidade das situações de remessa de questões prejudiciais para os tribunais que seriam competentes para as resolver, entende-se que o CPP não consagra qualquer prejudicialidade processual obrigatória.

O nº 2 do art. 7º do CPP limita-se a prever a possibilidade de o tribunal penal suspender o processo para que se decida uma questão prejudicial não penal no tribunal competente, caso entenda que, para se conhecer da existência de um crime, é necessário julgar uma questão não penal que não pode ser convenientemente resolvida no processo penal. Consagra-se assim um modelo de devolução facultativa.

Em várias situações surgem questões não penais relativas à propriedade, ao estado das pessoas, e à existência e natureza de relação laboral que, pela sua complexidade e especificidade, podem carecer de ser conhecidas noutra sede.

2.1. As exceções ao princípio da suficiência

A decisão de suspensão do processo para que se decida uma questão prejudicial não penal no tribunal competente pode ser tomada apenas se essa questão se referir a um elemento essencial do crime.

[99] António Castanheira Neves, *Sumários de Processo Criminal – 1967-1968*, Coimbra, 1968, p. 92.

Por exemplo, envolvendo a falsificação de uma escritura de justificação notarial, a insolvência dolosa ou fortuita, a inversão do título da posse no crime de abuso de confiança ou no crime de peculato e ainda a falta de elementos do tipo de um crime tributário como a liquidação um imposto ou tributo.

2.2. O critério da discricionariedade vinculada e os requisitos da devolução para outro tribunal

Compete ao tribunal criminal decidir se remete ou não a questão prejudicial não penal ao tribunal competente.

Não se trata, em todo o caso, de uma decisão livre, mas sim de uma decisão sujeita a um modelo de discricionariedade vinculada (e daí sindicável o respetivo exercício), na medida em que terão de ser observados vários requisitos cumulativos para que se justifique proceder a uma devolução da resolução de questões prejudiciais não penais para outros tribunais.

Do nº 2 do art. 7º do CPP emergem, desde logo, 2 requisitos: (i) necessidade (*"for necessário julgar qualquer questão não penal"*); e (ii) conveniência (*"qualquer questão não penal que não possa ser convenientemente resolvida no processo penal"*). Assim, o conhecimento da questão prejudicial terá de ser indispensável, de modo que se possa concluir que a questão criminal não poderá ser decidida sem uma prévia decisão sobre a questão prejudicial (necessidade), e esse conhecimento prévio terá de ser imposto por razões de natureza subjetiva ou processuais, nomeadamente por estar em causa uma decisão de um tribunal com competência específica ou por ser usado um procedimento específico ou uma forma de processo dificilmente compatível com a do processo penal (conveniência).

Alguma jurisprudência[100] alude ainda a mais 2 requisitos: (iii) autonomia, no sentido de ter de estar em causa uma questão juridicamente independente que possa ser objeto de um processo específico ou autónomo; (iv) anterioridade, uma vez que a questão prejudicial deve ser prévia (pré-existente em sentido fáctico) em relação ao evento hipotético que dá origem à responsabilidade criminal.

[100] Ac. TRC de 23.05.2012, Proc. 387/08.7TATMR.C1 (Jorge Jacob).

2.3. O regime da suspensão do processo para resolução de questão prejudicial

Decidida a remessa da questão prejudicial não penal para o tribunal competente, terá de ser suspenso o processo penal até que seja proferida decisão sobre essa questão.

Todavia, deverá ser proferida decisão pelo tribunal criminal a determinar a suspensão do processo e, caso a questão prejudicial não penal não seja decidida atempadamente pelo tribunal competente, sê-lo-á pelo tribunal criminal.

Diferentemente do que sucede noutros caso de suspensão previstos na lei (como no art. 47º do RGIT, que consagra uma regra especial, adotando um modelo de devolução obrigatória, que pode ocorrer mesmo na fase inquérito, embora seja discutível se de funcionamento automático), a suspensão do processo prevista no art. 7º, nºs 2, 3 e 4 não opera sem um juízo por parte do tribunal criminal, que o modelo de discricionariedade vinculada sem margem para dúvidas impõe.

2.3.1. A legitimidade para requerer a suspensão e fase em que poderá ser determinada

O MP, o assistente e o arguido (não a vítima nem as partes civis) podem requerer, após a acusação ou o requerimento para abertura da instrução, a suspensão do processo penal para que seja decidida questão prejudicial não penal no tribunal competente, mas tal suspensão também poderá ser determinada oficiosamente pelo tribunal penal (art. 7º, nº 3 do CPP).

A exclusão da suspensão do processo na fase de inquérito explica-se pela necessidade de uma prévia delimitação do objeto do processo antes de ser tomada qualquer decisão sobre a relevância da questão prejudicial e conveniência da devolução. Nos arts. 42º, nº 2 e 47º, nº 1 RGIT preveem-se, não obstante, situações de devolução obrigatória do conhecimento de questões prejudiciais no decurso de inquérito.

Em qualquer dos casos, a suspensão não poderá prejudicar a realização de diligências urgentes de prova, tal como decorre da parte final do nº 3 do art. 7º do CPP.

2.3.2. A sujeição da suspensão a prazo razoável e a possibilidade de prorrogação

Apesar de se prever a possibilidade de devolução da questão prejudicial para o tribunal competente, o legislador procurou evitar que essa devolução impedisse o exercício do processo penal.

A suspensão do processo fica sujeita ao prazo fixado pelo tribunal, que terá, porém, de ser um prazo razoável (art. 7º, nº 4 do CPP), ou seja, fruto de uma ponderação dos interesses em jogo e objeto de fundamentação (Tiago Caiado Milheiro[101]).

O prazo de suspensão do processo fixado pelo tribunal pode ser prorrogado até 1 ano, mas apenas se a demora na decisão não for imputável ao assistente ou ao arguido (art. 7º, nº 4 do CPP).

Findo o prazo fixado ou finda a prorrogação, a questão será decidida no processo penal caso a questão prejudicial não tenha sido resolvida ou se a ação não tiver sido proposta no prazo máximo de 1 mês (art. 7º, nº 4 do CPP). Alguma doutrina (Tiago Caiado Milheiro[102]) assinala pertinentemente que na prática revela-se aqui uma devolução facultativa temporalmente delimitada.

2.4. O reenvio prejudicial para o TJUE

Em causa poderá estar também o reenvio prejudicial para o TJUE (previsto no art. 267º do TFUE), mas apenas se tal reenvio se justificar enquanto instrumento de cooperação entre os tribunais nacionais e o Tribunal de Justiça.

Caso a questão não assuma relevância para o desfecho do processo, se o TJUE já se tiver pronunciado sobre a questão ou se o sentido da norma for claro e evidente (teoria do ato claro), não se justificará o reenvio. Porém, existindo incumprimento por parte dos tribunais nacionais da obrigação de colocar uma questão prejudicial poderão o TJUE, os tribunais nacionais e o TEDH sancionar e sindicar esse incumprimento.

O reenvio prejudicial parece ter apenas por finalidade a interpretação de uma norma e a conformidade com o direito europeu (mais

[101] TIAGO CAIADO MILHEIRO, *Comentário Judiciário do Código de Processo Penal*, Tomo I, Coimbra: Almedina, 2019, anotação 18 ao art. 7º, p. 143.

[102] TIAGO CAIADO MILHEIRO, *Comentário Judiciário do Código de Processo Penal*, Tomo I, Coimbra: Almedina, 2019, anotação 18 ao art. 7º, p. 143.

rigorosamente, visará assegurar a correta aplicação e a coerência e a uniformidade da interpretação e aplicação do direito da UE[103]), não tendo propriamente por objeto, nem cabendo na competência do tribunal para o qual se reenvia (o TJUE), a necessidade de resolver uma questão não penal.

Seja como for, a ocorrer, deverá o reenvio para o TJUE ter lugar sobretudo na instrução ou no julgamento.

3. A decisão sobre a questão não penal e o efeito de caso julgado

A decisão tomada por outro tribunal sobre questão não penal pode assumir relevância como elemento probatório (com força probatória variável consoante o tipo de decisão, a causa de pedir e os sujeitos processuais) quando seja proferida sem que tenha sido determinada a suspensão. Porém, a decisão sobre questão não penal poderá fazer caso julgado no processo penal suspenso (art. 619º, nº 1 do CPC) caso o arguido, a vítima, o assistente, o lesado e o responsável civil tenham tido a oportunidade de discutir a questão naquele tribunal (ainda que tenham optado por não o fazer).

Já a decisão tomada pelo tribunal criminal sobre questão não penal suscita mais dúvidas, tendo em conta a ausência de normas no CPP que disponham sobre a eficácia da sentença (condenatória ou absolutória) penal. Perante a lacuna do CPP, foram aditados ao anterior CPC os arts. 674º-A e 674º-B (que correspondem aos atuais arts. 623º e 624º do CPC).

A decisão não terá, em princípio, efeito de caso julgado fora do processo penal. Embora não seja evidente o motivo pelo qual se entende atualmente que a decisão penal não deve, designadamente à luz de uma ideia de equivalência dos tribunais, produzir o efeito de caso julgado nos outros tribunais (como sublinham Castro Mendes e Teixeira de Sousa[104]), o CPC parece ter optado (diferentemente do que sucedia no regime anterior) por uma outra solução. Por assim ser, e embora se

[103] Ana Soares Pinto, "Da influência do direito da União Europeia no direito das contraordenações no domínio da concorrência", in *O Direito das Contraordenações nos tempos atuais – III Jornadas Tribunal da Concorrência, Regulação e Supervisão*, Caderno Especial, CEJ, 2022, pp. 141-158 (156).

[104] João de Castro Mendes/Miguel Teixeira de Sousa, *Manual de Processo Civil*, vol. I, Lisboa: AAFDL, 2022, pp. 642-643.

admita que o tribunal criminal seja competente para apreciar uma questão não penal em razão do referido princípio da suficiência ou numa hipótese em que a questão seja decidida no processo penal por não o ter sido atempadamente noutro tribunal, a decisão tomada por aquele tribunal criminal não tem valor de caso julgado.

Todavia, alguma doutrina e jurisprudência defendem que a decisão penal poderá ainda assim ter valor de caso julgado, pelo menos, em relação ao arguido e ao responsável civil que tenham tido intervenção no processo penal[105].

O CPP limita-se a dispor sobre o efeito do caso julgado da decisão penal, ainda que absolutória, que conhecer do pedido civil, estatuindo que tal decisão constitui caso jugado nos termos em que a lei atribui eficácia de caso julgado às sentenças civis (art. 84º do CPP).

As opções vertidas nos arts. 623º e 624º do CPC revelam a intenção do legislador de se afastar da figura do caso julgado, estabelecendo, não obstante, uma relação de presunção (de cariz especial) entre a decisão penal (que serve de base à presunção) e os factos com relevância civil que assenta numa certa confiança na apreciação realizada pelo tribunal criminal e que conduz a uma dispensa relativa de prova (o beneficiário fica desonerado de provar o "facto presumido").

Quanto a terceiros titulares de uma relação jurídica dependente do crime, o problema deve ser analisado à luz do art. 623º do CPC (correspondente ao anterior art. 674º-A), que regula a oponibilidade a terceiros de decisão penal condenatória, de acordo com o qual *"a condenação definitiva proferida no processo penal constitui, em relação a terceiros, presunção ilidível no que se refere à existência dos factos que integram os pressupostos da punição e os elementos do tipo legal, bem como dos que respeitam às formas do crime, em quaisquer ações civis em que se discutam relações jurídicas dependentes da prática da infração"*. Deste modo, em relação a terceiros (por exemplo, que não tenham exercido no processo penal o direito a pedir uma indemnização), a sentença penal terá de constituir mera presunção (de

105 Paulo Pinto de Albuquerque, *Comentário do Código de Processo Penal à luz da Constituição da República e da Convenção Europeia dos Direitos do Homem*, 4ª ed., Lisboa: Universidade Católica Editora, 2011, anotação 13 ao art. 7º, pp. 70-71. Contra, porém, invocando a aplicação analógica do art. 92º, nº 2 do CPC (correspondente ao art. 97º, nº 2 do anterior CPC), *ex vi* art. 4º, cfr. Germano Marques da Silva, *Direito Processual Penal Português*, vol. 1, 2ª ed., Lisboa: Universidade Católica Editora, 2017, p. 135.

cariz especial) ilidível, na medida em que o terceiro não teve intervenção no processo.

Não assim ao que parece no caso do arguido. Na medida em que já tenha exercido o contraditório em relação a factos assentes na decisão penal condenatória, entende a jurisprudência que não poderá o arguido ilidir a presunção que decorre do art. 623º (anterior art. 674º-A) do CPC[106]. Todavia, a poder aceitar-se este entendimento teria de concluir-se que todos os que tenham tido intervenção no processo penal não poderão ilidir a presunção, uma vez que tiveram a possibilidade de exercer o respetivo contraditório. Para além do arguido, também o assistente ficaria vinculado à referida presunção, sem a poder ilidir. Alguma doutrina (Maria José Capelo[107]) sublinha, contudo, que tal conclusão assenta numa perspetiva incorreta e anacrónica do caso julgado.

Nada impede que, perante decisão penal absolutória, transitada em julgado, seja novamente colocada alguma questão não penal anteriormente apreciada pelo tribunal criminal. Tal como decorre do art. 624º do CPC (correspondente ao anterior art. 674º-B), a referida decisão *"constitui, em quaisquer ações de natureza civil, simples presunção legal da inexistência desses factos, ilidível mediante prova em contrário"*. Esta presunção (igualmente de cariz especial) legal da inexistência dos factos, para além de ser ilidível (ainda que prevalecendo sobre quaisquer presunções de culpa admitidas na lei civil), só abrange os casos em que o arguido tenha sido absolvido com fundamento em não ter praticado os factos que lhe eram imputados (ou seja, nas hipóteses mais raras de absolvição assertiva ou de prova positiva). Em relação às situações mais frequentes de absolvição dubitativa (ou por falta de provas), não parece emergir por força do referido preceito qualquer presunção legal de inexistência dos factos. Por outro lado, perante a omissão de qualquer referência a esse respeito, é discutível se a referida presunção se aplica apenas aos sujeitos intervenientes ou se é extensível também a terceiros.

[106] Assim, por exemplo, Ac. TRL de 25.02.2010, Proc. 667/2002.l1-8 (Catarina Arêlo Manso).

[107] Maria José Capelo, *A Sentença entre a Autoridade a Prova – em busca de traços distintivos do caso julgado civil*, Coimbra: Almedina, 2016, p. 222.

PARTE II

OS SUJEITOS E OS PARTICIPANTES DO PROCESSO PENAL

Sumário: Capítulo I – A categoria geral de participantes processuais e a distinção entre sujeitos e participantes processuais em sentido estrito; Capítulo II – O juiz e o tribunal; Capítulo III – O MP e os OPC; Capítulo IV – O arguido e o defensor; Capítulo V – A vítima; Capítulo VI – O assistente; Capítulo VII – As partes civis

Capítulo I
A categoria geral de participantes processuais e a distinção entre sujeitos e participantes processuais em sentido estrito

Bibliografia escolhida: Paulo de Sousa Mendes, *Lições de Direito Processual Penal*, Coimbra: Almedina, 2013, pp. 107-108; Maria João Antunes, *Direito Processual Penal*, 3ª ed., Coimbra: Almedina, 2021, p. 35; Jorge de Figueiredo Dias/Nuno Brandão, *Direito Processual Penal – Os sujeitos processuais*, Coimbra: Gestlegal, 2022, pp. 11-15; Germano Marques da Silva, *Direito Processual Penal Português*, vol. 1, 2ª ed., Lisboa: Universidade Católica Editora, 2017, pp. 155-157; Gil Moreira dos Santos, *Princípios e prática processual penal*, Coimbra: Coimbra Editora, 2014, pp. 93-94; Manuel Simas Santos/Manuel Leal-Henriques/João Simas Santos, *Noções de Processo Penal*, 3ª ed., Lisboa: Rei dos Livros, 2020, pp. 75-77; José António Barreiros, *Sistema e Estrutura do Processo Penal Português*, vol. II, s/ed., 1997, pp. 11-14; Manuel Cavaleiro de Ferreira, *Curso de Processo Penal*, 1º vol., Lisboa: Danubio, 1986, pp. 43-44.

Jurisprudência escolhida: Ac. TRC de 05.02.2014, Proc. 174/13.0GAVZL-A.C2 (Vasques Osório); Ac. TRL de 26.02.2019, Proc. 54/16.8PEALM.L1-5 (Artur Vargues); Ac. TRP de 06.05.2020, Proc. 6028/19.0JAPRT-A.P1 (António Luís Carvalhão).

1. Os participantes processuais em sentido amplo

O Livro I da Parte I do CPP abrange a matéria dos sujeitos do processo, tendo o legislador procedido à repartição daquele Livro por 6 (seis) Títulos que incluem os seguintes intervenientes processuais: (i) o juiz e o tribunal (Título I); (ii) o MP e os OPC (Título II); (iii) o arguido e o defensor (Título III); a vítima (Título IV); o assistente (Título V); e as partes civis (Título VI).

Apesar da epígrafe do Livro I, a doutrina tem chamado a atenção para a circunstância de nele estarem incluídos intervenientes processuais de diferente natureza ou estatuto.

Todos eles podem ser reconduzidos a uma categoria geral (ou designação abrangente) de participantes processuais (entendidos em sentido amplo). Porém, importa distinguir[108]: por um lado, os sujeitos do processo penal; por outro lado, os demais participantes processuais ou os participantes processuais em sentido estrito.

2. Os critérios de distinção entre sujeitos e participantes processuais

Um critério possível de distinção poderia suportar-se numa relação de causalidade necessária entre os sujeitos do processo e o próprio processo: sem os sujeitos deixaria de existir processo, não se podendo dizer o mesmo em relação aos demais intervenientes qualificados como meros participantes processuais. Há também quem aluda à circunstância de possuírem ou não os participantes processuais faculdades de iniciativa ou de decisão em relação ao processo. Também por vezes se refere ao facto de intervirem na constituição, desenvolvimento ou extinção da relação jurídica processual ou de desempenharem apenas uma função de cooperantes ou de auxiliares. Um outro critério de distinção entre sujeitos do processo penal e outros participantes processuais assenta no facto de serem ou não conferidas competências ou poderes de conformação da marcha do processo penal[109] (de imprimir ao processo uma

[108] Maria João Antunes, *Direito Processual Penal*, 3ª ed., Coimbra: Almedina, 2021, p. 35, e Jorge de Figueiredo Dias/Nuno Brandão, *Direito Processual Penal – Os sujeitos processuais*, Coimbra: Gestlegal, 2022, p. 13.

[109] Maria João Antunes, *Direito Processual Penal*, 3ª ed., Coimbra: Almedina, 2021, p. 35 e Jorge de Figueiredo Dias/Nuno Brandão, *Direito Processual Penal – Os sujeitos processuais*, Coimbra: Gestlegal, 2022, p. 15.

direção ou de possuírem uma função determinante no processo[110]). Essas competências ou poderes de conformação permitem ver nos sujeitos do processo participantes processuais que têm uma participação constitutiva, que conduzem ativamente o processo e cuja atividade é determinante para a decisão final, ao passo que os participantes processuais em sentido estrito se limitam a praticar atos singulares cujo conteúdo se esgota na própria atividade.

Seguindo este último critério, parece ser de admitir a recondução à categoria de sujeitos processuais dos casos do tribunal, do MP, do arguido, do defensor e do assistente, na medida em que podem determinar a tramitação do processo penal. Ao invés, será de excluir da categoria de sujeitos processuais (embora mantenham a qualidade de participantes processuais) os OPC, a vítima e as partes civis. Estas últimas suscitam dúvidas de qualificação: embora possam ser consideradas sujeitos (e mesmo partes), são-no apenas em relação ao pedido de indemnização civil, não em relação ao processo-crime no qual o referido pedido é deduzido.

3. Os outros intervenientes do processo

Outros intervenientes do processo, como testemunhas, peritos e consultores, tradutores e intérpretes, e advogados do assistente e das partes civis, são também por vezes qualificados como participantes processuais (é o caso das testemunhas e dos peritos, qualificação que pode assumir relevância em matéria de vinculação ao segredo de justiça, ao se distinguir entre os *"diretamente envolvidos na concreta relação processual"*, que incluem os sujeitos processuais e os participantes processuais, e as *"pessoas estranhas a essa relação processual"*, entendidos como terceiros[111] ou como sujeitos auxiliares (a par dos OPC[112]), mas não serão objeto de tratamento nesta sede.

[110] Assim, Manuel Cavaleiro de Ferreira, *Curso de Processo Penal*, 1º vol., Lisboa: Danubio, 1986, p. 43.

[111] Por exemplo, Ac. TRL de 26.02.2019, Proc. 54/16.8PEALM.L1-5 (Artur Vargues), Ac. TRP de 06.05.2020, Proc. 6028/19.0JAPRT-A.P1 (António Luís Carvalhão), e Ac. TRC de 05.02.2014, Proc. 174/13.0GAVZL-A.C2 (Vasques Osório).

[112] Assim, por exemplo, José António Barreiros, *Sistema e Estrutura do Processo Penal Português*, vol. II, s/ed., 1997, p. 14.

Capítulo II
O tribunal

Sumário: 1. A jurisdição e a competência penais; 2. A organização dos tribunais judiciais; 3. Os critérios de atribuição da competência penal; 4. Os conflitos de competência e a sua resolução; 5. Os impedimentos e as suspeições (recusa e escusa)

Bibliografia escolhida: Paulo de Sousa Mendes, *Lições de Direito Processual Penal*, Coimbra: Almedina, 2013, pp. 109-114; Maria João Antunes, *Direito Processual Penal*, 3ª ed., Coimbra: Almedina, 2021, pp. 35-39; Jorge de Figueiredo Dias/Nuno Brandão, *Direito Processual Penal – Os sujeitos processuais*, Coimbra: Gestlegal, 2022, pp. 17-122; Germano Marques da Silva, *Direito Processual Penal Português*, vol. 1, 2ª ed., Lisboa: Universidade Católica Editora, 2017, pp. 163-236; Teresa Pizarro Beleza/Frederico da Costa Pinto, *Direito Processual Penal, Os sujeitos processuais e as partes civis*, Lisboa, 2001, pp. 133-187; Manuel Simas Santos/Manuel Leal-Henriques/João Simas Santos, *Noções de Processo Penal*, 3ª ed., Lisboa: Rei dos Livros, 2020, pp. 77-100; José António Barreiros, *Sistema e Estrutura do Processo Penal Português*, vol. II, s/ed., 1997, pp. 26-103; Paulo Pinto de Albuquerque, *Comentário do Código de Processo Penal à luz da Constituição da República e da Convenção Europeia dos Direitos do Homem*, 4ª ed., Lisboa: Universidade Católica Editora, 2011, anotação aos arts. 8º a 47º, pp. 72-142; AA.VV., *Comentário Judiciário do Código de Processo Penal*, Tomo I, Coimbra: Almedina, 2019, anotação aos arts. 8º a 47º, pp. 151 a 507; José Lobo Moutinho, "A competência por conexão no novo Código de Processo Penal", Lisboa: Universidade Católica Editora (Separata de *Direito e Justiça*), 1992; Manuel

Cavaleiro de Ferreira, *Curso de Processo Penal*, 1º vol., Lisboa: Danubio, 1986, pp. 47-143.

Jurisprudência escolhida: Ac. TC nº 124/90, de 19.04.1990, Proc. 58/98 (Messias Bento), Ac. TC nº 935/96, de 10.07.1996, Proc. 674/92 (Alves Correia), Ac. TC nº 186/98, de 18.02.1998, Proc. 528/97 (Sousa e Brito); Ac. TC nº 129/2007, de 27.02.1997, Proc. 707/06 (Pamplona Oliveira); Ac. TC nº 460/2011, de 11.10.2011, Proc. 517/11 (João Cura Mariano); Ac. TC nº 656/2022, de 18.10.2022, Proc. 673/22 (Teles Pereira); Ac. Lavents v. Letónia, de 28.11.2002; Ac. Hauschildt v. Dinamarca, de 24.05.1989; Ac. STJ de 20.10.2010, Proc. 140/10.8YFLSB (Santos Cabral); Ac. STJ de 28.03.2019, Proc. 27/16.0YGLSB-B (Helena Moniz); Ac. STJ de 14.04.2021, Proc. 213/12.2TELSB-U.S1-A (Nuno Gonçalves); Ac. STJ de 30.11.2022, Proc. 184/12.5TELSB-AG.L1-A.S1 (Paulo Ferreira da Cunha); Ac. TRL de 18.04.2018, Proc. 6155/15.2TDLSB-B.L1-3 (Elisa Marques); Ac. TRP de 15.12.2010, Proc. 1130/09.9TAVNG-A.P1 (Castelo Ria).

1. A jurisdição e a competência penais

1.1. A distinção entre jurisdição e competência

Do art. 202º, nº 1 da CRP decorre que *"Os tribunais são os órgãos de soberania com competência para administrar a justiça"*.

Importa, porém, começar por distinguir a jurisdição da competência: esta corresponde à medida de jurisdição atribuída a cada tribunal.

1.2. A atribuição da jurisdição penal aos tribunais judiciais ou comuns

A jurisdição penal está atribuída exclusivamente aos tribunais judiciais ou comuns (art. 211º da CRP), salvo a competência do TC em sede de fiscalização da constitucionalidade (arts. 221º a 224º da CRP).

A CRP proíbe a existência de tribunais com competência exclusiva para o julgamento de (certas) categorias de crimes (art. 209º, nº 4 da CRP) e estabelece também que *"nenhuma causa possa ser subtraída ao tribunal cuja competência esteja fixada em lei anterior"* (princípio do juiz legal ou "natural" – art. 32º, nº 9 da CRP).

1.3. O estatuto constitucional dos tribunais

Em face do seu estatuto constitucional, os tribunais caracterizam-se pela sua independência, inamovibilidade e irresponsabilidade.

2. A organização dos tribunais judiciais

Os tribunais judiciais (art. 29º, nº 1, al. *a)* da LOSJ) estão organizados do seguinte modo: os tribunais judiciais de 1ª instância, depois os tribunais judiciais de 2ª instância e finalmente o STJ.

Na base, encontram-se os tribunais judiciais de 1ª instância. Por regra, será o tribunal de comarca (art. 33º da LOSJ), que tem competência residual, existindo atualmente 23 comarcas. Podem ser criados tribunais de competência territorial alargada (que abrangem mais do que uma comarca) – cfr. arts. 79º a 89º da LOSJ.

Depois existem os tribunais judiciais de 2ª instância – Tribunais da Relação (TR) –, com competência na área das suas circunscrições e que assumem a designação do município no qual têm sede (art. 32º e 67º da LOSJ). Atualmente existem 5 Tribunais da Relação (em Guimarães, Porto, Coimbra, Lisboa e Évora) – cfr. arts. 67º a 78º da LOSJ e 12º do CPP.

Por fim, existe o STJ, no topo da hierarquia, com competência para todo o território nacional – cfr. arts. 45º a 66º da LOSJ e 11º do CPP.

3. Os critérios de atribuição da competência penal

3.1. As dificuldades dos critérios de atribuição da competência penal

Os critérios de atribuição da competência penal não são simples.

Por um lado, o CPP estabelece critérios que não são unívocos, tanto mais que resultam da cumulação de diversos critérios. Por outro lado, na LOSJ nem sempre se verifica coincidência com os critérios constantes do CPP. Há uma sobreposição de critérios, entre o CPP e a LOSJ, que não facilita a compreensão da organização judiciária, especialmente atendendo aos critérios de repartição da jurisdição no CPP.

3.2. A determinação da competência penal segundo o CPP e a LOSJ

Apesar das divergências entre o CPP e a LOSJ, a competência (recorde-se, o grau ou medida de jurisdição de determinado tribunal) em matéria penal deve determinar-se nos termos do art. 9º do CPP, isto é, deve entender-se que os critérios principais de determinação da competência são os fixados pelo CPP, sendo apenas subsidiariamente aplicáveis as disposições da LOSJ.

Assim, e de acordo com os arts. 10º e ss. do CPP, importa referir 3 critérios determinantes do grau ou medida de jurisdição (leia-se, de competência): a competência *material*, a competência *funcional* e a competência *territorial*.

3.3. O critério material e funcional

Este critério abrange várias realidades. Por um lado, integra a atribuição de competência em razão da fase processual em causa. Por outro lado, compreende os critérios de atribuição de competência para julgar em razão da hierarquia e da estrutura (e a matéria).

3.3.1. A competência em razão da fase processual

Funcionalmente, isto é, em função da fase processual em que o processo-crime se encontra, são competentes:

a) Para as fases de *inquérito* (*rectius*: para os atos jurisdicionais na fase de inquérito previstos nos arts. 268º e 269º do CPP) e de *instrução*: os juízos criminais (art. 81º, nº 3, al. *f*) da LOSJ) e o tribunal central de instrução criminal (arts. 83º, nº 3, al. *e*) e 116º a 120º da LOSJ e 17º do CPP);
b) Para a fase de *julgamento*: os tribunais judiciais de 1ª instância, os tribunais de 2ª instância ou o STJ (cfr. *infra* a competência hierárquica e material);
c) Para a fase de *recurso*: os tribunais judiciais de 2ª instância e o STJ no âmbito da respetiva cognoscibilidade;
d) Para a fase de *execução de penas*: os tribunais de execução de penas (arts. 18º CPP e 114º da LOSJ).

3.3.2. A competência para julgar em razão da hierarquia e da estrutura

Na fase de julgamento, assume relevância a atribuição da competência em razão da hierarquia e em razão da estrutura (ou da matéria).

3.3.2.1. Os tribunais competentes para o julgamento em razão da hierarquia

De acordo com a hierarquia (1ª instância, 2ª instância e STJ) serão competentes para julgar:

a) O STJ – art. 11º do CPP;
b) Os TR – art. 12º do CPP; e
c) Os tribunais judiciais de 1ª instância, de comarca – competência residual (arts. 29º, 33º, 43º e 79º e ss. da LOSJ), podendo os mesmos desdobrar-se em juízo central criminal, juízo local criminal e juízo local de pequena criminalidade.

3.3.2.2. Os tribunais competentes para o julgamento em razão da estrutura e da matéria

De acordo com a estrutura, serão competentes para julgar em:
a) Júri (art. 13º do CPP);
b) Coletivo (art. 14º do CPP); e
c) Singular (art. 16º do CPP).

Em função da matéria, a competência pode distinguir-se em razão:
a) da *qualidade* de certos agentes – *v.g.*, o PR, o Presidente da AR e o Primeiro-Ministro por crimes cometidos no exercício das suas funções –, perante o STJ – arts. 11º, nº 3, al. *a)* do CPP e 53º, al. *a)* da LOSJ;
b) de certas *matérias específicas* – *v.g.*, a providência de *habeas corpus* perante o STJ – arts. 11º, nº 4, al. *c)* do CPP e 55º, al. *d)* da LOSJ.

Merece especial nota o regime plasmado no art. 211º, nº 3 da CRP relativamente ao julgamento *"dos crimes de natureza estritamente militares"*, habilitando o legislador ordinário a integrar nos tribunais de qualquer instância um ou mais juízes militares.

A LOSJ (art. 120º, nº 5) atribui competência para os atos instrutórios (da competência de um Juiz de Instrução), quanto aos crimes "estritamente militares", ao *"tribunal central de instrução criminal e à unidade orgânica de instrução criminal militar dos juízos de instrução criminal do Porto, com jurisdição nas áreas indicadas no Código de Justiça Militar"*. Já quanto ao julgamento, a LOSJ (art. 118º, nº 2) atribui competência aos juízos centrais criminais de Lisboa e Porto para o julgamento de crimes de *"natureza estritamente militares, nos termos do Código de Justiça Militar"*, alocando-se por cada um destes tribunais *"um juiz militar por cada ramo das Forças Armadas e um pela GNR"* (art. 133º, nº 3 da LOSJ).

3.3.2.2.1. O labirinto legislativo e as saídas encontradas

Do teor literal das regras do CPP decorre uma remissão recíproca, que deixa o intérprete num verdadeiro labirinto e, nalguns casos, sem aparente saída.

Doutrinariamente, essa saída tem sido encontrada através da compreensão do fenómeno a partir das suas funções e do seu enquadramento sistemático. Passa, em primeiro lugar, pela distinção entre, por um lado, critérios quantitativos (que atendem à moldura penal do crime) e, por outro lado, critérios qualitativos (que são independentes da moldura penal do crime, podendo referir-se à "espécie do crime" ou à "natureza de algum dos seus elementos"). Depois, a saída passa também por fazer prevalecer os critérios qualitativos sobre os critérios quantitativos[113]. Se assim não fosse, toda a atribuição de competência se esgotaria na prática em critérios quantitativos, pois os mesmos acabariam por absorver todos os crimes em função das respetivas molduras penais.

3.3.2.2.2. Os critérios qualitativos e os critérios quantitativos

São considerados critérios qualitativos os plasmados nos arts.: 13º, nº 1; 14º, nº 1; 14º, nº 2, al. *a)*; e 16º, nº 2, al. *a)* do CPP.

Por seu turno, são vistos como critérios quantitativos os plasmados nos arts.: 13º, nº 2; 14º, nº 2, al. *b)*; e 16º, nº 2, al. *b)* do CPP.

O critério previsto no art. 16º, nº 3 do CPP, apesar de brotar de um regime especial, aproxima-se dos critérios quantitativos, na medida em que a atribuição de competência está dependente da moldura penal do crime.

3.3.2.3. A repartição de competência entre o tribunal do júri, o tribunal coletivo e o tribunal singular

Excluindo a competência do STJ ou dos TR, a competência material e funcional para o julgamento de causas penais está atribuída aos tribunais judiciais de primeira instância (residualmente competentes).

Na primeira instância, a competência penal está repartida por 3 espécies de tribunais: o tribunal do júri, o tribunal coletivo e o tribunal singular.

[113] Tal como já havia preconizado Tereza Pizarro Beleza, *Apontamentos de Direito Processual Penal*, Lisboa: AAFDL, 1992, pp. 157 e ss.

Justifica-se proceder a uma análise aprofundada da medida de jurisdição (competência) atribuída a cada espécie de tribunal isoladamente.

3.3.2.3.1. A competência atribuída ao tribunal do júri

A intervenção do tribunal do júri depende sempre de requerimento do MP, do arguido e/ou do assistente e aquele tribunal será competente essencialmente em 2 grupos de casos.

Importa, não obstante, atender também a algumas situações de exclusão da competência do tribunal do júri que decorrem da CRP e/ou de exclusão legal da intervenção do tribunal do júri, e justifica-se ainda referir a importância do requerimento para intervenção do tribunal do júri, a composição do tribunal do júri e as dificuldades e perplexidades que suscita.

3.3.2.3.1.1. Os crimes previstos no art. 13º, nº 1 do CPP

Num 1º grupo de casos estão incluídos os crimes previstos no art. 13º, nº 1 do CPP, que consagra um critério *qualitativo* de atribuição de competência, mas a competência só será atribuída ao tribunal do júri quando seja requerida a sua intervenção.

Tais crimes correspondem: (i) aos crimes contra a identidade cultural e integridade pessoal – arts. 236º a 246º do CP (Título III do Livro II do CP); (ii) aos crimes contra a segurança do Estado – arts. 308º a 346º do CP (Capítulo I, do Título V do Livro II do CP); e (iii) aos crimes previstos na Lei nº 31/2004, de 22 de julho – Lei Penal Relativa Às Violações do Direito Internacional Humanitário.

3.3.2.3.1.2. Os crimes previstos no art. 13º, nº 2 do CPP

Um 2º grupo de casos diz respeito aos crimes com pena máxima, abstratamente aplicável, superior a 8 anos de prisão, nos termos do art. 13º, nº 2 do CPP, que consagra um critério quantitativo de atribuição de competência, mas a competência só será (uma vez mais) atribuída ao tribunal do júri quando tenha sido requerida a sua intervenção.

Importa notar que a pena máxima, abstratamente aplicável, exigida pelo art. 13º, nº 2 do CPP, pode decorrer da imputação ao arguido de vários crimes que, em concurso de infrações, poderá somar mais de 8 anos, ainda que cada crime isoladamente considerado o não permita (cfr. art. 15º do CPP).

3.3.2.3.1.3. As exclusões da competência e intervenção do tribunal do júri

O art. 207º, nº 1 da CRP exclui a competência do tribunal do júri para os crimes de terrorismo e de criminalidade altamente organizada (cfr. art. 1º, als. *i)* e *m)* do CPP). Esta exclusão da competência do tribunal do júri parece colher fundamentação na proteção do próprio tribunal e dos jurados "não togados" que poderiam ficar sujeitos a eventual (evitável) pressão.

Diferente natureza assume a exclusão da intervenção do tribunal do júri prevista legalmente para os crimes cometidos por titulares de cargos políticos, nos termos do art. 40º da Lei 34/87, de 16 de julho. Contra essa solução pode invocar-se a eventual desconformidade constitucional do disposto no referido art. 40º do CPP, desde logo na medida em que o art. 207º, nº 1 da CRP não exclui expressamente este tipo de crimes. Porém, a favor da conformidade à CRP têm vindo a ser alinhavados os seguintes argumentos: (i) com a exclusão da intervenção do tribunal do júri visa-se evitar o julgamento político na praça pública por jurados não "togados", sem garantia da observância de alguns princípios (*v.g.*, da imparcialidade, da isenção e do processo devido); e ii) no art. 207º, nº 1 da CRP ressalva-se que a intervenção do tribunal do júri se fará *"nos casos e com a composição que a lei fixar"*, o que permitira ver aqui incluída a Lei nº 34/87, de 16 de julho, que expressamente exclui essa intervenção. A favor da inconstitucionalidade militam 3 argumentos adicionais. Em primeiro lugar, invoca-se a inexistência de razões objetivas para diferenciar o regime previsto no art. 308º do CP (para o qual se admite expressamente o recurso ao tribunal do júri – cfr. art. 13º, nº 1 do CPP) do regime previsto naquela legislação especial – note-se que é possível, em ambos os casos, ter como agentes/arguidos titulares de cargos políticos e que o regime do art. 308º do CP ainda é mais grave, pelo que a a adoção de uma diferente solução não parece ter sentido objetivo. Em segundo lugar, pode referir-se a ideia de que o julgamento na "praça pública" por ideias preconcebidas não constituiu impedimento à intervenção do tribunal do júri noutros casos – nomeadamente nos crimes socialmente estigmatizantes (homicídios, em especial quando a vítima seja uma criança, crimes sexuais, etc.). Se nestes últimos crimes se asseguram todas as garantias de defesa ao arguido, não se compreende porque não se assegurariam tais garantias aos titulares de cargos políticos por aqueles crimes. Em terceiro lugar, vale a pena referir que o tribunal do júri tem valor e legitimidade reforçados nos termos da CRP: é por essa razão que no art. 207º da CRP só se exclui a intervenção nos casos de terrorismo e criminalidade altamente organizada, pelo que quaisquer outras exclusões na lei ordinária parecem referir-se apenas aos casos previstos no CPP (a que subjaz um critério mais objetivo e constitucionalmente válido: a gravidade da pena). De todo o modo, importa referir que o TC já se pronunciou sobre o assunto, nomeadamente no Ac. TC nº 460/2011[114], não julgando inconstitucional *"o artigo 40º, da Lei nº 34/87, de 16 de Julho, no segmento em que impede o julgamento por um tribunal do júri dos crimes de participação económica em negócio, p.p. nos artigos 3º, n. º 1, alínea i), e 23º, n. º 1, de corrupção passiva para acto ilícito, p.p. nos artigos 3º, nº 1, i), e 16º, nº 1, e de abuso de poder, p.p. pelos artigos 3º, nº 1, i), e 26º, n. º 1, todos da referida Lei nº 34/87, de 16 de Julho, quando cometidos por um membro de um órgão representativo de autarquia local"*.

3.3.2.3.1.4. A importância do requerimento para a intervenção do tribunal do júri

Apesar do tratamento mais favorável dado ao tribunal do júri na atribuição de competência para o julgamento, a sua intervenção não é automática.

É sempre necessário requerimento para que se verifique a intervenção do tribunal do júri. Tal terá de suceder, quer nos casos do art. 13º, nº 1, quer nos casos do art. 13º, nº 2 do CPP.

O requerimento terá de ser apresentado pelo MP, pelo assistente e/ou pelo arguido.

3.3.2.3.1.5. A composição do tribunal do júri

O Regime do Júri está regulado no Decreto-Lei nº 387-A/87, de 29 de dezembro.

No que respeita à composição, do referido diploma (cfr. art. 1º, nºs 1 e 2) decorre que o tribunal do júri é composto pelos 3 juízes que constituem o tribunal coletivo (que haveria de ser competente se não tivesse sido requerida a intervenção do tribunal do júri, sendo estes designados vulgarmente por "jurados togados") e ainda por 4 jurados efetivos e 4

[114] Ac. TC nº 460/2011, de 11.10.2011, Proc. 517/11 (João Cura Mariano).

suplentes (sendo estes conhecidos pelos "jurados não togados"), presidindo ao tribunal do júri o presidente do tribunal coletivo.

Importa assinalar que, entre nós, o júri intervém quer nas decisões da culpabilidade, quer mesmo na determinação da sanção a aplicar (art. 2º, nº 3).

3.3.2.3.1.6. As dificuldades e as perplexidades suscitadas pelo tribunal do júri

O tribunal de júri apresenta dificuldades e até perplexidades, como bem vem notando alguma doutrina (*v.g.*, Maria do Carmo da Silva Dias[115]).

Desde logo, as dificuldades que os jurados "não togados" poderão revelar na apreciação de questões de direito, ainda que compensadas com a presença de juízes profissionais, não deixam, porém, de poder gerar algum condicionamento, ou até paternalismo, por banda dos jurados "togados" relativamente aos "não togados". A que acresce o risco, ademais não negligenciável, de impasse na eventualidade de os jurados "não togados" poderem determinar o sentido de uma decisão por maioria (recorde-se, são 4 os jurados "não togados" e 3 os juízes profissionais) e de não possuírem os conhecimentos nem as competências para lavrar um acórdão (fundamentado) em conformidade com o sentido maioritário.

Uma perplexidade decorre da ainda remanescente discrepância em matéria de recurso entre uma decisão proveniente de um tribunal coletivo e a de um tribunal de júri (sendo que o recurso do júri parece ser mais restrito quando comparado com o coletivo). Tudo a justificar uma reflexão ponderada sobre o sistema vigente.

3.3.2.3.2. A competência atribuída ao tribunal coletivo

O tribunal coletivo é competente em 3 grupos de casos: os do nº 1 do art. 14º, os da al. *a)* do nº 2 do art. 14º e os da al. *b)* do nº 2 do art. 14º do CPP.

3.3.2.3.2.1. Os crimes previstos no art. 14º, nº 1 do CPP

Num 1º grupo, estão em causa nos crimes previstos no nº 1 do art. 14º do CPP, que inclui um critério *qualitativo* de atribuição de competência,

[115] Maria do Carmo da Silva Dias, *Comentário Judiciário do Código de Processo Penal*, Tomo I, Coimbra: Almedina, 2019, anotação aos art. 13º, pp. 219-256.

mas somente quando não tenha sido requerida a intervenção do tribunal do júri nos termos do art. 13º, nº 1 do CPP.

Tais crimes correspondem: (i) aos crimes contra a Identidade Cultural e Integridade Pessoal – arts. 236º a 246º do CP (Título III do Livro II do CP); (ii) aos crimes contra a Segurança do Estado – arts. 308º a 346º do CP (Capítulo I, do Título V do Livro II do CP); e (iii) aos crimes previstos na Lei nº 31/2004, de 22 de julho – Lei Penal Relativa Às Violações do Direito Internacional Humanitário.

A coincidência entre o âmbito de aplicação do art. 14º, nº 1 e o do art. 13º, nº 1 do CPP, embora manifesta, encontra solução da seguinte forma: sempre que exista requerimento a solicitar a intervenção do tribunal do júri será competente o tribunal do júri; não o havendo, será da competência do tribunal coletivo.

3.3.2.3.2.2. Os crimes previstos no art. 14º, nº 2, al. *a)* do CPP

Num 2º grupo incluem-se os crimes previstos na al. *a)* do nº 2 do art. 14º do CPP, que consagra um critério *qualitativo* de atribuição de competência.

Este grupo poderá ainda ser subdividido em 2 subgrupos.

Assim, por um lado, será competente o tribunal coletivo para julgar crimes *dolosos* quando for *elemento do tipo a morte de uma pessoa*. Estão em causa requisitos cumulativos, o que significa que terão de ser crimes dolosos *e* terão de ter como elemento do tipo a morte de uma pessoa.

Será o caso, por exemplo, do crime de homicídio simples (art. 131º do CP). Ao invés, excluído ficará, por exemplo, o homicídio negligente (art. 137º do CP), que tem como elemento do tipo a morte de uma pessoa, mas não é um crime doloso.

Por outro lado, será competente o tribunal coletivo para julgar os crimes *agravados pelo resultado* quando for *elemento do tipo a morte de uma pessoa*. Uma vez mais estão em causa requisitos cumulativos.

Será o caso, por exemplo, do crime de ofensa à integridade física simples (imputada a título negligente) agravada pelo resultado (imputado a título doloso) – arts. 143º e 147º, nº 1 do CP.

Estando em causa a atribuição de competência fundada num critério *qualitativo*, é irrelevante a moldura da pena aplicável ao crime. Quer isto dizer que todos os homicídios privilegiados em sentido lato integram esta cláusula de atribuição de competência ao tribunal coletivo. Englobados ficam assim o homicídio privilegiado (art. 133º do CP), o homicídio a pedido da vítima (art. 134º do CP), e ainda o infanticídio (art. 136º do CP). Em todos estes casos estão reunidos os requisitos cumulativos previstos no art. 14º, nº 2, al. *a)* do CPP: todos são crimes *dolosos* e todos são crimes em que *a morte de uma pessoa é elemento do tipo.*

Abrangida fica também a forma tentada de todos os crimes que integram o art. 14º, nº 2, al. *a)* do CPP, pois a tentativa é sempre dolosa e necessariamente a morte é elemento do tipo (nomeadamente na forma consumada).

Relativamente ao crime de incitamento ou ajuda ao suicídio (art. 135º do CP), é discutível se tal crime integra o critério qualitativo do art. 14º, nº 2, al. *a)* do CPP. Para quem considere que se trata de um crime de resultado, a morte será elemento do tipo, pelo que integrará diretamente a referida cláusula de competência. Porém, se se entender, como a maioria da doutrina, que a morte é antes uma condição objetiva de punibilidade, o crime dificilmente poderia integrar aquele critério qualitativo, já que deixa de ser elemento do tipo a morte de uma pessoa (passando a constar da punibilidade). Ainda assim, justifica-se atender às razões que conduzem à integração deste crime na competência (qualitativa) do tribunal coletivo por analogia (*in casu*, admissível por ser *in bonam partem*): (i) a norma não distingue a morte auto ou hétero provocada e a fronteira entre a autoria mediata de homicídio ou a ajuda ao suicídio nem sempre é muito nítida e apenas comprovável mediante a prova feita em julgamento; (ii) essa prova, por motivos de garantia de defesa do arguido, deverá realizar-se perante o tribunal coletivo.

A mesma solução deverá impor-se, por identidade de razão, para os crimes (dolosos) agravados pelo suicídio da vítima, nomeadamente nos crimes previstos no art. 177º, nº 5 do CP.

No que respeita ao crime de participação em rixa (art. 151º do CP), quando do mesmo resulte a morte de uma pessoa, a doutrina tende a considerar que deverá integrar o âmbito de competência do tribunal singular, *ex vi* art. 16º, nº 2, al. *b)* do CPP em razão da pena (até 2 anos de prisão). Recusa-se com esse fundamento a competência do tribunal coletivo para julgar aquele crime, embora tal posição possa ser controversa.

Por fim, quanto ao crime de aborto (nomeadamente, art. 140º, nºs 2 e 3 do CP), a questão suscita mais dúvidas: é discutível se o respetivo julgamento será da competência do tribunal coletivo *ex vi* al. *a)* do nº 2 do art. 14º do CPP ou antes da competência do singular por via da al. *b)* do nº 2 do art. 16º do CPP. Uma posição possível passa por defender a inclusão do crime de aborto na competência do tribunal coletivo, designadamente invocando que a *vida intrauterina* é em tudo equiparável à de uma pessoa nascida e com vida e atendendo à inserção sistemática do crime (nos crimes contra as pessoas), a que acresceriam ainda outros argumentos, tais como os relativos à *"dificuldade de prova"* e às *"consequências ético-jurídicas"* do crime em questão. Outra posição possível conduz à inclusão na competência do tribunal singular, invocando para o efeito a ideia segundo a qual não se pode fazer coincidir pessoa com *vida intrauterina*, que *"as consequências ético-jurídicas"* não devem ser atendidas como critério de competência e que a dificuldade de prova não é fundamento de atribuição de competência, mas antes a sua complexidade (que não se deduz daquela).

3.3.2.3.2.3. Os crimes previstos no art. 14º, nº 2, al. *b)* do CPP

Num 3º grupo surgem os crimes previstos na al. *b)* do nº 2 do art. 14º do CPP, que consagra um critério *quantitativo* de atribuição de competência.

O tribunal coletivo será ainda competente para todos os restantes crimes com pena máxima, abstratamente aplicável, superior a 5 anos de prisão (mesmo quando, no caso de concurso de infrações, seja inferior o limite máximo correspondente a cada crime).

Englobados ficam todos os crimes com penas superiores a 5 anos de prisão que não sejam integrados nos arts. 13º, nº 1, 14º, nº 1 e 14º, nº 2, al. *a)* do CPP.

Importa referir que esta al. *b)* engloba igualmente os crimes, cujas penas sejam superiores a 5 anos, de *terrorismo* (art. 1º, al. *i)* do CPP) e a *criminalidade altamente organizada* (art. 1º, al. *m)* do CPP), os quais, por exclusão constitucionalmente prevista (art. 207º, nº 1 da CRP) não podem ser julgados pelo tribunal do júri. Contudo, nem todos estes crimes são punidos com pena máxima, abstratamente aplicável, superior a 5 anos de prisão, pelo que apenas poderão integrar a competência do tribunal coletivo quando isoladamente a pena seja superior a 5 anos de prisão ou, no caso de concurso de infrações, a soma das penas máximas dos crimes (acumulação/cúmulo material) seja superior a 5 anos. Se for igual ou inferior, competente será o tribunal singular nos termos do art. 16º, nº 2, al. *b)* do CPP: é o que sucederá, por exemplo, com o crime de corrupção ativa (art. 374º, nº 1 do CP), punível com pena de 1 a 5 anos de prisão.

Vale a pena referir ainda que, sempre que estiverem preenchidos os requisitos do art. 13º, nº 2 do CPP (ou seja, quando se trate de crimes com penas – isoladas ou em concurso de infrações – superiores a 8 anos de prisão e mediante requerimento), prevalecerá a competência atribuída ao tribunal do júri.

Situações existem em que, embora o crime seja punido com uma pena mínima, abstratamente aplicável, superior a 5 anos de prisão (mesmo no caso de concurso de infrações), ainda assim poderá o tribunal coletivo não ser competente, mas antes o tribunal singular nos termos do art. 16º, nº 3 do CPP, como se verificará com mais detalhe *infra.*

3.3.2.3.3. A competência atribuída ao tribunal singular

O tribunal singular será competente para o julgamento em 4 grupos de casos: os da al. *a)* do nº 2 do art. 16º, os da al. *b)* do nº 2 do art. 16º, os do nº 3 do art. 16º e os do nº 1 do art. 16º do CPP.

3.3.2.3.3.1. Os crimes previstos no art. 16º, nº 2, al. *a)* do CPP

No 1º grupo surgem incluídos como fazendo parte da competência do tribunal singular os crimes previstos na al. *a)* do nº 2 do art. 16º do CPP, que consagra um critério *qualitativo* de atribuição de competência.

Estão em causa os crimes contra a autoridade pública (arts. 347º a 358º do Capítulo II, do Título V do Livro II do CP).

A *ratio* da atribuição da competência ao tribunal singular para o julgamento destes crimes parece ter assentado na *simplicidade da prova.* Desta forma também se poupariam os meios mais dispendiosos e os necessários para causas mais complexas (atribuídas ao tribunal coletivo).

Em rigor, a competência do tribunal singular para estes crimes já decorreria do art. 16º, nº 2, a. *b)* do CPP (em face da medida da pena), salvo em relação aos crimes previstos nos arts. 350º, nº 1 e 354º do CP. Nestes últimos crimes as penas (máximas) são superiores a 5 anos de prisão, motivo pelo qual, se não estivessem consagrados no "catálogo" do art. 16º, nº 2, al. *a)* do CPP, não seriam da competência do tribunal singular.

3.3.2.3.3.2. Os crimes previstos no art. 16º, nº 2, al. *b)* do CPP

Num 2º grupo atribui-se a competência ao tribunal singular para os crimes previstos na al. *b)* do nº 2 do art. 16º do CPP, que consagra desta feita um critério *quantitativo* de atribuição de competência.

Desde logo, incluídos estão todos os crimes punidos com pena de prisão, abstratamente aplicável, iguais ou inferiores a 5 anos, mas apenas desde que não estejam integrados em nenhum critério qualitativo (isto é, em nenhum dos critérios previstos nos arts. 13º, nº 1, 14º, nº 1, 14º, nº 2, al. *a)* e 16º, nº 2, al. *a)* do CPP).

Também estão incluídos os casos de criminalidade altamente organizada (tal como definida nos termos do art. 1º, al. *m)* do CPP), nomeadamente casos de crimes *cuja pena máxima não seja superior a 5 anos de prisão* – por exemplo, o crime de associação criminosa (art. 299º, nº 1 do CP) cuja pena é de 1 a 5 anos de prisão. Recorde-se que, por expressa exclusão constitucional (art. 207º, nº 1 da CRP), estes crimes não podem ser julgados pelo tribunal do júri e, aparentemente seriam sempre da competência do tribunal coletivo (em virtude do art. 14º, nº 2, al. *b)* do CPP). Porém, se a pena máxima, abstratamente aplicável, não for superior a 5 anos de prisão, a competência será atribuída ao tribunal singular, *ex vi* al. *b)* do nº 2 do art. 16º do CPP.

3.3.2.3.3.3. Os crimes previstos no art. 16º, nº 3 do CPP

Existe um 3º grupo de casos de competência atribuída ao tribunal singular.

Nestes casos, a competência é atribuída ao tribunal singular em razão de um requerimento apresentado pelo MP nos termos e para os efeitos do nº 3 do art. 16º do CPP.

3.3.2.3.3.3.1. A natureza especial do critério de atribuição da competência ao tribunal singular

É possível falar num critério *especial* de determinação concreta da competência, decorrente do uso de uma faculdade por parte do MP, embora aquele critério seja próximo dos critérios *quantitativos*. Foi criado um mecanismo através do qual a competência se determina de acordo com a previsão da pena que possa vir a ser aplicada (medida da pena concreta).

3.3.2.3.3.3.2. Os pressupostos da atribuição da competência ao tribunal singular

Esse mecanismo depende da verificação de um conjunto de pressupostos.

Em primeiro lugar, o tribunal singular será competente apenas nos casos em que o seria o tribunal coletivo, mas apenas nos termos da al. *b)* do nº 2 do art. 14º do CPP.

Em segundo lugar, o MP deverá ter requerido, após a realização de um juízo de prognose e formulado de acordo com critérios de estrita objetividade, que o julgamento ocorra com intervenção do tribunal singular.

Em terceiro lugar, o MP deve estar convencido, antes de formular o requerimento, que caso o arguido venha a ser submetido a julgamento e condenado não lhe serão aplicadas penas superiores a 5 anos de prisão.

A solução legal visa exclusivamente fins de política criminal (ou de organização judiciária) de descongestionamento (ou poupança de meios) dos tribunais coletivos (que seriam competentes para julgar estes crimes), quando se conclua, a partir das regras de experiência, que é previsível que não será aplicada ao arguido (em caso de condenação) pena superior a 5 anos de prisão.

Por exemplo, um arguido acusado da prática do crime de furto qualificado (art. 204º, nº 2, al. *a)* do CP), punível com pena de prisão de 2 a 8 anos, sem antecedentes criminais, com boas perspetivas de reintegração, pode entender-se que, muito provavelmente, a pena concreta não se afastará muito do limite mínimo (podendo ainda "usufruir" do regime de suspensão da execução da pena de prisão nos termos do art. 50º do CP). Nestes casos não se justifica ocupar meios dispendiosos e necessários para outros efeitos (como sejam os de um tribunal coletivo) para proceder ao julgamento de um arguido ao qual, muito previsivelmente, não será aplicada pena de prisão superior a 5 anos de prisão.

Em quarto lugar, em causa deverá estar um crime previsto na al. *b)* do nº 2 do art. 14º do CPP cuja pena abstrata mínima seja igual ou inferior a 5 anos de prisão.

Assim, se a pena abstrata mínima aplicável ao crime for superior a 5 anos de prisão (por exemplo, um crime punível com pena de 6 a 12 anos de prisão), o MP nunca poderá fazer uso da faculdade prevista no nº 3 do art. 16º do CPP sob pena de violação do princípio da legalidade das penas.

Importa sublinhar que do nº 3 do art. 16º do CPP decorre expressamente que a medida da pena em causa pode ser aferida mesmo em caso de concurso de infrações.

3.3.2.3.3.3.3. Alguns problemas suscitados pelo art. 16º nº 3 do CPP

Apesar da relativa simplicidade do nº 3 do art. 16º do CPP e da clareza dos efeitos a que conduz o uso por parte do MP da faculdade ali prevista (transferência da competência do tribunal coletivo para o tribunal singular e vinculação do tribunal à aplicação de uma pena não superior a 5 anos de prisão, tal como decorre do nº 4 do mesmo artigo), vale a pena chamar a atenção para 2 problemas.

Em primeiro lugar, suscitam-se as dúvidas sobre a constitucionalidade da solução contida no nº 3 do art. 16º do CPP, a que já se fez referência.

Houve quem defendesse que este mecanismo violaria os princípios do juiz natural ou legal, da reserva de lei, da independência dos tribunais, da estrutura acusatória, etc. Porém, o TC sempre considerou que o referido mecanismo é constitucional (quer em sede de fiscalização preventiva no conhecido Ac. nº 7/87, quer em sede de fiscalização sucessiva em diversos outros Acórdãos)[116], não obstante relevantes votos de vencido, tal como se deu nota em momento anterior.

Poderá admitir-se a conformidade à CRP da solução prevista no nº 3 do art. 16º do CPP desde que sejam respeitadas duas condições: (i) que a faculdade seja exercida pelo MP através de um efetivo requerimento/uma efetiva promoção; (ii) que em nenhum caso possa o juiz condenar o arguido em mais de 5 anos de prisão (aliás como se dispõe expressamente no nº 4 do art. 16º do CPP).

Em segundo lugar, suscita-se a questão de saber o que poderá/deverá o juiz de julgamento fazer caso discorde do entendimento do MP.

Desde logo, importa saber se, ao receber a acusação (na qual se inclui o requerimento do MP tendo em vista que o julgamento tenha lugar em tribunal singular ao abrigo do nº 3 do art. 16º do CPP), poderá o juiz do

[116] Maria João Antunes, *Direito Processual Penal*, 3ª ed., Coimbra: Almedina, 2021, p. 39.

tribunal singular considerar ser inviável (imprevisível) que no caso a pena concreta a aplicar venha a ser igual ou inferior a 5 anos de prisão.

Depois, releva saber o que deve o juiz fazer se, após a produção de prova em sede de julgamento, concluir que deve ser aplicada pena mais grave do que os 5 anos de prisão.

O mecanismo previsto no art. 16º, nº 3 constava já do Projeto de CPP de 1986, mas assumia a natureza de fixação *provisória da competência* no tribunal singular, já que após ser apresentado requerimento do MP teria ainda de ocorrer a audição do arguido e do assistente. No texto do CPP optou-se, contudo, por um sistema de fixação *definitiva da competência*, não constando expressamente qualquer margem de manobra atribuída ao juiz.

Alguma doutrina continua a fazer uma leitura do regime como se tivesse ficado consagrado o texto do Projeto, exigindo, por isso, o contraditório prévio e o acordo dos sujeitos processuais (do MP que elabora o requerimento; do arguido e assistente quando não se opusessem e do juiz se concordasse com a medida). Por assim ser, admitem que o juiz possa recusar a proposta do MP (e sem oposição dos demais sujeitos), bem como declarar-se incompetente e remeter o processo para o tribunal coletivo (mesmo no final do julgamento), caso conclua que deveria ser aplicada pena superior a 5 anos de prisão[117].

Outra parte da doutrina[118] sustenta o sistema expressamente previsto: o da vinculação do juiz de julgamento ao requerimento do MP, não carecendo de qualquer acordo dos sujeitos e impedindo-o de condenar em pena mais grave do que a de 5 anos.

A interpretação conforme à CRP não parece exigir o acordo de todos os sujeitos. Não se trata de sistema obrigatório em termos de competência, nem foi o sistema que ficou consagrado. Ao mesmo tempo, a independência dos tribunais, a estrutura acusatória e a legalidade das penas, parecem impor que o requerimento do MP surja essencialmente como

[117] Explicando esse regime, mas dele se demarcando, cfr. PAULO PINTO DE ALBUQUERQUE, *Comentário do Código de Processo Penal à luz da Constituição da República e da Convenção Europeia dos Direitos do Homem*, 4ª ed., Lisboa: Universidade Católica Editora, 2011, anotação 7 ao art. 16º, p. 94.

[118] Referindo que são irrelevantes a oposição do assistente e do tribunal singular, mas defendendo tratar-se de um sistema inaceitável e que deveria ser revisto, cfr. JOSÉ ANTÓNIO BARREIROS, *Sistema e Estrutura do Processo Penal Português*, vol. II, s/ed., 1997, p. 75.

uma proposta/promoção, o que permite ao juiz rejeitar essa proposta (se dela discordar), declarar-se incompetente e remeter o processo para o tribunal coletivo, quer tal suceda antes ou depois da audiência de julgamento (embora antes da sentença).

3.3.2.3.3.4. Os crimes previstos no art. 16º, nº 1 do CPP (competência residual)

Um 4º grupo de competência atribuída ao tribunal singular diz respeito aos crimes que não couberem na competência dos tribunais de outra espécie nos termos do nº 1 do art. 16º do CPP.

Trata-se de uma competência residual atribuída ao tribunal singular.

Em face dos critérios quantitativos previstos nos arts. 14º, nº 2, al. *b)* e 16º, nº 2, al. *b)* do CPP, essa competência residual acaba por estar "reduzida" aos crimes puníveis apenas com pena de multa.

3.3.2.3.4. As possíveis sobreposições de competência atribuída ao tribunal de júri, ao tribunal coletivo e ao tribunal singular

A competência atribuída ao tribunal do júri, ao tribunal coletivo e ao tribunal singular poderá gerar algumas sobreposições, que importa compreender e solucionar.

3.3.2.3.4.1. As possíveis sobreposições de competência entre o tribunal do júri e o tribunal coletivo

As sobreposições de competência entre o tribunal do júri e o tribunal coletivo podem ser várias, mas encontram solução.

Desde logo, existe coincidência entre o art. 13º, nº 1 do CPP (atribuição de competência ao tribunal do júri) e o art. 14º nº 1 do CPP (atribuição de competência ao tribunal coletivo).

Tratando-se em ambos os casos de critérios qualitativos de atribuição de competência, deverá ser dada prioridade ao tribunal do júri, em função da sua natureza e estrutura. Vários argumentos podem ser invocados em favor desta solução: (i) a legitimidade própria e direta que decorre da CRP para o tribunal do júri; (ii) a circunstância da competência do tribunal do júri depender de requerimento (o que significa que caso não exista requerimento as suas causas têm de estar atribuídas a outros tribunais); (iii) o facto de a própria ordem sistemática prevista no CPP não ser aleatória. Por isso, caso não seja requerido o tribunal do júri, será competente o tribunal coletivo em função do art. 14º, nº 1 do CPP, mas já não se for apresentado requerimento, caso em que a competência será de atribuir ao tribunal do júri.

Tal como no anterior grupo de casos, no caso do art. 13º, nº 2 do CPP pode igualmente ocorrer uma sobreposição com a competência do tribunal coletivo. Isto porque podem estar aqui abrangidos crimes cuja competência possa também integrar o âmbito de aplicação do art. 14º, nº 2 do CPP, quer da al. *a)*, quer da al. *b)*, bastando para tal que o crime (ou crimes cuja soma) seja punível com pena máxima, abstratamente aplicável, superior a 8 anos de prisão e tenha sido requerida a intervenção do tribunal do júri.

Em relação aos crimes que integram o art. 14º, nº 2, al. *b)* do CPP a atribuição de competência ao tribunal do júri não causará dificuldades, pois, tratando-se de um critério quantitativo, deverá prevalecer o tribunal do júri devido à sua especial natureza.

Já na relação entre o art. 13º, nº 2 do CPP com os crimes que integram o art. 14º, nº 2, al. *a)* do CPP a fundamentação para justificar a atribuição de competência ao tribunal do júri terá de ser diversa. Nos crimes previstos no art. 14º, nº 2, al. *a)* do CPP, com pena máxima, abstratamente aplicável, superior a 8 anos de prisão, a solução suscita dificuldades. Porém, apesar de se tratar de um critério qualitativo de atribuição de competência ao tribunal coletivo, este critério não prevalece face ao critério previsto no art. 13º, nº 2 do CPP (não obstante este ser um critério quantitativo) dada a natureza do tribunal do júri. Trata-se de um dos casos em que a prevalência dos critérios qualitativos não é absoluta (tal como já notavam Teresa Pizarro Beleza e Frederico da Costa Pinto[119]).

3.3.2.3.4.2. As possíveis sobreposições de competência entre o tribunal coletivo e o tribunal singular

Também na relação entre o tribunal coletivo e o tribunal singular se podem referir algumas possíveis sobreposições, que encontram solução.

Podem suscitam-se várias dúvidas a respeito das hipóteses previstas no art. 16º, nº 2, al. *a)* do CPP.

Desde logo, a dúvida de saber se se pode aplicar o art. 15º ao art. 16º, nº 2, al. *a)* do CPP. Ou seja, se no caso de concurso de infrações entre 2

[119] Teresa Pizarro Beleza/Frederico da Costa Pinto, *Direito Processual Penal, Os sujeitos processuais e as partes civis*, Lisboa, 2001, p. 29.

crimes do art. 16º, nº 2, al. *a)* do CPP será competente o tribunal singular ou se passará a ser da competência do tribunal coletivo (quando, em virtude da soma das penas máximas, for superior a 5 anos de prisão).

Suscita-se também a dúvida de saber qual o tribunal competente para julgar processo relativo a caso de concurso entre um crime do catálogo do art. 16º, nº 2, al. *a)* e um crime do art. 14º, nº 2, al. *b)* do CPP.

Estando em causa 2 ou mais crimes, sendo todos da competência do tribunal singular pelo art. 16º, nº 2, al. *a)* do CPP, a competência mantém-se no tribunal singular que poderá aplicar, com base neste critério qualitativo, uma pena superior a 5 anos de prisão.

Porém, havendo um crime da competência do tribunal singular nos termos do art. 16º, nº 2, al. *a)* do CPP e um crime da competência do tribunal coletivo por via do critério quantitativo previsto no art. 14º, nº 2, al. *b)* do CPP), a competência só se manterá no tribunal singular se o MP fizer uso da faculdade prevista no art. 16º, nº 3 do CPP, já que, de outro modo, competente será o tribunal coletivo.

Tal como em relação às situações previstas na al. *a)* do nº 2 do art. 16º do CPP, questiona-se ainda se é possível aplicar o art. 15º ao art. 16º, nº 2, al. *b)* do CPP. Importa saber se em caso de concurso de infrações (mesmo de 2 crimes que individualmente seriam da competência do tribunal singular em virtude do critério quantitativo) será competente o tribunal coletivo nos termos do art. 14º, nº 2, al. *b)* do CPP, *ex vi* art. 15º do CPP.

A resposta deverá ser positiva, pois, por via do art. 16º, nº 2, al. *b)* do CPP, parece que o tribunal singular apenas pode aplicar pena até 5 anos, mesmo em caso de concurso de infrações. Por isso, sempre que se tratar de 2 crimes, em concurso de infrações, vale a pena distinguir: (i) quando a soma das respetivas penas máximas não for superior a 5 anos de prisão, a competência será do tribunal singular; (ii) quando a soma das referidas penas for superior a 5 anos de prisão, competente já será o tribunal coletivo nos termos dos arts. 14º, nº 2, al. *b)* e 15º do CPP.

3.3.2.3.4.2. As sobreposições de competência entre o tribunal de júri e o tribunal singular

Na relação entre o tribunal de júri e o tribunal singular também é admissível imaginar alguma sobreposição em matéria de atribuição de competência, com vias de solução.

A dúvida decorre da articulação necessária entre o art. 16º, nº 3 e o art. 13º, nº 2, ambos do CPP.

Imagine-se que num crime de sequestro, punível com pena de 2 a 10 de anos de prisão (art. 144º, al. *a)* do CP), o MP requereu o julgamento pelo tribunal singular, fazendo uso do mecanismo previsto no nº 3 do art. 16º do CPP. Ao mesmo tempo, o arguido requereu a intervenção do tribunal do júri, nos termos do nº 2 do art. 13º do CPP. E o assistente opõe-se a ambos os entendimentos, pretendendo que o arguido seja julgado pelo tribunal coletivo, nos termos da al. *b)* do nº 2 do art. 14º do CPP. *Quid iuris?*

Não há dúvida que o art. 16º, nº 3 prevalece sobre o art. 14º, nº 2, al. *b)* do CPP, pelo que o tribunal coletivo nunca poderia ser o tribunal competente para o julgamento naquele caso. Porém, importa perceber se idêntica solução deve ser adotada em relação ao art. 13º, nº 2 do CPP. Prevalecerá o tribunal do júri ou o tribunal singular consoante o conteúdo normativo atribuído à salvaguarda do art. 13º, nº 2 do CPP, o que justifica a colocação da seguinte questão: a ressalva do art. 13º, nº 2 do CPP (quando exceciona os casos atribuídos ao tribunal singular) inclui apenas os casos do art. 16º, nº 2, al. *a)* do CPP (critério qualitativo), situação em que competente para julgar o processo seria o tribunal do júri; ou inclui também os casos do art. 16º, nº 3 do CPP, hipótese em que competente para julgar o processo seria o tribunal singular?

A favor da prevalência do tribunal do júri sobre o tribunal singular militam razões substanciais, designadamente as seguintes: (i) o tribunal do júri tem valor constitucional próprio e autónomo (art. 207º da CRP) e as exceções ao julgamento pelo tribunal do júri não incluem a competência do tribunal singular; (ii) o tribunal do júri como coletivo alargado oferece maiores garantias (é mais garantístico); (iii) não podem fins de política criminal sobrepor-se nesta matéria.

Porém, caso se sustente que o conteúdo da ressalva do art. 13º, nº 2 do CPP abrange quer o art. 16º, nº 2, al. *a)* do CPP, quer o art. 16º, nº 3 do CPP (por não se distinguir na norma a que situações de competência do tribunal singular se refere a ressalva), seria competente para julgar o processo o tribunal singular, até porque existem razões de política criminal que o justificam.

3.3.2.3.5. Uma possível esquematização da repartição da competência material atribuída

Na esteira de Teresa Pizarro Beleza e Frederico da Costa Pinto[120], a repartição da competência material poderá então ser esquematizada do seguinte modo:

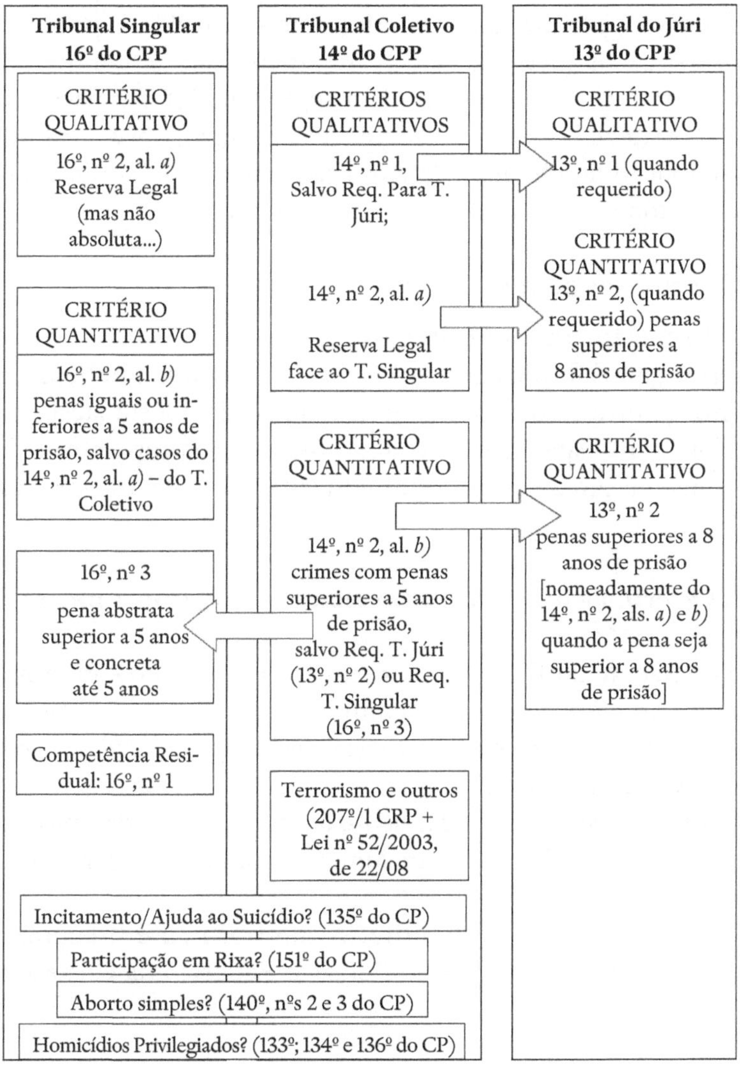

[120] Teresa Pizarro Beleza/Frederico da Costa Pinto, *Direito Processual Penal, Os sujeitos processuais e as partes civis*, Lisboa, 2001, p. 37.

3.4. O critério territorial

3.4.1. Aspetos gerais da competência em razão do território

O critério territorial procede a uma delimitação da competência de cada tribunal (da mesma espécie) com base na respetiva localização geográfica.

O CPP fixou, por um lado, critérios gerais (art. 19º) e, por outro lado, critérios especiais (arts. 20º a 23º) de atribuição de competência em razão do território. A metodologia a seguir na determinação da competência territorial deve ser a seguinte: primeiro, deve ser indagada a eventual aplicabilidade dos critérios especiais e, após serem os mesmos esgotados, atender-se-á então aos critérios gerais.

3.4.2. Os critérios gerais

3.4.2.1. A relação entre os critérios gerais

Os critérios gerais fixados no art. 19º do CPP mantêm também uma relação idêntica entre si: do mais genérico (lugar da consumação – art. 19º, nº 1) até ao mais específico, o local do último ato preparatório (no caso de não consumação do crime e punibilidade daqueles atos preparatórios – art. 19º, nº 4).

3.4.2.2. Os crimes que têm como elemento do tipo a morte de uma pessoa

Com a Revisão de 2007, resolveu-se no art. 19º, nº 2 do CPP uma dúvida pertinente: no caso de o crime conter *"como elemento do tipo a morte de uma pessoa, é competente o tribunal em cuja área o agente actuou ou, em caso de omissão, deveria ter actuado"*.

Esta solução parece justificar-se de acordo com o princípio geral que preside à escolha do lugar da consumação como regra geral: a proximidade dos meios de prova.

O legislador afastou-se do critério anteriormente preconizado por alguma doutrina (Teresa Pizarro Beleza e Federico da Costa Pinto[121] e,

[121] Teresa Pizarro Beleza/Frederico da Costa Pinto, *Direito Processual Penal, Os sujeitos processuais e as partes civis*, Lisboa, 2001, pp. 18-19.

com fundamentação diversa, Germano Marques da Silva[122]) que apontava para o lugar da consumação ou do último evento.

A solução legal (expressa) acaba por ser a mais adequada: a opção pelo lugar onde se veio a verificar a morte porventura só poderia distanciar ainda mais o tribunal da prova (aliás, no local da morte só teríamos, eventualmente, de modo finito e temporariamente, o cadáver), sobrecarregando quiçá os tribunais onde se situam os hospitais centrais.

De qualquer modo, face ao teor do art. 19º, nº 2 do CPP, hoje todos os crimes dos quais faça parte do tipo a morte de uma pessoa (incluindo os crimes agravados pelo resultado) são da competência territorial do tribunal da área onde o agente atuou ou deveria ter atuado. A mesma solução, deverá impor-se, por maioria de razão (embora contra ela se manifestassem ao abrigo do direito anterior também Teresa Pizarro Beleza e Frederico da Costa Pinto[123], apresentando solução diversa), aos crimes com condições objetivas de punibilidade.

3.4.2.3. Os crimes habituais e os crimes permanentes ou duradouros

No art. 19º, nº 3 do CPP estabelece-se a doutrina da competência territorial do tribunal da área onde se tiver praticado o último ato para os crimes habituais (*v.g.*, o crime de lenocínio, art. 169º do CP) e o tribunal da área onde tiver cessado a consumação para os crimes permanentes ou duradouros (*v.g.*, o crime de sequestro, art. 158º do CP).

3.4.2.4. A tentativa e os atos preparatórios

Nos termos do nº 4 do artigo 19º do CPP, é atribuída competência para julgar os crimes na forma tentada ao tribunal em cuja área se tiver praticado o último ato de execução ou, em caso de punibilidade dos atos preparatórios, ao tribunal do último ato de preparação, atenta a maior proximidade com a prova relevante.

[122] Germano Marques da Silva, *Direito Processual Penal Português*, vol. 1, 2ª ed., Lisboa: Universidade Católica Editora, 2017, p. 191.

[123] Teresa Pizarro Beleza/Frederico da Costa Pinto, *Direito Processual Penal, Os sujeitos processuais e as partes civis*, Lisboa, 2001, pp. 18-19.

3.4.3. Os critérios especiais

Embora na prática devam ser, efetivamente, os primeiros a ser analisados, fixam-se critérios especiais nos arts. 20º a 23º do CPP.

Verificada uma das condições deste catálogo especial, a competência será atribuída ao tribunal designado por cada critério.

3.5. A competência por conexão

3.5.1. A *ratio* da conexão

Organizando-se um processo autónomo por cada crime (e quando existam pluralidade de agentes, um processo por cada um dos agentes), bem se compreende que por vezes se conclua existir toda a conveniência na apreciação conjunta devido à estreita ligação entre os respetivos objetos processuais (conexão).

A apreciação conjunta decorre da *apensação* de processos que é um – entre outros – dos efeitos da conexão (art. 29º do CPP).

3.5.2. As consequências da conexão

São *consequências* da conexão: (i) a apensação (art. 29º do CPP); e (ii) a prorrogação da competência, ainda que cesse a conexão (art. 31º do CPP).

3.5.3. Os requisitos da conexão

Para que exista conexão é necessário o preenchimento de 3 requisitos.

Em primeiro lugar, o requisito da *pluralidade de processos* (real ou hipotética).

Em segundo lugar, o requisito da verificação de uma *situação típica de conexão – objetiva ou subjetiva* (arts. 24º e 25º do CPP), respeitando-se os *limites à conexão* (art. 26º do CPP).

Em terceiro lugar, o requisito pela positiva, da *tramitação concomitante* (art. 24º, nº 2 do CPP), e pela negativa, que *não seja previsível o incumprimento ou retardamento* dos prazos da instrução ou da audiência de julgamento (art. 24º, nº 3 do CPP).

3.5.4. A conexão e a determinação da competência

3.5.4.1. A conexão sem determinação da competência

Da determinação da competência para cada processo pode resultar que o tribunal competente é o mesmo (material, funcional e territorialmente).

Se assim for, e estiverem preenchidos os demais requisitos da conexão, haverá lugar *apenas à apensação dos processos*. Não será necessário determinar o tribunal competente nos termos dos arts. 27º e 28º do CPP, bastando a apensação prevista no art. 29º do CPP. Ou seja, nestes casos, haverá conexão e a consequente apensação, mas não a determinação da competência por conexão.

Apenas será decretada, portanto, em tais hipóteses a apensação dos processos e a organização de um único processo (art. 29º do CPP).

3.5.4.2. A conexão com determinação da competência

Aquando da determinação da competência para cada processo, também se poderá apurar uma diversidade de tribunais competentes.

Nessas situações haverá que proceder à determinação do tribunal competente para todo o processo em virtude da conexão nos termos dos arts. 27º e 28º do CPP.

Suscita-se a dúvida de como articular a aplicação destes 2 artigos (ou seja, se são dispositivos legais de aplicação cumulativa ou disjuntiva).

3.5.4.3. A aplicação dos arts. 27º e 28º do CPP

3.5.4.3.1. As hipóteses de aplicação isolada do art. 27º do CPP

Em algumas hipóteses será de aplicar apenas o art. 27º do CPP.

Por exemplo: Agente A – crime 1 (pena de 2 a 8 anos) – competência do tribunal coletivo (critério material) de Lisboa (critério territorial); Agente B – crime 2 (pena até 5 anos) – competência do tribunal singular (critério material) de Lisboa (critério territorial).

Admitindo-se o preenchimento dos requisitos da conexão, competente será, logo nos termos do art. 27º do CPP, o tribunal coletivo de Lisboa (por ser o tribunal de *espécie* mais elevada). O art. 27º do CPP opera só por si, dirimindo o conflito entre um dos 2 tribunais "em conflito", atribuindo competência a um deles (no caso, o de espécie mais elevada).

3.5.4.3.2. As hipóteses de aplicação conjugada dos arts. 27º e 28º do CPP

Noutras hipóteses já será de aplicar o art. 27º do CPP em conjugação com o art. 28º do CPP.

3.5.4.3.2.1. A necessidade de solucionar dúvida não resolvida pelo art. 27º do CPP

A aplicação conjugada pode, desde logo, decorrer da necessidade de solucionar dúvida não esclarecida pelo art. 27º do CPP sobre o tribunal competente.

Por exemplo: Agente C – crime 3 (pena de 2 a 8 anos) – competência do tribunal coletivo (critério material) de Lisboa (critério territorial); Agente D – crime 4 (pena de 3 a 10 anos) – competência do tribunal coletivo (critério material) de Loures (critério territorial).

Admitindo-se o preenchimento dos requisitos da conexão, verifica-se que o art. 27º do CPP não dirime a questão da determinação do tribunal competente, pois os tribunais são de igual *espécie* (ambos são tribunais coletivos). Torna-se, por isso, necessário recorrer ao art. 28º do CPP, caso em que a competência será atribuída ao tribunal coletivo de Loures por ser tribunal competente para conhecer do crime com a pena mais grave (art. 28º, al. *a)* do CPP).

3.5.4.3.2.2. A possível atribuição da competência a um terceiro tribunal

Em certas situações a aplicação (ainda que conjugada) dos arts. 27º e 28º do CPP pode conduzir à atribuição de competência a um terceiro tribunal.

Por exemplo: Agente E – crime 5 (pena de 1 a 5 anos) – competência do tribunal coletivo (critério material, designadamente por via do art. 14º, nº 2, al. *a)* do CPP, *v.g.*, o crime do art. 133º do CP) de Lisboa (critério territorial); Agente F – crime 6 (pena de 1 a 8 anos) – competência do tribunal singular (critério material – por exemplo, o previsto no art. 16º, nº 2, al. *a)* do CPP, *v.g.*, o crime de motim de presos do art. 354º do CP) de Loures (critério territorial).

Admitindo-se o preenchimento dos requisitos da conexão (pois a "reserva legal de competência do tribunal singular" não parece constituir um limite negativo implícito à conexão), a aplicação (ainda que cumulada) dos arts. 27º e 28º do CPP não conduz necessariamente à atribuição da competência a um dos tribunais potencialmente competentes de acordo com as referidas normas.

Nos termos do art. 27º do CPP competente seria o tribunal coletivo (por ser o tribunal de *espécie* mais elevada). Mas *territorialmente* colocar-

-se-ia uma dúvida, cuja resposta depende da posição que se adote sobre a *natureza da competência por conexão*. Importa saber se a mesma se fundamenta numa "visão derrogativa da competência" ou se a conexão pode constituir um "critério autónomo de competência".

Para quem adote em relação à conexão uma "visão derrogativa da competência", o art. 27º do CPP ficaria encarregue de "escolher" um dos tribunais potencialmente competentes, quer material, quer territorialmente. Ou seja, o art. 27º do CPP funcionaria como uma "regra de resolução de conflitos". Neste caso, no exemplo acima referido, competente seria o tribunal coletivo de Lisboa.

Já para quem defenda ser a conexão um "critério autónomo de competência" (como o CPP parece apontar na respetiva letra) a resposta seria outra. O art. 27º do CPP só permitiria aferir a competência *material* (que, no caso, seria sempre o tribunal coletivo) e o art. 28º do CPP só resolveria a competência *territorial* (que, no caso, seria Loures, o tribunal competente para conhecer do crime com a pena mais grave, art. 28º, al. *a)*). Sucede que o tribunal coletivo de Loures constitui um *terceiro* tribunal que, por esta via, passará a ser competente. Ao contrário do que se verifica seguindo a posição anterior, aqui já não se trata da escolha de um tribunal competente de entre 2 tribunais (inicial e separadamente) potencialmente competentes, mas sim da aferição da competência de *per si*, a qual passa por atribuir a competência a um *terceiro* tribunal que não era potencialmente competente.

3.5.4.3.3. As dúvidas sobre a conexão entre um crime da competência do tribunal singular e um crime da competência do tribunal coletivo

Coloca-se a dúvida de saber se se admite a conexão de processos entre um crime da competência do tribunal singular em virtude do art. 16º, nº 2, al. *a)* do CPP e um crime da competência do tribunal coletivo em virtude do art. 14º, nº 2, al. *b)* do CPP.

Caso se admita a conexão, será competente o tribunal coletivo por ser este o tribunal de espécie mais elevada (e mais garantístico em termos de apreciação plural da prova).

Recusando-se a conexão, uma via possível seria invocar que o art. 16º, nº 2, al. *a)* do CPP constitui um *limite negativo implícito à conexão*, concluindo-se assim pela organização separada dos processos – e com os inerentes prejuízos: prova apreciada em separado, possível contradição de casos julgados, etc.

3.5.5. A cessação da conexão e a separação de processos

O art. 30º do CPP contém uma válvula de emergência/escape havendo conexão de processos ao contemplar a possibilidade de lhe pôr termo.

Tal poderá suceder quando: (i) os desideratos da conexão deixem de ser alcançados, nomeadamente a economia e a celeridade processuais; (ii) a conexão ponha em causa os direitos de defesa ou a pretensão punitiva do Estado; (iii) a conexão seja geradora de entropia ou entrave ao invés de uma vantagem; (iv) exista requerimento para intervenção do tribunal do júri.

Nestas situações coloca-se termo à conexão e, consequentemente, os respetivos processos são objeto de separação.

3.6. A preterição das regras de competência e a declaração de incompetência

3.6.1. A nulidade insanável por preterição das regras de competência

A preterição das regras de competência constitui *nulidade insanável* (art. 119º, al. *e)* do CPP).

3.6.2. O regime da declaração de incompetência

3.6.2.1. O conhecimento e a dedução da incompetência

Nos termos do art. 32º, nº 1 do CPP, a incompetência é de conhecimento oficioso.

Contudo, da referida norma também decorre que o MP, o assistente ou o arguido poderão arguir (deduzir) a respetiva incompetência (mas já não a parte civil, como é apenas sujeito do pedido de indemnização e não do processo penal, não tem legitimidade própria para arguir a incompetência).

O conhecimento e a dedução da incompetência poderão ocorrer em qualquer fase do processo até ao trânsito em julgado da decisão final.

3.6.2.2. A possibilidade de sanação do vício da incompetência territorial

Havendo preterição das regras de competência territorial (incompetência territorial), o CPP optou por um regime mais ténue, proporcional a um vício menos grave, prevendo a possibilidade de sanação tácita em termos expeditos.

Estabeleceu para o efeito que a incompetência territorial só pode ser deduzida e declarada até ao início do debate instrutório ou até ao início da audiência de julgamento (art. 32º, nº 2 do CPP).

3.6.2.3. A remessa do processo para o tribunal competente

Nos termos do art. 33º, nº 1 do CPP, a declaração de incompetência conduz à remessa do processo para o tribunal competente.

Este irá anular os atos realizados que se não teriam praticado se perante ele tivesse corrido o processo e irá ordenar também a repetição dos atos necessários para conhecer da causa.

3.6.2.4. O aproveitamento dos atos praticados pelo tribunal incompetente

O facto de ser ordenada a remessa para o tribunal competente, não significa que este não possa aproveitar os atos praticados perante o tribunal incompetente.

Tal aproveitamento ocorrerá sempre que o tribunal competente decida aproveitá-los de acordo com o critério do máximo aproveitamento dos atos (cfr. art. 33º, nº 1 do CPP).

O critério legal para o aproveitamento de atos anteriores fundamenta-se num juízo de prognose: se o tribunal competente concluir que praticaria os atos se o processo tivesse corrido perante si, valida os mesmos; caso contrário, anula os atos anteriormente praticados e ordena a repetição dos atos necessários.

3.6.2.5. A manutenção da competência do tribunal incompetente para os atos urgentes

Independentemente da violação das regras de competência e de ter ocorrido declaração de incompetência, o tribunal incompetente mantém competência para praticar os atos urgentes (art. 33º, nº 2 do CPP).

É o caso, por exemplo, da competência para a realização de medidas de conservação da prova ou que afetem ou possam lesar de modo dificilmente reparável o estatuto processual dos sujeitos processuais.

3.6.2.6. A manutenção da validade de atos praticados por tribunal incompetente

O regime de atos praticados por tribunal incompetente conhece especialidades estando em causa medidas de coação que tenham sido decretadas.

Dispõe o art. 33º, nº 3 do CPP que se mantém válidas as medidas de coação que tenham sido decretadas pelo tribunal incompetente, mas também estatui que tais medidas carecem de confirmação ou de infirmação por parte do tribunal competente no mais breve prazo.

A previsão de um regime de conhecimento célere das medidas de coação (para validação ou revogação imediata) explica-se pela especial delicadeza destas medidas em termos de proteção de direitos, liberdades e garantias fundamentais, como se explicará melhor *infra*.

4. Os conflitos de competência e a sua resolução

Sempre que 2 ou mais tribunais, da mesma espécie ou não, se considerem competentes ou incompetentes para certo crime imputado ao mesmo arguido, em qualquer estado do processo/fase processual, haverá conflito de competência, nos termos do art. 34º do CPP.

Existem 2 tipos de conflitos: o conflito positivo, que ocorre quando 2 ou mais tribunais se declaram competentes; e o conflito negativo quando 2 ou mais tribunais não se declaram competentes (ou seja, no caso inverso).

O conflito, positivo ou negativo, de competência é dirimido pelos tribunais de instância imediatamente superior por regra. São assim competentes para decidir os conflitos de competência os TR (art. 12º, nº 2, al. *a)* e nº 5, al. *a)* do CPP), ou o STJ (art. 11º, nº 2, al. *a)* e nº 6, al. *a)* do CPP).

5. Os impedimentos e as suspeições

5.1. A relevância da imparcialidade do tribunal

A imparcialidade do tribunal em sentido estrito (*stricto sensu*) exprime um desígnio de qualquer Estado de Direito democrático fundado na dignidade da pessoa humana.

Só um juiz que revele total isenção face a todos intervenientes no processo e imparcial face à causa, não tendo realizado qualquer juízo prévio sobre o desenrolar ou desfecho do processo, poderá dar continuidade àqueles propósitos gerais do Estado e ser expressão aplicada de um processo-crime justo e equitativo, que consagre todas as garantias de defesa (art. 32º, nº 1 da CRP) e que simultaneamente assegure a total independência da entidade que julga em relação àquela que investiga, fazendo-se cumprir igualmente a estrutura acusatória (art. 32º, nº 5 da CRP)[124].

O princípio da imparcialidade é (também) garantido através, de um lado, do regime de impedimentos (arts. 39º a 42º do CPP) e, de outro, do regime das suspeições (arts. 43º a 46º do CPP).

5.2. Os impedimentos

5.2.1. O significado dos impedimentos

Os impedimentos traduzem circunstâncias *objetivas* que justificam que o juiz não deva participar no julgamento, em virtude de não assegurar em abstrato a isenção e imparcialidade exigidos.

Tal como no conhecido adágio, *"à mulher de César não basta ser séria, é preciso parecer ser séria"*, os tribunais superiores têm reiterado o entendimento de que *"Não basta que o juiz seja imparcial; é também necessário que o pareça"*[125].

5.2.2. As previsões legais de impedimentos

No art. 39º do CPP surgem qualificadas como hipóteses de impedimento diversas relações que espelham uma proximidade entre o juiz e um dos sujeitos ou intervenientes interessados na causa. É a existência dessas relações que legitima o pleno afastamento do juiz (*v.g.*, o juiz que é cônjuge do arguido ou do lesado; ou ainda o juiz que seja ou deva ser ouvido como testemunha).

[124] Expressiva a este respeito a visão de José António Veloso, "*Prior probability*, presunção de inocência, imparcialidade", in *Homenagem ao Professor Doutor Germano Marques da Silva* (coord. José Lobo Moutinho *et al.*), vol. 2, Lisboa: Universidade Católica Editora, 2020, pp. 1315-1359 (1357), ao escrever: *"A imparcialidade é pedra angular do processo: porque o edifício sofre, mas não se desmorona com juízes pouco sábios, ou pouco inteligentes, ou pouco elegantes na linguagem; mas não sobrevive a juízes e júris parciais"*.

[125] Ac. STJ de 14.04.2021, Proc. 213/12.2TELSB-U.S1-A (Nuno Gonçalves).

Já no art. 40º do CPP surge outro tipo de hipóteses. O que está em causa é a participação anterior que aquele juiz possa ter tido num momento anterior ao julgamento, a qual, em termos objetivos, a lei subtrai a uma apreciação casuística ou subjetiva (*v.g.*, o juiz que tiver presidido ao debate instrutório, independentemente da decisão instrutória que tenha tomado, mesmo que de não pronúncia, está impedido de participar no julgamento). A única ponderação relevante é a que foi realizada, por via, genérica e abstrata, pela lei, sendo irrelevante o juízo concreto sobre se um determinado juiz ficaria (ou não) impedido de participar em julgamento por certa razão objetiva. A lei já fez tal ponderação. Cabe ao juiz (apenas) interpretar e aplicar a ponderação legal.

5.2.3. A tendência de expansão do catálogo de impedimentos

O legislador, no exercício dos seus poderes de conformação, muitas vezes tem ampliado o catálogo de impedimentos do art. 40º do CPP (indo mais longe do que o exigido até pelo TC[126]), mesmo para atuações pontuais.

Por exemplo, à luz do disposto no atual art. 40º, nº 1, al. *a)* do CPP, basta que o juiz tenha aplicado ao arguido uma medida de coação como a prisão preventiva, não sendo hoje exigido que posteriormente a tenha mantido, ou seja, não se exige que o juiz tenha tido intervenção em mais do que um momento.

5.2.4. As dúvidas sobre a taxatividade das previsões legais de impedimentos

É discutível se os catálogos das causas de impedimento devem ser considerados taxativos ou se permitem a integração de lacuna através do recurso à analogia (com o CPC ou ainda com outras situações análogas).

De acordo com algumas posições[127], deve afirmar-se a taxatividade dos catálogos de impedimentos, invocando que os mesmos constituem normas excecionais (que não admitem analogia) face ao princípio da isenção e imparcialidade do tribunal.

[126] Cfr. Ac. TC nº 129/2007, de 27.02.1997, Proc. 707/06 (Pamplona Oliveira).

[127] Por exemplo, Paulo de Sousa Mendes, *Lições de Direito Processual Penal*, Coimbra: Almedina, 2013, p. 113 e Maria João Antunes, *Direito Processual Penal*, 3ª ed., Coimbra: Almedina, 2021, p. 38.

Todavia, há quem sustente a não taxatividade das causas de impedimento[128]. Alguns autores argumentam que a analogia seria quando muito *in bonam partem* e, como tal, admissível, desde que exista uma evidência de integração com a categoria criada expressamente (uma aproximação a uma ideia de tipicidade aberta). Assim, por exemplo, um juiz que, de acordo com a confissão religiosa que professe, seja "padrinho de casamento" do arguido acusado de um crime (porventura, de violência doméstica), não reúne qualquer condição objetiva para participar no respetivo julgamento. Não carece da demonstração casuística ou subjetiva como se em causa estivesse uma situação de suspeição. Funda-se exclusivamente na analogia com as razões *objetivas* que presidem ao elenco do art. 39º do CPP.

5.2.5. As alterações recentes ao art. 40º do CPP e os problemas de aplicação da lei no tempo

Por força da Lei nº 94/2021, de 21 de dezembro, que entrou em vigor em 21 de março de 2022 (art. 16º), o art. 40º do CPP sofreu significativas alterações, tendo sido ampliadas de forma significativa as causas de impedimento por participação do juiz em momento anterior ao julgamento.

Na então vigente al. *a)* do nº 1 do art. 40º do CPP, dispunha-se que o juiz estaria impedido de participar no julgamento caso tivesse *"praticado, ordenado, ou autorizado ato previsto o nº 1 do artigo 268º ou no nº 1 do artigo 269º"*. Assim, qualquer atuação, ainda que pontual, como juiz de instrução durante a fase de inquérito constituiria fundamento de impedimento de participação daquele juiz no julgamento respetivo. E foram proferidas decisões ao abrigo desse regime, tendo o TC sido chamado a interpretar o regime introduzido. Por exemplo, no Ac. TC nº 656/2022[129] decidiu-se não julgar inconstitucional *"a norma contida nos artigos 40º, nº 1, alínea a), e nº 2, na versão introduzida pela Lei nº 94/2021, de 21 de dezembro, 268º, nº 1, alíneas a) e b), 141º, 202º, nºs 1 e 2, 269. º, nº 1, alí-*

[128] Jorge de Figueiredo Dias/Nuno Brandão, *Direito Processual Penal – Os sujeitos processuais*, Coimbra: Gestlegal, 2022, pp. 43-44, argumentando que existem casos cujo *"risco de falta de parcialidade é tão gritante (...) que seria chocante, e não raro inconstitucional, conceber o catálogo dos impedimentos consignados no CPP como taxativamente esgotante"*.

[129] Ac. TC nº 656/2022, de 18.10.2022, Proc. 673/22 (Teles Pereira).

nea a), 154º, nºs 1 e 3, e 159º, nº 6, do Código de Processo Penal, na interpretação segundo a qual o juiz que presida a primeiro interrogatório de arguido detido, aplique medida de coação de prisão preventiva sob a forma de internamento preventivo e ordene a realização de perícia psiquiátrica fica, por esse facto, impedido de intervir na fase de instrução".

Porém, com a Lei nº 13/2022, de 1 de agosto, que entrou em vigor em 2 de agosto de 2022 (art. 5º), a referida al. *a)* passou a ter uma outra redação, praticamente[130] repristinando o regime vigente antes da Lei nº 94/2021, de 21 de dezembro, ou seja, segundo o qual o juiz de instrução fica impedido de participar no julgamento quando anteriormente tenha aplicado uma das medidas de coação previstas nos arts. 200º a 202º do CPP (as 3 medidas mais graves e que em comum exigem a verificação de "fortes indícios").

As referidas alterações legislativas suscitam dúvidas em matéria de aplicação da lei no tempo. Por exemplo, pergunta-se: poderá um juiz de instrução que autorizou no inquérito a realização de escutas telefónicas a um arguido a 21.03.2022 considerar-se impedido para julgar o mesmo naquele processo a partir de 02.08.2022?

Apesar de controvertida, a resposta parece ser positiva, já que a solução deve passar por dar efeitos àquela lei que vigorou entre 21.03.2022 e 01.08.2022, o que implica que se tal juiz ficou impedido à luz daquele regime, impedido ficou também de participar no julgamento independentemente de quando a fase de julgamento se iniciar. A lei nova dispõe, ainda que não apenas, sobre um direito de defesa do arguido, agravando-o de modo sensível e ainda evitável, nos termos da al. *a)* do nº 2 do art. 5º do CPP. Por esse motivo, aplica-se a lei anterior (a que vigorava quando foi praticado um dos atos dos catálogos dos nºs 1 dos arts. 268º e 269º do CPP), mesmo que as audiências de julgamento apenas se venham a realizar a partir de 02.08.2022.

Vale por dizer que o critério relevante para situações destas e equivalentes será o de aplicar o regime de impedimentos que estava em vigor

[130] Como referem Jorge de Figueiredo Dias/Nuno Brandão, *Direito Processual Penal – Os sujeitos processuais*, Coimbra: Gestlegal, 2022, pp. 50-51, ao não ter sido revogado o novo nº 2 do art. 40º do CPP o alcance do impedimento previsto na al. *a)* do nº 1 é agora mais lato do que aquele que existia até à Lei nº 94/2021.

quando foi praticado o ato processual potencialmente gerador do impedimento.

5.2.6. O regime dos impedimentos

5.2.6.1. A decisão sobre o impedimento

As situações geradoras de impedimento são de tal modo evidentes que a decisão do próprio juiz sobre o tema se torna de imediato eficaz.

O próprio juiz deve declarar-se impedido, oficiosamente ou a requerimento do MP, arguido, assistente ou partes civis. No caso de ser requerido que o juiz se declare impedido, este deverá proferir despacho no prazo de 5 dias (art. 41º, nºs 1 e 2 do CPP). O despacho do juiz que, oficiosamente ou a requerimento, reconheça a situação de impedimento (o que vale por dizer, se declare impedido) é irrecorrível. Do despacho com conteúdo inverso, isto é, em que o juiz não se considere impedido, caberá recurso para o tribunal hierárquica e imediatamente superior (art. 42º do CPP).

5.2.6.2. A questão do momento relevante para a determinação do impedimento

Nalgumas hipóteses constantes do catálogo do art. 40º do CPP importa ter em conta o momento relevante para a determinação do impedimento.

Por exemplo, o juiz que aplique a *prisão preventiva* ao arguido em certo processo (art. 202º do CPP) fica impedido de participar no julgamento respetivo (art. 40º, nº 1, al. *a)* do CPP). Porém, suponha-se que o juiz aplicou tal medida de coação apenas no decurso da audiência de julgamento (que já decorre há mais de 6 meses e porventura estará a entrar na reta final). O juiz competente para aplicar tal medida é, portanto, o juiz de julgamento (cfr. art. 194º, nº 1 do CPP e por maioria de razão face ao plasmado no art. 375º, nº 4 do CPP). Se o tribunal de julgamento é competente na sentença condenatória para as medidas de coação, ainda mais o será antes da subfase da sentença. Suscita-se então a questão: ficará tal juiz impedido de *continuar* a participar naquele julgamento? Se assim fosse, e em virtude do reexame obrigatório da medida de coação em causa (art. 213º do CPP), o que deve fazer com regularidade de até 3 em 3 meses, haverá um sério risco de o tribunal não concluir o julgamento enquanto o arguido estiver em regime de prisão preventiva. O que seria absurdo.

O que releva para esta causa de impedimento é o *momento* em que o juiz *inicia a produção de prova*. A partir do momento em que o juiz inicia a produção de prova, não tem qualquer sentido a aplicação deste impedimento. Isto porque, a partir do momento em que inicia a produção de prova, o juiz terá necessariamente de se envolver de imediato na valoração da prova, o que não representa um grau menor de convicção ou de "não contaminação" na comparação com aquele que é exigido para a aplicação da referida medida de coação.

5.3. As suspeições (escusa e recusa)

O tema das suspeições do juiz encontra-se plasmado nos arts. 43º a 46º do CPP.

5.3.1. O juízo de suspeição

Uma suspeição pressupõe a suspeita de que uma concreta intervenção, de um determinado juiz, perante um certo processo-crime, revela existir motivo, sério e grave, adequado a gerar desconfiança sobre a sua imparcialidade (art. 43º, nº 1 do CPP), ao ponto de justificar o afastamento do mesmo juiz no julgamento.

A pedra de toque da suspeição reside assim numa certa ponderação que terá de ser realizada, *em concreto*, face ao circunstancialismo e idiossincrasia daquele processo e perante uma determinada atuação de certo juiz que faça recear pela sua imparcialidade.

Este juízo de suspeição traz implicada também uma componente *objetiva*, no que respeita à determinação do motivo ser ou não adequado a gerar desconfiança sobre a imparcialidade[131]. Isto porque não releva e não será sequer decisiva uma apenas eventual desconfiança do interessado. Tal como se refere no Ac. STJ de 20.10.2010[132], *"o mero convencimento subjectivo por parte de um interessado processual, ou o desvirtuamento da conduta do julgador, extraindo consequências perfeitamente exógenas ao funcionamento do instituto, nunca terão virtualidade para o fazer despoletar"*. É necessária uma perspetiva objetiva que contribua para a avaliação

[131] Jorge de Figueiredo Dias/Nuno Brandão, *Direito Processual Penal – Os sujeitos processuais*, Coimbra: Gestlegal, 2022, p. 62, falam em *"receio objetivo"* e *"solução eminentemente objetiva"*.

[132] Ac. STJ de 20.10.2010, Proc. 140/10.8YFLSB (Santos Cabral).

sobre se a dúvida é (ou não) legítima aos olhos dos sujeitos processuais ou da comunidade, aliás tal como tem vindo a ser sustentado pela jurisprudência dos nossos tribunais judiciais[133], do TC[134] e socorrendo-se igualmente a este propósito da jurisprudência do TEDH[135].

5.3.2. A subsidiariedade das suspeições face aos impedimentos

O regime das suspeições é subsidiário face ao regime dos impedimentos.

Decorre expressamente do art. 43º, nº 2 do CPP que poderão constituir suspeição as atuações anteriores ao julgamento levadas a cabo por um juiz que não constem do elenco do art. 40º do CPP.

5.3.3. A não taxatividade da suspeição e os exemplos

Diferentemente do que sucede em matéria de impedimentos (embora aí a questão, como se referiu, também seja discutida), para a suspeição não vigora qualquer taxatividade.

Não obstante, é possível referir algumas constelações[136] típicas de suspeição. Por exemplo, casos em que o juiz: (i) manifeste desagrado pela utilização do direito ao silêncio por parte do arguido; (ii) assuma como factos provados os que ainda não foram objeto de prova; (iii) manifeste posições totalmente subjetivas ou desonrosas para certo interveniente ou que exprimam o favorecimento de um coarguido em detrimento de outros. A jurisprudência documenta várias dessas constelações.

5.3.4. Os incidentes de escusa e de recusa e respetivo regime

Uma suspeição pode ser suscitada pelo próprio juiz, caso em o mesmo se socorrerá do incidente de escusa, ou ser invocada por terceiros (MP,

[133] Cfr. a título exemplo, o Ac. STJ de 30.11.2022, Proc. 184/12.5TELSB-AG.L1-A.S1 (Paulo Ferreira da Cunha), e o Ac. TRP de 15.12.2010, Proc. 1130/09.9TAVNG-A.P1 (Castelo Ria).

[134] Cfr., entre outros, os Acs. TC nºs 124/90, de 19.04.1990, Proc. 58/98 (Messias Bento), 935/96, de 10.07.1996, Proc. 674/92 (Alves Correia), e 186/98, de 18.02.1998, Proc. 528/97 (Sousa e Brito).

[135] Cfr. os Acs. Lavents v. Letónia, de 28.11.2002 e Hauschildt v. Dinamarca, de 24.05.1989.

[136] Referindo também *"constelações de suspeições"*, cfr. Jorge de Figueiredo Dias/Nuno Brandão, *Direito Processual Penal – Os sujeitos processuais*, Coimbra: Gestlegal, 2022, pp. 63-66.

arguido, assistente ou partes civis), caso em que se aplicará o incidente de recusa de juiz (art. 43º do CPP).

Ao contrário do que sucede com os impedimentos, o que entende o próprio juiz sobre uma suspeição não é determinante nem é por si só eficaz, já que até a escusa constitui apenas um pedido. Embora a perspetiva do julgador possa assumir relevância na apreciação dos pedidos de escusa, não é por si só decisiva para a concessão da escusa. Tal como resulta do Ac. STJ de 14.04.2021[137], o motivo invocado para a escusa terá de colocar fundamentadamente em crise a aparência da neutralidade e isenção do julgador. Apela-se, para o efeito, à forma como *"um terceiro colocado numa posição independente"* veria a situação como sendo ou não passível de *"macula[r] a equidistância que deve ser mantida pelo julgador"*[138] ou ao critério do *"entendimento do homem médio"*[139]. O STJ não tem adotado uma visão expansiva das situações em que a aparência de neutralidade e isenção do julgador sejam postas em causa. Por exemplo, partindo da ideia segundo a qual importará colocar o *"julgador no processo de escusa na posição que o público teria sobre a questão"*, já entendeu que não poderá entender-se existir *"motivo grave e sério, apto a gerar desconfiança pública sobre a imparcialidade de um juiz"* pelo simples facto de este *"ter uma posição que se crê firmada sobre uma questão jurídica, que novamente se coloca em novo processo"*[140].

Quer a recusa, quer a escusa, são decididas pelo tribunal hierárquica e imediatamente superior de acordo com o regime previsto no art. 45º do CPP. Este regime caracteriza-se pela celeridade (com decisão até 30 dias – cfr. nº 5) e garantia de pleno contraditório.

Não é pouco frequente o indeferimento dos pedidos de escusa[141].

5.4. A extensão dos regimes de impedimentos e suspeição

Os regimes de impedimentos e de suspeições, que estão gizados no CPP para o juiz, são aplicáveis aos peritos, intérpretes e funcionários de jus-

[137] Ac. STJ de 14.04.2021, Proc. 213/12.2TELSB-U.S1-A (Nuno Gonçalves).

[138] Ac. STJ de 20.10.2010, Proc. 140/10.8YFLSB (Santos Cabral).

[139] Ac. STJ de 28.03.2019, Proc. 27/16.0YGLSB-B (Helena Moniz).

[140] Ac. STJ de 30.11.2022, Proc. 184/12.5TELSB-AG.L1-A.S1 (Paulo Ferreira da Cunha).

[141] Cfr., por exemplo, Ac. TRL de 18.04.2018, Proc. 6155/15.2TDLSB-B.L1-3 (Elisa Marques).

tiça (art. 47º, nº 1 do CPP) e ainda aos magistrados do MP (art. 54º, nº 1 do CPP).

Porém, essa aplicação far-se-á *mutatis mutandis* e com as reservas expressas nos nºs 2 e 3 dos arts. 47º e 54º do CPP, respetivamente.

Capítulo III

O MP e os OPC

Sumário: 1. A importância de uma análise separada do MP e dos OPC; 2. O MP; 3. Os OPC

Bibliografia escolhida: Paulo de Sousa Mendes, *Lições de Direito Processual Penal*, Coimbra: Almedina, 2013, pp. 115-122; Maria João Antunes, *Direito Processual Penal*, 3ª ed., Coimbra: Almedina, 2021, pp. 40-44 e 68-70; Jorge de Figueiredo Dias/Nuno Brandão, *Direito Processual Penal – Os sujeitos processuais*, Coimbra: Gestlegal, 2022, pp. 123-168; Germano Marques da Silva, *Direito Processual Penal Português*, vol. 1, 2ª ed., Lisboa: Universidade Católica Editora, 2017, pp. 237-277; Manuel Simas Santos/Manuel Leal-Henriques/João Simas Santos, *Noções de Processo Penal*, 3ª ed., Lisboa: Rei dos Livros, 2020, pp. 100-112 e 154-157; José António Barreiros, *Sistema e Estrutura do Processo Penal Português*, vol. II, s/ed., 1997, pp. 104-155 e 376-386; Paulo Pinto de Albuquerque, *Comentário do Código de Processo Penal à luz da Constituição da República e da Convenção Europeia dos Direitos do Homem*, 4ª ed., Lisboa: Universidade Católica Editora, 2011, anotação aos arts. 48º a 56º, pp. 143-171; AA.VV., *Comentário Judiciário do Código de Processo Penal*, Tomo I, Coimbra: Almedina, 2019, anotação aos arts. 48º a 56º, pp. 509-616; Augusto Silva Dias/Rui Soares Pereira, *Sobre a Validade de Procedimentos Administrativos Prévios ao Inquérito e de Fases Administrativas – Preliminares no Processo Penal*, Coimbra: Almedina, 2018, pp. 7 e ss.; Rui Cardoso, "Órgãos de Polícia Criminal: o que são, os que são e os que não são", in *RMP*, 161 (Jan-Mar 2020), pp. 171-234; Manuel Cavaleiro de Ferreira, *Curso de Processo Penal*, 1º vol., Lisboa: Danubio, 1986, pp. 149-156.

Jurisprudência escolhida: Ac. TC nº 361/2016, de 08.06.2016, Proc. 884/15 (João Cura Mariano); Ac. STJ de Fixação de Jurisprudência nº 5/94, de 27.10.1994 (Costa Pereira); Ac. STJ de Fixação de Jurisprudência nº 2/2011, de 16.10.2010 (Santos Cabral).

1. A importância de uma análise separada do MP e dos OPC

Nos arts. 48º a 56º do CPP surgem referidos o MP e os OPC, estando ambos incluídos no Título II do Livro I.

A relação existente entre o MP e os OPC[142] pode explicar a opção de inclusão num mesmo Título.

Contudo, para além de não assumirem idêntica natureza, é preferível proceder a uma análise separada, de modo a permitir fazer uma caracterização mais precisa do MP e dos OPC.

2. O MP

2.1. As funções e o estatuto do MP

Apesar das múltiplas referências no CPP, o ponto de partida para a compreensão do MP deve ser o art. 219º da CRP.

Daquele preceito decorre, nos termos do nº 1, que o MP exerce a ação penal orientada pelo princípio da legalidade (embora a função do MP se não esgote naquele exercício) e, nos termos do nº 2, que o MP tem um estatuto próprio e goza de autonomia. Dele também decorre, nos termos do nº 4, que a magistratura do MP é uma magistratura responsável e hierarquizada.

A PGR situa-se no topo da hierarquia do MP (como órgão superior), sendo presidida pelo PGR (com um mandato de duração de 6 anos) e compreendendo o Conselho Superior do MP (art. 291º, nºs 1 e 2 da CRP). À PGR compete, não apenas nomear, colocar, transferir e promover, como exercer a ação disciplinar sobre os agentes do MP (art. 219º, nº 5 da CRP).

O Estatuto do MP complementa o recorte constitucional e, embora tenha sofrido diversas alterações ao longo dos tempos, compagina-se bem com o disposto na CRP. O Estatuto atualmente em vigor, aprovado

[142] Sobre a relação entre o MP e os OPC, com uma análise do sistema português e respetiva apreciação crítica, cfr. José Damião da Cunha, *O Ministério Público e os órgãos de polícia criminal: no novo Código de Processo Penal*, Porto: Universidade Católica, 1993.

pela Lei nº 68/2019, de 27 de agosto, veio substituir o anteriormente vigente, que tinha sido aprovado pela Lei nº 47/86, de 15 de outubro.

O MP é tratado como um órgão judiciário ou de justiça (mais concretamente um órgão do Estado de administração da justiça[143]), na medida em que colabora com o tribunal na administração da justiça. Porém, não participa do poder judicial e não exerce uma função jurisdicional. Participa da função judicial tal como os demais sujeitos processuais participam, mas não lhe compete declarar o direito do caso nem às suas decisões é conferida a força de caso julgado.

Embora não disponha de independência (ao contrário do que sucede com os juízes), a autonomia do MP constitui uma sua marca essencial. A autonomia do MP é, desde logo, de caráter funcional. O MP pauta-se por critérios de estrita legalidade e objetividade (art. 219º, nº 2 da CRP e art. 3º, nº 2 do Estatuto do MP). Mas também goza o MP de uma autonomia orgânica que decorre do art. 219º, nº 5 da CRP e do art. 3º, nº 1 do Estatuto do MP (ao se referir que *"goza de autonomia em relação aos demais órgãos do poder central, regional e local"*). Na prática, a autonomia tem sido muito ampla e próxima até da independência, estribada no cumprimento de recomendações internacionais.

2.2. A hierarquia do MP

A subordinação hierárquica, prevista no art. 291º, nº 4 da CRP e refletida em várias disposições do Estatuto do MP (nomeadamente nos arts. 14º e 97º), significa a possibilidade de serem dadas aos magistrados hierarquicamente inferiores diretivas, ordens e instruções pelos magistrados melhor posicionados na hierarquia.

Essas diretivas, ordens e instruções terão de ser cumpridas pelos magistrados do MP (art. 97º, nº 3 do Estatuto do MP), embora se admita a recusa de cumprimento se forem ilegais ou se fundada a recusa em grave violação da consciência jurídica do magistrado do MP (art. 100º, nº 3 do Estatuto do MP).

Não estamos perante uma situação equiparável à de uma hierarquia tipicamente administrativa, como refere Paulo de Sousa Mendes[144]. De

[143] Jorge de Figueiredo Dias/Nuno Brandão, *Direito Processual Penal – Os sujeitos processuais*, Coimbra: Gestlegal, 2022, pp. 123-128.

[144] Paulo de Sousa Mendes, *Lições de Direito Processual Penal*, Coimbra: Almedina, 2013, p. 116. Em sentido diferente, cfr. Jorge de Figueiredo Dias/Nuno Brandão, *Direito Pro-*

facto, nesta, o superior hierárquico detém o poder de dar ordens e instruções concretas em relação a quem esteja colocado numa posição hierarquicamente inferior. Por seu turno, o inferior hierárquico tem o dever correspetivo de obedecer a essa ordens e instruções, desde que a obediência não implique a prática de crimes (caso em que poderá rejeitar a obediência e recusar-se a cumprir com as ordens e instruções superiores – art. 271º, nº 3 da CRP, arts. 36º, nº 2 e 37º do CP e arts. 73º, nº 1, al. *f)* e nº 8 e 177º, nº 5 da Lei Geral do Trabalho em Funções Públicas, aprovada pela Lei nº 35/2014, de 20 de junho). Tal cenário não se verifica no caso do MP. Desde logo, não se verifica propriamente a consagração de um dever de obediência dos magistrados hierarquicamente inferiores. Para além de deverem (estarem obrigados a) recusar ordens ilegais (o que vai além da ideia de não lhes deverem obediência, como sucede com os funcionários e agentes da administração), os magistrados do MP podem recusar ordens ilegais invocando grave violação da sua consciência jurídica.

Existem algumas decisões, diretivas e instruções gerais que dificilmente os magistrados do MP poderão deixar de observar: em vários casos tal decorre da circunstância de estarem as mesmas dotadas de generalidade e abstração ou de poderem ser assim interpretadas. O art. 100º, nº 6 do Estatuto do MP afasta a possibilidade de recurso em relação às decisões proferidas por via hierárquica nos termos da lei de processo (al. *a)*), bem como às diretivas, ordens e instruções emitidas pelo PGR, mas permitindo a recusa ainda assim se fundada em ilegalidade (al. *b)*).

É controvertida a questão de saber se a subordinação hierárquica dos magistrados do MP supõe ou não o reconhecimento de um poder de direção, geral ou concreto, no seio do MP. Importará distinguir entre um poder de direção geral (relativo a diretivas e instruções dotadas de generalidade e abstração) e um poder de direção concreto (relativo a ordens e instruções para um processo concreto)[145].

Em relação ao poder de direção geral não se suscitam propriamente dúvidas. Já no que se refere ao poder de direção concreto a doutrina

cessual Penal – Os sujeitos processuais, Coimbra: Gestlegal, 2022, pp. 143 e ss., e, admitindo um poder de direção geral ou concreto, cfr. Maria João Antunes, *Direito Processual Penal*, 3ª ed., Coimbra: Almedina, 2021, pp. 41-43.

[145] Jorge de Figueiredo Dias/Nuno Brandão, *Direito Processual Penal – Os sujeitos processuais*, Coimbra: Gestlegal, 2022, pp. 148-149.

divide-se. O exercício deste poder de direção concreto implicaria a possibilidade de emissão por parte dos superiores hierárquicos de ordens ou instruções relativamente a concretos inquéritos que estejam a cargo de magistrados do MP, por exemplo, sobre as ações que devem por eles ser desenvolvidas ou sobre as decisões que devem por eles ser tomadas. A este respeito vieram a ser proferidos 2 pareceres do Conselho Consultivo da PGR[146], no sentido de ser admissível o exercício do poder de direção concreto (ainda que neste último com registo de voto de vencido, não disponibilizado publicamente[147]).

A PGR emitiu a Diretiva 4/2020, de 12.11.2020, sobre o *"exercício de poderes hierárquicos em processo penal – procedimentos"*[148], em que se admite a emissão de *"ordens e instruções que se destinem a produzir efeitos num determinado processo, e que não constituam atos processuais em sentido próprio"*, mediante a sujeição apenas aos deveres de i) redução a escrito e ii) registo *"pelo hierarca que as emana em dossiê de preparação e acompanhamento, já instaurado ou a instaurar"*, devendo ser transmitidas ao magistrado do MP titular dos autos (I.2 e 3 da referida Diretiva). Uma solução que coloca *fora* do processo-crime (no tal *"dossiê de acompanhamento"*) decisões que serão eficazes no processo-crime, sem base expressa na lei (e de acordo com alguns, nomeadamente Paulo Dá Mesquita[149], contrário até à lei), com regime de acesso muito limitado (cfr. II da Diretiva) e recurso da decisão sobre o acesso a tal dossiê apenas perante o *"magistrado hierarquicamente superior"* (III.5), excluindo qualquer controlo extramuros do MP, é de duvidosa constitucionalidade e legalidade.

Relevam também as possíveis consequências do incumprimento de ordens ou instruções. Verificado o incumprimento das ordens ou instruções, no essencial a hierarquia do MP permitirá ao superior hierárquico exercer um poder de substituição: tal como decorre do art. 100º, nº 5 do

[146] O Parecer do Conselho Consultivo da PGR nº 33/2019, de 28.11.2019 (João Conde Correia), e o Parecer do Conselho Consultivo da PGR nº 9/2020, de 09.07.2020 (João Conde Correia).

[147] https://www.ministeriopublico.pt/pareceres-pgr/9361.

[148] Disponível em https://simp.pgr.pt/circulares/mount/files/5fad6daeb5f92708761052_diretiva_4_2020.pdf. Esta Diretiva revogou a anterior Diretiva 1/2020, de 04.02.2020 e que havia determinado *"que a doutrina do parecer nº 33/2019 do Conselho Consultivo seja, no contexto das relações hierárquicas, seguida e sustentada pelo Ministério Público"*.

[149] Cfr. https://observador.pt/opiniao/a-criacao-pela-pgr-de-um-regime-fora-da-lei/.

Estatuto do MP, o magistrado que tiver emitido a diretiva, ordem ou instrução poderá avocar o procedimento ou distribuí-lo a um outro magistrado do MP. Poderá o magistrado do MP ficar também sujeito a ação disciplinar, mas apenas se a faculdade de recusa for exercida de forma injustificada, conforme previsto no nº 6 do art. 100º do Estatuto do MP.

2.3. A relação entre o MP, o poder executivo e o poder judicial

2.3.1. O MP e o poder executivo

A questão da relação entre o MP e o poder executivo é relevante e controversa.

Desde logo, na medida em que o PGR é nomeado e exonerado pelo PR sob proposta do Governo (arts. 133º, al. *m)* e 220º da CRP). De acordo com certas perspetivas, fica por esta via o PGR na órbita do poder executivo.

Por outro lado, fala-se na existência de ligações do MP ao Ministro da Justiça e ao Governo em geral, sobretudo em razão da possibilidade de existirem instruções genéricas do Ministro da Justiça. Tal situação deixou de ter cabimento legal a partir do momento em que se procurou, a partir da Lei-Quadro da Política Criminal, aprovada pela Lei nº 17/2006, de 23 de maio, fornecer um chapéu sob o qual posteriormente se colocou a possibilidade de o poder executivo dar instruções ao PGR passar pela via exclusiva da lei (designada a atualmente vigente, Lei nº 55/2020, de 27 de agosto, que estabelece os objetivos, prioridades e orientações de política criminal para o biénio 2020-2022). As instruções, mesmo que genéricas, apenas poderão passar por esta via legal e não por qualquer outra.

Há quem ainda refira a questão da participação do MP na execução da política criminal definida pelos órgãos de soberania. Mas tal participação decorre do art. 219º, nº 1 da CRP e do art. 2º do Estatuto do MP e encontra concretização na Lei-Quadro da Política Criminal, aprovada pela Lei nº 17/2006, de 23 de maio.

Vários autores entendem que, não obstante, é possível falar numa verdadeira autonomia do MP em relação ao poder executivo[150], tanto mais que não existem riscos de interferência em processos concretos.

[150] De acordo com Maria João Antunes, *Direito Processual Penal*, 3ª ed., Coimbra: Almedina, 2021, p. 40, a magistratura do MP é, não só autónoma, como verdadeiramente independente perante o poder político.

Outros prefeririam a consagração de um modelo de MP judicializado (presente noutros ordenamentos jurídicos), para assegurar maior independência dos agentes do MP e que fizesse uma aproximação ao estatuto da magistratura judicial[151].

Um aprofundamento da independência dos magistrados do MP no sentido de uma plena judicialização implicaria, contudo, alterações significativas que o legislador português não terá pretendido fazer. A forma como o legislador olha para a política criminal e para a sua execução com a participação do MP parece representar um obstáculo à consagração de um modelo judicializado. Se assim for, cada vez mais deverá existir uma interligação entre o MP e o poder executivo, mas apenas em relação à execução da política criminal.

2.3.2. O MP e o poder judicial

Entre o MP e o poder judicial afirma-se também uma relação de autonomia.

Essa autonomia decorre da separação institucional e funcional, mas justifica-se assinalar alguma correlação, uma vez que está em causa (em ambos os casos) uma magistratura e as atuações do MP e do juiz convergem na administração da justiça penal. Só que uma coisa é a administração da justiça penal, outra o exercício da função judicial.

2.4. A posição e as atribuições do MP no processo penal

2.4.1. O MP não se assume como parte acusadora

O art. 53º do CPP começa por referir no nº 1 que, no processo penal, compete ao MP colaborar com o tribunal na descoberta da verdade e na realização do direito, obedecendo em todas as intervenções processuais a critérios de estrita objetividade.

Daqui decorre que não pode o MP ser visto apenas com uma parte acusadora, mais concretamente não pode ser visto como alguém que está interessado em levar a todo o custo e até ao fim a perseguição criminal.

Embora o nº 2 do art. 53º do CPP refira, em linha com o art. 263º do CPP, que compete em especial ao MP dirigir o inquérito (al. *b)* do nº 2), e também que compete em especial ao MP deduzir acusação e sustentá-

[151] Discutindo essa possibilidade, cfr. Paulo de Sousa Mendes, *Lições de Direito Processual Penal*, Coimbra: Almedina, 2013, pp. 116 e ss., concluindo que os problemas de hoje não se compaginam com a judicialização do MP e que não é este o modelo reclamado pela realidade atual.

-la efetivamente na instrução e no julgamento (al. *c)* do nº 2), em certas situações o MP pode não deduzir acusação e pode até colocar-se numa posição contrária à sustentação da acusação, se assim o impuserem os critérios de estrita legalidade e objetividade. A poder ser considerado uma parte, teria o MP de ser visto como uma parte imparcial, mas nem isso verdadeiramente sucede.

Noutros ordenamentos jurídicos, é possível verificar que os congéneres do MP se assumem por vezes como verdadeiras partes processuais. Todavia, o recorte do MP no ordenamento jurídico português não é compatível com essa qualificação. O MP pode até vir a assumir uma posição favorável ao arguido, de defesa dos interesses deste. Tal foi pretendido pelo legislador, ao se dispor, na al. *d)* do nº 2 do art. 53º do CPP (conjugado com o art. 401º, nº 1, al. *a)* do CPP), que compete em especial ao MP interpor recursos, ainda que no exclusivo interesse da defesa. Como referido por Souto de Moura, o MP *"estará interessado no resultado do processo enquanto tal resultado corresponder à realização da justiça, e não forçosamente porque se tenha realizado a sua pretensão"*[152].

Logo, o MP não pode ser visto como parte e muito menos como uma parte interessada.

Esta forma de perspetivar o MP parece ter conhecido alguma mitigação por via jurisprudencial. Para além da doutrina do Ac. STJ de Fixação de Jurisprudência nº 5/94[153], releva o decidido no Ac. STJ de Fixação de Jurisprudência nº 2/2011[154], que procurou inverter o sentido daquele primeiro aresto. Neste último acórdão fixou-se jurisprudência no sentido de o MP não ter interesse em agir para recorrer de decisões concordantes com a sua posição anteriormente assumida no processo. Deste acórdão parece decorrer a impossibilidade de o MP vir a adotar ao longo do processo posições contraditórias. Resta saber se a limitação à adoção de comportamentos contraditórios por parte do MP é compatível com o recorte constitucional, estatutário e legal do MP. Se a sua atuação se deve pautar por critérios de estrita legalidade e objetividade, poderá não fazer sentido que o MP esteja impedido de corrigir a sua atuação quando

[152] José Souto de Moura, "Inquérito e instrução", in *Jornadas de Direito Processual Penal – O Novo Código de Processo Penal*, Coimbra: Almedina, 1988, pp. 125-126.

[153] Ac. STJ de Fixação de Jurisprudência nº 5/94, de 27.10.1994 (Costa Pereira).

[154] Ac. STJ de Fixação de Jurisprudência nº 2/2011, de 16.10.2010 (Santos Cabral).

conclua que a posição que anteriormente assumiu não era afinal compatível com a legalidade e a objetividade.

Acrescente-se ainda que, de modo muito significativo, o TC no seu aresto nº 361/2016[155], decidiu *"não julgar inconstitucional a interpretação dos artigos 48º, 53º, nº 2, alínea d), e 401º, nºs 1, alínea a), e 2, todos do Código de Processo Penal, segundo a qual, por falta de interesse em agir, o Ministério Público não tem legitimidade para recorrer de decisão absolutória, quando nas alegações orais produzidas na audiência de julgamento se haja pronunciado no sentido da absolvição"*, em nome da superioridade que o Estado deve sempre pautar toda a sua atuação o que implica no processo penal a exigência de que *"deve estar presente na atuação dos órgãos de administração da justiça, onde se inclui o Ministério Público, é o da lealdade ou do fair play no procedimento processual penal"*. Ainda que discutível[156], tem sido assumida, por todos os sujeitos processuais, uma posição conforme aquele juízo: o MP que em sede de alegações orais peça a absolvição do arguido, não tem interesse em agir para recorrer da decisão absolutória.

Não sendo o MP uma parte acusadora interessada então também o processo penal português não poderá ser um processo de partes[157]. Mais discutível é saber se não deveria vigorar um princípio de igualdade de armas entre a acusação e a defesa[158]. Apesar de o processo penal português não seguir um modelo adversarial, tal princípio deveria ainda assim encontrar acolhimento ou a sua relevância conduzir a uma redução da disparidade de armas entre a acusação e a defesa.

2.4.2. As principais atribuições do MP

Do art. 219º, nº 1 da CRP decorre que compete ao MP exercer a ação penal e, consequentemente, o art. 48º do CPP confere-lhe legitimidade para promover o processo penal (princípio da oficialidade).

[155] Ac. TC nº 361/2016, de 08.06.2016, Proc. 884/15 (João Cura Mariano).

[156] Criticamente sobre o critério assumido neste aresto do TC, cfr. Helena Morão, "O fundamento constitucional do poder funcional de recurso e a legitimidade para recorrer do Ministério Público em processo penal: a propósito do acórdão nº 361/2016 do Tribunal Constitucional", in *RMP*, 147 (Jul.-Set. 2016), pp. 177-190.

[157] Colocando a questão, mas concluindo que a tradição garantista portuguesa não será compaginável com um modelo de partes, cfr. Paulo de Sousa Mendes, *Lições de Direito Processual Penal*, Coimbra: Almedina, 2013, pp. 119-120.

[158] Colocando a questão, mas respondendo negativamente, cfr. Maria João Antunes, *Direito Processual Penal*, 3ª ed., Coimbra: Almedina, 2021, p. 43.

O exercício da ação penal pelo MP conhece restrições nos crimes semipúblicos e nos crimes particulares, como resulta da parte final do art. 48º do CPP e dos arts. 49º e 50º do CPP. Não deixa de ser o MP que exerce sempre a ação penal, mas o exercício pode conhecer restrições para crimes com uma certa natureza processual, como é o caso dos crimes semipúblicos e particulares.

Consentânea com a titularidade da ação penal é a atribuição ao MP da direção do inquérito (arts. 53º, nº 2, al. *b)* e 263º do CPP). E isto porque, no sistema gizado pelo CPP de 1987, considera-se como sinónimo do exercício da ação penal, constitucionalmente imposto (art. 219º, nº 1 da CRP), a atribuição da direção do inquérito ao MP (art. 263º do CPP) e consequente consagração da legitimidade para promover a ação penal (art. 48º do CPP). Porém, esta é uma opção de política criminal.

Na medida em que lhe compete dirigir a investigação criminal (cfr. art. 2º, nº 1 da LOIC), ao MP devem ser transmitidas as denúncias, as queixas e as participações para que possa apreciar o seguimento a dar-lhes (art. 52º, nº 2, al. *a)* do CPP). Caso possam ser qualificadas como notícia do crime, o MP deverá determinar a abertura do inquérito, se não existirem limitações em termos de procedibilidade a tal abertura (art. 262º, nº 2 do CPP).

Aberto o inquérito, será em primeira linha da competência do MP a realização dos atos de inquérito, com exceção dos que estão reservados ao juiz de instrução (arts. 17º, 268º e 269º do CPP) e sem prejuízo da possibilidade de delegação de alguns atos nos OPC (art. 270º do CPP).

Estando em causa crimes públicos ou semipúblicos, ao MP compete também deduzir acusação no final do inquérito, nos termos do art. 283º do CPP, e, caso deduza acusação, compete-lhe sustentá-la efetivamente na instrução e no julgamento (art. 53º, nº 2, al. *c)* do CPP). Nem a dedução de acusação deverá ocorrer fora dos parâmetros da estrita legalidade e objetividade, nem o suporte dessa acusação poderá verificar-se ainda que a prova ou a falta dela aponte para a absolvição do arguido. O estatuto do MP de defensor da legalidade democrática, colaborador com o tribunal na descoberta da verdade e na realização do direito conduz a que nesses casos (tais como nos casos em que tenha sido deduzida acusação pelo assistente no crime particular, mas a prova produzida não a permita sustentar) o MP deva pugnar pela absolvição do arguido.

O elenco do nº 2 do art. 53º do CPP contempla ainda outras atribuições do MP, tais como a legitimidade para interpor recurso de decisões, ainda que no exclusivo interesse da defesa (al. *c)* e art. 401º, nº 1, al. *a)* do CPP), e a de promover a execução das penas e das medidas de segurança (al. *d)* e art. 469º do CPP).

Não se trata, contudo, de um elenco taxativo. Outras competências podem ser atribuídas ao MP no domínio do processo penal.

2.5. O MP como autoridade judiciária

No art. 1º, al. *b)* do CPP, o MP surge referido, a par do juiz e do juiz de instrução, como autoridade judiciária.

Em linha com essa equiparação aos magistrados judiciais, dispõe o art. 54º do CPP que aos magistrados do MP são aplicáveis, com as adaptações necessárias, as disposições sobre impedimentos, recusas e escusas previstas nos arts. 39º a 46º do CPP para os juízes.

A qualidade de autoridade judiciária é atribuída por referência aos atos processuais que cabem na sua competência. No caso do MP, são as competências previstas nos arts. 48º a 53º do CPP. Destaca-se o exercício da ação penal por parte do MP, competência que não é de exercício livre. Há uma vinculação do MP quanto ao exercício da ação penal. O MP não pode decidir se exerce ou não a ação penal.

2.6. A interligação entre o MP e os OPC no inquérito

O MP dirige o inquérito (arts. 53º, nº 2, al. *b)* e 263º do CPP), mas é coadjuvado/assistido pelos OPC, tal como decorre dos arts. 9º, nº 2, 55º, nº 1 e 263º, nº 1 do CPP.

Essa coadjuvação (embora comum e frequente) não terá de surgir obrigatoriamente. Poderá não ser necessário suscitar o auxílio dos OPC, caso em que, para além de dirigir o inquérito, o MP realizará ele próprio os atos de inquérito.

Na generalidade dos casos, o MP precisará de contar com a ajuda dos OPC, quer em razão do número de processos, quer em razão dos conhecimentos dos OPC em matéria de investigação criminal. Do direito de coadjuvação que emerge para o MP e do dever que decorre para os OPC de coadjuvar o MP nasce uma relação entre o MP e os OPC. Os OPC irão atuar sob a direta orientação do MP e na sua dependência funcional (arts. 56º e 263º, nº 2 do CPP).

A compreensão dessa relação assume relevância para a discussão sobre a abertura de inquérito, para a questão relativa à possibilidade de inquéritos preliminares ou policiais, para o problema da delegação de competências do MP nos OPC, para um correto entendimento das competências próprias atribuídas aos OPC pela CRP, pelo CPP e por demais legislação extravagante, e para uma compreensão da interligação das diferentes competências do MP com as dos OPC[159].

Trata-se de um ponto de particular relevância: no caso dos inquéritos preliminares ou policiais, em especial, há o risco da relação entre o MP e os OPC ser uma relação desequilibrada em favor dos OPC e de o MP se limitar a servir de chancela às atuações levadas a cabo pelos OPC.

3. Os OPC[160]

3.1. A noção de OPC

No art. 1º, al. *c)* do CPP os OPC surgem definidos como integrando *"todas as entidades e agentes policiais a quem caiba levar a cabo quaisquer actos ordenados por uma autoridade judiciária ou determinados por este Código"*.

Esta noção assume reduzido préstimo. Saber que entidades e agentes policiais estão incumbidos de levar a cabo atos ordenados por uma autoridade judiciária ou determinados pelo CPP não representa tarefa fácil. As autoridades judiciárias não podem encarregar quaisquer entidades e agentes policiais para levarem a cabo atos que são da competência dos OPC. Por seu turno, o CPP, embora determine quais os atos que os OPC devam levar a cabo, não esclarece quais as entidades e agentes policiais a quem tais atos estão confiados[161].

[159] Sobre o tema, com perspetivas não coincidentes, cfr. Paulo de Sousa Mendes, "Investigação, prevenção e informação de segurança", in *IV Congresso de processo penal/I Congresso Luso-brasileiro de criminalidade económico-financeira: memórias* (coord. Manuel Monteiro Guedes Valente), Coimbra: Almedina, 2016, pp. 67-76; Augusto Silva Dias/Rui Soares Pereira, *Sobre a Validade de Procedimentos Administrativos Prévios ao Inquérito e de Fases Administrativas – Preliminares no Processo Penal*, Coimbra: Almedina, 2018.

[160] Sobre a caracterização dos OPC, cfr. Augusto Silva Dias/Rui Soares Pereira, *Sobre a Validade de Procedimentos Administrativos Prévios ao Inquérito e de Fases Administrativas – Preliminares no Processo Penal*, Coimbra: Almedina, 2018, pp. 7 e ss.

[161] Para mais desenvolvimentos sobre a temática, cfr. Rui Cardoso, "Órgãos de Polícia Criminal: o que são, os que são e os que não são", in *RMP*, 161 (Jan-Mar 2020), pp. 171-234.

Os atos ordenados por uma autoridade judiciária ou determinados pelo CPP de que estão incumbidos os OPC terão de dizer respeito a atos de polícia criminal.

Por outro lado, ao longo do CPP encontram-se referências, não apenas aos OPC, mas também a entidades policiais (*v.g.*, arts. 86º, nº 12, al. *b)*, 242º, nº 1, al. *a)*, 243º, nº 1, 255º, nº 1, al. *a)* e nº 3, 259º, 275º, nº 1, 381º, nº 1, 382º, nº 1, 383º, nº 1 e 491º-A, nºs 1 e 4 do CPP) a autoridades policiais (*v.g.*, arts. 67º-A, 283º, nº 6 e 311º-A, nº 4 do CPP), funcionário de polícia criminal (arts. 100º, nº 1 e 275º, nº 2 do CPP) e ainda a autoridades de polícia criminal (*v.g.*, arts. 85º, nº 1, 91º, nº 3, 92º, nº 7, 111º, nº 2, 113º, nº 8, 252º-A, nº 1, 257º, nº 2, 258º, nº 1, al. *a)* e nº 3, 268º, nºs 2 e 3, 270º, nº 3, 273º, nº 1, e 385º, nº 3 do CPP). Quanto a estas últimas dispõe a al. *d)* do art. 1º do CPP que serão *"os directores, oficiais, inspectores e subinspectores de polícia e todos os funcionários policiais a quem as leis respectivas reconhecerem aquela qualificação"*. Ou seja, só serão autoridade de polícia criminal caso existam leis que lhes atribuam essa natureza.

3.2. A determinação da qualidade de OPC

3.2.1. A necessidade de analisar as leis orgânicas e os estatutos de várias entidades

Para apurar as entidades e os agentes que podem ser qualificados como OPC (e autoridades de polícia criminal) torna-se necessário analisar as leis orgânicas e os estatutos de várias entidades.

A dificuldade de determinação dos OPC agrava-se na medida em que: (i) algumas entidades têm o estatuto de OPC, apesar de não assumirem a natureza de entidades ou agentes policiais (é o caso da AT e da IGAMAOT, a que acresce que várias pessoas – incluindo diretores da área da inspeção e de finanças e inspetores e trabalhadores da carreira de inspeção – são considerados autoridade de polícia criminal); e (ii) existem entidades policiais que não detêm o estatuto de OPC (como sucede com a Polícia Municipal).

3.2.2. Os OPC de competência genérica e de competência específica de acordo com a LOIC

De acordo com a LOIC, aprovada pela Lei nº 49/2008, de 27 de agosto, são considerados OPC de competência genérica a PJ, a GNR e a PSP (art. 3º, nº 1), estando concretizadas as competências em matéria de investigação criminal nos arts. 6º e 7º da LOIC. Sendo que entre a PSP e a GNR divide-se a competência em função do critério territorial (art. 6º). No caso da PJ, para além dos crimes cuja investigação lhe seja cometida pela autoridade judiciária competente para a direção do processo, é-lhe atribuída nos nºs 2 e 3 do art. 7º da LOIC a competência reservada para a investigação de certos crimes. Essa competência reservada não afeta, de acordo com os nºs 4 e 5 do mesmo art. 7º da LOIC, as competências da Unidade de Ação Fiscal da GNR e da CMVM em relação a certos crimes, nem tão-pouco a competência reservada da PJM.

Integram OPC de competência específica todos os restantes OPC, nos termos do nº 2 do art. 3º da LOIC: será o caso, por exemplo, do SEF, da ASAE, da AT e do IGAMAOT[162].

3.3. A participação dos OPC no processo penal

3.3.1. A coadjuvação às autoridades judiciárias

A participação dos OPC no processo penal dá-se no quadro da repressão criminal, que se opõe (malgrado o crescente esbatimento de fronteiras) à prevenção criminal.

Os OPC são chamados a colaborar no processo penal, prestando o seu auxílio (coadjuvação) às autoridades judiciárias (cfr. art. 2º, nº 2 da LOIC). Esse auxílio é, porém, prestado tendo em vista a realização das finalidades do processo (art. 55º, nº 1 do CPP).

3.3.2. A direção das autoridades judiciárias e a dependência funcional dos OPC

Entre os OPC e as autoridades judiciárias é criada uma relação, em que os primeiros atuam sob a direção das autoridades judiciárias e na sua dependência funcional (art. 56º do CPP e art. 2º, nº 4 da LOIC).

O facto de a direção competir às autoridades judiciárias permite-lhes avocar o processo a qualquer momento (art. 2º, nº 7 da LOIC).

A dependência funcional dos OPC em relação às autoridades judiciárias não prejudica a autonomia orgânica (em especial a hierárquica), nem a autonomia técnica e tática dos OPC (sobre a autonomia técnica e

[162] Maria João Antunes, *Direito Processual Penal*, 3ª ed., Coimbra: Almedina, 2021, p. 69.

tática, cfr. art. 2º, nºs 5 e 6 da LOIC)[163]. Tão-pouco significa uma subordinação hierárquica dos OPC em relação às autoridades judiciárias, já que a dependência é balizada pelo concreto exercício da função processual a que os OPC são chamados a coadjuvar. Porém, tem implicações processuais relevantes. Impede a qualificação dos OPC como sujeitos processuais, tornando-os meros participantes processuais. Os atos praticados pelos OPC, embora assumam relevância processual, só adquirem essa relevância quando validados pela autoridade judiciária competente ou quando realizados ao abrigo de delegação de competências.

3.3.3. Os atos da competência própria dos OPC

A natureza de participantes processuais atribuída aos OPC não impede que se lhes reconheça competência própria para realizar certos atos, cuja iniciativa de realização poderá deles partir.

É o caso da recolha da notícia do crime, de impedir quanto possível as consequências do crime, de descobrir os agentes do crime e de levar a cabo os atos necessários e urgentes destinados a assegurar os meios de prova (arts. 55º, nº 2, 241º, e 248º a 252º-A do CPP e art. 2º, nº 3 da LOIC), bem como o de realizar exames, revistas, buscas e apreensões, proceder à constituição de arguido (art. 58º, nº 2 do CPP) e de sujeição do arguido a TIR (art. 196º, nº 1 do CPP).

Ficam, todavia, tais atos sujeitos a validação da autoridade judiciária, devendo ser-lhe comunicados pelos OPC (arts. 58º, nº 4 – ainda que a falta de validação da constituição de arguido pela autoridade judiciária não prejudique as provas anteriormente obtidas nos termos do nº 7 –, 174º, nº 7, 177º, nº 4, 178º, nº 6, e 243º, nº 3 do CPP) ou até deverá ser elaborado um relatório pelos OPC para ser remetido à autoridade judiciária (art. 253º do CPP).

3.3.4. Os atos delegados nos OPC

O MP pode encarregar os OPC de realizar atos de inquérito (de procederem a quaisquer diligências e investigações relativas ao inquérito – art. 270º, nº 1 do CPP), tal como o juiz de instrução poderá conferir aos OPC o

[163] Maria João Antunes, *Direito Processual Penal*, 3ª ed., Coimbra: Almedina, 2021, pp. 69-70.

encargo de realizarem atos de instrução (de procederem a quaisquer diligências e investigações relativas à instrução – art. 290º, nº 2 do CPP).

Esse encargo é conferido aos OPC através da figura da delegação de competências, que conhece aqui especificidades.

3.3.4.1. A delegação nos OPC pelo MP

No caso do MP, a delegação nos OPC poderá à partida abranger todos os atos que são da competência do MP (e não, por exemplo, os da competência exclusiva do juiz de instrução nos termos dos arts. 268º e 269º do CPP) e os que possam ser por ele delegados (excluindo-se o recebimento de depoimentos ajuramentados, ordenar a efetivação de perícia, a assistência a exame suscetível de ofender o pudor da pessoa, ordenar ou autorizar revistas e buscas e quaisquer outros atos que a lei expressamente determinar que sejam presididos ou praticados pelo MP), nos termos do nº 2 do art. 270º do CPP. Alguns atos cuja delegação nos OPC se encontra excluída, podem ainda assim ser delegados nas autoridades de polícia criminal: é o caso da faculdade de ordenar a efetivação da perícia relativamente a determinados tipos de crime, em caso de urgência ou de perigo na demora (art. 270º, nº 3 do CPP).

A lei admite também que a delegação efetuada pelo MP nos OPC possa decorrer de despacho de natureza genérica, tal como consta do nº 4 do art. 270º do CPP, caso em que esse despacho terá de indicar os tipos de crime ou os limites das penas aplicáveis aos crimes em investigação.

Importa referir que a delegação do MP (incluindo a efetuada por despacho de natureza genérica) deve atentar nas competências reservadas atribuídas aos OPC, como sucede com a PJ (ou outras situações em que legalmente se preveja expressamente a reserva de competência, nos termos do nº 3 do art. 3º da LOIC). No art. 7º, nºs 2 e 3 da LOIC surgem competências reservadas atribuídas à PJ em matéria de investigação criminal. Discute-se se a realização dos atos processuais por um OPC, que tenham sido praticados em violação de competências reservadas atribuídas a um outro OPC (à PJ ou um outro OPC, desde que baseadas em previsão legal expressa, nos termos do nº 3 do art. 3º da LOIC), poderá ou não conduzir à invalidade desses atos atenta a dupla natureza que estas normas detêm: (i) por um lado, são normas de disciplina e divisão da competência material entre os diversos OPC, reconhecendo que o

MP tem a direção do inquérito; e (ii) por outro, uma função de garantia de direitos fundamentais, já que se pretendeu dar um quadro legal neutro, objetivo e racional, evitando-se (proibindo-se até) a escolha *ad hominem* da concreta pessoa que o MP possa escolher para o coadjuvar. Não é indiferente que o MP não tenha poder disciplinar relativamente aos diversos OPC e que estes compitam entre si. Tudo redunda num sistema de *"checks and balances"* que, de modo redundante até, pretende evitar a criação de condições favoráveis à inadmissível pessoalização da justiça.

Contudo, não há dúvida que estarão em causa atos praticados por OPC em violação das regras previstas na LOIC e, por isso, esse OPC deveria ser considerado incompetente para a sua realização. Recorde-se que, em casos de incompetência de OPC em matéria de investigação criminal, admite o art. 5º, nº 1 da LOIC que esse OPC adquira a notícia do crime, mas estabelece depois que aquele OPC apenas poderá praticar os atos cautelares necessários e urgentes para assegurar os meios de prova. E, existindo conexão da investigação com crimes que não são da competência do OPC que tiver iniciado a investigação, impõe o nº 2 do mesmo art. 5º da LOIC a remessa no prazo máximo de 24h, com conhecimento à autoridade judiciária, do processo para o OPC competente, sem prejuízo de a autoridade judiciária vir a promover, nos termos do nº 3, a cooperação entre os OPC envolvidos caso a mesma se afigure útil para o bom andamento da investigação.

3.3.4.2. A delegação nos OPC pelo juiz de instrução

No caso do juiz de instrução, conforme resulta do art. 290º, nº 2 do CPP, a delegação nos OPC também poderá abranger quaisquer diligências e investigações relativas à instrução, mas excluem-se: (i) o interrogatório do arguido; (ii) a inquirição de testemunhas; (iii) os atos que por lei sejam cometidos em exclusivo à competência do juiz e, nomeadamente, os referidos no nº 1 do art. 268º e no nº 2 do art. 270º do CPP.

Capítulo IV
O arguido e o defensor

Sumário: 1. A importância de uma análise separada do arguido e do defensor; 2. O arguido; 3. O defensor

Bibliografia escolhida: Paulo de Sousa Mendes, *Lições de Direito Processual Penal*, Coimbra: Almedina, 2013, pp. 123-131, e "O princípio do processo equitativo na jurisprudência do TEDH", in *Homenagem ao Professor Doutor Germano Marques da Silva* (coord. José Lobo Moutinho *et al.*), vol. 4, Lisboa: Universidade Católica Editora, 2020, pp. 2363-2377; Maria João Antunes, *Direito Processual Penal*, 3ª ed., Coimbra: Almedina, 2021, pp. 45-59; Jorge de Figueiredo Dias/Nuno Brandão, *Direito Processual Penal – Os sujeitos processuais*, Coimbra: Gestlegal, 2022, pp. 213-295; Germano Marques da Silva, *Direito Processual Penal Português*, vol. 1, 2ª ed., Lisboa: Universidade Católica Editora, 2017, pp. 300-359; Manuel Simas Santos/Manuel Leal-Henriques/João Simas Santos, *Noções de Processo Penal*, 3ª ed., Lisboa: Rei dos Livros, 2020, pp. 112-135; José António Barreiros, *Sistema e Estrutura do Processo Penal Português*, vol. II, s/ed., 1997, pp. 205-306; Paulo Pinto de Albuquerque, *Comentário do Código de Processo Penal à luz da Constituição da República e da Convenção Europeia dos Direitos do Homem*, 4ª ed., Lisboa: Universidade Católica Editora, 2011, anotação aos arts. 57º a 67º, pp. 172-208; AA.VV., *Comentário Judiciário do Código de Processo Penal*, Tomo I, Coimbra: Almedina, 2019, anotação aos arts. 57º a 67º, pp. 617-757; Fernando Gama Lobo, *Código de Processo Penal Anotado*, 4ª ed., Coimbra: Almedina, 2022, anotação aos arts. 58º a 67º, pp. 82-112; AA.VV., *Código de Processo Penal Comentado* (António Henriques Gaspar *et al.*), 4ª ed., Coimbra: Almedina, 2022, anotação aos arts. 58º a 66º, pp. 160-196; António Castanheira Neves, *Sumários de Processo Criminal – 1967-1968*, Coimbra, 1968, pp. 152-169; Manuel Cavaleiro de Ferreira, *Curso de Processo Penal*, 1º vol., Lisboa: Danubio, 1986, pp. 161-174.

Jurisprudência escolhida: Ac. TC nº 155/2007, de 02.03.2007, Proc. 685/06 (Gil Galvão); Ac. TC nº 228/2007, de 28.03.2007, Proc. 980/2006 (Fernanda Palma); Ac. TC nº 340/2013, de 17.06.2013, Proc. 817/12 (Cura Mariano); Ac. TC nº 298/2019, de 15.05.2019, Proc. 1043/17 (Pedro Machete); Ac. STJ de Fixação de Jurisprudência nº 14/2014, de 28.05.2014 (Armindo Monteiro); Ac. STJ de Fixação de Jurisprudência nº 15/2016, de 26.10.2016 (Souto de Moura); Ac. TRC de 23.05.2012, Proc. 136/10.0GBAND.C2 (Brízida Martins); Ac. TRG de 22.05.2017, Proc. 46/12.6DBRG.G1 (Ausenda Gonçalves); Ac. TRP de 22.10.2014, Proc. 585/11.6PAGDM.P1 (Cravo Roxo); Ac. TRP de 11.10.2017, Proc. 72/17.9JACBR-E.P1 (Airisa Caldinho); Ac. TRP de 08.05.2019, Proc. 156/16.0JAAVR-B.P1 (William Themudo Gilman).

1. A importância de uma análise separada do arguido e do defensor

Nos arts. 57º a 67º do CPP surgem referidos o arguido e o defensor, estando ambos incluídos no Título III do Livro I.

A estreita relação entre o arguido e o defensor (mais acentuada do que a verificada entre o MP e os OPC), a que acresce a circunstância de ambos gozarem da mesma natureza (de sujeitos processuais), explicarão essa opção.

Não obstante, também aqui se justifica que se proceda a uma análise separada.

2. O arguido

2.1. O suspeito

Embora o CPP não contenha uma noção de arguido, inclui uma definição de suspeito no art. 1º, al. *e)*: suspeito será *"toda a pessoa relativamente à qual exista indício de que cometeu ou se prepara para cometer um crime, ou que nele participou ou se prepara para participar"*.

Uma tal definição de suspeito assume relevância, na medida em que permite destrinçar o suspeito do arguido. Apenas este e não aquele é considerado sujeito processual.

Não que o suspeito não seja titular de quaisquer direitos[164] ou não possa estar sujeito a deveres. Contudo, não goza do mesmo estatuto do processual do arguido. Repare-se que o art. 32º, nº 1 da CRP refere que o processo criminal assegura todas as garantias de defesa, não referindo a quem concretamente as assegura. Daqui se pode retirar que as garantias do processo estão asseguradas ainda antes de alguém assumir a qualidade de arguido e não apenas que essa garantia é válida para todos os arguidos e para qualquer fase de desenvolvimento do processo. Não por acaso certamente surgem referências ao suspeito nos arts. 58º, nº 1, al. *c)*, 59º, nº 2, 254º a 261º, 174º, 175º, 179º, nº 1, al. *a)*, 187º, nº 4, als. *a)* e *b)*, 189º, 250º e 251º, nº 1, als. *a)* e *b)* do CPP.

Só que, para além da natureza (algo) dispersa dessas referências, o CPP não fornece elementos para a determinação do estatuto do suspeito, o que suscita dúvidas interpretativas relevantes. Por exemplo, prevê que o suspeito ainda não constituído arguido possa prestar declarações, mas fazendo-o na qualidade de suspeito. As declarações por ele prestadas serão admissíveis desde que a autoridade judiciária ou o OPC tenha entendido que sobre o suspeito não recaía uma suspeita fundada (art. 58º, nº 1, al. *a)* do CPP). É certo que, não tendo a qualidade de arguido e estando a ser inquirido ou a ser alvo de diligências para comprovação da imputação, o suspeito goza da proteção concedida pelos nºs 1 e 2 do art. 59º do CPP: surgindo fundada suspeita durante a sua inquirição, a entidade que procede à inquirição terá de suspende-la imediatamente e proceder à comunicação e indicação previstas para a constituição de arguido; caso estejam a ser efetuadas diligências, destinadas a comprovar a imputação, que pessoalmente o afetem, o suspeito do cometimento de um crime tem direito a ser constituído, a seu pedido, como arguido[165]. E a violação do disposto nos referidos nºs 1 e 2 do art. 59º do CPP implica, por força da remissão operada pelo nº 4 do mesmo

[164] Paulo de Sousa Mendes, *Lições de Direito Processual Penal*, Coimbra: Almedina, 2013, p. 123, refere que o suspeito goza de estatuto processual específico que lhe confere certos direitos.

[165] Sobre a importância da previsão do nº 2 do art. 59º do CPP, invocando que *"permite à pessoa que é alvo de suspeita passar a dispor de todos os direitos e prerrogativas que a lei confere ao arguido"*, cfr. Augusto Silva Dias/Vânia Costa Ramos, *Direito à não auto-inculpação (nemo tenetur se ipsum accusare) no processo penal e contra-ordenacional português*, Coimbra: Coimbra Editora, 2009, p. 23.

artigo, que as declarações prestadas pelo suspeito não possam ser utilizadas como prova, tal como dispõe o nº 6 do art. 58º do CPP. Contudo, alguma doutrina[166] sugere que se vá mais longe: o suspeito deverá ser também obrigatoriamente constituído arguido quando das declarações por si prestadas possam ser extraídos elementos para a sua incriminação, exista ou não fundada suspeita e tenha ou não o suspeito solicitado a sua constituição como arguido.

2.2. A aquisição da qualidade de arguido

Estatui o art. 60º do CPP que inerente à qualidade de arguido está a possibilidade de serem exercidos direitos e deveres processuais, que integram a posição processual do arguido[167].

Em qualquer dos casos, a aquisição da qualidade de arguido não opera *ipso iure*, mas sim por via de constituição de arguido.

2.2.1. A constituição de arguido

A constituição de arguido produz efeitos relevantes no processo e tanto poderá decorrer da própria lei (constituição de arguido *ope legis*), de uma decisão de uma autoridade judiciária ou de um OPC[168], ou de um pedido da pessoa sobre quem recaia suspeita de ter cometido um crime, sempre que estiverem a ser efetuadas diligências, destinadas a comprovar a imputação, que pessoalmente a afetem.

2.2.1.1. Os efeitos da constituição de arguido

Através da constituição de arguido opera-se a atribuição de um estatuto processual ao arguido que decorre do art. 61º do CPP e o permite qualificar como sujeito processual: adquire direitos processuais autónomos

[166] Germano Marques da Silva, *Direito Processual Penal Português*, vol. 1, 2ª ed., Lisboa: Universidade Católica Editora, 2017, p. 309.

[167] Na expressão de Paulo de Sousa Mendes, *Lições de Direito Processual Penal*, Coimbra: Almedina, 2013, p. 126, o arguido *"adquire uma posição global, estável e rica (ativa e passiva), no processo"*.

[168] Questão interessante é a da constituição de arguido por atos processuais de particulares – cfr. José Damião da Cunha, "Da inadmissibilidade da constituição (imediata) de arguido por atos processuais de particulares: uma reflexão sobre atos processuais", in *Estudos em homenagem ao Professor Doutor Américo Taipa de Carvalho* (org. Paulo Pinto de Albuquerque *et al.*), Porto: Universidade Católica Editora, 2022, pp. 103-119.

em relação aos demais intervenientes (outros sujeitos ou participantes processuais).

Ao mesmo tempo representa a constituição de arguido uma garantia importante: o arguido passa a gozar de um estatuto processual claro (que emerge do art. 61º do CPP), que conservará durante todo o processo (art. 57º, nº 2 do CPP) e sabe-se desde que momento adquiriu esse mesmo estatuto.

2.2.1.2. A constituição de arguido *ope legis*

O art. 57º, nºs 1 e 2 do CPP estabelece que assume a qualidade de arguido todo aquele contra quem for deduzida acusação ou requerida instrução num processo penal, mais dispondo que a qualidade de arguido se conserva durante todo o decurso do processo (ou seja, até ao trânsito em julgado). Desta última parte extraem alguns autores que a qualidade de arguido não será fungível ou renunciável, nem tão pouco cessa enquanto decorrer o processo.

Essa qualidade de arguido pode ser atribuída à pessoa coletiva ou entidade equiparada[169], através do respetivo representante, salvo tratando-se de pessoa singular que seja também arguido relativamente aos factos objeto do processo (art. 57º, nºs 4, 5 e 6 do CPP). O representante não é arguido, limitando-se a representar a pessoa coletiva ou entidade equiparada arguida.

Porém, a qualidade de arguido pode ser adquirida antes da dedução da acusação ou de requerida a instrução. Desde logo, dispõe o art. 272º,

[169] Sobre o estatuto processual da pessoa coletiva e sua representação no processo penal, cfr. Germano Marques da Silva, "Processo contra pessoas coletivas", in *Corrupção em Portugal: avaliação legislativa e propostas de reforma* (org. Paulo Pinto de Albuquerque *et al.*), Lisboa: Universidade Católica Editora, 2021, pp. 465-476; Teresa Quintela de Brito, "Processo contra pessoas colectivas: algumas propostas de adaptação (urgente) do Código de Processo Penal português", in *Corrupção em Portugal: avaliação legislativa e propostas de reforma* (org. Paulo Pinto de Albuquerque *et al.*), Lisboa: Universidade Católica Editora, 2021, pp. 477-514; Flávia Noversa Loureiro, "A insustentável ausência de normas processuais penais para pessoas coletivas", in *Homenagem ao Professor Doutor Germano Marques da Silva* (coord. José Lobo Moutinho *et al.*), vol. 2, Lisboa: Universidade Católica Editora, 2020, pp. 893-923; Maria João Antunes, "A representação da pessoa coletiva arguida no processo penal", in *Homenagem ao Professor Doutor Germano Marques da Silva* (coord. José Lobo Moutinho *et al.*), vol. 3, Lisboa: Universidade Católica Editora, 2020, pp. 1787-1797, e "A pessoa coletiva arguida no processo penal: o que muda?", in *Revista Portuguesa de Ciência Criminal*, 31, nº 3 (setembro-dezembro 2021), pp. 533-541.

nº 1 do CPP que é obrigatório interrogar como arguido a pessoa contra quem correr inquérito em relação à qual exista suspeita fundada da prática de crime, salvo se não for possível notificá-la.

Daqui decorre que a aquisição da qualidade de arguido não opera *ipso iure*. É verdade que do ponto de vista intraprocessual será arguido quem for sujeito passivo da dedução de acusação ou da abertura da instrução. Contudo, trata-se de um caso de constituição de arguido *ope legis*, ou seja, que não prescinde da constituição de arguido, ainda que esta opere por força da lei. Por outro lado, nos demais casos a aquisição da qualidade de arguido terá de fazer-se por via da constituição de arguido, que não opera *ope legis*.

2.2.1.3. As hipóteses de obrigatória constituição de arguido

O CPP consagra no art. 58º, nº 1 várias situações em que a constituição de arguido é obrigatória: (i) se, correndo inquérito contra pessoa determinada em relação à qual haja suspeita fundada da prática de crime (de que foi agente do crime), esta prestar declarações perante qualquer autoridade judiciária ou órgão de polícia criminal (al. *a)*); (ii) caso tenha de ser aplicada a qualquer pessoa uma medida de coação ou de garantia patrimonial (al. *b)*); (iii) se um suspeito for detido, nos termos e para os efeitos previstos nos arts. 254º a 261º (al. *c)*); (iv) se for levantado auto de notícia que dê uma pessoa como agente de um crime e aquele lhe for comunicado, salvo se a notícia for manifestamente infundada (al. *d)*). Em relação às situações referidas nas als. *a)* e *d)* discute-se se a constituição de arguido, embora obrigatória, não poderá ficar dependente de confirmação do caráter fundado da suspeita ou da notícia que emerge do auto de notícia.

A estas situações somam-se as hipóteses de obrigatoriedade de constituição de arguido previstas no art. 59º do CPP: (i) se durante a inquirição feita a pessoa que não é arguido, surgir fundada suspeita de crime por ela cometido (nº 1); (ii) se recaindo suspeita de ter cometido um crime e estiverem a ser efetuadas diligências, destinadas a comprovar a imputação, que pessoalmente a afetem, a pessoa solicitar que seja constituída como arguido (nº 2). Tais hipóteses (de conversão do depoente em arguido) aplicam-se à inquirição de representante de pessoa coletiva ou entidade equiparada como arguido ou testemunha, quando surja a fundada suspeita da prática de um crime pela pessoa coletiva ou entidade equiparada que ainda não seja arguida (nº 3).

2.2.2. A atribuição da qualidade de arguido

Ainda que o CPP preveja situações de obrigatoriedade de constituição de arguido, a aquisição da qualidade de arguido, fora dos casos previstos no art. 57º, nº 1 do CPP (de constituição *ope legis*), não é automática (isto é, não encerra qualquer automatismo): depende da autoridade judiciária ou do OPC em causa procederem à constituição de arguido, a qual terá de observar certos procedimentos e formalidades.

De facto, tratando-se de um ato solene, a constituição de arguido estará sujeita ao cumprimento de procedimentos e formalidades.

2.2.3. Os procedimentos e as formalidades da constituição de arguido e as consequências da sua violação

No art. 58º, nºs 2, 3 e 5 surgem indicados alguns procedimentos e formalidades para a constituição de arguido[170].

Desde logo, a constituição de arguido exige uma comunicação, oral ou por escrito, ao visado (ou, no caso da pessoa coletiva ou entidade equiparada, ao representante) feita pela autoridade judiciária ou por OPC de que a partir desse momento aquele (ou aquela) deve considerar-se arguido (ou arguida) e da indicação e, se necessário, explicação dos direitos e deveres processuais referidos no art. 61º (art. 58º, nºs 2 e 3 do CPP).

Por outro lado, a constituição de arguido deve implicar a entrega, sempre que possível no próprio ato, de documento de que constem a identificação do processo e do defensor, se este tiver sido nomeado, e os direitos e deveres processuais referidos no art. 61º (art. 58º, nº 5 do CPP).

Tratando-se de constituição de arguido efetuada por OPC, terá a mesma de ser comunicada à autoridade judiciária no prazo de 10 dias e por esta apreciada, em ordem à sua validação, no prazo de 10 dias, ainda que a não validação da constituição de arguido pela autoridade judiciária (que visa permitir a realização de um juízo de apreciação sobre os pressupostos da constituição de arguido) não prejudique as provas anteriormente obtidas (art. 58º, nºs 4 e 7 do CPP).

O não cumprimento das formalidades inerentes à constituição de arguido conduz a que as declarações prestadas pela pessoa visada não possam ser utilizadas como prova (arts. 58º, nº 6 e 59º, nº 4 do CPP). De acordo

[170] Com desenvolvimento, cfr. Jorge de Figueiredo Dias/Nuno Brandão, *Direito Processual Penal – Os sujeitos processuais*, Coimbra: Gestlegal, 2022, pp. 234-237.

com alguns autores[171], a consequência da impossibilidade de utilização da prova verifica-se também nos casos de falta de comunicação da constituição de arguido efetuada por OPC, nos termos do nº 4 do art. 58º do CPP. Consideram que só a validade da prova não fica prejudicada por força do nº 7 do mesmo art. 58º, mas que a sua utilização estará afastada pelo nº 5 do artigo.

Em relação aos arguidos menores de 18 anos e com 16 ou mais, surge um procedimento ou uma formalidade adicional: a constituição de arguido é comunicada, de imediato, aos titulares das responsabilidades parentais, ao seu representante legal ou à pessoa que tiver a sua guarda de facto, ainda que o processo prossiga (art. 58º, nº 8 do CPP).

2.3. O estatuto de arguido

2.3.1. Os direitos do arguido

2.3.1.1. Os direitos mínimos conferidos pelo art. 61º, nº 1 do CPP

Por força do estatuto de arguido, o arguido goza em qualquer fase do processo e ressalvadas as exceções previstas na lei, de um número mínimo de direitos, constantes do nº 1 do art. 61º do CPP.

Os direitos do arguido previstos no nº 1 do art. 61º do CPP são aqueles que lhe são especialmente conferidos por ser arguido[172]: são instrumentais do direito de defesa. Porém, a enumeração ali constante não é taxativa, tanto mais que não será pela circunstância de alguém adquirir a qualidade de arguido que perderá os direitos de que goza como pessoa. A mais, existem leis específicas que conferem outros direitos (processuais ou substantivos) ao arguido, fundados em razões de política criminal (medidas premiais ou de atenuação e dispensa de pena).

Extraem-se do nº 1 do art. 61º do CPP: (i) o direito de estar presente (pessoalmente, ainda que assistido por defensor) nos atos processuais que diretamente lhe digam respeito, ainda que se encontre em situa-

[171] Maria João Antunes, *Direito Processual Penal*, 3ª ed., Coimbra: Almedina, 2021, pp. 46-47.

[172] Acerca dos direitos do arguido, cfr. José António Barreiros, "Estatuto jurídico processual do arguido: alguns dos seus direitos", in *I Congresso de processo penal: memórias* (coord. Manuel Monteiro Guedes Valente), Coimbra: Almedina, 2005, pp. 141-176 e, analisando também os deveres, Paulo de Sousa Mendes, "Estatuto de arguido e posição processual da vítima", in *Revista Portuguesa de Ciência Criminal*, 17, nº 4 (Out.-Dez. 2007), pp. 601-612, e "Os direitos e deveres do arguido", in *Estudos em memória do Prof. Doutor J. L. Saldanha Sanches* (org. Paulo Otero *et al.*), vol. II, Coimbra: Coimbra Editora, 2011, pp. 819-828.

ção de privação de liberdade, para exercício do contraditório e da defesa (al. *a)*); (ii) o direito a ser ouvido (direito de audiência) pelo tribunal ou pelo juiz de instrução sempre que eles devam tomar qualquer decisão que pessoalmente o afete, também para exercício do contraditório, o que permite ao arguido expor a sua posição e apresentar e produzir as provas (al. *b)*); (iii) o direito de ser informado dos factos (precisos e concretos, incluindo as circunstâncias de tempo e lugar) que lhe são imputados (os que estão em investigação e já indiciados de modo razoável, ou relativamente aos quais existam suspeitas, ou os que constem da acusação ou do despacho de pronúncia) antes de prestar declarações perante qualquer entidade (al. *c)*); (iv) o direito de não responder a perguntas feitas sobre os factos que lhe forem imputados e sobre o conteúdo das declarações que sobre eles prestar (al. *d)*); (v) o direito a constituir advogado ou solicitar a nomeação de um defensor (al. *e)*); (vi) o direito a ser assistido por defensor em todos os atos processuais em que participar e, quando detido, comunicar, mesmo em privado, com ele[173] (al. *f)*); (vii) o direito de intervir no inquérito e na instrução, oferecendo provas e requerendo as diligências que se lhe afigurarem necessárias (al. *g)*); (viii) o direito de ser informado, pela autoridade judiciária ou pelo OPC perante os quais seja obrigado a comparecer, dos direitos que lhe assistem (al. *h)*); (ix) o direito de ser acompanhado, caso seja menor, durante as diligências processuais a que compareça (al. *i)*); (x) o direito de recorrer, nos termos da lei, das decisões que lhe forem desfavoráveis (al. *j)*).

2.3.1.2. O privilégio da não autoincriminação

Na al. *d)* do nº 1 do art. 61º do CPP é conferido em especial ao arguido o direito de não responder a perguntas feitas, por qualquer entidade, sobre os factos que lhe forem imputados e sobre o conteúdo das declarações que acerca deles prestar.

Tal direito é reafirmado nos arts. 141º, nº 4, als. *a)* e *b)*, 143º, nº 2, 144º, nº 1 (parte final) e 343º, nº 1 do CPP quando se exige que o arguido seja

[173] Sobre a confidencialidade das comunicações do arguido com o defensor, cfr. VÂNIA COSTA RAMOS/CARLOS PINTO DE ABREU/JOÃO VALENTE CORDEIRO, "Confidencialidade da comunicação com o defensor como exigência de um processo penal justo e equitativo", in *Estudos em homenagem ao Juiz Conselheiro António Henriques Gaspar* (coord. ARMANDO DIAS RAMOS e ANTÓNIO AMARO ROSA), Coimbra: Almedina, 2019, pp. 181-231.

informado antes de ser interrogado de que goza do direito ao silêncio. Também encontra expressão nos arts. 356º, nº 1, al. *b)*, e nº 7, e 357º, nº 1, als. *a)* e *b)* do CPP.

O CPP consagra assim expressamente o direito ao silêncio, mas o privilégio do *nemo tenetur se ipsum accusare* (da não autoincriminação[174] ou, mais genericamente, da não autoinculpação[175]) não se resume nem se esgota no direito ao silêncio[176]. Deste privilégio (extraível do art. 6º, nº 2 da CEDH e dos arts. 20º, nº 4 e 32º, nº 1 da CRP) decorre que ninguém deve ser obrigado a contribuir para a sua própria incriminação, o que significa que goza do direito ao silêncio (por forma a evitar a prestação de declarações que o possam incriminar) e ainda do direito de não facultar meios de prova (que possam ser utilizados para o incriminar).

A Diretiva 2016/343/UE do Parlamento Europeu e do Conselho, de 9 de março de 2016, relativa ao reforço de certos aspetos da presunção de inocência e do direito de comparecer em julgamento em processo penal[177], reafirmou no art. 7º o direito de guardar silêncio e o direito de não se autoincriminar, estendendo o alcance desses direitos ao arguido e ao suspeito, e deixando claro que o exercício desses direitos não deve ser utilizado contra os mesmos, nem pode ser considerado elemento de prova de que cometeram o ilícito penal em causa.

O privilégio contra a autoincriminação faz recair sobre a acusação o ónus de provar a sua tese sem recurso a elementos de prova obtidos através métodos coercivos ou opressivos e com desrespeito pela vontade. Resta saber se obsta a que sejam extraídas inferências, baseadas

[174] Jorge de Figueiredo Dias/Nuno Brandão, *Direito Processual Penal – Os sujeitos processuais*, Coimbra: Gestlegal, 2022, pp. 251-260.

[175] Augusto Silva Dias/Vânia Costa Ramos, *Direito à não auto-inculpação (nemo tenetur se ipsum accusare) no processo penal e contra-ordenacional português*, Coimbra: Coimbra Editora, 2009, p. 19, nota 37, precisando que o direito à não autoincriminação é uma espécie do género direito à não autoinculpação, valendo este também para o Direito das Contraordenações.

[176] Acerca do *nemo tenetur*, cfr. Sandra Oliveira e Silva, *O arguido como meio de prova contra si mesmo: considerações em torno do princípio nemo tenetur se ipsum accusare*, Coimbra: Almedina, 2018.

[177] Em relação a esta Diretiva, com enfoque na presunção de inocência e na inversão do ónus da prova, cfr. Ivana Mascarenhas Alves, "A Diretiva (UE) 2016/343, relativa à presunção de inocência, e a inversão do ónus da prova", in *Novos Desafios da Prova Penal* (coord. Paulo de Sousa Mendes e Rui Soares Pereira), vol. 2, Coimbra: Almedina, 2023, pp. 21-78.

em regras da experiência, nos casos, por exemplo, de silêncio parcial do arguido[178].

De qualquer modo, o privilégio da não autoincriminação pode ser e vem sendo objeto de ponderações várias com outros interesses, não apenas no contexto restrito das declarações do arguido, mas estendendo-se a outros de deveres de cooperação ou de colaboração com as autoridades (*v.g.*, na colheita de vestígios biológicos[179], na recolha de autógrafos[180], na entrega de documentos[181], nas intervenções corporais[182], ou na cateterização urinária[183]), por parte da jurisprudência do TEDH[184], da jurisprudência do TC[185], da jurisprudência do

[178] A respeito da valoração do silêncio pelo juiz, cfr. António Brito Neves, "A valoração do silêncio do arguido na formação da convicção do juiz", in *Liber amicorum: Manuel Simas Santos* (coord. André Paulino Piton *et al.*), Lisboa: Rei dos Livros, 2016, pp. 205-233.

[179] Mário Ferreira Monte, "O resultado da análise de saliva colhida através de zaragatoa bucal é prova proibida?", in *RMP*, 108 (Out.-Dez. 2006), pp. 239-262.

[180] Sandra Oliveira e Silva, *O arguido como meio de prova contra si mesmo: considerações em torno do princípio nemo tenetur se ipsum accusare*, Coimbra: Almedina, 2018, pp. 763-770.

[181] Vânia Costa Ramos, "Corpus Juris 2000: imposição ao arguido de entrega de documentos para prova e nemo tenetur se ipsum accusare", in *RMP*, 108 (Out.-Dez. 2006), pp. 125-149, e 28, nº 109 (Jan.-Mar. 2007), pp. 57-96, e Sandra Oliveira e Silva, *O arguido como meio de prova contra si mesmo: considerações em torno do princípio nemo tenetur se ipsum accusare*, Coimbra: Almedina, 2018, pp. 815 e ss. e, mais recentemente, da última autora, "Nemo Tenetur se Ipsum Accusare e Deveres de Colaboração em Matéria Tributária", in *Prova Penal Teórica e Prática* (coord. Paulo de Sousa Mendes e Rui Soares Pereira), Coimbra: Almedina, 2019, pp. 77-113.

[182] Com desenvolvimento em relação às intervenções corporais não consentidas, cfr. Lígia Noronha Rocha, *O Regime da Obtenção de Provas Através de Intervenção Corporal Não Consentida*, Lisboa: Nova Causa, 2020.

[183] Inês Vieira Santos, "o consentimento nas intervenções corporais invasivas probatórias na jurisprudência do Tribunal Europeu dos Direitos Humanos: dizer "sim" sem limites? – considerações à luz de uma ilicitude qualificada", in *Novos Desafios da Prova Penal* (coord. Paulo de Sousa Mendes e Rui Soares Pereira), vol. 2, Coimbra: Almedina, 2023, pp. 465-530.

[184] Sobre a recolha de amostras biológicas para extração de perfis de ADN, *Van der Velden v. Países Baixos* e *S. e Marper v. Reino Unido*, sobre a entrega de documentos, *Funke v. França*, sobre as intervenções corporais não consentidas, *Jalloh v. Alemanha* e *Bogumil v. Portugal*, e sobre a cateterização urinária, *R.S. v. Húngria*).

[185] Sobre a colheita de vestígios biológicos, Ac. TC nº 155/2007, de 02.03.2007, Proc. 685/06 (Gil Galvão), e Ac. TC nº 228/2007, de 28.03.2007, Proc. 980/2006 (Fernanda

STJ[186] e da jurisprudência das Relações[187]. Tais ponderações têm suscitado divergências na doutrina. Mesmo na falta de legislação específica, o tema do *nemo tenetur* conhece em Portugal também desenvolvimentos doutrinários no que toca à revelação coativa de senhas alfanuméricas ou mais genericamente no que toca a ordens de desencriptação de *smartphones*[188] e outros aparelhos encriptados que podem implicar a revelação de senhas alfanuméricas ou o desbloqueio biométrico (com fornecimento de impressão digital, íris, voz ou o rosto), o que tem vindo a ser debatido através de uma análise das soluções adotadas no direito comparado a esse respeito e da convocação da jurisprudência do TEDH[189].

Importa sublinhar que do privilégio contra a autoincriminação não decorre uma proibição de autoincriminação. Não há impedimento a que alguém confesse ou apresente provas contra si mesmo desde que o faça livremente.

Em qualquer dos casos, parece justificar-se falar de um núcleo essencial daquele privilégio cuja preservação vem sendo exigida mesmo de acordo com a jurisprudência do TEDH: por exemplo, reafirma o TEDH em várias decisões a proibição de constrangimentos e enganos para obrigar o arguido a declarar contra si mesmo. Vale por dizer que o próprio TEDH parece estabelecer limites à referida ponderação de interesses.

2.3.2. Os deveres do arguido

O estatuto de arguido não atribui apenas direitos, implica a sujeição a deveres.

Palma), e sobre a entrega de documentos, Ac. TC nº 340/2013, de 17.06.2013, Proc. 817/12 (Cura Mariano), e Ac. TC nº 298/2019, de 15.05.2019, Proc. 1043/17 (Pedro Machete).

[186] Sobre a recolha de autógrafos, Ac. STJ de Fixação de Jurisprudência nº 14/2014, de 28.05.2014 (Armindo Monteiro).

[187] Por exemplo, sobre a colheita de vestígios biológicos, saliva/zaragatoa bucal, Ac. TRP de 11.10.2017, Proc. 72/17.9JACBR-E.P1 (Airisa Caldinho), e Ac. TRP de 08.05.2019, Proc. 156/16.0JAAVR-B.P1 (William Themudo Gilman), e sangue, Ac. TRC de 23.05.2012, Proc. 136/10.0GBAND.C2 (Brízida Martins), e sobre a recolha de autógrafos, Ac. TRP de 22.10.2014, Proc. 585/11.6PAGDM.P1 (Cravo Roxo), e, sobre a recolha de documentação em inspeção tributária, Ac. TRG de 22.05.2017, Proc. 46/12.6DBRG.G1 (Ausenda Gonçalves).

[188] Vanessa Fernandes, *A Necessidade de desencriptação de smartphones para obtenção de prova no processo penal: restrições ao princípio de não auto-incriminação na era digital*, Dissertação de mestrado em ciências jurídico-criminais, FDUL, 2017.

[189] De recusa de fornecimento de palavra-passe, por exemplo, *Minteh v. França*.

Alguns desses deveres do arguido encontram-se enumerados no nº 6 do art. 61º do CPP: (i) de comparência perante o juiz, o MP ou os OPC sempre que a lei o exigir e para tal tiver sido devidamente convocado (al. *a)*); (ii) de responder com verdade às perguntas feitas por entidade competente sobre a sua identidade (al. *b)*); (iii) de se sujeitar a diligências de prova e a medidas de coação e garantia patrimonial, nos termos dos arts. 125º e 126º e 191º e ss. do CPP (al. *c)*); (iv) de prestar TIR (art. 196º do CPP) logo que assuma qualidade de arguido (al. *d)*).

No essencial podem esses deveres especiais (outros podem ser referidos na medida em que a enumeração de deveres do nº 6 também não é taxativa) ser reconduzidos à obrigação de o arguido se manter à disposição das autoridades, sujeitando-se a todos os meios de prova e medidas de coação e garantia patrimonial. É discutível se a não taxatividade da enumeração permite falar na sujeição do arguido a deveres de lealdade processual, de restrição do exercício de direitos pelo arguido apenas para a realização das finalidades com que são conferidos, excluindo-se a sua utilização desviante, com perturbação do processo.

2.3.3. O exercício de direitos e deveres por pessoa coletiva ou entidade equiparada arguida

No caso de pessoa coletiva ou entidade equiparada, dispõe o nº 7 do art. 61º do CPP que o exercício de direitos e deveres se fará através do respetivo representante, naturalmente desde que este não seja também arguido (art. 57º, nº 9 do CPP).

3. O defensor

O defensor está regulado no arts. 62º-67º do CPP.

No processo penal português o defensor tem estatuto de sujeito processual[190] (é um verdadeiro sujeito processual autónomo do arguido), não apenas porque existem situações de obrigatoriedade de assistência do defensor, mas porque se lhe reconhece o papel de órgão de administração da justiça, ainda que atuando no exclusivo interesse da defesa. Ao defensor são reconhecidos direitos e impostos deveres, para que possa atuar no sentido de favorecer a posição processual do arguido.

[190] Maria João Antunes, *Direito Processual Penal*, 3ª ed., Coimbra: Almedina, 2021, p. 56.

Não é indiferente para a justiça a eficácia da defesa e daí a relevância do defensor[191]. Por isso, justifica-se a conclusão segundo a qual um bom defensor é uma peça fundamental na administração da justiça.

3.1. Noção

O defensor é o profissional forense que assume a função de defesa do arguido[192].

No caso português, o defensor terá de ser um advogado (um advogado ou um advogado estagiário), em virtude de não se permitir, como se chegou a admitir anteriormente, a nomeação de "pessoa idónea" (que poderia não ser advogado ou advogado-estagiário) para assegurar a defesa.

O defensor não se limita a representar os interesses do arguido, embora atue no exclusivo interesse da defesa.

Em virtude de atuar no interesse da defesa, admite-se que o defensor possa atuar sem ou até contra a vontade do arguido[193]. Daí que se possa dizer que a defesa não fica ligada às instruções ou à vontade do arguido. Por exemplo, pode o defensor participar na audiência de julgamento realizada na ausência do arguido e (ao contrário do que sucede noutros ordenamentos jurídicos em que se admite com alguma latitude a defesa em causa própria) pode também ser imposto ao arguido que tenha um defensor oficioso ainda que o arguido seja ele próprio advogado[194].

3.2. As atribuições do defensor

O defensor desempenha uma função de defesa que assume natureza pública (de administração da justiça) e que não se baseia na mera concessão de poderes de representação.

As atribuições do defensor não variam significativamente consoante esteja em causa defensor constituído (através de mandato judicial) ou defensor oficioso (nomeado pelo MP ou pelo juiz por indicação da Ordem dos Advogados ou por integrar o serviço de turno nos tribunais).

[191] Paulo de Sousa Mendes, *Lições de Direito Processual Penal*, Coimbra: Almedina, 2013, p. 131.

[192] Jorge de Figueiredo Dias/Nuno Brandão, *Direito Processual Penal – Os sujeitos processuais*, Coimbra: Gestlegal, 2022, p. 265.

[193] Paulo de Sousa Mendes, *Lições de Direito Processual Penal*, Coimbra: Almedina, 2013, p. 131, e Maria João Antunes, *Direito Processual Penal*, 3ª ed., Coimbra: Almedina, 2021, p. 56.

[194] Cfr. Ac. STJ de Fixação de Jurisprudência nº 15/2016, de 26.10.2016 (Souto de Moura).

A defesa oficiosa é de interesse público, estando o defensor nomeado obrigado (tal como o defensor constituído) a cumprir os deveres deontológicos próprios dos advogados.

A nomeação de defensor oficioso prevista no art. 66º do CPP rege-se pela Lei nº 34/2004, de 29 de julho (a Lei do Acesso ao Direito e aos Tribunais), sendo notificada ao arguido e ao próprio defensor (nº 2 do art. 66º do CPP). O defensor nomeado manter-se-á em funções até que seja substituído (nºs 3 e 4 do art. 66º do CPP). Logo que o arguido constitua mandatário (o que poderá fazer a qualquer altura do processo, nos termos do nº 1 do art. 62º do CPP), o defensor nomeado cessa funções (art. 43º, nº 1 da Lei nº 34/2004, de 29 de julho).

3.3. As situações de obrigatoriedade de defensor e as consequências da sua violação

No art. 64º do CPP alude-se às situações de obrigatoriedade de assistência do defensor.

Essa alusão compreende-se no quadro do art. 32º, nº 3 da CRP[195], na parte em que se refere que a lei especifica *"os casos e as fases em que a assistência por advogado é obrigatória"*.

O nº 1 do art. 64º contempla várias hipóteses em que a assistência do defensor é obrigatória, designadamente: nos interrogatórios de arguido detido ou preso, nos interrogatórios feitos por autoridade judiciária, no debate instrutório e audiência, nos recursos ordinários e extraordinários, nas declarações para memória futura, na audiência realizada na ausência do arguido e nos casos em que a lei o determinar.

A estas hipóteses acresce aquela prevista no nº 2 do mesmo artigo (de nomeação de defensor ao arguido, a pedido do tribunal ou do arguido, sempre que as circunstâncias do caso revelarem a necessidade ou a conveniência de o arguido ser assistido) e a contemplada no nº 3 (se for deduzida contra o arguido acusação, sendo a nomeação feita no despacho de acusação ou no despacho que se pronuncia sobre a acusação particular).

Nos casos de obrigatoriedade de assistência do defensor, está afastada (por razões de ordem pública) a defesa em causa própria e a falta

[195] Jorge de Figueiredo Dias/Nuno Brandão, *Direito Processual Penal – Os sujeitos processuais*, Coimbra: Gestlegal, 2022, p. 272.

de defensor (constituído ou nomeado) constitui uma nulidade insanável, nos termos do art. 119º, al. *c)* do CPP[196]. Não está em causa impedir a defesa pessoal pelo arguido, que está sempre assegurada (por exemplo, o arguido pode estar presente em todos os atos que lhe digam respeito, ser ouvido pessoalmente e expor diretamente a sua posição sobre os factos), mas garantir a chamada "defesa técnica": esta torna a defesa do arguido mais eficaz e evita os inconvenientes associados à autodefesa. Na expressão de Castanheira Neves[197], *"o arguido não terá, em geral, nem a serenidade, nem a preparação jurídica que o seu representante judicial lhe assegura".*

3.4. A assistência a vários arguidos

Havendo coarguidos no mesmo processo ou arguidos em processos conexos, poderão os mesmos ser assistidos por um único defensor, mas apenas se tal não contrariar a função da defesa, de acordo com o art. 65º do CPP.

A chamada "representação unitária de arguidos" pelo mesmo defensor poderá ser benéfica para a defesa e o processo, promover a coordenação e eficácia e evitar a repetição de atos processuais. Porém, poderá também colocar dificuldades adicionais no âmbito do patrocínio oficioso (assegurado por defensor oficioso): é que, neste caso, para aferir da respetiva admissibilidade são convocados, não apenas os interesses dos arguidos (possíveis conflitos de interesses), mas também preocupações (a que o MP e o juiz não poderão ser indiferentes) de existir uma boa aplicação dos dinheiros públicos afetos às defesas oficiosas.

3.5. O exercício da defesa

Os direitos exercidos pelo defensor são os que a lei reconhece ao arguido, *ex vi* art. 63º, nº 1 do CPP.

Contudo, conforme decorre da parte final do mesmo nº 1, existem direitos que a lei reserva para o arguido e que o defensor não pode exercer. É o caso da prestação de declarações até ao encerramento da au-

[196] Jorge de Figueiredo Dias/Nuno Brandão, *Direito Processual Penal – Os sujeitos processuais*, Coimbra: Gestlegal, 2022, p. 278.

[197] António Castanheira Neves, *Sumários de Processo Criminal – 1967-1968*, Coimbra, 1968, p. 167.

diência ou do direito de recorrer da sentença quando a audiência tenha sido realizada na sua ausência.

Além disso, existem atos pessoais que não podem ser praticados por procurador nem tão-pouco pelo defensor. Tais direitos são entendidos como sendo inseparáveis da pessoa do arguido e por isso de exercício exclusivamente pessoal. Serve de exemplo as declarações de arguido ou a confissão nos termos do art. 344º do CPP.

Capítulo V
A vítima

Sumário: 1. A Diretiva 2012/29/UE do Parlamento Europeu e do Conselho e as alterações ao CPP; 2. As outras referências específicas à vítima no CPP; 3. A ausência de um estatuto processual e as dúvidas sobre a natureza da vítima; 4. A vítima como categoria criminológica e as exigências do contraditório e do direito de defesa

Bibliografia escolhida: Maria João Antunes, *Direito Processual Penal*, 3ª ed., Coimbra: Almedina, 2021, pp. 64-66; Manuel Simas Santos/Manuel Leal-Henriques/João Simas Santos, *Noções de Processo Penal*, 3ª ed., Lisboa: Rei dos Livros, 2020, pp. 135-142; AA.VV., *Comentário Judiciário do Código de Processo Penal*, Tomo I, Coimbra: Almedina, 2019, anotação ao art. 67º-A, pp. 759-778; Fernando Gama Lobo, *Código de Processo Penal Anotado*, 4ª ed., Coimbra: Almedina, 2022, anotação ao art. 67º-A, pp. 114-117; AA.VV., *Código de Processo Penal Comentado* (António Henriques Gaspar *et al.*), 4ª ed., Coimbra: Almedina, 2022, anotação ao art. 67º-A, pp. 197-200; Augusto Silva Dias, "A tutela do ofendido e a posição do assistente no processo penal português", in *Jornadas de Direito Processual Penal e direitos fundamentais* (org. Maria Fernanda Palma), Coimbra: Almedina, 2004, pp. 55-65; Cláudia Cruz Santos, *O Direito Processual Penal Português em Mudança: rupturas e continuidades*, Coimbra: Almedina, 2020, pp. 163-172; Filipa Pereira, *O papel da vítima no processo penal português: reflexões críticas em torno do estatuto de vítima especialmente vulnerável e da sua proteção jurídico-penal*, Lisboa: Universidade Católica Editora, 2019.

Jurisprudência escolhida: Ac. STJ de 02.05.2018, Proc. 156/16.0PALSB.L1.S1 (Lopes da Mota); Ac. STJ de 25.03.2021, Proc. 1635/18.0T9BRG.G1.S1 (Clemente Lima); Ac. TRE de 23.06.2020, Proc. 1244/19.7PBFAR-A.E1 (Marques Borges); Ac. TRL de 15.09.2020, Proc. 109/17.1PBPTS.L1-5 (Vieira Lamim); Ac. TRL de 26.02.2019, Proc. 54/16.8PEALM.L1-5 (Artur Vargues); Ac. TRL de 28.10.2021, Proc. 394/20.1PBVFX.L1-9 (Lígia Trovão); Ac. TRP de 28.10.2021, Proc. 1362/20.9T9VFR-A.P1 (Amélia Catarino).

1. A Diretiva 2012/29/UE do Parlamento Europeu e do Conselho e as alterações ao CPP

No art. 67º-A do CPP encontra-se consagrada a figura da vítima.

Raramente a vítima encontrava no CPP proteção, apesar de algumas referências[198]. No art. 281º, nº 2, al. *b)* previa-se já (como se continua ainda a prever) que a suspensão provisória do processo pode ter como injunção a indemnização ou a satisfação moral do lesado, sendo este entendido como a vítima do crime. Uma referência à vítima surgia e se mantém também no art. 82º-A do CPP (ainda que porventura deslocada ou recorrendo a uma expressão menos rigorosa).

O aditamento daquele art. 67º-A pela Lei nº 130/2015, de 4 de setembro, acompanhado da introdução de um novo título com um artigo único e de uma renumeração dos títulos seguintes do Livro I relativo aos sujeitos do processo[199], foram justificados pelo legislador com a entrada em vigor da Diretiva 2012/29/UE do Parlamento Europeu e do Conselho, de 25 de outubro de 2012, a qual estabelece normas mínimas relativas aos direitos, ao apoio e à proteção das vítimas da criminalidade[200] e que substitui a Decisão-Quadro 2001/220/JAI do Conselho.

[198] Para uma apreciação da vítima e respetivos direitos antes da introdução do art. 67º-A do CPP, cfr. Cláudia Cruz Santos, "A "redescoberta" da vítima e o direito processual penal português", in *Estudos em homenagem ao Professor Doutor Jorge de Figueiredo Dias* (org. Manuel da Costa Andrade *et al.*), vol. 3, Coimbra: Coimbra Editora, 2010, pp. 1133-1153.

[199] Sobre a alteração então realizada e o sentido da nova definição de vítima, cfr. Cláudia Cruz Santos, "A vítima no direito processual penal português: sujeito ou mero participante?", in *Revista Portuguesa de Ciência Criminal*, 29, nº 1 (Jan.-Abr. 2019), pp. 173-194.

[200] Acerca do papel dos serviços de ação penal na defesa dos direitos das vítimas no contexto da UE, cfr. Catarina Abegão Alves/Sónia Moreira Reis, *Relatório provítimas: o papel do Ministério Público na promoção dos direitos das vítimas*, Lisboa: APAV, 2021.

Através da Lei nº 57/2021, de 16 de agosto, veio a ser aditada a subalínea iii) à al. a) do nº 1 do art. 67º-A, com o objetivo de abranger na noção de vítima também *"a criança ou jovem até aos 18 anos que sofreu um dano causado por ação ou omissão no âmbito da prática de um crime, incluindo os que sofreram maus tratos relacionados com a exposição a contextos de violência doméstica"*[201].

Apesar da manifesta atualidade e relevância das discussões sobre o papel da vítima no processo penal, está longe de ser clara a função desempenhada pelo art. 67º-A do CPP e também pelo aditamento ao livro dos sujeitos do processo de um novo título (ambos com a epígrafe "Vítima"). O nº 1 do art. 67º-A do CPP limita-se a fornecer as noções de "vítima" (al. *a)*), de "vítima especialmente vulnerável" (al. *b)*), de "familiares" (al. *c)*) e de "criança ou jovem" (al. *d)*). No nº 2 do art. 67º-A do CPP clarifica-se que no conceito de vítima (da al. *a)* do nº 1) cabem, não apenas as pessoas singulares (incluindo crianças ou jovens menores de 18 anos) que tenham sofrido um dano, como também os familiares da pessoa (singular) que tenha morrido por causa do crime e tenham sofrido um dano em consequência dessa morte (neles se incluindo, por esta ordem e prevalência, o cônjuge sobrevivo não separado judicialmente de pessoas e bens, ou a pessoa que convivesse com a vítima em condições análogas às dos cônjuges, os descendentes e os ascendentes). Em relação à vítima especialmente vulnerável (al. *b)* do nº 1 do art. 67º-A do CPP), definida como sendo uma vítima com especial fragilidade, que pode ser fruto de várias razões (da idade, do estado de saúde ou deficiência, de o tipo, grau e duração da vitimização haver resultado em lesões com consequências graves no seu equilíbrio psicológico ou nas condições da sua integração social), de acordo com o nº 3 do mesmo art. 67º-A incluem-se nesse conceito sempre (ainda que não exclusivamente) as vítimas de criminalidade violenta e de criminalidade especialmente violenta (art. 1º, als. *j)* e *l)* do CPP).

2. As outras referências específicas à vítima no CPP

Na sequência das alterações introduzidas em 2015, foram incluídas referências específicas à vítima noutras partes do CPP.

Por exemplo, no que respeita às medidas de coação, prevê-se agora no art. 212º, nº 4 do CPP que *"a revogação e a substituição (...) têm lugar oficiosamente ou a requerimento do Ministério Público ou do arguido, devendo estes ser ouvidos, salvo nos casos de impossibilidade devidamente fundamentada,*

[201] Sobre a aplicação a um caso de um jovem de 15 anos que terá assistido a violência doméstica, cfr. Ac. TRE de 23.06.2020, Proc. 1244/19.7PBFAR-A.E1 (Marques Borges).

e devendo ser ainda ouvida a vítima, sempre que necessário, mesmo que não se tenha constituído assistente". Ou seja, para além da audição do MP e do arguido, prevê-se a audição da vítima, embora esta só seja ouvida, ao contrário daqueles (que só não são ouvidos nos casos de impossibilidade devidamente fundamentada), quando for necessário.

Referências à vítima (embora fazendo uso da expressão "ofendido") constavam já do regime da denúncia: devem ser prestadas informações à vítima e deve proceder-se à entrega imediata à vítima de cópia integral da denúncia, prevendo-se ainda a situação da denúncia ter sido apresentada pela própria vítima (art. 247º, nºs 3 a 7 do CPP).

Também em relação à figura da suspensão provisória a inclusão da vítima no livro dos sujeitos do processo trouxe implicações: por um lado, foi aditado um novo nº 7 ao art. 281º do CPP, segundo o qual *"em processos por crime de violência doméstica não agravado pelo resultado, o Ministério Público, mediante requerimento livre e esclarecido da vítima, determina a suspensão provisória do processo, com a concordância do juiz de instrução e do arguido, desde que se verifiquem os pressupostos das alíneas b) e c) do nº 1"*; por outro lado, foi aditado um novo nº 8 ao mesmo art. 281º do CPP, de acordo com o qual *"em processos por crime contra a liberdade e autodeterminação sexual de menor não agravado pelo resultado, o Ministério Público, tendo em conta o interesse da vítima, determina a suspensão provisória do processo, com a concordância do juiz de instrução e do arguido, desde que se verifiquem os pressupostos das alíneas b) e c) do nº 1"*. No primeiro caso, a determinação da suspensão provisória do processo pelo MP depende, além do mais, de requerimento livre e esclarecido da vítima nesse sentido. No segundo caso, o interesse da vítima deve ser tomado em consideração caso o MP pretenda determinar a suspensão provisória do processo.

Por fim, no domínio da fase da instrução e a respeito dos atos de instrução passou a prever-se, não apenas que o arguido seria interrogado quando o juiz o julgar necessário e sempre que por ele solicitado, como também que seria ouvida a vítima (mesmo que não constituída como assistente) caso o juiz o julgue necessário e sempre que esta o solicite (art. 292º, nº 2 do CPP).

3. A ausência de um estatuto processual e as dúvidas sobre a natureza da vítima

Apesar da consagração no CPP de um artigo próprio e das diversas referências no CPP à vítima (bem como no Estatuto da Vítima aprovado Lei nº 130/2015, de 4 de setembro), não é claro qual seja o respetivo estatuto processual.

É verdade que nos nºs 4 e 5 do art. 67º-A do CPP se refere que *"assistem à vítima os direitos de informação, de assistência, de proteção e de participação ativa no processo penal, previstos neste Código e no Estatuto da Vítima"* e que a *"vítima tem direito a colaborar com as autoridades policiais ou judiciárias competentes, prestando informações e facultando provas que se revelem necessárias à descoberta da verdade e à boa decisão da causa"*.

No Estatuto da Vítima, aprovado pela referida Lei nº 130/2015, de 4 de setembro, surge a consagração de direitos processuais atribuídos à vítima em geral, em especial de informação (art. 11º), mas estão aí em causa faculdades já asseguradas *grosso modo*, por exemplo, nos arts. 277º, nº 3, 283º, nº 5 e 313º, nº 3 do CPP. Para as vítimas especialmente vulneráveis, preveem-se alguns direitos processuais específicos. Por um lado, medidas especiais de proteção (art. 21º, nº 2): relativas à sua inquirição pela mesma pessoa; medidas para evitar o contacto visual entre as vítimas e os arguidos[202]; prestação de declarações para memória futura; exclusão da publicidade da audiência. Por outro lado, direitos especiais das crianças vítimas (art. 22º). Por outro lado ainda, a prestação de depoimentos e declarações por videoconferência quando impliquem a presença do arguido (art. 23º). Finalmente, a inquirição pelo juiz na fase de inquérito (para memória futura), a fim de que o depoimento possa ser tomado em conta no julgamento (art. 24º[203]).

Contudo, não se trata de uma indicação equiparável, por exemplo, à da norma que clarifica a posição processual e as atribuições do assistente (art. 69º do CPP)[204]. Não parece que a concessão de direitos de participação ativa no processo e de colaboração com as autoridades policiais

[202] Para uma referência ao direito de inquirição da testemunha à distância com recurso a meios tecnológicos adequados e em tempo real, nos termos do regime especial da violência doméstica, cfr. Ac. TRL de 28.10.2021, Proc. 394/20.1PBVFX.L1-9 (Lígia Trovão).

[203] Com uma discussão sobre a possibilidade ou não do juiz indeferir o exercício do direito à prestação de declarações para memória futura, cfr. Ac. TRP de 28.10.2021, Proc. 1362/20.9T9VFR-A.P1 (Amélia Catarino).

[204] Jorge de Figueiredo Dias/Nuno Brandão, *Direito Processual Penal – Os sujeitos processuais*, Coimbra: Gestlegal, 2022, p. 176 referem que *"[o]s direitos processuais reconhecidos à vítima* qua tale *ficam muito aquém dos que se conferem ao assistente, devendo considerar-se, de um ponto de vista dogmático, que se trata de um participante processual, e não de um sujeito processual"*.

ou judiciárias competentes possa significar a concessão à vítima de um poder de conformação do processo, como sucede no caso do assistente e de outros sujeitos processuais.

Aliás, são também menos evidentes os limites da intervenção da vítima quando comparada com o caso do lesado, que ao menos vê serem-lhe aplicáveis (embora correspondentemente) os direitos do assistente (art. 74º, nº 2 do CPP). Apesar disso, os tribunais vêm fazendo uma aplicação conjugada do art. 67º-A ou do Estatuto da Vítima com o art. 82º-A do CPP[205].

4. A vítima como categoria criminológica e as exigências do contraditório e do direito de defesa

A expressão "vítima" corresponde sobretudo a uma categoria criminológica[206] e não a uma categoria processual[207].

No processo penal a vítima pode desempenhar diferentes papéis: em certos casos de ofendido, noutros de assistente e ainda noutros de lesado. Há, por isso, quem entenda que a defesa dos direitos da vítima pretendida pela Lei nº 130/2015, de 4 de setembro, poderia ter sido prosseguida por um alargamento e clarificação dos direitos dos ofendidos e dos lesados no CPP, tendo em conta que a vítima continua no essencial a ser um ofendido ou um lesado pela prática do crime.

Apesar das referências no CPP e do Estatuto da Vítima aprovado pela Lei nº 130/2015, de 4 de setembro, é discutível a centralidade da vítima no processo penal. Ainda que se admita que os direitos e os deveres assinalados pela lei permitem conferir um estatuto processual à vítima, os interesses da vítima não podem suplantar-se aos restantes interesses. Por exemplo, a intervenção da vítima não pode deixar

[205] Assim, por exemplo, Ac. STJ de 25.03.2021, Proc. 1635/18.0T9BRG.G1.S1 (Clemente Lima), Ac. STJ de 02.05.2018, Proc. 156/16.0PALSB.L1.S1 (Lopes da Mota) e Ac. TRL de 26.02.2019, Proc. 54/16.8PEALM.L1-5 (Artur Vargues).

[206] Referindo estar em causa um conceito que não é apenas jurídico, mas antes sociológico e criminológico, cfr. Flávia Noversa Loureiro, "A indeterminabilidade da vítima e a posição de assistente nos processos-crime de natureza económico-financeira", in *IV Congresso de Processo Penal* (coord. Manuel Monteiro Guedes Valente), Coimbra: Almedina, 2016, pp. 187-207 (191).

[207] Maria João Antunes, *Direito Processual Penal*, 3ª ed., Coimbra: Almedina, 2021, pp. 64-66.

de observar as exigências do contraditório ou postergar o direito de defesa do arguido. Mesmo as medidas especiais de proteção previstas para as vítimas especialmente vulneráveis têm de ser compreendidas ainda nos limites aceitáveis e proporcionais das imposições do processo equitativo.

Capítulo VI
O assistente

Sumário: 1. A posição processual e as atribuições do assistente; 2. O assistente, o ofendido, a vítima e o lesado; 3. A constituição como assistente e os seus requisitos

Bibliografia escolhida: Paulo de Sousa Mendes, *Lições de Direito Processual Penal*, Coimbra: Almedina, 2013, pp. 133-136; Maria João Antunes, *Direito Processual Penal*, 3ª ed., Coimbra: Almedina, 2021, pp. 59-64; Jorge de Figueiredo Dias/Nuno Brandão, *Direito Processual Penal – Os sujeitos processuais*, Coimbra: Gestlegal, 2022, pp. 169-211; Germano Marques da Silva, *Direito Processual Penal Português*, vol. 1, 2ª ed., Lisboa: Universidade Católica Editora, 2017, pp. 278-299; Manuel Simas Santos/Manuel Leal-Henriques/João Simas Santos, *Noções de Processo Penal*, 3ª ed., Lisboa: Rei dos Livros, 2020, pp. 143-154; José António Barreiros, *Sistema e Estrutura do Processo Penal Português*, vol. II, s/ ed., 1997, pp. 156-204; Paulo Pinto de Albuquerque, *Comentário do Código de Processo Penal à luz da Constituição da República e da Convenção Europeia dos Direitos do Homem*, 4ª ed., Lisboa: Universidade Católica Editora, 2011, anotação aos arts. 68º a 70º, pp. 208-228; AA.VV., *Comentário Judiciário do Código de Processo Penal*, Tomo I, Coimbra: Almedina, 2019, anotação aos arts. 68º a 70º, pp. 779-829; Augusto Silva Dias, "A tutela do ofendido e a posição do assistente no processo penal português", in *Jornadas de Direito Processual Penal e direitos fundamentais* (org. Maria Fernanda Palma), Coimbra: Almedina, 2004, pp. 55-65; Cláudia Cruz Santos, *O Direito Processual Penal Português em Mudança: rupturas e continuidades*, Coimbra: Almedina, 2020, pp. 124-145; Rui Soares Pereira, "A transmissibilidade por morte do direito à constituição como assistente", in *O Direito*, 148, nº 3 (2016), pp. 603-638; Célia Reis, "Dúvidas acerca da transmissão por morte do direito à constituição como assistente no processo penal", in *Questões avulsas de processo penal*, Lisboa: AAFDL, 2000, pp. 9-18; Frederico Machado Simões, "O assistente enquanto cotitular da ação penal", in *Prof. Doutor Augusto Silva Dias in Memoriam*, vol. II, Lisboa: AAFDL, 2022, pp. 325-345; António Castanheira Neves, *Sumários de Processo Criminal – 1967-1968*, Coimbra, 1968, pp. 128-135.

Jurisprudência escolhida: Ac. TC nº 338/2006, de 18.05.2006, Proc. 1040/05 (Benjamim Rodrigues); Ac. STJ de Fixação de Jurisprudência nº 1/2003, de 16.01.2003 (Simas Santos); Ac. STJ de Fixação de Jurisprudência nº 8/2006, de 12.10.2006 (Costa Mortágua); Ac. STJ de Fixação de Jurisprudência nº 10/2010, de 17.11.2010 (Maia Costa); Ac. STJ de Fixação de Jurisprudência nº 1/2011, de 16.12.2010 (Isabel Pais Martins); Ac. STJ de Fixação de Jurisprudência nº 12/2016, de 07.07.2016 (Isabel São Marcos); Ac. STJ de 18.04.2012, Proc. 172/11.9TRPRT-A.S1 (Pires da Graça); Ac. TRC de 05.04.2017, Proc. 32/15.4T9NLS.C1 (Luís Teixeira); Ac. TRC de 13.03.2019, Proc. 8566/17.0T9LSB.C1 (Isabel Valongo); Ac. TRG de 11.11.2019, Proc. 362/17.0T9VVD.G1 (Jorge Bispo); Ac. TRP de 14.03.2007, Proc. 0617239 (Jorge França); Ac. TRP de 05.12.2007, Proc. 0745906 (António Gama).

1. A posição processual e as atribuições do assistente

A figura do assistente, assinalada por vezes como singularidade ou especificidade do sistema jurídico português (fruto, de acordo com alguma doutrina, de uma certa forma de perspetivar o princípio de acusação ou da legalidade da ação penal e, mais concretamente, da falta de um mecanismo de "coação" sobre o MP para deduzir acusação)[208], surge regulada no arts. 68º-70º do CPP.

O assistente é inequivocamente um sujeito processual, ainda que não necessário[209].

[208] José Damião da Cunha, "Algumas reflexões sobre estatuto do assistente e seu representante no direito processual penal português", in *Revista Portuguesa de Ciência Criminal*, 5, nº 2 (Abr.-Jun. 1995), pp. 153-171, e *O caso julgado parcial: questão da culpabilidade e questão da sanção num processo de estrutura acusatória*, Porto: Universidade Católica, 2002, pp. 743-745.

[209] Jorge de Figueiredo Dias/Nuno Brandão, *Direito Processual Penal – Os sujeitos processuais*, Coimbra: Gestlegal, 2022, p. 169.

A posição processual e as atribuições do assistente, que surgem consagradas no art. 69º do CPP, são típicas de um sujeito processual. O assistente tem um poder de conformação do processo.

Não tem apenas a posição de colaborador do MP, embora o nº 1 do art. 69º do CPP assim o refira, acrescentando também que o assistente subordina a sua intervenção no processo à atividade do MP, salvas as exceções previstas no CPP. No caso, as "exceções" são uma verdadeira regra de autonomia do estatuto do assistente face ao MP (basta pensar no poder do assistente de interpor recurso mesmo de decisões promovidas pelo MP, ou de requerer a abertura de instrução nos crimes públicos e semipúblicos contra as posições do MP no final do inquérito). Compete ao assistente intervir no inquérito e na instrução, deduzir acusação independente da do MP e no caso dos crimes particulares, mesmo que este não a deduza, e interpor recurso mesmo que MP não o faça (nº 2 do art. 69º do CPP). Os poderes autónomos atribuídos ao assistente e os direitos que o assistente pode exercer com autonomia da atividade do MP conduzem a um entendimento restritivo ou limitado da subordinação do assistente ao MP (na qual se insistia ao abrigo do direito anterior[210]): essa subordinação refere-se hoje a apenas alguns atos estruturantes do processo em que é dominante a posição do MP (atos dominantes) e a colaboração com o MP na prática só se verifica durante o inquérito e o assistente só está subordinado ao MP nessa fase[211]. Alguma doutrina[212] vai um pouco mais longe. Na medida em que podem existir divergências entre a atuação do MP e a atuação do assistente e que a atuação daquele não tem sempre de prevalecer, entendem alguns autores que o assistente não pode nem deve ser considerado

[210] José Damião da Cunha, *O caso julgado parcial: questão da culpabilidade e questão da sanção num processo de estrutura acusatória*, Porto: Universidade Católica, 2002, p. 757, parece seguir essa forma de perspetivar dos poderes do assistente, ao referir: "*não nos parece possível aceitar que ao assistente sejam cometidos poderes processuais tais, que ultrapassem aquela regra de colaboração e subordinação, prevista no CPP, sem alterar significativamente o modelo processual do Direito nacional*".

[211] Com uma perspetiva próxima, mas parecendo ainda assim afirmar um princípio de subordinação do assistente face ao MP que conhece exceções, cfr. Jorge de Figueiredo Dias/Nuno Brandão, *Direito Processual Penal – Os sujeitos processuais*, Coimbra: Gestlegal, 2022, pp. 200 e ss.

[212] Assim, por exemplo, Frederico Machado Simões, "O assistente enquanto cotitular da ação penal", in *Prof. Doutor Augusto Silva Dias in Memoriam*, vol. II, Lisboa: AAFDL, 2022, pp. 325-345.

apenas um colaborador (muito menos) subordinado do MP. Ao invés, consideram ser possível ver no assistente um titular de um direito de ação (de titularidade ativa no exercício da ação penal) ou um cotitular da ação penal (ainda que sem paridade ou sem identidade plena no exercício dessa ação e de natureza eventual). Nos crimes particulares, a acusação do assistente é a principal (sem a qual o MP está vinculado a arquivar o inquérito por inadmissibilidade legal do procedimento), pelo que manifestamente nestes crimes o assistente é um personagem principal – porventura tal regime constitui a singularidade ou idiossincrasia do sistema português, aliás como já na introdução ao CPP de 1987 se registava (ponto 4, de I: *"De entre as condicionantes endógenas deve evidenciar-se, em primeiro lugar, o relevo que no presente Código quis atribuir-se à tradição processual penal portuguesa. Procurou-se, com efeito, que a busca da inovação e da modernidade se não fizesse com sacrifício indiscriminado de instituições e de princípios que, apesar de tudo, devem ser preservados como sinais identificadores de uma maneira autónoma de estar no mundo, de fazer história e de criar cultura. Paradigmático a este respeito é o que se passa com o estatuto da vítima-assistente, que nos singulariza claramente no contexto do direito comparado e por cujo modelo começam agora a orientar-se os movimentos de reforma de muitos países, sob o impulso das mais recentes investigações criminológico-vitimológicas"*).

2. O assistente, o ofendido, a vítima e o lesado

O assistente não deve ser confundido com o ofendido, nem com a vítima nem com o lesado.

Ainda que as expressões sejam não raras vezes usadas como sinónimas (e se aluda na doutrina para o facto de a figura ser indissociável de ofendido[213]), devem manter-se como distintas. A própria lei as distingue.

Por exemplo, o art. 68º, nº 1, al. *a)* do CPP refere que podem constituir-se como assistentes os ofendidos, mas recorta o conceito de ofendido relevante para a constituição como assistentes: os ofendidos que podem constituir-se como assistentes serão os titulares dos interesses que a lei especialmente quis proteger com a incriminação. Podem existir ofendidos que não podem constituir-se como assistentes, uma vez que a lei adotou um conceito (qualificado) de ofendido.

[213] Jorge de Figueiredo Dias/Nuno Brandão, *Direito Processual Penal – Os sujeitos processuais*, Coimbra: Gestlegal, 2022, p. 169, embora logo se reconheça que tal assim sucede apenas tendencialmente, na medida em que a legitimidade para constituição como assistente também é conferida a pessoas que não são ofendidos.

A vítima será à partida a *"pessoa singular que sofreu um dano, nomeadamente um atentado à sua integridade física ou psíquica, um dano emocional ou moral, ou um dano patrimonial, diretamente causado por ação ou omissão, no âmbito da prática de um crime"* (art. 67º-A, nº 1, al. *a)*, subal. *i)* do CPP), podendo também ser abrangidos pela noção os familiares da pessoa singular caso a morte desta seja causada pelo crime e desde que os familiares sofram danos com aquela morte (art. 67º-A, nº 2 do CPP). Em certos casos poderão coincidir a vítima e o assistente, mas não é forçoso que tal suceda, já que para o conceito de vítima o que releva, ao contrário do que sucede para o ofendido que se pode constituir como assistente (por exemplo, nos termos da al. *a)* do nº 1 do art. 68º do CPP), não é a circunstância de se ser titular de interesses protegidos pela incriminação, mas sim de se ter sofrido um dano no âmbito da prática de um crime ou um dano derivado da morte da pessoa que foi causada pelo crime. Aliás, em diversas ocasiões se refere que a vítima será ouvida mesmo que não se tenha constituído como assistente (*v.g.*, arts. 212º, nº 4 e 292º, nº 2 do CPP), deixando desta feita claro que a vítima poderá não ser assistente e que as expressões não devem ser confundidas. De igual modo, os direitos conferidos à vítima (de informação, de assistência, de proteção e de participação ativa no processo penal e de colaborar com as autoridades policiais ou judiciárias competentes – nºs 4 e 5 do art. 67º-A do CPP) não correspondem à posição e atribuições conferidas pelo art. 69º do CPP ao assistente. Não parece que a concessão à vítima do direito de participação ativa no processo penal ou do direito de colaborar com as autoridades policiais ou judiciárias competentes permita considerá-la um sujeito processual, com poderes de conformação do processo, em moldes equivalentes aos do assistente. De resto, não se prevê qualquer norma sobre a representação judiciária ou patrocínio (obrigatório ou não da vítima), diferentemente do que sucede com o assistente (art. 70º do CPP) e com o próprio lesado (art. 76º do CPP). O que bem se entende face ao claro intuito de promoção da participação da vítima no processo, não se exigindo qualquer formalismo para tal, diferentemente da necessária representação judiciária ao assistente, a começar pelo próprio requerimento de constituição como tal.

Também não se deve confundir o assistente com o lesado. O sistema processual português, diferentemente de outros sistemas, admitiu que os particulares pudessem intervir no processo, não apenas no domínio da ação civil ou do pedido de indemnização civil, mas também na própria ação penal (Castanheira Neves[214]). É certo que a pessoa do assistente e do lesado podem coincidir, mas também não é obrigatório que tal suceda. O lesado corresponde à pessoa que sofre um dano ou um prejuízo (civilmente entendido) decorrente da prática de um crime, adquirindo por força disso o direito a ser indemnizado. Daí que o nº 1 do art. 74º do CPP refira que se entende como lesado *"a pessoa que sofreu danos ocasionados pelo crime, ainda que se não tenha constituído ou não possa constituir-se assistente"*. Ao contrário do que sucede com o assistente, o lesado não constitui um sujeito do processo penal, mas sim uma parte civil. É apenas sujeito no que concerne ao pedido de indemnização civil: refere a esse respeito o nº 2 do art. 74º do CPP que *"a intervenção processual do lesado restringe-se à sustentação e à prova do pedido de indemnização civil, competindo-lhe, correspondentemente, os direitos que a lei confere aos assistentes"*. Os direitos conferidos ao lesado (incluindo o de informação da possibilidade de deduzir pedido de indemnização civil e das formalidades a observar – art. 75º nº 1 do CPP) não lhe permitem exercer poderes de conformação do processo penal. Embora também se possa fazer representar por advogado, o patrocínio judicial do lesado por advogado só será obrigatório em face do valor do pedido e a representação é assegurada pelo MP quando o lesado seja o Estado ou estejam em causa outras pessoas e interesses cuja representação lhe esteja legalmente atribuída (art. 76º, nºs 1 e 3 do CPP).

3. A constituição como assistente e os seus requisitos

3.1. A possibilidade de constituição como assistente independentemente da natureza dos crimes

A constituição como assistente pode ocorrer independentemente de estar em causa um crime público, um crime semipúblico ou um crime particular. Do estatuto da assistência podem beneficiar todos os que se possam constituir como assistentes e efetivamente o façam. A única relevância que a natureza dos crimes assume no que se refere à constituição como assistente diz respeito: (i) à obrigatoriedade de constituição como assistente nos crimes particulares (para que seja promovida a ação penal) *vs.* a faculdade nos restantes crimes; e (ii) ao prazo, opondo-se o prazo de 10 dias aplicável aos crimes particulares (art. 68º, nº 2 do CPP) ao prazo mais alargado previsto para os crimes públicos e semipúblicos no art. 68º, nº 3 do CPP.

[214] António Castanheira Neves, *Sumários de Processo Criminal – 1967-1968*, Coimbra, 1968, p. 128.

3.2. Os requisitos da constituição como assistente

Para que alguém se possa constituir como assistente tem de apresentar um requerimento nesse sentido, ou seja, é exigível uma certa forma para a constituição.

A constituição de assistente tem, além disso, de observar vários requisitos.

3.2.1. A legitimidade para a constituição como assistente

3.2.1.1. As previsões gerais de constituição como assistente contantes do art. 68º, nº 1 do CPP

O requisito da legitimidade para a constituição como assistente assume logo relevância nos termos do nº 1 do art. 68º do CPP.

Pode afirmar-se, com todo o rigor, que tem legitimidade para se constituir como assistente as pessoas a quem a *lei* atribuir tal direito. *Lei* que poderá constituir o CPP (art. 68º) ou lei avulsa (nomeadamente, a Lei da Ação Popular, aprovada pela Lei nº 83/95, de 31 de agosto – cfr. artigo 25º).

As diversas als. do nº 1 do art. 68º do CPP consagram diferentes situações de legitimidade. Em especial, importa compreender o sentido das als. *a)* e *b)*.

3.2.1.1.1. A constituição de assistente pelo ofendido

3.2.1.1.1.1. O conceito restritivo, amplo ou restritivo alargado de ofendido

A al. *a)* do nº 1 do art. 68º do CPP atribui legitimidade para a constituição como assistente aos ofendidos desde que estes sejam titulares dos interesses que a lei especialmente quis proteger com a incriminação.

Porém, nem sempre é fácil determinar quem seja o titular desses interesses. A mera leitura da norma incriminadora não permite chegar a conclusões definitivas a esse respeito. E muitos crimes tutelam bens jurídicos que não são individuais, respeitando a bens coletivos e protegendo interesses gerais ou de natureza pública.

Na doutrina e na jurisprudência discutiu-se qual seria o conceito de ofendido relevante para este efeito, em concreto sobre qual o sentido que deveria ser atribuído à expressão "especialmente".

Para alguns autores (Beleza dos Santos[215]) esta expressão deveria (justificada como reação à excessiva amplitude que havia sido antes dada

[215] José Beleza dos Santos, "Partes particularmente ofendidas em processo criminal", in *RLJ*, 2248, ano 57, 1924-1925, pp. 2-4, e "Parte acusadora em processo crime por testemunho falso em matéria cível", in *RLJ*, 2588, ano 70, 1937, pp. 17-20.

à legitimidade) ser entendida como correspondendo a "exclusivamente" ou a "quase exclusivamente". Na expressão de Castanheira Neves[216], ofendidos *"são as pessoas em que se podem dizer concretamente titulados aqueles interesses ou valores jurídico-criminais que constituem o objeto criminalmente intencional dos tipos legais de delito – de tal modo que ofender estes interesses ou valores é agredir imediatamente aquelas pessoas, em si mesmas"*. Só que sempre que estivessem em causa interesses gerais ou de natureza pública então teria de concluir-se que estaria vedada a constituição como assistente. Por exemplo, tratando-se de processo relativo a crime de falsificação de documento (art. 256º do CP), a crime de falsidade de testemunho (art. 360º do CP) ou a crime de violação de segredo de justiça (art. 195º do CP) não seria possível a constituição como assistente.

Esta conceção restritiva de ofendido, que no fundo partia da ideia segundo a qual qualquer norma incriminadora terá de proteger de modo exclusivo um só interesse (ou, pelo menos, um interesse predominante), foi sendo aos poucos rejeitada.

Partiu-se da ideia segundo a qual a expressão "especialmente" não teria de ser feita coincidir com "exclusivamente", podendo ao invés corresponder a "particularmente". Augusto Silva Dias[217] criticou a conceção restritiva de ofendido, favorecendo uma conceção mais ampla de ofendido, invocando essencialmente: (i) a relevância da participação da vítima no processo; (ii) as alterações verificadas quanto à perspetivação do bem jurídico (com a aceitação de bens coletivos, a par de bens individuais); (iii) a circunstância de existir legislação a permitir a constituição como assistente ainda que em causa estejam interesses difusos (como no art. 25º da Lei da Ação Popular – a Lei nº 83/95, de 31 de agosto); (iv) a circunstância de a própria al. *e)* do nº 1 do art. 68º do CPP revelar a intenção do legislador de alargar a participação no processo dos assistentes, estando subjacente a essa intenção as possíveis vantagens associadas e que encontram reflexo na posição e atribuição dos assistentes indicadas no art. 69º do CPP.

[216] António Castanheira Neves, *Sumários de Processo Criminal – 1967-1968*, Coimbra, 1968, pp. 131-132.

[217] Augusto Silva Dias, "A tutela do ofendido e a posição do assistente no processo penal português", in *Jornadas de Direito Processual Penal e direitos fundamentais* (org. Maria Fernanda Palma), Coimbra: Almedina, 2004, pp. 55-65.

A recusa de uma conceção restritiva obteve o apoio da jurisprudência do STJ e também da doutrina (por exemplo, de Paulo de Sousa Mendes[218] e de Maria João Antunes[219]). A respeito da falsificação de documento e da falsidade de depoimento veio a admitir-se na jurisprudência que poderiam existir interesses particulares tutelados pela norma incriminadora (apesar de também tutelarem interesses públicos) e que inclusive as normas incriminadoras poderiam não fazer referência expressa a interesses particulares apesar de os tutelarem. No Ac. STJ de Fixação de Jurisprudência nº 1/2003[220] fixou-se jurisprudência no sentido de considerar que *"No procedimento criminal pelo crime de falsificação de documento, previsto e punido pela alínea a) do nº1 do artº 256º do Código Penal, a pessoa cujo prejuízo seja visado pelo agente tem legitimidade para se constituir assistente"*. De facto, o corpo do nº 1 do art. 256º do CP e a al. *a)* desse mesmo nº 1 fazem referência a interesses de outras pessoas (*"... causar prejuízo a outra pessoa"*; *"... abusar da assinatura de outra pessoa..."*). Noutra ocasião[221] o STJ admitiu que no crime de falsidade de depoimento, embora esteja em causa um crime contra a realização da justiça, a moldura penal abstrata e a possibilidade de dispensa de pena seriam condicionadas pelo prejuízo causado aos interesses particulares de outra pessoa, pelo que a pessoa a cujos interesses particulares a conduta de falsidade de depoimento viesse a causar prejuízo poderia constituir-se assistente. Mais tarde foram também proferidos acórdãos de fixação de jurisprudência sobre o crime de denúncia caluniosa[222] e sobre o crime de desobediência qualificada[223], o que conduziu ao abandono da conceção restritiva de ofendido.

Apesar do abandono da conceção restritiva de ofendido[224], não pode também ser adotada uma conceção amplíssima de ofendido, razão pela

[218] Paulo de Sousa Mendes, *Lições de Direito Processual Penal*, Coimbra: Almedina, 2013, pp. 133-135.

[219] Maria João Antunes, *Direito Processual Penal*, 3ª ed., Coimbra: Almedina, 2021, p. 61.

[220] Ac. STJ de Fixação de Jurisprudência nº 1/2003, de 16.01.2003 (Simas Santos).

[221] Ac. STJ de 12.07.2005, Proc. 05P2535 (Simas Santos).

[222] Ac. STJ de Fixação de Jurisprudência nº 8/2006, de 12.10.2006 (Costa Mortágua).

[223] Ac. STJ de Fixação de Jurisprudência nº 10/2010, de 17.11.2010 (Maia Costa).

[224] Não assim de forma tão clara (mas chegando a idêntico resultado), se bem compreendemos, na visão de Jorge de Figueiredo Dias/Nuno Brandão, *Direito Processual Penal – Os sujeitos processuais*, Coimbra: Gestlegal, 2022, pp. 176 e ss., para quem o CPP de 1987 ado-

qual não raras vezes na jurisprudência se rejeita que possa assim ser entendido *"o titular de interesses mediata ou indiretamente protegidos, o titular de uma ofensa indireta ou o titular de interesses morais"*[225] ou que seja *"pelo alargamento do conceito de ofendido, ao arrepio e contrariamente ao fixado na alínea a) do nº 1 do art. 68º do C. Processo Penal que a recorrente logrará obter a pretendida legitimidade para requerer a sua constituição nos autos como assistente"*[226] e na doutrina se faz referência por vezes a uma *conceção ampla restrita* (Augusto Silva Dias[227]) ou, embora recorrendo a formulação aparentemente menos favorável, a uma *conceção restritiva alargada* (Paulo de Sousa Mendes[228]). Isto porque, no quadro da al. *a)*, não faz sentido que qualquer pessoa se possa constituir como assistente. Terá de ser, pelo menos, possível extrair (da letra ou do escopo/teleologia) da norma incriminadora, como já referia Augusto Silva Dias, interesses particularmente tutelados e concluir que a pessoa cuja constituição como assistente se pretende efetivar é titular desses interesses. Repare-se que outras disposições legais e mesmo outras als. do nº 1 do art. 68º do CPP (por exemplo, a al. *e)*) dispensam qualquer recorte de interesses e recondução a pessoas individualizadas, não devendo a previsão da al. *a)* que aponta para um conceito de ofendido qualificado ser con-

tou uma definição de ofendido numa linha de continuidade com o direito anterior, ou seja, um conceito estrito de ofendido, construído sobre o conceito basilar da intervenção penal (o conceito de bem jurídico), sendo a determinação do ofendido fácil em relação a incriminações que tutelam bens jurídicos individuais e mais difícil quando em causa estejam incriminações que se dirigem à proteção de interesses coletivos (as quais não implicam necessariamente a impossibilidade de existência de um particular ofendido).

225 Ac. TRG de 11.11.2019, Proc. 362/17.0T9VVD.G1 (Jorge Bispo).

226 Ac. TRC de 13.03.2019, Proc. 8566/17.0T9LSB.C1 (Isabel Valongo) em que se discutiu se a Autoridade Nacional da Aviação Civil (ANAC) teria legitimidade para se constituir como assistente num processo-crime por violação do segredo de Estado, concluindo-se negativamente, quer com base na al. *a)*, quer com base na al *e)*, pois: *"dos estatutos da Autoridade Nacional da Aviação Civil não consta que seja esta a entidade fiscalizadora do regime do segredo de Estado"*; *"o crime em investigação não integra as categorias e /ou tipos de crime previstos na alínea e) do nº 1 do art. 68º do C. Processo Penal"*; *"não existe norma avulsa habilitante que confira à recorrente a faculdade de requerer a sua constituição como assistente nos autos"*.

227 Augusto Silva Dias, "A tutela do ofendido e a posição do assistente no processo penal português", in *Jornadas de Direito Processual Penal e direitos fundamentais* (org. Maria Fernanda Palma), Coimbra: Almedina, 2004, pp. 55-65 (61-65).

228 Paulo de Sousa Mendes, *Lições de Direito Processual Penal*, Coimbra: Almedina, 2013, p. 134.

fundida com essas hipóteses. No caso do art. 25º da Lei da Ação Popular, Lei nº 83/95, de 31 de agosto, reconhece-se o direito à constituição como assistente a quem seja titular do direito de ação popular, bastando que estejam em causa interesses protegidos por aquela lei, nos termos do seu art. 1º, o que significa que não é adotado um conceito qualificado de ofendido equiparável ao da al. *a)* do nº 1 do art. 68º do CPP: interesses como a saúde pública, o ambiente, a qualidade de vida, a proteção do consumo de bens e serviços, o património cultural e o domínio público dificilmente podem ser configurados como interesses individuais ou bens de fruição individual. Nos termos do art. 2º da Lei da Ação Popular, a titularidade do direito de ação popular é conferida a *"quaisquer cidadãos no gozo dos seus direitos civis e políticos e as associações e fundações defensoras dos interesses previstos no artigo anterior, independentemente de terem ou não interesse directo na demanda"*, bem como às *"autarquias locais em relação aos interesses de que sejam titulares residentes na área da respectiva circunscrição"*. Essa menor exigência quanto ao conceito de ofendido encontrava explicação no direito anterior no objetivo de prevenir a impunidade dos autores dos crimes, em virtude de poderem ser membros da administração pública ou autoridades, o que justificava que pudessem contar com a colaboração dos particulares (Castanheira Neves[229]). Ainda menos seletiva (ou até avessa a um conceito de ofendido) se revela a al. *e)* do nº 1 do art. 68º do CPP, ao referir-se que pode constituir-se assistente *"[q]ualquer pessoa nos crimes contra a paz e a humanidade, bem como nos crimes de tráfico de influência, favorecimento pessoal praticado por funcionário, denegação de justiça, prevaricação, recebimento ou oferta indevidos de vantagem, corrupção, peculato, participação económica em negócio, abuso de poder e de fraude na obtenção ou desvio de subsídio ou subvenção"*. A norma é avessa à individualização das pessoas que podem ser afetadas pela prática daqueles crimes e de eventuais prejuízos causados. Mesmo que não se manifeste contra a prática daqueles crimes qualquer pessoa poderá constituir-se como assistente. Uma solução que parece estranha porque no limite, toda a humanidade, representada judiciariamente e pagando taxa de justiça, poderia validamente requerer a sua constituição como assistente no âmbito de um processo-crime de um crime deste catálogo. Não há

[229] António Castanheira Neves, *Sumários de Processo Criminal – 1967-1968*, Coimbra, 1968, p. 132.

qualquer limitação à demonstração de um qualquer interesse por mais humilde que seja (pessoa residente em Portugal ou ainda que não resida no país tenha nacionalidade portuguesa ou demonstre um especial interesse na prossecução da justiça nestes casos).

3.2.1.1.1.2. A ilegitimidade por fraude aos interesses tutelados pela norma

É controverso saber se a legitimidade para se constituir como assistente, em especial nos casos previstos na al. *e)* do nº 1 do art. 68º do CPP, é ilimitada ou se pode haver uma limitação ou, se se preferir, uma vinculação teleológica ao estatuto de assistente.

Em nome da vinculação teleológica do estatuto legal do assistente parece defensável que o mesmo não possa ser desvirtuado por: (i) uma hiperproliferação que destruiria qualquer ideia de razoabilidade, economia e celeridade processual; e (ii) uma pura prossecução de outros objetivos que não os visados pelo estatuto de assistente.

No primeiro grupo, imagine-se o que seria a manifesta impossibilidade de tramitar processos-crime em que toda e qualquer pessoa, porventura milhões, se pudesse constituir como assistente sem que demonstrasse um qualquer interesse (residência, nacionalidade, ou especial interesse na prossecução da justiça deste tipo de processos). Mesmo que representados judiciariamente em "grupos de interesses não conflituantes" (art. 70º do CPP) seria praticamente impossível tramitar autos nesta dimensão. Uma impossibilidade que nem sequer teria subjacente qualquer interesse a tutelar.

No segundo grupo, admita-se que órgãos de comunicação social utilizem o estatuto de assistente apenas e tão só para cumprir com os seus fins autónomos (de informar o público)[230]. Existindo uma pura e mera instrumentalização do estatuto de assistente para aceder, copiar autos

[230] Acerca dos interesses contrapostos e conflituantes entre a justiça penal e a comunicação social/imprensa, cfr. MÁRIO FERREIRA MONTE, "Justiça penal e comunicação social: conflito e convergência de interesses", in *Estudos de Homenagem ao Prof. Doutor Jorge Miranda* (coord. MARCELO REBELO DE SOUSA *et al.*), vol. 2, Coimbra: Coimbra Editora, 2012, pp. 771-797 e, com maior desenvolvimento, *Segredo e publicidade na justiça penal*, Coimbra: Almedina, 2018, pp. 355 e ss., e RENATO LOPES MILITÃO, *A Liberdade de Imprensa e o Segredo de Justiça do Processo Penal – À Luz da Constituição da República Portuguesa e da Convenção Europeia dos Direitos Humanos*, Lisboa: Nova Causa, 2021.

e assistir às audiências não é cumprido o desiderato da participação na administração da justiça (vínculo teleológico mesmo nesta al. *e)* do nº 1 do art. 68º do CPP[231]). Estará a ser cumprido porventura um outro desiderato do Estado de direito democrático, mas que deve ser alcançado por medidas próprias da liberdade de informação e não de participação na administração da justiça, pelo que nada obsta a que se possa limitar o acesso ao estatuto de assistente através de critérios objetivos e assentes no referido vínculo teleológico.

3.2.1.1.2. A constituição de assistente pelos titulares do direito de queixa ou de acusação particular

Na al. *b)* do nº 1 do art. 68º do CPP é conferida legitimidade[232] para a constituição como assistente às *"pessoas de cuja queixa ou acusação particular depender o procedimento"*.

Os arts. 49º, nº 1 e 50º, nº 1 do CPP aludem à dependência de queixa ou de acusação particular do ofendido ou de outras pessoas, o que está em linha com o disposto no art. 113º, nºs 1 e 2 do CP (disposições igualmente aplicáveis aos crimes particulares, *ex vi* art. 117º do CP).

No art. 113º do CP são indicados os possíveis titulares do direito de queixa. Os titulares do direito de queixa são quem tem legitimidade para apresentar queixa, o que, nos termos dos nºs 1 e 2, corresponde, por um lado, ao ofendido (uma vez mais, *"o titular dos interesses que a lei especialmente quis proteger com a incriminação"*), e, por outro lado, ao cônjuge sobrevivo ou unido de facto do ofendido, aos descendentes e adotados, aos ascendentes e adotantes e, na sua falta, aos irmãos e seus descendentes.

Assim sendo, tratando-se de crimes semipúblicos ou de crimes particulares podem consistir-se como assistentes todas aquelas pessoas que podem, nos termos do art. 113º do CP, ser havidas como titulares do direito de queixa, mas observando-se a prioridade e a ordem aí fixadas. Só se o ofendido tiver morrido sem ter apresentado queixa nem renunciado a ela se poderá equacionar a atribuição da titularidade do direito

[231] Aparentemente não restringindo nos casos da al. *e)* do nº 1 do art. 68º do CPP, FLÁVIA NOVERSA LOUREIRO, "A indeterminabilidade da vítima e a posição de assistente nos processos-crime de natureza económico-financeira", in *IV Congresso de Processo Penal* (coord. MANUEL MONTEIRO GUEDES VALENTE), Coimbra: Almedina, 2016, pp. 187-207 (204).

[232] Para alguma doutrina *"trata-se de norma supérflua"* – JORGE DE FIGUEIREDO DIAS/NUNO BRANDÃO, *Direito Processual Penal – Os sujeitos processuais*, Coimbra: Gestlegal, 2022, p. 188.

de queixa ao cônjuge sobrevivo ou unido de facto do ofendido, aos descendentes e adotados, aos ascendentes e adotantes. E só na falta destes se pode equacionar que a atribuição da titularidade do direito de queixa se faça aos irmãos e seus descendentes.

3.2.1.2. A transmissão por morte do direito à constituição como assistente

Dispõe o artigo 68º, nº 1, al. *c)* do CPP que, *"no caso de o ofendido morrer sem ter renunciado à queixa"*, poderão constituir-se assistentes *"o cônjuge sobrevivo não separado judicialmente de pessoas e bens ou a pessoa, de outro ou do mesmo sexo, que com o ofendido vivesse em condições análogas às dos cônjuges, os descendentes e adoptados, ascendentes e adoptantes, ou, na falta deles, irmãos e seus descendentes, salvo se alguma destas pessoas houver comparticipado no crime"*.

Inquestionavelmente a referida al. *c)* pretende regular situações de transmissão por morte do direito à constituição como assistente, ao se referir ao *"caso de o ofendido morrer"*.

Contudo, suscita dúvidas interpretativas de variada ordem.

3.2.1.2.1. As dúvidas sobre as normas habilitantes da transmissão por morte do direito

Desde logo, ao aditar *"sem ter renunciado à queixa"* o sentido e alcance daquela al. *c)* vem suscitando dúvidas interpretativas, adensadas pela circunstância de também a al. *b)* do nº 1 do art. 68º do CPP de alguma forma já contemplar hipóteses em que o ofendido morreu e o direito de queixa ou de acusação particular se transmitiu para as pessoas referidas no nº 2 do art. 113º do CP.

As divergências doutrinárias[233] em torno deste tema (protagonizadas por Germano Marques da Silva[234] e Célia Reis[235]) e a chamada de atenção de Paulo de Sousa Mendes[236] para os riscos de se concluir (posição

[233] Desvalorizadas por Jorge de Figueiredo Dias/Nuno Brandão, *Direito Processual Penal – Os sujeitos processuais*, Coimbra: Gestlegal, 2022, p. 189 e nota 423.

[234] Germano Marques da Silva, *Direito Processual Penal Português*, vol. 1, 2ª ed., Lisboa: Universidade Católica Editora, 2017, pp. 284-285.

[235] Célia Reis, "Dúvidas acerca da transmissão por morte do direito à constituição como assistente no processo penal", in *Questões avulsas de processo penal*, Lisboa: AAFDL, 2000, pp. 9-18.

[236] Paulo de Sousa Mendes, *Lições de Direito Processual Penal*, Coimbra: Almedina, 2013, pp. 135-136.

que o autor não defende, concluindo que existe um problema que é resultado *"de uma infelicidade da expressão legislativa"*) pela inexistência de norma habilitante para a transmissão por morte do direito à constituição como assistente nos crimes públicos (resultantes de aporias aí identificadas) não afastam a possibilidade de alcançar um resultado interpretativo capaz de compaginar as diversas posições e de dar sentido, não apenas às als. *b)* e *c)*, como também à al. *a)*, todas do nº 1 do art. 68º do CPP.

Estando em causa um crime público, a única via para se admitir a possibilidade de transmissão por morte do direito à constituição como assistente terá de passar pela convocação da al. *c)*, tal como defendem vários autores. Porém, essa convocação para os crimes públicos exige uma interpretação da referida al. que não torne a ausência de renúncia à queixa um elemento obrigatório para o preenchimento da previsão da norma. A falta de renúncia à queixa só será um elemento obrigatório da previsão normativa em relação aos crimes em que a queixa integra uma condição de procedibilidade. Deverá então ler-se a parte inicial da al. *c)* como se dela constasse *"no caso de o ofendido morrer sem ter renunciado à queixa, caso o procedimento dela dependa"*[237].

Uma alternativa a esta solução poderia passar por uma interpretação teleológica da norma: se como se afirmou, a al. *c)* pretende regular situações de *transmissão por morte* do direito *à constituição como assistente*, deverá interpretar-se desse modo *"no caso de o ofendido morrer sem ter renunciado ao direito à constituição como assistente"*. A epígrafe e o nº 1 referem-se ao direito de constituição como assistente, pelo que a al. *c)* deve ser interpretada no limite da letra daqueles e conforme à sua teleologia. Consequentemente, a al. *c)* pode ser aplicada a qualquer natureza de crime e sem que exista qualquer interpretação abrogante (nem sequer lógica).

No caso dos crimes semipúblicos e particulares poderá aplicar-se tanto a al. *b)* ou a al. *c)*. Tendo o ofendido morrido, a al. *b)* já conferia o direito à constituição como assistente às pessoas referidas no nº 2 do art. 113º do CP, uma vez que estas pessoas, pela morte do ofendido, terão adquirido a titularidade do direito de queixa caso o ofendido não tenha tido a oportunidade de apresentar a queixa. Mas, se assim é, então impõe-se descortinar um sentido útil para a al. *c)* que possa abranger também os crimes semipúblicos e particulares. Se o ofendido mor-

[237] Rui Soares Pereira, "A transmissibilidade por morte do direito à constituição como assistente", in *O Direito*, 148, nº 3 (2016), pp. 603-638.

rer sem ter renunciado à queixa e ainda não tiver apresentado queixa, aplica-se a al. *b)*, pois verificou-se já uma transmissão do direito à queixa, *ex vi* art. 113º, nº 2 do CP. Se o ofendido tiver renunciado à queixa, extinguiu-se o direito de queixa, não podendo ocorrer transmissão desse direito para as pessoas indicadas no nº 2 do art. 113º do CP. O que resta da al. *c)* para os crimes semipúblicos e particulares é a hipótese de o ofendido ter apresentado queixa antes de morrer (e, naturalmente, sem ter renunciado à mesma, uma vez que esta teria de ser prévia ao exercício do direito de queixa). O direito à constituição como assistente transmite-se às pessoas referidas na al. *c)*, sem que o direito à constituição como assistente tenha sido originado como na al. *b)* por força de uma prévia transmissão do direito de queixa. Se tiver sido apresentada queixa pelo ofendido e este vier a falecer, não sem antes o mesmo ter desistido da queixa que anteriormente apresentou (art. 116º, nº 2 do CP), já não faz sentido que as pessoas referidas na al. *c)* se possam constituir como assistentes. A transmissão por morte do direito à constituição como assistente justificava-se pela circunstância de o ofendido não ter tido a oportunidade de se constituir como assistente. Se ele próprio desistiu da queixa, não se justifica conceder às pessoas referidas na al. *c)* o direito a constituírem-se assistentes por conta do ofendido.

3.2.1.2.2. As dúvidas sobre as pessoas a favor de quem poderá operar a transmissão por morte do direito

Algumas dúvidas podem colocar-se sobre o sentido a atribuir à al. *c)* do nº 1 do art. 68º do CPP também no que toca às pessoas a favor de quem poderá operar a transmissão por morte do direito à constituição como assistente.

Costuma falar-se na previsão na referida al. de 2 classes ou grupos, tal como sucede no caso do art. 113º, nº 2, als. *a)* e *b)* do CP em relação à titularidade do direito de queixa: por um lado, prevê-se que podem constituir-se assistentes *"o cônjuge sobrevivo não separado judicialmente de pessoas e bens ou a pessoa, de outro ou do mesmo sexo, que com o ofendido vivesse em condições análogas às dos cônjuges, os descendentes e adoptados, ascendentes e adoptantes"*; por outro lado, prevê-se que (na falta deles, ou seja, daqueles) podem constituir-se assistentes os *"irmãos e seus descendentes"*.

Apesar da aparente clareza da previsão legal quanto a este ponto, vários aspetos duvidosos adicionais podem emergir.

3.2.1.2.2.1. As relações entre classes ou grupos

Em primeiro lugar, é discutível o próprio significado da expressão utilizada pelo legislador *"ou, na falta deles"* na al. *c)* do nº 1 do art. 68º do CPP.

Por um lado, essa expressão não coincide com a formulação usada no nº 2 do art. 113º do CP (entre a al. *a)* e a al. *b)*), em que se recorre antes à expressão *"e, na falta deles"*. Com uma formulação como a do CP resultaria porventura mais claro que a intervenção das pessoas incluídas na classe ou no grupo 2 só poderia ocorrer na falta dos que figuram como integrantes da classe ou grupo 1.

Por outro lado, é duvidoso se a formulação *"falta de"* deve ser interpretada como sendo uma "falta física" ou se, ao invés, deve ser interpretada como traduzindo apenas uma "falta de exercício". No primeiro caso (de "falta física"), bastaria a mera existência de alguma das pessoas da classe ou grupo 1 para que as pessoas da classe ou grupo 2 não se pudessem nunca constituir como assistentes, ao passo que no segundo caso (de "falta de exercício") as pessoas da classe ou grupo 2 só estarão impedidas de se constituir como assistentes caso as pessoas da classe ou grupo 1 tenham exercido o seu direito de se constituir como assistentes. Se estas não exercerem esse direito, então poderão aquelas outras exercê-lo. O que levanta um problema suplementar: quando é que as pessoas da classe ou do grupo 2 poderiam, em tempo, exercer o direito se apenas o podem fazer depois das pessoas da classe ou do grupo 1 não o terem feito? Será razoável que as pessoas da classe ou do grupo 2 tenham legitimidade para o fazerem a todo o tempo, condicionados ao exercício de qualquer pessoa da classe ou do grupo 1 (cessando a legitimidade inicial da classe ou do grupo 2 e sucedendo-lhe a classe ou o grupo 1).

3.2.1.2.2.2. As relações entre as pessoas pertencentes a cada classe ou grupo

Em segundo lugar, não é evidente qual seja a relação existente entre as pessoas que pertencem a cada umas das classes ou a cada um dos grupos.

Desde logo, discute-se a esse respeito se existem subclasses ou subgrupos entre cada uma das classes ou grupos e, em qualquer dos casos, se alguma ordem deverá ser respeitada entre as pessoas referidas nas classes ou grupos e nas subclasses ou subgrupos.

Parecem ter sido estabelecidas subclasses ou subgrupos no que se refere à classe ou ao grupo 1: por um lado, foram agregados o cônjuge sobrevivo e a pessoa que com o ofendido vivesse em condições análogas às dos cônjuges (união de facto); por outro lado, juntaram-se os descendentes e adotados; e, finalmente, agregaram-se os ascendentes e adotantes. A circunstância de *"a pessoa, de outro ou do mesmo sexo, que com o ofendido vivesse em condições análogas às dos cônjuges"*, que antes chegou a figurar até à reforma de 2007 depois dos *"irmãos e seus descendentes"*, ter sido colocada logo a seguir ao cônjuge (e não a seguir aos descendentes, adotados, ascendentes e adotantes) depõe também a favor da existência de subclasses ou subgrupos: terá existido a intenção em 2007 de colocar os unidos de facto a par dos cônjuges e, portanto, gozando, tal como estes, de uma posição privilegiada também face aos descendentes e adotados e aos ascendentes e adotantes.

Além disso, alude-se na al. *d)* do nº 1 do mesmo art. 68º do CPP à existência de uma ordem na al. *c)* (*"segundo a ordem aí referida"*), o que significa que a sequência de pessoas referida na al. *c)* – quer para a classe ou grupo 1, quer para a classe ou grupo 2 – não pode ser vista como aleatória, mas sim como exprimindo uma ordenação que terá também de ter relevância normativa. Aceitando-se esta conclusão, então os cônjuges e os unidos de facto preferem aos descendentes e aos adotados e estes, por sua vez, preferem aos ascendentes e aos adotantes. Também os tios terão de preferir em relação aos respetivos descendentes. Menos evidente resulta a questão de saber se a ordenação que emerge da al. *c)* pode ser afirmada mesmo dentro de cada subclasse ou subgrupo, caso em que o cônjuge preferiria ao unido de facto, os descendentes aos adotados e os ascendentes aos adotantes, ou se estão em igualdade de circunstâncias. É certo que em relação à subclasse ou subgrupo 1, em virtude até da incriminação e proibição da bigamia (art. 247º do CP; cfr. art. 36º da CRP), não se terá certamente tido em vista casos em que o ofendido estivesse, antes de morrer, simultaneamente casado e a viver (com outra pessoa) em situação análoga à dos cônjuges. Contra essa possibilidade não poderia talvez ser invocada a previsão de impedimento à constituição de uniões de facto constante da al. *c)* do art. 2º da Lei nº 7/2001, de 11 de maio, na redação anterior à introduzida pela Lei nº 23/2010, de 30 de agosto, uma vez que até então se dispunha somente que a referida al. tal como as demais als. *"São impeditivos dos efeitos jurídicos decorrentes da presente lei"*, ou seja, no caso da al. *c)* a existência de um casamento anterior não dissolvido só seria impeditivo da atribuição dos efeitos previstos na lei, embora não constituísse propriamente obstáculo à constituição de uma união de facto não protegida (isto é, à união de facto a que não poderiam ser reconhecidos os efeitos jurídicos daquela legislação) e porventura ao reconhecimento de outros direitos não decorrentes daquela legislação tendo em conta o que então se dispunha no nº 2 do art. 1º da referida Lei nº 7/2001 (*"Nenhuma norma da presente lei prejudica a aplicação de qualquer outra disposição legal ou regulamentar em vigor tendente à protecção jurídica de uniões de facto ..."*). Contudo, o corpo do art. 2º da Lei nº 7/2001, de 11 de maio, recorre, desde a alteração promovida a essa legislação em 2010, a uma formulação bastante mais ampla, ao prever que *"Impedem a atribuição de direitos ou benefícios, em vida ou por morte, fundados na união de facto"*, dando um argumento adicional contra a possibilidade de ao ofendido terem sobrevivido tanto cônjuge como unido de facto, tendo também desaparecido a referência no art. 1º à salvaguarda de outras disposições legais ou regulamentares. Em qualquer dos casos, a questão pode assumir relevância em relação às demais subclasses ou subgrupos: nada impede que ao ofendido tenham sobrevivido mais do que um descendente, adotado, ascendente ou adotante, nem que à data da sua morte o ofendido tivesse, por exemplo, simultaneamente descendentes e adotados.

Por fim, não são evidentes as possíveis consequências da atribuição de prioridade a algumas pessoas em detrimento das outras dentro da mesma classe ou da mesma subclasse.

Ao contrário do que sucede na relação entre classes ou grupos, a lei não dispõe que a intervenção de algumas pessoas referidas nas subclasses ou subgrupos só pode ocorrer na falta de outras pessoas. Ora, mesmo a admitir-se que existe uma ordenação e uma hierarquia que se salda na atribuição de prioridade a umas pessoas em detrimento de outras (como acima se explicou), não resulta claro se, em sentido análogo ao que se discute na relação entre classes ou grupos, a mera existência das pessoas a favor de quem se estabeleceu a prioridade é por si só impeditiva da constituição de assistente ("falta física") ou se o obstáculo só existirá – como parece fazer mais sentido – caso as pessoas que estão numa posição privilegiada se constituam como assistentes ("falta de exercício").

3.2.1.2.2.3. As restrições à apresentação de requerimento de constituição como assistente por mais do que uma pessoa

Em terceiro lugar, não resulta claro se a existência de 2 classes ou grupos e se a hierarquia ou ordenação nos termos antes referidos constituem, por si só, razões impeditivas da apresentação de requerimento de constituição como assistente por parte de mais do que uma pessoa referida na al. *c)* do nº 1 do art. 68º do CPP.

A dúvida faz sentido ainda que estejam em causa pessoas pertencentes à mesma classe ou grupo e/ou tenha sido observada a hierarquia ou ordenação.

Ao contrário do que sucede no CP em relação à apresentação de queixa (art. 113º, nº 3), não se dispõe na al. *c)* do nº 1 do art. 68º do CPP que qualquer das pessoas aí referidas possa constituir-se como assistente independentemente das restantes.

Na medida em que está em causa na referida al. *c)* a transmissão por morte do direito à constituição como assistente (e não, como no CP, a apresentação de queixa) parece fazer sentido que apenas uma das pessoas ali referidas adquira o direito em questão, o que diverge de outras situações em que poderão existir vários assistentes, tal como admite o art. 70º, nºs 1 e 2 do CPP. Assim também se evitam possíveis contradições ou eventuais discussões entre os sucessores no que toca ao exercício da posição processual em que estava investido o ofendido antes de morrer. Ademais, do paralelismo com o disposto no art. 113º, nº 3 do CP (quanto à transmissão do direito de queixa) resulta evidente que o que se pretende regular é o impulso processual inicial: a dedução de queixa. O que se esgota nesse mesmo ato, motivo pelo qual qualquer pessoa/sucessor dentro mesmo grupo, independentemente das demais, pode exercer tal direito. Diferentemente, na constituição como assistente, que pressupõe a aquisição de um estatuto processual autónomo que não se esgota naquele ato que origina o processo.

3.2.2. O prazo para a constituição como assistente

Nos crimes públicos e semipúblicos, a constituição como assistente, embora facultativa, terá de ocorrer nos prazos previstos no art. 68º, nº 3 do CPP (no limite, desde o aditamento introduzido pela Lei nº 130/2015, de 4 de setembro, no prazo para a interposição de recurso da sentença) e, em qualquer dos casos, aceitando o processo tal como este se encontrar.

Acerca do prazo de constituição como assistente nos crimes semipúblicos foi fixada jurisprudência[238] no seguinte sentido: *"Após a publicação da sentença proferida em 1ª instância, que absolveu o arguido da prática de um crime semipúblico, o ofendido não pode constituir-se assistente, para efeitos de interpor recurso dessa decisão, tendo em vista o disposto no art. 68º, nº 3, do CPP, na redacção vigente antes da entrada em vigor da Lei 130/2015, de 04-09".* Tal jurisprudência tem como *ratio decidendi* a redação anterior à Lei nº 130/2015, de 4 de setembro, que aditou a al. *c)* ao nº 3 do art. 68º do CPP e que contempla a possibilidade de ser requerida ao juiz a constituição como assistente no prazo para interposição de recurso da sentença.

Para os crimes particulares o art. 68º, nº 2 do CPP contempla um prazo significativamente mais curto. Na prática dispõe o ofendido de 10 dias após a apresentação da queixa (momento em foi advertido da obrigatoriedade da efetiva constituição como assistente, *ex vi* art. 246º, nº 4 do CPP). Tal prazo parece assumir natureza perentória. A esse respeito, o STJ fixou a seguinte jurisprudência[239]: *"Em procedimento dependente de acusação particular, o direito à constituição como assistente fica precludido se não for apresentado requerimento para esse efeito no prazo fixado no nº 2 do artigo 68º do Código de Processo Penal".*

3.2.3. O patrocínio judiciário obrigatório do assistente por advogado

Estabelece o art. 70º, nºs 1 e 2 do CPP que *"os assistentes são sempre representados por advogado"* e que, *"havendo vários assistentes, são todos representados por um só advogado"*, salvo havendo divergência quanto à escolha do advogado (caso em que decide o juiz) e se houver entre os vários assistentes interesses incompatíveis ou forem diferentes os crimes imputados ao arguido.

Embora na epígrafe se aluda à representação judiciária dos assistentes, poderá falar-se em patrocínio judiciário. A CRP (art. 20º, nº 2) e a LOSJ (art. 26º, nº 2) garantem o patrocínio judiciário e a representação por profissionais forenses (no caso advogados) apresenta várias vantagens, de modo que o art. 208º da CRP reconhece o patrocínio judiciário como sendo um elemento essencial à administração da justiça.

[238] Ac. STJ de Fixação de Jurisprudência nº 12/2016, de 07.07.2016 (Isabel São Marcos).

[239] Ac. STJ de Fixação de Jurisprudência nº 1/2011, de 16.12.2010 (Isabel Pais Martins).

O patrocínio judiciário obrigatório do assistente por advogado pressupõe a atribuição de mandato judicial (que é uma espécie do mandato forense) pelas formas já conhecidas, devendo o mandato constar de procuração ou de declaração verbal da parte.

Nem sempre o mandatário poderá ser fruto de uma escolha pessoal e livre do assistente. Por exemplo, em caso de concessão de apoio judiciário, na modalidade de nomeação de patrono, a escolha não pertencerá ao assistente.

Na jurisprudência tem sido discutida a possibilidade de autorrepresentação ou autopatrocínio pelo assistente, ou seja, de o assistente, numa expressão cara ao processo civil, pleitear por si (o chamado *ius postulandi*)[240]. No Ac. TC nº 338/2006[241] não foram julgadas inconstitucionais as normas constantes do art. 70º, nº 1 do CPP quando interpretadas no sentido de a representação do assistente ter de ser assegurada mediante a emissão de procuração a favor de advogado que não o advogado ofendido com direito a ser constituído assistente. O entendimento do STJ a este respeito veio a coincidir na substância com o do TC, não sem antes ter sido assumida uma posição favorável à autorepresentação do assistente advogado. No Ac. STJ de 18.04.2012[242] concluiu-se que, contrariamente ao que vigora para a obrigatoriedade de assistência do arguido por defensor, não existe no CPP norma excludente da auto representação do assistente, caso seja advogado, uma vez que do art. 70º do CPP apenas decorre a obrigação de o assistente estar representado por advogado. Argumentou o STJ em tal ocasião que a justificação para a assistência de defensor ao arguido no processo, da qual resultam limitações à atuação do defensor caso se permitisse a autorrepresentação do arguido, não faz sentido se o sujeito processual for assistente. Porém, veio mais tarde a ser fixada jurisprudência[243] em sentido oposto à daquele acórdão: *"Nos termos do artigo 70º, nº 1, do Código de Processo Penal, o ofendido que seja advogado e pretenda constituir-se assistente, em processo penal, tem de estar representado nos autos por outro advogado"*. O que justifica

[240] No processo civil, cfr. João de Castro Mendes/Miguel Teixeira de Sousa, *Manual de Processo Civil*, vol. I, Lisboa: AAFDL, 2022, pp. 131-132.

[241] Ac. TC nº 338/2006, de 18.05.2006, Proc. 1040/05 (Benjamim Rodrigues).

[242] Ac. STJ de 18.04.2012, Proc. 172/11.9TRPRT-A.S1 (Pires da Graça).

[243] Ac. STJ de Fixação de Jurisprudência nº 15/2016, de 26.10.2016 (Souto de Moura).

a obrigatoriedade do patrocínio judiciário do assistente por advogado não será apenas o risco da falta de preparação ou de conhecimentos do assistente, mas também os inconvenientes de o assistente não conseguir ajuizar objetivamente e atuar de uma forma racional[244].

3.2.4. A taxa devida pela constituição de assistente e o regime do apoio judiciário

Dispõe o art. 519º do CPP que a *"constituição de assistente dá lugar ao pagamento de taxa de justiça, nos termos fixados no Regulamento das Custas Processuais"* e que, em caso *"de morte ou incapacidade do assistente, o pagamento da taxa já efectuado aproveita àqueles que se apresentarem em seu lugar, a fim de continuarem a assistência"*.

Entendendo que está em causa um ato individual, considera a jurisprudência que é devido o pagamento da taxa de justiça por cada assistente constituído e ainda que a pretensão de vários assistentes seja formulada conjuntamente num único requerimento[245].

Caso possa beneficiar do regime do apoio judiciário na modalidade de dispensa do pagamento da taxa de justiça, o ofendido não terá de proceder ao pagamento da taxa devida pela constituição de assistente. A jurisprudência considera que a constituição como assistente não fica precludida se o ofendido não juntar por esquecimento o documento que comprova a concessão do referido apoio judiciário em data anterior à apresentação da queixa[246], mas, havendo indeferimento do pedido de apoio judiciário, entende que deverá o ofendido que pretenda constituir-se assistente pagar a taxa de justiça devida e ainda que opte por impugnar a decisão de indeferimento, uma vez que esta impugnação não tem efeito suspensivo da decisão, mas mero efeito devolutivo[247].

[244] Assim, com diversos argumentos, Jorge de Figueiredo Dias/Nuno Brandão, *Direito Processual Penal – Os sujeitos processuais*, Coimbra: Gestlegal, 2022, p. 210.

[245] Ac. TRP de 14.03.2007, Proc. 0617239 (Jorge França).

[246] Ac. TRP de 05.12.2007, Proc. 0745906 (António Gama).

[247] Ac. TRC de 05.04.2017, Proc. 32/15.4T9NLS.C1 (Luís Teixeira).

Capítulo VII
As partes civis

Sumário: 1. A responsabilidade civil fundada na prática ou emergente de crime; 2. A dedução da pretensão indemnizatória fundada na prática ou emergente de crime; 3. A natureza da responsabilidade cuja pretensão indemnizatória pode ser deduzida no processo penal; 4. As partes civis como sujeitos processuais no pedido de indemnização civil formulado no processo penal; 5. A relevância da matéria das partes civis e do pedido de indemnização civil formulado no processo penal; 6. O princípio da adesão e as hipóteses de dedução do pedido de indemnização civil em separado; 7. A renúncia ao direito de queixa ou de acusação particular em virtude de prévia dedução do pedido de indemnização civil em separado; 8. Os poderes processuais das partes civis; 9. O regime da dedução do pedido de indemnização civil no processo penal; 10. O arbitramento de quantia a título de reparação sem que tenha sido deduzido pedido de indemnização civil; 11. O caso julgado da decisão que conhece o pedido de indemnização civil

Bibliografia escolhida: Paulo de Sousa Mendes, *Lições de Direito Processual Penal*, Coimbra: Almedina, 2013, pp. 137-139; Maria João Antunes, *Direito Processual Penal*, 3ª ed., Coimbra: Almedina, 2021, pp. 66-68; Germano Marques da Silva, *Direito Processual Penal Português*, vol. 1, 2ª ed., Lisboa: Universidade Católica Editora, 2017, pp. 137-147 e 360-366; Gil Moreira dos Santos, *Princípios e prática processual penal*, Coimbra: Coimbra Editora, 2014, pp. 130-139; Manuel Simas Santos/Manuel Leal-Henriques/João Simas Santos, *Noções de Processo Penal*, 3ª ed., Lisboa: Rei dos Livros, 2020, pp.

157-162; JOSÉ ANTÓNIO BARREIROS, *Sistema e Estrutura do Processo Penal Português*, vol. II, s/ed., 1997, pp. 307-375; PAULO PINTO DE ALBUQUERQUE, *Comentário do Código de Processo Penal à luz da Constituição da República e da Convenção Europeia dos Direitos do Homem*, 4ª ed., Lisboa: Universidade Católica Editora, 2011, anotação aos arts. 71º a 84º, pp. 229-246; AA.VV., *Comentário Judiciário do Código de Processo Penal*, Tomo I, Coimbra: Almedina, 2019, anotação aos arts. 71º a 84º, pp. 831-892; FREDERICO DA COSTA PINTO, "O estatuto do lesado no processo penal", in *Estudos em Homenagem a Cunha Rodrigues*, Coimbra: Coimbra Editora, 2001, pp. 687-708; ANTÓNIO ROCHA, "O pedido de indemnização formulado pelo ofendido fundado na prática de um crime dependente de queixa", in *Questões avulsas de processo penal*, Lisboa: AAFDL, 2000, pp. 19-35; MARIA PAULA RIBEIRO DE FARIA, "A reparação punitiva: uma terceira via na efectivação da responsabilidade penal?", in *Liber Discipulorum para Jorge de Figueiredo Dias* (org. MANUEL DA COSTA ANDRADE *et al.*), Coimbra: Coimbra Editora, 2003, pp. 259-291, e "Algumas considerações sobre a reparação do dano em processo de adesão", in *Direito e justiça*, vol. 19, tomo1 (2005), pp. 15-38; JOSÉ DAMIÃO DA CUNHA, "Sobre a adesão em processo penal", in *Liber amicorum: Manuel Simas Santos* (coord. ANDRÉ PAULINO PITON *et al.*), Lisboa: Rei dos Livros, 2016, pp. 763-781; ANTÓNIO CASTANHEIRA NEVES, *Sumários de Processo Criminal – 1967-1968*, Coimbra, 1968, pp. 71-76 e 169-195; JORGE DE FIGUEIREDO DIAS, *Direito Processual Penal*, I, Coimbra: Coimbra Editora, 1974 (reimpressão, 2004), pp. 539-575; MANUEL CAVALEIRO DE FERREIRA, *Curso de Processo Penal*, 1º vol., Lisboa: Danubio, 1986, pp. 14-17 e 175-178.

JURISPRUDÊNCIA ESCOLHIDA: Assento do STJ nº 7/99, de 17.06.1999 (Costa Pereira); Assento do STJ nº 5/2000, de 19.01.2000 (Guimarães Dias); Ac. STJ de Fixação de Jurisprudência nº 5/2018, de 26.09.2018 (Helena Moniz); Ac. STJ de 02.05.2018, Proc. 156/16.0PALSB.L1.S1 (Lopes da Mota); Ac. STJ de 27.04.2011, Proc. 712/00.9JFLSB.L1.S1 (Pires da Graça); Ac. STJ de 28.05.2008, Proc. 08P131 (Raúl Borges); Ac. TRE de 07.12.2012, Proc. 141/09.9GBSTC.E1 (Ana Bacelar Cruz); Ac. TRL de 02.02.2021, Proc. 10684/18.8T9LSB.L1-5 (Jorge Gonçalves); Ac. TRL de 15.12.2022, Proc. 158/21.5GGSNT-A.L1-9 (Bráulio Martins).

1. A responsabilidade civil fundada na prática ou emergente de crime

Desde cedo se admitiu a possibilidade de uma ação civil no processo--crime, na qual poderiam vir a ser deduzidas pretensões indemnizatórias ou outras pretensões de natureza civil.

Por assim ser, no regime atual pode suscitar-se (e por vezes de facto é suscitada) uma questão civil que o tribunal será chamado a dirimir independentemente da questão penal: é a questão da responsabilidade civil fundada na prática de crime (anteriormente designada como "responsabilidade civil conexa com a responsabilidade criminal" ou "indemnização civil conexa com a responsabilidade criminal").

Essa questão civil emerge quando os factos que são objeto do processo-crime podem servir também de fundamento (são causa de pedir) de responsabilidade civil.

O art. 129º do CP, que tem por epígrafe "Responsabilidade civil emergente de crime", estabelece que a *"indemnização de perdas e danos emergentes de crime é regulada pela lei civil"*. Daqui decorre, pese embora a atribuição à indemnização da qualidade de sujeito desta frase, que é na lei civil, mais propriamente nos arts. 483º e ss. do CC, que o legislador entendeu que deveria ser procurado o regime aplicável à responsabilidade civil fundada na prática (ou "emergente", na expressão utilizada pelo CP) de crime. Diz-se então que, embora a causa de pedir seja (também) o crime, a responsabilidade civil emergente do crime é regulada pelo CC, tanto no que toca aos pressupostos da responsabilidade civil (o *se* da responsabilidade) como à obrigação de indemnizar (o *quantum* da responsabilidade). Por esta via, se afastou o legislador – não sem críticas e posteriores propostas de alteração ou de reforma – do entendimento (seguido por Figueiredo Dias[248] e Castanheira Neves[249], mas contrariado por Vaz Serra[250],

[248] Jorge de Figueiredo Dias, *Direito Processual Penal*, I, Coimbra: Coimbra Editora, 1974 (reimpressão, 2004), pp. 543-554.

[249] António Castanheira Neves, *Sumários de Processo Criminal – 1967-1968*, Coimbra, 1968, pp. 179-185.

[250] Adriano Vaz Serra, "Tribunal competente para apreciação da responsabilidade civil conexa com a criminal", in *BMJ* 91, 1959, pp. 147-206 (196).

Cavaleiro de Ferreira[251] e Gomes da Silva[252]) segundo o qual poderia estar em causa uma pretensão indemnizatória baseada em responsabilidade, mas com natureza diversa da responsabilidade civil[253] (especificamente penal, quase penal ou mesmo de reparação punitiva ou sancionatória).

2. A dedução da pretensão indemnizatória fundada na prática ou emergente de crime

Não obstante a remissão efetuada pelo CP para o regime substantivo do CC, importa sublinhar que, do ponto de vista adjetivo, o problema da dedução de uma pretensão indemnizatória fundada na prática do crime surge regulado no CPP (seguindo a tradição que já vinha do CPP de 1929).

O CPP não desconhece a possibilidade de o crime vir a causar danos ou prejuízos de natureza civil, que confiram direito de indemnização ao lesado independentemente do resultado do processo quanto à questão penal, nem se revela indiferente quanto à forma como uma pretensão indemnizatória fundada na prática de crime pode ser deduzida.

Do ponto de vista teórico é discutível se uma pretensão indemnizatória fundada na prática de crime deve ser formulada no próprio processo penal que tem por objeto o crime (e o seu foco deveria ser o esclarecimento da responsabilidade penal e, em caso afirmativo, o sancionamento devido) ou se é preferível remeter o problema para os tribunais civis. Há vantagens e desvantagens (todas elas rebatíveis) associadas aos diferentes sistemas ou modelos e o direito comparado revela a adoção de diferentes soluções não facilmente transponíveis e que conhecem elas próprias controvérsias teóricas e práticas e dificuldades de implementação. Mesmo quando aproximadas do direito português, no sentido de também acolherem uma ideia de adesão, várias das soluções do direito comparado não coincidem e não serão facilmente convocáveis. Não apenas porque no direito português a ação civil perde auto-

[251] Manuel Cavaleiro de Ferreira, *Curso de Processo Penal*, 1º vol., Lisboa: Danubio, 1986, p. 170.

[252] Manuel Gomes da Silva, *O Dever de Prestar e o Dever de Indemnizar*, Lisboa, 1944, pp. 71-72.

[253] Reafirmando hoje a natureza meramente civil da indemnização, cfr. Paulo de Sousa Mendes, *Lições de Direito Processual Penal*, Coimbra: Almedina, 2013, p. 138.

nomia, mas porque no direito comparado a dedução da pretensão nos tribunais criminais é muitas vezes facultativa ou opcional (*action civile*), o que se afasta bastante de um modelo de adesão, ou porque a utilização de um processo de adesão (*Adhäsionsverfahren*) não é obrigatória, mas apenas incentivada, ainda que na prática a relutância subsista e isto apesar de sucessivas reformas levadas a cabo. Discutível é também (e o direito comparado documenta discussões equivalentes) se o pedido cível deveria assumir uma natureza puramente civil (como defenderam Vaz Serra[254], Cavaleiro de Ferreira[255] e Gomes da Silva[256]) ou se seria de admitir que lhe estão associados efeitos que permitem concluir que possui natureza e função penal (como defenderam Figueiredo Dias[257] e Castanheira Neves[258]), uma natureza quase-penal[259] ou se não se deveria mesmo caminhar para uma reparação de natureza sancionatória ou punitiva (como sugeriu Maria Paula Ribeiro de Faria[260]).

O CPP optou por um sistema de interdependência entre a responsabilidade civil e a responsabilidade penal, consagrando, não obstante, uma solução que aparentemente favorece a formulação da pretensão indemnizatória fundada na prática do crime no processo penal respeitante a esse crime. Ao mesmo tempo procurou o CPP sublinhar a autonomia[261] de ambas as formas de responsabilidade ao não fazer depender a apreciação do pedido civil da condenação penal: mesmo no caso de

[254] Adriano Vaz Serra, "Tribunal competente para apreciação da responsabilidade civil conexa com a criminal", in *BMJ* 91, 1959, pp. 147-206 (196).

[255] Manuel Cavaleiro de Ferreira, *Curso de Processo Penal*, 1º vol., Lisboa: Danubio, 1986, p. 170.

[256] Manuel Gomes da Silva, *O Dever de Prestar e o Dever de Indemnizar*, Lisboa, 1944, pp. 71-72.

[257] Jorge de Figueiredo Dias, *Direito Processual Penal*, I, Coimbra: Coimbra Editora, 1974 (reimpressão, 2004), pp. 543-554.

[258] António Castanheira Neves, *Sumários de Processo Criminal – 1967-1968*, Coimbra, 1968, pp. 179-185.

[259] Por exemplo, no Ac. STJ de 27.04.2011, Proc. 712/00.9JFLSB.L1.S1 (Pires da Graça), afirmou-se *"sem embargo de se lhe reconhecer uma certa função adjuvante, não se confunde com a pena"*.

[260] Maria Paula Ribeiro de Faria, "A reparação punitiva: uma terceira via na efectivação da responsabilidade penal?", in *Liber Discipulorum para Jorge de Figueiredo Dias* (org. Manuel da Costa Andrade *et al.*), Coimbra: Coimbra Editora, 2003, pp. 259-291.

[261] Refere-se a uma *"total autonomia da responsabilidade civil perante a responsabilidade penal"* Paulo de Sousa Mendes, *Lições de Direito Processual Penal*, Coimbra: Almedina, 2013, p. 138.

absolvição da responsabilidade penal o tribunal terá de determinar se existiu ou não responsabilidade civil e, em caso afirmativo, proferir decisão sobre a indemnização devida.

Tal sistema conhece críticas e propostas de melhoria que importa não desconsiderar. Vale a pena discutir chamadas de atenção da doutrina quanto a possíveis incoerências e contradições do sistema e ainda algumas sugestões de vias alternativas ao sistema atual. É o caso de José Damião da Cunha[262], pedindo que se coloque seriamente como possibilidade a consagração de uma solução legal divergente da atualmente existente, apontando algumas pistas de solução, ainda que sem formular expressamente uma proposta de *iure condendo*. As vias possíveis de solução terão também de tomar em consideração as propostas no sentido de consagrar outras formas de resposta à criminalidade. Por exemplo, as provenientes de Mário Ferreira Monte[263], que propôs a figura da reparação penal como consequência jurídica autónoma do crime, procurando distingui-la da reparação civil através da invocação de que esta tem como objetivo fundamental uma vítima efetiva (e de reconstrução do respetivo *statu quo ante*), ao passo que aquela visaria uma vítima potencial (e de satisfação dos fins do direito penal, mais concretamente de proteção de certo tipo de vítimas em relação a futuros crimes): a reparação penal poderia ser usada para a pequena e média criminalidade (seu campo de eleição) e para criminalidade mais grave que aconselhe a sua utilização. E sobretudo as de Maria Paula Ribeiro de Faria[264], com a defesa de uma reparação de natureza sancionatória ou punitiva, que seria na prática um mecanismo sancionatório preventivo pertencente ao Direito Penal capaz de cumprir funções que o Direito Civil não con-

[262] José Damião da Cunha, "Sobre a adesão em processo penal", in *Liber amicorum: Manuel Simas Santos* (coord. André Paulino Piton *et al.*), Lisboa: Rei dos Livros, 2016, pp. 778 e 780.

[263] Mário Ferreira Monte, "Da reparação penal como consequência jurídica autónoma do crime", in *Liber Discipulorum para Jorge de Figueiredo Dias* (org. Manuel da Costa Andrade *et al.*), Coimbra: Coimbra Editora, 2003, pp. 129-155. Fazendo, contudo, uma apreciação crítica do projeto alternativo, cfr. Selma Pereira de Santana, "A reparação como consequência jurídico-penal autónoma do delito, o projeto alternativo de reparação: algumas objeções", in *Estudos em homenagem ao Professor Doutor Jorge de Figueiredo Dias* (org. Manuel da Costa Andrade *et al.*), vol. 2, Coimbra: Coimbra Editora, 2010, pp. 889-930.

[264] Maria Paula Ribeiro de Faria, "A reparação punitiva: uma terceira via na efectivação da responsabilidade penal?", in *Liber Discipulorum para Jorge de Figueiredo Dias* (org. Manuel da Costa Andrade *et al.*), Coimbra: Coimbra Editora, 2003, pp. 280 e ss.

segue realizar sozinho e também de levar a cabo funções que o Direito Penal não consegue assegurar na pureza dos seus princípios, mas com o consequente abdicar do processo de adesão para essa sanção e com a defesa da aplicação dessa sanção no processo penal gozando o arguido das respetivas garantias.

3. A natureza da responsabilidade cuja pretensão indemnizatória pode ser deduzida no processo penal

Atenta a remissão efetuada pelo CP para o regime do CC, suscita-se com alguma frequência a dúvida sobre a natureza da responsabilidade cuja pretensão indemnizatória poderá ser deduzida no processo penal.

Essa dúvida ganha maior relevância tendo em conta a tendência de desvalorização de distinções mais acentuadas entre modalidades de responsabilidade civil, em particular entre a chamada "responsabilidade civil delitual ou aquiliana" (ou "responsabilidade civil extracontratual por factos ilícitos") e a chamada "responsabilidade obrigacional" (ou "responsabilidade contratual") e mesmo entre a responsabilidade civil delitual e a responsabilidade objetiva ou pelo risco.

Não obstante, a jurisprudência penal[265] tem há muito sublinhado a limitação da compatibilidade da pretensão indemnizatória fundada em crime e deduzida no processo penal com a responsabilidade delitual, excluindo a responsabilidade contratual e a responsabilidade por atos lícitos. Tal não significa, porém, que uma pretensão indemnizatória baseada em ilícito contratual não possa ser deduzida em ação civil autónoma[266]. Em qualquer dos casos, alguma jurisprudência[267] parece ter dado apoio a uma interpretação restritiva da doutrina do Assento nº 7/99: este ter-se-ia limitado a afastar a responsabilidade contratual e não a excluir também os casos de responsabilidade extracontratual objetiva. Em decisão recente, o TRL[268], embora reiterando que a causa de pedir na ação cível conexa com a criminal é sempre a responsabilidade civil extracontratual e não qual-

[265] Assim, por exemplo: Assento do STJ nº 7/99, de 17.06.1999 (Costa Pereira); Ac. TRE de 07.12.2012, Proc. 141/09.9GBSTC.E1 (Ana Bacelar Cruz), que corrobora a doutrina do assento; Ac. STJ de 27.04.2011, Proc. 712/00.9JFLSB.L1.S1 (Pires da Graça), que apresenta argumentos adicionais.

[266] Como se assinalou no Ac. STJ de 26.09.2013, Proc. 1202/11.0TBBRG.G1.S1 (Lopes do Rego).

[267] Assim, por exemplo, Ac. STJ de 28.05.2008, Proc. 08P131 (Raúl Borges).

[268] Ac. TRL de 02.02.2021, Proc. 10684/18.8T9LSB.L1-5 (Jorge Gonçalves).

quer outra fonte de obrigações, como a responsabilidade civil contratual (ou mesmo o enriquecimento sem causa), concluiu que tal não significa que, no caso de absolvição penal, não pudesse ocorrer condenação no processo com base em responsabilidade pelo risco, tanto mais que esta não deixa de ser responsabilidade extracontratual.

4. As partes civis como sujeitos processuais no pedido de indemnização civil formulado no processo penal

Quando a pretensão indemnizatória tenha de ser deduzida no processo penal, ou o lesado (podendo fazê-lo) opte por deduzir essa pretensão no processo penal e não em separado num tribunal civil, a par de participantes processuais na questão penal surgem participantes processuais na questão civil, que tomam então a designação de "partes civis".

Tanto o demandado ou responsável meramente civil como o demandante ou lesado assumem a qualidade de sujeitos processuais, mas apenas para efeitos do pedido de indemnização civil. Na medida em que não lhes foram conferidos poderes de conformação da tramitação do processo penal que lhes permitam influir na decisão sobre a questão penal, as partes civis não podem ser consideradas sujeitos do processo penal.

Estando em causa uma pretensão que (malgrado as críticas e as sugestões de *iure condendo*) assume natureza civil[269], são-lhe aplicáveis as regras do CPC em matéria de pressupostos processuais, em especial os relativos à personalidade e capacidade judiciárias, bem como à legitimidade processual. Da qualificação como parte legítima não depende a constituição do lesado como assistente. Também todas as pessoas com responsabilidade meramente civil podem ser demandadas: fora o caso do arguido, a intervenção dos demais faz-se de acordo com o regime da intervenção de terceiros que seja aplicável.

5. A relevância da matéria das partes civis e do pedido de indemnização civil formulado no processo penal

Nos arts. 71º-84º do CPP a matéria das partes civis e do pedido de indemnização civil encontra-se extensamente regulada.

Aí se prevê, designadamente: (i) quando deve a dedução do pedido de indemnização civil ser feita no processo penal ou em separado; (ii)

[269] Paulo de Sousa Mendes, *Lições de Direito Processual Penal*, Coimbra: Almedina, 2013, p. 138.

contra quem pode ser deduzido o pedido civil se formulado no processo penal; (iii) a legitimidade e os poderes processuais das chamadas partes civis; (iv) o dever de informação a cargo das autoridades judiciárias e dos OPC; (v) a representação das partes civis; (vi) a formulação do pedido, a contestação do pedido e as provas; (vii) o julgamento do pedido civil; (viii) a renúncia, a desistência e a conversão do pedido; (ix) o caso julgado sobre o pedido civil.

No julgamento, encontra-se ainda regulada em várias disposições (*v.g.*, arts. 368º, 374º, 376º, 377º e 379º do CPP) a decisão sobre o pedido civil (seja ou não proferida sentença condenatória em matéria penal).

Na economia do Livro I, constata-se que, descontando o caso do juiz e do tribunal, não existem outros participantes processuais (seja em sentido amplo, seja em sentido estrito) a que o CPP tenha dedicado tão extensa regulamentação. Essa circunstância, por si só, já torna legítima que seja dada atenção às partes civis e ao pedido de indemnização civil. Em qualquer dos casos, na medida em que a dedução do pedido de indemnização civil quando efetuada no processo penal é assumida pelo legislador como um problema com clara relevância penal, justifica-se passar em revista os aspetos essenciais do regime.

6. O princípio da adesão e as hipóteses de dedução do pedido de indemnização civil em separado

O CPP consagra o chamado "princípio da adesão" no art. 71º, ao dispor que o pedido de indemnização civil fundado na prática do crime é deduzido no processo penal respetivo, só o podendo ser em separado, perante o tribunal civil, nos casos previstos na lei.

Ao consagrar este princípio, pretendeu o legislador afastar a possibilidade de o lesado optar por deduzir o pedido de indemnização civil no processo-crime ou perante os tribunais civis numa ação civil autónoma.

Contudo, no art. 72º, nº 1 do CPP surgem diversas situações (cada vez mais generosas, na expressão de Damião da Cunha[270]) em que se torna admissível a dedução em separado do pedido de indemnização civil, entre as quais avultam hipóteses de atrasos no andamento do processo penal, casos de decisões de arquivamento ou de suspensão provisória

[270] José Damião da Cunha, "Sobre a adesão em processo penal", in *Liber amicorum: Manuel Simas Santos* (coord. André Paulino Piton *et al.*), Lisboa: Rei dos Livros, 2016, pp. 763-781.

do processo, hipóteses de crimes que assumam natureza semipública ou particular e ainda casos em que o processo penal correrá sob a forma sumária ou sumaríssima.

7. A renúncia ao direito de queixa ou de acusação particular em virtude de prévia dedução do pedido de indemnização civil em separado

Embora a al. *c)* do nº 1 do art. 72º do CPP admita a dedução em separado do pedido de indemnização civil estando em causa crimes semipúblicos[271] ou particulares, o nº 2 do mesmo artigo estabelece uma consequência relevante para o direito de queixa ou de acusação particular caso essa dedução em separado ocorra antes de ser apresentada queixa ou deduzida acusação particular.

A prévia dedução (não a posterior[272]) do pedido de indemnização civil em tribunal civil valerá então como renúncia ao direito de queixa ou de acusação particular. Tal significa que, equiparada a prévia dedução a renúncia, o facto que poderia fundamentar a responsabilidade civil e a responsabilidade penal passa a ser considerado apenas na perspetiva civil.

8. Os poderes processuais das partes civis

8.1. O lesado ou demandante

Ao lesado (a pessoa que sofreu os danos causados pelo crime) compete deduzir o pedido de indemnização civil, assumindo então a qualidade de demandante.

Mesmo que não se tenha ou não se possa constituir assistente, continua a ser lesado, nos termos do nº 1 do art. 74º do CPP. A intervenção processual do lesado é restringida à sustentação e à prova do pedido de indemnização civil, competindo-lhe, correspondentemente, os direitos que a lei confere aos assistentes (art. 74º, nº 2 do CPP).

Não se permite a dedução do pedido pelo lesado, sem advogado, quando se conclua que, em razão do valor do pedido, se deduzido em separado, seria obrigatória a constituição de advogado, nos termos da lei processual civil (art. 76º, nº 1 do CPP). Caso o lesado seja o Estado ou

[271] Sobre as razões desta exceção, cfr. INÊS FERREIRA LEITE, *Direito processual penal: guião das aulas de orientação*, Lisboa: AAFDL, 2022, p. 80.

[272] Assento do STJ nº 5/2000, de 19.01.2000 (Guimarães Dias).

outras pessoas e interesses cuja representação lhe seja atribuída legalmente, a dedução do pedido de indemnização civil será feita pelo MP em representação (art. 76º, nº 3 do CPP).

8.2. O lesante arguido ou demandado

O pedido de indemnização pode ser deduzido contra o arguido (lesante) e/ou contra pessoas que tenham uma responsabilidade meramente civil, *ex vi* art. 73º, nº 1 do CPP.

Na qualidade de demandados o nº 3 do art. 74º do CPP atribui aos responsáveis meramente civis uma posição processual idêntica à do arguido quanto à sustentação e à prova das questões civis julgadas no processo, esclarecendo que cada uma das defesas é independente uma da outra.

Terão os demandados de ser representados por advogado nos termos do art. 76º, nº 2 do CPP. Na falta de constituição de mandatário, não se procede à nomeação oficiosa de defensor, aplicando-se ao invés as regras do CPC sobre o patrocínio judiciário.

Em virtude de poderem ser demandados responsáveis meramente civis e não apenas o arguido, não afeta a apreciação do pedido de indemnização civil o facto de o lesante não estar em condições de satisfazer a indemnização devida ao lesado. Mesmo a circunstância de o lesante ser declarado insolvente não determina a inutilidade superveniente da lide do pedido de indemnização civil deduzido em processo penal[273].

9. O regime da dedução do pedido de indemnização civil no processo penal

9.1. A tramitação do pedido civil

9.1.1. A prestação de informação a eventuais lesados

Dispõe o nº 1 do art. 75º do CPP que os eventuais lesados pela prática de um crime devem ser informados, logo no inquérito, pelas autoridades judiciárias e pelos OPC quanto à possibilidade de deduzirem pedido de indemnização civil em processo penal e das formalidades a observar, assim que estes tomarem conhecimento da existência de potenciais lesados.

Porém, ainda que tal informação não seja prestada, quem se considere lesado poderá manifestar no processo, até ao encerramento do

[273] Ac. STJ de Fixação de Jurisprudência nº 5/2018, de 26.09.2018 (Helena Moniz).

inquérito, o propósito de deduzir pedido de indemnização civil, nos termos do nº 2 do art. 75º do CPP.

9.1.2. O prazo para a dedução do pedido de indemnização civil

A dedução do pedido de indemnização civil pelo lesado pode ocorrer em momentos diferentes consoante o lesado se tenha constituído ou não como assistente e em função de o lesado ter ou não manifestado o propósito de deduzir pedido de indemnização civil.

Caso o lesado se tenha constituído assistente, poderá fazê-lo, tal como o MP, na acusação ou, em requerimento autónomo, no prazo em que esta deve ser formulada (art. 77º, nº 1 do CPP). Caso contrário, poderá fazê-lo: (i) no prazo de 20 dias a contar da notificação do despacho de acusação ou do despacho de pronúncia, se tiver manifestado o propósito de deduzir pedido de indemnização civil nos termos do nº 2 do art. 75º do CPP; (ii) no prazo de 20 dias a contar da notificação ao arguido do despacho de acusação ou do despacho de pronúncia, se não tiver manifestado o propósito de deduzir pedido de indemnização civil nos termos do nº 2 do art. 75º do CPP (art. 77º, nºs 2 e 3 do CPP).

Caso tenha sido transmitido (expressamente notificado por ordem exarada pelo MP) ao assistente/lesado de que dispõe de 20 dias para deduzir o pedido de indemnização civil, apesar de o prazo que a lei (arts. 77º, nº 1 e 283º, nº 1 do CPP) lhe confere para exercer tal direito ser de 10 dias, não deve o mesmo ser rejeitado por extemporâneo, sendo relevante o prazo, mais amplo, que foi expressamente comunicado ao mesmo[274].

9.1.3. Os articulados do pedido de indemnização civil

O pedido de indemnização civil deve ser deduzido de forma articulada, o mesmo sucedendo com a contestação do demandado (arts. 77º, nº 2 e 78º, nº 2 do CPP).

Não se preveem outros articulados para além do pedido de indemnização civil e da contestação. Contudo, caso o demandado se defenda por exceção e/ou deduza pedido reconvencional, fará sentido admitir que o demandante possa apresentar (embora o CPP não o preveja) resposta às exceções e/ou à matéria de reconvenção.

[274] Assim, Ac. TRL de 15.12.2022, Proc. 158/21.5GGSNT-A.L1-9 (Bráulio Martins).

9.2. Algumas regras especiais face ao processo civil

Os arts. 78º-83º do CPP incluem várias regras que necessitam de ser conjugadas com as do CPC.

Todavia, algumas especificidades de regime face ao processo civil devem ser assinaladas, importando sublinhar as mais relevantes.

Em primeiro lugar, em relação à contestação do demandado (o arguido e/ou o responsável meramente civil). O prazo para a contestação do pedido civil é de 20 dias e à falta de contestação não está associado o efeito cominatório de implicar a confissão dos factos (art. 78º do CPP; cfr. art. 574º, nº 2 do CPC).

Em segundo lugar, estabelecem-se regras sobre a possibilidade de as partes civis arrolarem testemunhas, prevendo-se, não obstante, que o número de testemunhas a arrolar varia em função do valor do pedido em causa (art. 79º do CPP).

Em terceiro lugar, admite-se que o tribunal condene no que se liquidar em execução de sentença, servindo de título executivo a sentença penal e permitindo-se que o tribunal estabeleça logo (se dispuser de elementos para o efeito) uma indemnização provisória por conta da que será fixada posteriormente (art. 82º, nºs 1 e 2 do CPP).

10. O arbitramento de quantia a título de reparação sem que tenha sido deduzido pedido de indemnização civil

Em caso de condenação penal, o tribunal poderá, desde que previamente assegurado o contraditório devido (comunicada a necessidade de atribuição oficiosa da reparação e ser dada a oportunidade de se pronunciar sobre os fundamentos e o montante), arbitrar uma quantia a título de reparação pelos prejuízos sofridos quando particulares exigências de proteção da vítima o imponham, mas apenas se não tiver sido deduzido pedido de indemnização civil no processo penal ou em separado (art. 82º-A, nºs 1 e 2 do CPP).

Introduzida pela Lei nº 59/98, de 25 de agosto (mas inspirada no direito anterior), está em causa uma reparação oficiosa[275] (que que-

[275] Embora se discuta a natureza dessa reparação: se de natureza verdadeiramente penal ou como tendo natureza de indemnização civil ainda que de arbitramento oficioso – no sentido da natureza de indemnização civil, cfr. SÓNIA FIDALGO, "O consenso no processo

bra o princípio do pedido[276]), sem aparente dependência de dano civil indemnizável (mas com exigência de vítima afetada pelo crime) e que pode não se ater aos critérios de cálculo da indemnização constantes dos arts. 483º e ss. e 562º do CC[277], aplicável mesmo no processo sumaríssimo (art. 393º do CPP) e que é ademais obrigatória em relação à vítima de violência doméstica e ainda para vítimas especialmente vulneráveis, a não ser que a tal expressamente se oponham (art. 21º, nº 2 da Lei nº 112/2009, de 16 de setembro, art. 16º, nº 2 do Estatuto da Vítima, aprovado pela Lei nº 130/2015, de 4 de setembro).

A quantia arbitrada oficiosamente será depois tomada em consideração na ação que venha a conhecer de pedido civil de indemnização (uma vez que por força do arbitramento da reparação não se verifica qualquer preclusão), nos termos do nº 3 do art. 82º-A do CPP.

11. O caso julgado da decisão que conhece o pedido de indemnização civil

À decisão penal que conheça do pedido cível (ainda que absolutória, ou seja, ainda que julgue improcedente a pretensão indemnizatória formulada pelo lesado) é atribuída a mesma eficácia do caso julgado previsto para as sentenças civis, *ex vi* art. 84º do CPP.

O regime do caso julgado aplicável à decisão penal que conheça do pedido cível é, pois, segundo esta norma, o do processo civil, mas sem que tal resolva as dificuldades decorrentes da aplicação das regras relevantes do CPC (cfr. arts. 579º, 580º, 619º e ss., 623º e 624º do CPC).

penal: reflexões sobre a suspensão provisória do processo e o processo sumaríssimo", in *Revista Portuguesa de Ciência Criminal*, 18, nºs 2-3 (Abr.-Set. 2008), pp. 277-315 (312).

[276] Maria João Antunes, *Direito Processual Penal*, 3ª ed., Coimbra: Almedina, 2021, p. 67.

[277] Embora, como se decidiu no Ac. STJ de 02.05.2018, Proc. 156/16.0PALSB.L1.S1 (Lopes da Mota), requerendo que tenham sido causados prejuízos que careçam de ser compensados.

PARTE III

O REGIME E A TRAMITAÇÃO DO PROCESSO PENAL

Capítulo I
A forma de processo comum

Sumário: 1. As modalidades de forma de processo e as características da forma de processo comum; 2. A notícia do crime; 3. As medidas cautelares e de polícia; 4. O inquérito; 5. A instrução; 6. O julgamento

Bibliografia escolhida: Paulo de Sousa Mendes, *Lições de Direito Processual Penal*, Coimbra: Almedina, 2013, pp. 53-97; Maria João Antunes, *Direito Processual Penal*, 3ª ed., Coimbra: Almedina, 2021, pp. 71-125 e 179-220; Germano Marques da Silva, *Direito Processual Penal Português*, vol. 3, Lisboa: Universidade Católica Editora, 2015, pp. 9-292; Manuel Simas Santos/Manuel Leal-Henriques/João Simas Santos, *Noções de Processo Penal*, 3ª ed., Lisboa: Rei dos Livros, 2020, pp. 405-527; Paulo Pinto de Albuquerque, *Comentário do Código de Processo Penal à luz da Constituição da República e da Convenção Europeia dos Direitos do Homem*, 4ª ed., Lisboa: Universidade Católica Editora, 2011, anotação aos arts. 241º a 380º, pp. 661-988; AA.VV., *Comentário Judiciário do Código de Processo Penal*, Tomo III, 2ª ed., Coimbra: Almedina, 2022, anotação aos arts. 241º a 310º, pp. 743-1355, e Tomo IV, Coimbra: Almedina, 2022, anotação aos arts. 311º a 381º pp. 37-806; Manuel da Costa Andrade, "Consenso e Oportunidade", in *Jornadas de direito processual penal: o novo código de processo penal* (org. CEJ), Coimbra: Almedina, 1988, pp. 317-358; Anabela Miranda Rodrigues, "A fase preparatória do processo penal – Tendências na Europa: o caso Português", in *RBCC*, 2002, 10, 39, pp. 9-27; Jorge Noronha e Silveira, "O conceito de indícios suficientes no processo penal português", in *Jornadas de Direito Processual Penal e Direitos Fundamentais* (coord. Maria Fernanda Palma), Coimbra: Almedina, 2004, pp. 155-181.

Jurisprudência escolhida: Ac. TC nº 479/94, de 07.07.1994, Proc. 208/94 (Monteiro Diniz); Ac. TC nº 101/2001, de 14.03.2001, Proc. 402/00 (Artur Maurício); Ac. TC nº 565/2003, de 19.11.2003, Proc. 573/03 (Pamplona Oliveira); Ac. TC nº 135/2005, de 15.03.2005, Proc. 1035/04 (Paulo Mota Pinto); Ac. TC nº 589/2006, de 31.10.2006, Proc. 739/06 (Vítor Gomes); Ac. TC nº 175/2013, de 20.03.2013, Proc. 653/12 (Pedro Machete); Ac. TC nº 139/2017, de 16.03.2017, Proc. 313/16 (Catarina Sarmento e Castro); Ac. TC nº 246/2017, de 17.05.2017, Proc. 880/16 (Teles Pereira); Assento do STJ nº 4/93 (Ac. STJ de 17.02.1993); Ac. STJ de Fixação de Jurisprudência nº 7/2005, de 12.05.2005 (Santos Monteiro) Ac. STJ de Fixação de Jurisprudência nº 11/2008, de 29.10.2008, (Santos Cabral); Ac. STJ de Fixação de Jurisprudência nº 16/2009, de 18.11.2009 (Santos Cabral); Ac. STJ de Fixação de Jurisprudência nº 5/2010, de 15.04.2010 (Rodrigues da Costa); Ac. STJ de Fixação de Jurisprudência nº 3/2015, de 08.01.2015 (Manuel Braz); Ac. STJ de 16.05.1996, Proc. 96P236 (Sousa Guedes); Ac. STJ de 11.12.1996, Proc. 96P780 (Flores Ribeiro); Ac. STJ de 22.04.2004, Proc. 04P902 (Pereira Madeira); Ac. STJ de 05.01.2005, Proc. 04P327 (Henriques Gaspar); Ac. STJ de 23.05.2012, Proc. 6/09.4TRGMR.S1 (Pires da Graça); Ac. TRC de 06.11.2013, Proc. 310/12.4T3AND-A.C1 (Maria Pilar de Oliveira); Ac. TRC de 08.07.2015, Proc. 204/14.9PCCBR.C1 (Fernando Chaves); Ac. TRC de 15.03.2017, Proc. 21/14.6PELRA.C1 (Vasques Osório); Ac. TRE de 02.06.2015, Proc. 1083/13.9GDSTB.E1 (Fernando Pina); Ac. TRE de 10.05.2016, Proc. 83/13.3GACUB.E1 (Gilberto Cunha); Ac. TRE de 23.06.2020, Proc. 342/17.6IDSTB.E1 (Laura Goulart Maurício); Ac. TRG de 19.09.2016, Proc. 103/18.5T9BCL.G1 (Cândida Martinho); Ac. TRG de 17.12.2020, Proc. 1531/19.4T9BRG.G1 (Jorge Bispo); Ac. TRL de 20.09.2017, Proc. 176/17.8GEALR-A.L1-3 (João Lee Ferreira); Ac. TRL de 18.10.2017, Proc. 1212/15.8PBAMD.L1-3 (Nuno Ribeiro Coelho); Ac. TRL de 21.05.2019, Proc. 324/14.0TELSB-CJ.L1-5 (Artur Vargues); Ac. TRL de 23.11.2021, Proc. 7/17.9PHFUN.L2-5 (Jorge Gonçalves); Ac. TRP de 01.02.2012, Proc. 1947/11.4JAPRT-B.P1 (Melo Lima); Ac. TRP de 21.03.2012, Proc. 628/11.3GAMAI.P1 (Coelho Vieira); Ac. TRP de 09.09.2015, Proc. 9671/12.4TDPRT-A.P1 (Ana Bacelar).

1. As modalidades de forma de processo e as características da forma de processo comum

Tal como no direito anterior[278], no CPP existem vários modos de ordenar as atividades processuais, o rito e a marcha do processo penal.

As formas de processo encontram-se legalmente classificadas em duas modalidades: a forma de processo comum e as formas de processo especiais.

A forma de processo comum é tendencialmente mais garantística, mas também mais morosa. Assume uma estrutura fundamentalmente composta pelo inquérito, pela instrução e pelo julgamento.

Diferentemente sucede com as formas de processo especiais. Os processos especiais (ou, mais rigorosamente, as formas de processo especiais) surgem como meios de aceleração processual, conjugados com uma simplificação da tramitação.

2. A notícia do crime

A aquisição da *notitia criminis* está perspetivada na ótica do MP enquanto titular do inquérito (art. 263º, nº 1 do CPP), cabendo ao próprio a primeira grande decisão: a abertura, ou não, de inquérito. É essa a lógica presente no art. 241º do CPP.

Não é toda e qualquer informação que constitui notícia de crime (*v.g.*, não o será a "denúncia" de um crime que, *sem qualquer margem de dúvida*, não contém qualquer indício de crime).

O art. 241º do CPP determina que o MP poderá adquirir a notícia do crime: (i) por conhecimento próprio; (ii) por intermédio dos OPC; ou (iii) mediante denúncia.

Por conhecimento próprio seria a situação de o MP presenciar o crime. Ou ainda a de o MP tomar conhecimento através da leitura de uma notícia publicada num jornal ou noutro meio de comunicação social. Outro caso paradigmático a este propósito pode constituir na leitura de um livro, fidedigno, em relação a acontecimentos reais, em que se revelam indícios da prática de um crime.

Por intermédio dos OPC pode incluir um conjunto muito amplo de situações: hipóteses em que os OPC a obtêm diretamente e hipóteses

[278] Manuel Cavaleiro de Ferreira, *Curso de Processo Penal*, 2º vol., Lisboa: Danubio, 1986, pp. 57 e ss.

em que a obtêm por intermédio de terceiros. Tendo os OPC o *dever de denunciar todos* os crimes de que tomem conhecimento, quer os de natureza pública, quer mesmo os de natureza semipública e particular (cfr. art. 242º, nºs 1, al. *a)* e 3 do CPP, em especial a partir da revisão de 2007), tal poderá concretizar-se através da elaboração (e posterior remessa) de auto de notícia (art. 243º do CPP) ou ainda, nos demais casos, do auto de denúncia (art. 246º). Os funcionários, na aceção do art. 386º do CP, apenas têm o dever funcional de denunciar os crimes cujo conhecimento obtiveram no exercício das funções ou por causa do exercício das respetivas funções (art. 242º, nº 1, al. *b)* do CPP). Em qualquer caso, os OPC deverão comunicar ao MP as notícias de crime, mesmo as manifestamente infundadas, até 10 dias (o prazo não é de 10 dias, mas de até 10 dias, sendo razoável que na generalidade das situações, com os atuais meios de comunicação, esse prazo seja significativamente encurtado até para evitar riscos inerentes a pré-inquéritos, como assinala Maia Costa[279]) – cfr. art. 248º do CPP. Alguma doutrina, embora admita que a não transmissão da notícia do crime poderá até ser geradora de responsabilidade criminal, sustenta que a obrigatoriedade de transmissão *"tem de ser interpretada com cuidado relativamente à notícia de factos que os órgãos de polícia criminal tenham obtido diretamente"* [de apreensão direta dos factos] e que os OPC *"só devem transmitir a notícia dos factos quando houver indícios de crime"* (assim, por exemplo, Germano Marques da Silva[280], na esteira de Simas Santos e Leal-Henriques[281] para quem algum papel terão os OPC para evitar que MP seja inundado de inutilidades). Em sentido divergente, parece argumentar-se que todas as notícias do crime devem ser transmitidas ao MP e que só este tem o poder de as qualificar como infundadas, após a abertura do respetivo inquérito (Maia Costa[282]).

[279] Eduardo Maia Costa, *Código de Processo Penal Comentado* (coord. António da Silva Henriques Gaspar *et al.*), 3ª ed., Coimbra: Almedina, 2022, anotação 2 ao art. 248º, p. 891.

[280] Germano Marques da Silva, *Direito Processual Penal Português*, vol. 3, Lisboa: Universidade Católica Editora, 2015, p. 62.

[281] Manuel Simas Santos/Manuel Leal-Henriques/João Simas Santos, *Noções de Processo Penal*, 3ª ed., Lisboa: Rei dos Livros, 2020, p. 411.

[282] Eduardo Maia Costa, *Código de Processo Penal Comentado* (coord. António da Silva Henriques Gaspar *et al.*), 3ª ed., Coimbra: Almedina, 2022, anotação 3 ao art. 248º, p. 891.

Finalmente, o MP poderá adquirir a notícia de um crime através de denúncia. A denúncia será uma declaração de ciência relativa à notícia de um crime. Contrariamente, à queixa (e bem assim à participação), na denúncia não há qualquer elemento volitivo/declaração de vontade de que se pretende ação penal ou da promoção do procedimento criminal[283]. Assim, por exemplo, no Ac. TRE de 10.05.2016[284]: *"Enquanto a denúncia se cinge à mera descrição de factos susceptíveis de integrar a prática de crimes, a queixa é definida como uma declaração ou manifestação de vontade, apresentada pelo titular do direito respectivo, de que seja instaurado um processo pelo facto suscetível de integrar um crime"*. A autonomia desta forma de aquisição da notícia da infração parece residir nas denúncias apresentadas diretamente ao MP, já que as demais (transmitidas pelos OPC) já estariam abrangidas na segunda modalidade. Relevante é, por isso, atentar no regime da denúncia facultativa previsto no art. 244º do CPP. Não havendo obrigatoriedade de denúncia pelos particulares, estes terão direito de comunicar a notícia do crime (através de denúncia) diretamente perante o MP ou por intermédio dos OPC.

3. As medidas cautelares e de polícia

3.1. Uma noção geral de medidas cautelares e de polícia

As medidas cautelares e de polícia são constituídas pelo conjunto de atos de polícia de natureza extraprocessual (que podem ser praticados no âmbito de um processo pendente, mas por regra são realizados ainda antes da abertura de processo, isto é, são prévias ao próprio processo-crime), conexos com o processo e que visam assegurar os fins do mesmo, acautelando a *preservação da prova* (finalidade de verdadeira providência cautelar/ medida cautelar) e *impedir (ou tentar impedir) a prática de um crime ou a sua continuação* (finalidade de polícia, de preservação da ordem e tranquilidade públicas).

3.2. A relevância das medidas cautelares e de polícia

As medidas cautelares e de polícia assumem especial relevância, já que permitem a aquisição da *notitia criminis* por parte do MP e, simultanea-

[283] Já com esta contraposição, cfr. Manuel Cavaleiro de Ferreira, *Curso de Processo Penal*, 2º vol., Lisboa: Danubio, 1986, p. 90.

[284] Ac. TRE de 10.05.2016, Proc. 83/13.3GACUB.E1 (Gilberto Cunha).

mente, visam preservar a cadeia de custódia da prova (que, idealmente, deverá ser o mais íntegra possível) e obstar à continuação da prática de crimes. Como referido por Manuel Monteiro Guedes Valente, trata-se de uma *"técnica jurídico-processual que garante a identidade e autenticidade da prova* ab initio ab finem *de todo o* iter processualis*"*[285].

3.2.1. Para a aquisição da notícia do crime

A comunicação da notícia do crime é, por esse motivo, a primeira medida cautelar e de polícia regulada/tipificada no CPP.

Se no âmbito de qualquer medida cautelar e de polícia o OPC adquirir a notícia de um crime deve transmiti-la ao MP (art. 248º do CPP), até ao prazo máximo de 10 dias e mesmo que tais notícias sejam manifestamente infundadas. Bem se compreende tal solução, dado que só o MP, como titular do inquérito, poderá aferir das notícias em que se imponha a abertura de inquérito, distinguindo-as das absurdamente falsas notícias de crime em que não subsista qualquer dúvida que imponha a abertura de inquérito.

A montante, prevê-se quanto aos OPC a obrigatoriedade de denúncia de todos os crimes (mesmo semipúblicos ou particulares) – cfr. artigo 242º, nº 1, al. *a)* do CPP – devendo os mesmos lavrar auto de notícia (art. 243º do CPP) nas situações em que tenham presenciado qualquer crime (de denúncia obrigatória) ou de denúncia nos casos em que não tenham presenciados os crimes, ou seja, quando não tenham percecionado os atos de execução ou preparatórios quando puníveis.

A jusante, e relativamente ao MP, este pode obter a notícia de crime por qualquer via (art. 241º do CPP): por conhecimento próprio, por intermédio dos OPC ou ainda perante denúncia/queixa dos particulares.

Com a notícia de crime fica o MP sujeito à obrigatoriedade da ação penal (art. 262º, nº 2 do CPP) dependendo da natureza do crime em causa: se quanto aos crimes públicos terá legitimidade plena para a ação penal (art. 48º do CPP), quanto aos semipúblicos e particulares o exercício da ação penal depende do preenchimento das respetivas condições de procedibilidade (cfr. arts. 49º e 50º do CPP).

[285] Manuel Monteiro Guedes Valente, *Cadeia de Custódia da Prova*, Coimbra: Almedina, 2021, p. 48.

Existe um sistema de vasos comunicantes que pretende canalizar para o MP, enquanto titular da ação penal, toda a informação relevante em ordem à decisão sobre a abertura de inquérito.

3.2.2. Para a preservação da prova e a não continuação dos crimes

No âmbito do inquérito aberto, as medidas cautelares e de polícia poderão ser igualmente relevantes, quer em função da aquisição ou manutenção da integridade da prova (um dos fins do próprio inquérito nos termos do nº 1 do art. 262º do CPP), quer em função da não continuação da prática de crimes (independentemente da fase processual), em nome da necessidade e urgência da atuação dos OPC que legitima a sua atuação por iniciativa própria – por oposição à atuação mediante "encargo" da autoridade judiciária na expressão de Paulo Dá Mesquita[286].

Assim, poderá dizer-se que, através das medidas cautelares e de polícia: (i) se adquire (e mantém) as provas ("frescas" ou se preferir, se mantém a cadeia de custódia das provas) do crime; (ii) se obsta à prática de crimes ou pelo menos à sua continuação.

3.2.3. Para as formas de processo especiais

Por força das medidas cautelares e de polícia, se alavancam também, em face da frescura e simplicidade probatória, duas formas de processo especiais (a sumária e a abreviada), que são por natureza muito mais céleres face à comum e que asseguram, em equilíbrio, as garantias de defesa.

3.3. As características das medidas cautelares e de polícia

Na doutrina aponta-se como trave-mestra destas medidas a necessidade e a urgência compatíveis com os fins do processo penal.

Há quem aponte ainda que são medidas "obrigatórias", "preliminares", "temporárias" e "auxiliares" (Anabela Miranda Rodrigues).

3.3.1. A necessidade e a urgência das medidas cautelares e de polícia

As medidas cautelares e de polícia caracterizam-se, desde logo, pela *necessidade e urgência*, características essas que constituem *o fundamento da*

[286] Paulo Dá Mesquita, *Comentário Judiciário do Código de Processo Penal*, Tomo I, Coimbra: Almedina, 2019, anotação 17 ao art. 55º, p. 593.

sua atuação por iniciativa própria (sem necessidade de prévia delegação pela autoridade judiciária ou "encargo") – cfr. art. 55º, nº 2 do CPP.

Todo o regime das medidas assenta neste alicerce: a substituição provisória ou precária do recurso à autoridade judiciária. Na impossibilidade de recurso em tempo útil à autoridade judiciária, e por ser necessária a atuação imediata com vista à salvaguarda da prova, impõe-se a atribuição de competências próprias aos OPC.

3.3.2. A provisoriedade, a subsidiariedade e o caráter finalisticamente dirigido das medidas cautelares e de polícia

Uma segunda característica das medidas cautelares e de polícia relaciona-se com a respetiva provisoriedade, com o facto de serem subsidiárias e ainda com a circunstância de serem finalisticamente dirigidas (ou seja, possuírem um caráter finalisticamente dirigido).

A *provisoriedade* das medidas cautelares e de polícia decorre do facto de as mesmas se justificarem em nome da urgência e necessidade, pelo que terão de cessar quando a intervenção da autoridade judiciária é possível e adequada.

São também *subsidiárias* as medidas cautelares e de polícia face a medidas não lesivas de direitos fundamentais.

Por fim, as medidas cautelares e de polícia são *finalisticamente dirigidas*, no sentido de que estão as mesmas preordenadas aos fins do processo. No CPP, as medidas estão subordinadas aos fins de investigação criminal em geral, incluindo a abertura de inquérito, e em especial à urgência e necessidade. Na legislação avulsa que compõe ainda o sistema processual penal encontram-se as medidas por vezes subordinadas a fins de prevenção criminal[287]. Sobre o caráter finalisticamente ordenado das medidas importa referir o Ac. TC nº 479/94[288], que se pronunciou, em sede de fiscalização preventiva, pela inconstitucionalidade de normas que visavam autorizar *"que uma pessoa insuspeita da prática de qualquer crime e em local não frequentado habitualmente por delinquentes, possa ser sujeita a identificação policial, com base na invocação de razões de segurança interna, atra-*

[287] Com algumas referências, cfr. Augusto Silva Dias/Rui Soares Pereira, *Sobre a Validade de Procedimentos Administrativos Prévios ao Inquérito e de Fases Administrativas – Preliminares no Processo Penal*, Coimbra: Almedina, 2018, pp. 30 e ss.

[288] Ac. TC nº 479/94, de 07.07.1994, Proc. 208/94 (Monteiro Diniz).

vés de procedimento susceptível de o vir a privar da liberdade, por um período até seis horas, por violação do disposto no artigo 27º, nºs 1, 2 e 3 da Constituição".

3.3.3. A controlabilidade das medidas cautelares e de polícia

Uma terceira característica das medidas cautelares e de polícia diz respeito à respetiva *controlabilidade*.

3.3.3.1. A justificação e a necessidade de um controlo *ex post* das medidas cautelares e de polícia

O sistema de "*checks and balances*" determina que, para compensar a atuação urgente em substituição da autoridade judiciária, ocorra uma intervenção subsequente daquela autoridade com vista à convalidação dos atos praticados em ordem à sua eficácia/utilizabilidade no âmbito de um processo-crime.

A atuação urgente, realizada no quadro das medidas cautelares e de polícia, decorre da impossibilidade de delegação/encargo da autoridade judiciária, ou seja, de controlo *ex ante*. Porém, essa impossibilidade é compensada com o controlo *ex post*. Este não tem de ser sinónimo de uma menor exigência ou eficácia em termos de garantia de direitos fundamentais. Pelo contrário: um controlo *ex post* poderá ser ainda mais fino do que um controlo *ex ante*, já que aquele controlo: (i) é condição de avaliação da atuação anterior; e simultaneamente, (ii) é condição para a integração dos resultados daquela atuação (informações, elementos ou mesmo provas) no processo-crime.

3.3.3.2. As formas de assegurar o controlo *ex post* das medidas cautelares e de polícia

O controlo *ex post* das medidas cautelares e de polícia é assegurado por duas vias: (i) obrigação de comunicação imediata à autoridade judiciária competente das medidas cautelares e de polícia que tenham sido adotadas e que as mesmas constem de auto (art. 99º do CPP) ou do relatório (art. 253º do CPP); (ii) convalidação das medidas através de ato expresso pela autoridade judiciária competente como condição de legitimidade da atuação e integração dos resultados no processo-crime.

3.3.3.3. O controlo *ex post* das medidas cautelares e de polícia realizadas antes da abertura de processo-crime ou no inquérito

Tendo as medidas sido realizadas antes de processo-crime aberto ou ainda no decurso do inquérito, a obrigação de comunicação pelos OPC refere-se, por regra, ao MP, dado ser o titular da ação penal, *dominus* do inquérito (art. 263º, nº 1 do CPP).

Porém, em rigor, a validação dos atos competirá à autoridade judiciária competente para cada ato concreto: caberá ao MP apreciar (isto é, decidir sobre a validação ou não) dos atos cuja apreciação não esteja atribuída ao juiz de instrução por integrarem a respetiva competência exclusiva (arts. 268º e 269º do CPP).

Por exemplo, a realização de uma revista ou busca nos casos previstos das als. *b)* e *c)* do nº 5 do art. 174º do CPP, gerará a obrigação de comunicação ao MP e apreciação por este em ordem à sua validação tal como decorre do nº 7 do mesmo artigo. Dos restantes atos, para os quais o MP não terá competência para apreciar a validação (por exemplo, nas revistas e buscas com fundamento na al. *a)* do mesmo nº 5 do art. 174º do CPP, *ex vi* nº 7 do mesmo normativo), deverá o magistrado do MP remeter os autos e relatórios respetivos para apreciação pela autoridade judiciária competente, ou seja, o juiz de instrução.

No fundo, é possível dizer que a uma maior intensidade de restrição de direitos, liberdades e garantias fundamentais corresponde um controlo padrão (pelo MP, subsidiariamente competente) ou reforçado (pelo juiz de instrução, nos casos expressamente previstos na lei).

3.3.3.4. O controlo *ex post* das medidas cautelares e de polícia realizadas na instrução e no julgamento

Na instrução ou no julgamento a atuação urgente dos OPC deve ser sempre comunicada e apreciada pela autoridade judiciária competente, ou seja, o juiz, que poderá ser o juiz de instrução (da fase de instrução, que a dirige – art. 288º, nº 1 do CPP) ou o juiz de julgamento, consoante a fase.

3.3.3.5. As dúvidas de constitucionalidade acerca do regime das buscas domiciliárias

As opções do legislador ordinário em matéria de buscas domiciliárias suscitam, do ponto de vista da respetiva controlabilidade, alguma dificuldade em face do parâmetro constitucional.

O disposto no nº 4 do art. 177º do CPP, ao remeter para o nº 6 (leia-se, atual nº 7, dado o manifesto lapso/esquecimento na atualização decorrente da Lei nº 94/2021, de 21 de dezembro, que ao ter adicionado o atual nº 6 ao art. 174º, esqueceu-se de alterar a remissão constante do art. 177º do CPP), impõe a imediata comunicação ao juiz de instrução da busca domiciliária sem consentimento (documentado) do visado e fora de flagrante delito, a qual terá de ser por este apreciada em ordem à sua validação. *A contrario sensu*, poderia entender-se que os demais casos de busca domiciliária realizados por iniciativa própria dos OPC, como medida cautelar e de polícia, serão comunicados e apreciados em ordem à sua validação pelo MP. Porém, importa notar que nestes restantes casos se incluem buscas domiciliárias, diurnas ou "noturnas", com consentimento documentado do visado. Ora, a competência final para ajuizar se se trata de domicílio, se existiu consentimento documentado e por parte do titular do direito, deve repousar sempre num magistrado judicial, até em virtude de poder estar em causa prova ilícita/proibida a todo o tempo apreciável. Tal depõe contra a bondade e valia da referida interpretação *a contrario sensu*. Ainda mais estranho poderá ser o caso de busca domiciliária "noturna" em caso de flagrante delito por crime punível com pena de prisão superior no seu máximo a 3 anos, para a qual se prevê que a comunicação e a competência para apreciar a validação é do MP e não do juiz de instrução. No mínimo poderá dizer-se que a aceitação de uma tal solução terá de causar alguma perplexidade, atendendo a que o domicílio convoca uma proteção acrescida, imposta até constitucionalmente (art. 34º da CRP).

3.3.3.6. O juízo de validação das medidas cautelares e de polícia

A controlabilidade não se limita à comunicação e a uma qualquer validação (formal/tabelar) das medidas cautelares e de polícia.

No juízo de apreciação das medidas cautelares e de polícia (para a respetiva validação) terá de ser realizado um juízo sobre o cumprimento do respetivo encargo/limite constitucional e legal a este respeito.

Vale por dizer que no momento da decisão sobre a validação (ou não) das medidas cautelares deverá atender-se ao respeito pelo caráter urgente e necessário da atuação em substituição da autoridade judiciária e bem assim da finalidade e legalidade das medidas.

Por assim ser, não se admite a validação de atos *ilegais*, por serem nomeadamente *não* urgentes, *desproporcionados* ou que *violem a reserva de competência* exclusiva do MP (cfr. nomeadamente o catálogo previsto no art. 270º, nº 2 do CPP) ou do juiz de instrução (cfr. o catálogo dos arts. 268º e 269º do CPP). Estão em causa atos insuscetíveis de delegação pela autoridade judiciária nos OPC, pelo que também não faria sentido permitir que fossem realizados por iniciativa própria dos OPC.

A urgência não serve para tudo justificar no que toca à realização de medidas cautelares e de polícia.

Para além das medidas cautelares, a atuação dos OPC poderá ainda encontrar respaldo em causas gerais dirimentes da responsabilidade (*v.g.*, nas causas gerais de exclusão da ilicitude ou da culpa). Em todo o caso, essas causas estão sujeitas a um crivo particularmente exigente atentas as balizas já configuradas pelo legislador para as medidas cautelares e de polícia. A ponderação justificante ou a exigibilidade desculpante poderão, por isso, vir a conhecer maiores dificuldades de aplicação ou concretização.

3.3.4. A proporcionalidade e a legalidade das medidas cautelares e de polícia

3.3.4.1. A sujeição das medidas cautelares e de polícia ao programa constitucional

As medidas cautelares e de polícia, enquanto medidas lesivas de direitos fundamentais, estão sujeitas aos princípios da proporcionalidade e da legalidade (art. 18º, nºs 2 e 3 da CRP).

A proporcionalidade integra a necessidade, mas não dispensa (antes impõe) o cumprimento também de um juízo de adequação e de justa medida.

3.3.4.2. A questão da tipicidade aberta ou da taxatividade das medidas cautelares e de polícia

O legislador, de acordo com a sua liberdade de conformação, adotou um sistema permeável a uma certa tipicidade aberta ou pelo menos de não taxatividade em toda a linha.

Do art. 249º do CPP decorre que compete aos OPC *"praticar os actos cautelares necessários e urgentes para assegurar os meios de prova"* (nº 1), acrescentando-se depois uma lista de atos antecedida do advérbio *"nomeadamente"* (nº 2).

O sentido do preceito não é unívoco. Por um lado, compreende-se que a função de providência cautelar possa suscitar e fundar um caráter mais genérico, inominado ou até atípico. Por outro lado, na função "pura" medida de polícia, tal terá de implicar uma maior reserva.

A maior abertura em matéria de medidas cautelares e de polícia não poderá implicar que seja afetada a "*competência reservada*" da autoridade judiciária em causa (Paulo Pinto de Albuquerque[289]), nem se pode admitir *fraude a um regime legal tipificado*, ou seja, de, por força de uma aparente atipicidade das medidas cautelares, se vir a permitir realizar o que está vedado expressamente por um regime legal (típico).

Por exemplo, se no art. 177º, nº 3, al. *b)* do CPP apenas se permite, como medida cautelar e de polícia, a busca domiciliária "noturna" (entre as 21 horas e as 7 horas) nos casos previstos nas als. *b)* (consentimento registado) e *c)* (aquando de detenção por *flagrante delito* por crime punível com pena prisão superior, no seu máximo, a 3 anos), *não pode permitir-se* que, pela via da referida cláusula aberta, se alcance uma busca domiciliária "noturna" por iniciativa própria do OPC nos casos da al. *a)* do mesmo nº 2 do art. 177º do CPP (terrorismo ou criminalidade especialmente violenta ou altamente organizada).

Importa não esquecer que as normas têm aqui uma dupla função: por um lado, uma função disciplinadora da atuação do *ius imperii* (dos OPC, do MP e do juiz) e, por outro lado, uma função de garantia de direitos fundamentais. A maior abertura e latitude na componente cautelar não pode redundar em violação dos regimes tipificados.

Um outro exemplo pode ser encontrado no regime da identificação de suspeitos, *ex vi* art. 250º, nº 1 do CPP. Não é permitida a identificação de pessoas não suspeitas nas situações descritas no nº 1 (*"de prática de crimes, de pendência de processo de extradição ou de expulsão, de que tenha penetrado ou permaneça irregularmente no território nacional ou de haver contra si mandado de detenção"*). No referido nº 1 não está prevista expressamente a identificação dos declarantes (não suspeitos), embora, ao abrigo do nº 8 do mesmo artigo, lhes possam ser pedidas informações úteis. Porém, a obtenção dessas informações também depende do voluntarismo destes declarantes se não forem suspeitos. Note-se que os declarantes não suspeitos nem sequer detêm a

[289] Paulo Pinto de Albuquerque, *Comentário do Código de Processo Penal à luz da Constituição da República e da Convenção Europeia dos Direitos do Homem*, 4ª ed., Lisboa: Universidade Católica Editora, 2011, anotação 4 ao art. 270º, p. 725.

qualidade formal de testemunhas[290] (são ainda "meros" declarantes), pelo que nem por via dos deveres a que estas se encontram sujeitas se conseguiria inferir a obrigação de os declarantes não suspeitos se identificarem. Não pode adicionar-se a obrigação de se identificarem dado que não são suspeitos de uma das situações descritas no nº 1 do art. 250º do CPP.

3.4. As medidas cautelares e de polícia previstas no CPP e fora do CPP

As medidas cautelares e de polícia encontram previsão no CPP e fora do CPP.

Do somatório das medidas cautelares e de polícia reguladas no CPP, ainda que dispersamente, com as medidas cautelares e de polícia admitidas em legislação avulsa, resulta o conjunto de medidas cautelares e de polícia previsto no sistema processual penal.

3.4.1. O universo das medidas cautelares e de polícia no CPP

O CPP prevê as medidas cautelares e de polícia em capítulo próprio, o qual compreende os arts. 248º a 253º do CPP.

Porém, existem outras medidas cautelares e de polícia previstas no CPP, de forma mais ou menos dispersa.

A detenção, em flagrante e fora de flagrante delito, foi autonomizada nos arts. 254º a 261º do CPP. Apesar dessa autonomização, a detenção (em qualquer das suas modalidades) não pode deixar de ser incluída no universo das medidas cautelares e de polícia do CPP (ainda que quanto à detenção fora de flagrante delito a mesma apresente um regime mais restritivo e reservado à autoridade de polícia criminal).

De modo mais disperso surgem no CPP outras medidas cautelares e de polícia a propósito de cada meio probatório. Estabelece-se como ponto de partida o regime geral, identificando-se depois a componente cautelar e de polícia que figura como desvio/norma especial face àquele. É o que sucede em matéria de revistas e buscas (não domiciliárias): o regime previsto no art. 251º do CPP não esgota o universo das revistas e buscas como medidas cautelares e de polícia. Encontram-se ainda revis-

[290] Paulo Pinto de Albuquerque, *Comentário do Código de Processo Penal à luz da Constituição da República e da Convenção Europeia dos Direitos do Homem*, 4ª ed., Lisboa: Universidade Católica Editora, 2011, anotação 8 ao art. 250º, p. 691.

tas e buscas (não domiciliárias) como medidas cautelares no nº 5 do art. 174º do CPP – como desvio ao regime geral definido nos nºs 1 a 4 do mesmo preceito. Outros exemplos podem ser dados: as apreensões (cfr. arts. 249º, nº 2, al. *c)* e 178º, nº 4 do CPP) ou o pedido de informações (arts. 249º, nº 2, al. *b)* e 250º, nº 8 do CPP).

Há medidas no CPP que se aproximam de puras medidas de polícia já que despidas de qualquer intuito cautelar. É o que sucede com a revista de pessoas com base no disposto no art. 251º, nº 1, al. *b)* do CPP (assim, Maria João Antunes[291]).

3.4.2. A proliferação de medidas cautelares e de polícia em legislação avulsa

O universo das medidas cautelares e de polícia não se esgota nas bases legais constantes do CPP.

Proliferam regimes avulsos em que se autorizam outras medidas, de natureza idêntica ou até de natureza mais restritiva do ponto de vista dos direitos fundamentais.

Essas outras medidas obedecem a fins diversos das medidas previstas no CPP. Enquanto as medidas cautelares e de polícia previstas no CPP servem exclusivamente os fins da *investigação criminal*, as que estão dispersas em legislação *avulsa* servem fins de *prevenção criminal*. É o caso das medidas permitidas no art. 109º, nº 2 da Lei das Armas e suas Munições (Lei nº 5/2006, de 23 de fevereiro), e ainda o caso das medidas previstas nos arts. 28º e 29º da Lei de Segurança Interna (Lei nº 53/2008, de 29 de agosto).

Apesar da diversidade de fins, algumas precisões se impõem.

As medidas cautelares e de polícia previstas no CPP servem os fins exclusivos da investigação criminal, exigindo uma *suspeita fundada ou concreta*. Tal exigência de suspeita vale também (mesmo que com algumas adaptações) para as medidas previstas em legislação avulsa que servem fins de prevenção criminal: tais medidas *não dispensam uma suspeita, ainda que a mesma possa ser genérica ou abstrata*, relativamente a um ilícito criminal que é fundamento daquele regime. Não por acaso se prevê no art. 109º, nº 1 da Lei das Armas e suas Munições que as operações especiais de prevenção criminal têm a *"finalidade de controlar, detectar, localizar, pre-*

[291] Maria João Antunes, *Direito Processual Penal*, 3ª ed., Coimbra: Almedina, 2021, p. 151.

venir a introdução, assegurar a remoção ou verificar a regularidade da situação de armas, seus componentes ou munições ou substâncias ou produtos a que se refere a presente lei, reduzindo o risco de prática de infracções previstas no presente capítulo". Resulta claro da norma que a vinculação finalística (prevenção de ilícitos das armas) constitui o fundamento de intervenção das operações especiais de prevenção criminal, pelo que deverão estas ser programadas de acordo com a respetiva finalidade e sempre sujeitas a um juízo de *proporcionalidade*.

Diferente poderá ser a situação da fiscalização administrativa ou por autoridade independente ou até por entidade administrativa que cumule tal natureza com a de OPC (*v.g.*, a ASAE). Em tais hipóteses, a suspeita genérica poderá não ser exigida, uma vez que a fiscalização tem como fito a verificação da regularidade dos comportamentos, a aleatoriedade, ainda que com critérios racionais e objetivos.

Em qualquer dos casos, se no decurso da realização de uma medida cautelar e de polícia, que tenha um fim de prevenção criminal, ou no decurso de uma ação de fiscalização administrativa, surgir a notícia de um crime, deverá de imediato ser carreada tal notícia para um processo-crime por via da comunicação da mesma ao MP enquanto titular da ação penal e responsável pelo inquérito.

3.5. As medidas cautelares e de polícia da competência própria dos OPC

Algumas medidas cautelares e de polícia integram a competência *própria* dos OPC (arts. 55º, nº 2 e 1º, als. *c)* e *d)* do CPP), não carecendo a sua realização de prévia delegação de competências (ou encargo) da autoridade judiciária.

Será o caso, designadamente de: (i) comunicar a notícia de um crime (art. 248º do CPP); (ii) proceder à identificação (art. 250º, nºs 1 a 5 do CPP); (iii) proceder à *"detenção para identificação"* (art. 250º, nº 6 do CPP); (iv) pedir informações (arts. 250º, nº 8 e 249º, nº 2, al. *b)* do CPP); (v) proceder à detenção em flagrante delito (arts. 254º a 256º do CPP); (vi) revistas (arts. 174º, nº 5 e 251º, nº 1, als. *a)* e *b)* do CPP); (vii) buscas (arts. 251º, nº 1, al. *a) e* 174º, nº 5, e no que se refere às buscas domiciliárias, 177º, nº 3 do CPP); (viii) apreensões (arts. 249º, nº 2, al. *c)* e 178º, nº 4 do CPP); (ix) ordenar a suspensão da remessa de correspondência (art. 252º, nº 3 do CPP); (x) informação ao titular do direito de queixa ou de participação da existência de denúncia anónima nos casos em que a mesma possa gerar a abertura de inquérito (art. 246º, nº 7 do CPP); e (xi) proceder a exames dos vestígios do crime e à preservação da integridade do local do crime, incluindo a proibição de entrada/trânsito ou afastamento de pessoas (arts. 249º, nº 2, al. *a)*, 171º, nº 2 e 173º do CPP).

3.6. As medidas cautelares e de polícia da competência própria das autoridades de polícia criminal

Existem também medidas cautelares e de polícia que, implicando atos mais lesivos de direitos fundamentais, o legislador resolveu atribuir competência (*própria*) às autoridades de polícia criminal (arts. 55º, nº 2 e 1º, als. *b)* e *d)* do CPP).

Terá presumido o legislador que as entidades que assumem essa qualidade terão maior experiência, formação e cautela na verificação dos requisitos respetivos.

Será o caso, designadamente para: (i) proceder à detenção fora de flagrante delito (art. 257º, nº 2 do CPP); (ii) requerer ao juiz de instrução a prática dos atos em caso de urgência (art. 268º, nº 2 do CPP); (iii) obter os dados de localização celular (art. 252º-A do CPP); (iv) nomear intérprete (art. 92º, nº 7 do CPP) e colher o compromisso de honra (art. 91º, nº 3 do CPP); e (v) emitir o mandado de comparência (art. 273º, nº 1 do CPP).

3.7. Análise de algumas medidas cautelares e de polícia em especial

Importa proceder a uma análise detalhada de algumas medidas cautelares e de polícia,

Pela sua maior relevância, justifica-se centrar a atenção na identificação de suspeitos, no pedido de informações e na detenção em flagrante delito.

3.7.1. A identificação de suspeitos

3.7.1.1. A restrição aos suspeitos e a taxatividade dos fundamentos

O art. 250º, nº 1 do CPP habilita os OPC a solicitarem a identificação de qualquer pessoa que se encontre em lugar público, aberto ao público ou sujeito a vigilância policial, desde que sobre a mesma *"recaiam fundadas suspeitas"*: (i) da prática de crimes; (ii) da pendência de processo de extradição ou de expulsão; (iii) de que tenha penetrado ou permaneça irregularmente no território nacional; ou (iv) de haver contra si mandado de detenção. Estão em causa fundamentos taxativos.

No CPP a medida assume fins cautelares relativamente à investigação criminal, pois apenas se admite a identificação de *suspeitos*. O art. 1º, al. *e)* do CPP esclarece que é suspeito *"toda a pessoa relativamente à qual exista indício de que cometeu ou se prepara para cometer um crime, ou que nele participou ou se prepara para participar"*.

3.7.1.2. A obrigatoriedade da medida

Tratando-se de uma medida cautelar e de polícia a sua realização é *obrigatória* no duplo sentido: por um lado, o OPC tem o poder-dever de, verificados os pressupostos (suspeita de uma daquelas situações descritas no nº 1 do art. 250º do CPP), solicitar a identificação a pessoas-suspeitas; por outro lado, estas têm o dever de se identificarem perante os OPC quando solicitado por aqueles e cumpridos os trâmites do procedimento previsto legalmente.

3.7.1.3. O procedimento e os modos de se proceder à identificação

3.7.1.3.1. Os trâmites e os modos comuns de identificação

Os *trâmites do procedimento* de identificação são os constantes do nº 2 do art. 250º do CPP: (i) a prova da qualidade de OPC perante a pessoa suspeita; (ii) a comunicação ao suspeito: a) das circunstâncias/causas, em concreto, da suspeita que sobre si recai, e b) dos meios pelos quais se poderá identificar (nos termos dos nºs 3, 4 e 5 daquele preceito legal).

Os modos como o suspeito se poderá identificar encontram-se descritos nos nºs 3 a 5 do art. 250º do CPP, que mantêm entre si uma relação de subsidiariedade.

3.7.1.3.2. A chamada "detenção para identificação"

Em caso de impossibilidade de identificação nos termos referidos, a identificação poderá ser realizada nos termos do nº 6 do art. 250º do CPP.

Assim, o suspeito, poderá ser detido para identificação, conduzido ao posto policial mais próximo e aí ser compelido a permanecer pelo tempo estritamente indispensável à identificação, em caso algum superior a 6h (a contar desde o início do pedido de identificação realizado pelos OPC e tenha ou não sido obtida a identificação), tal como Paulo Pinto de Albuquerque[292] entende, pois de outra forma defraudar-se-ia o

[292] Paulo Pinto de Albuquerque, *Comentário do Código de Processo Penal à luz da Constituição da República e da Convenção Europeia dos Direitos do Homem*, 4ª ed., Lisboa: Universidade Católica Editora, 2011, anotação 5 ao art. 250º, p. 690.

regime legal e até constitucional (art. 27º, nº 3, al. *g)* da CRP), impondo-se por isso esta interpretação conforme à CRP. Em caso de necessidade, poderão ser realizadas provas dactiloscópicas, fotográficas ou de natureza análoga e o identificando ser convidado a indicar residência onde possa ser encontrado e receber comunicações.

Tal como referido no Ac. TC nº 479/94[293], a condução do suspeito ao posto policial e a compeli-lo a prestar aquelas provas constitui uma verdadeira detenção. Para o TC, e não se desconhecendo a diferença entre limitações e privações, totais ou parciais, da liberdade, ainda assim a condução ao posto e a obrigação de lá permanecer por um período de até 6 horas para identificação sem qualquer causa, é inconstitucional por não se enquadrar em nenhuma das exceções constitucionais ao direito à liberdade (art. 27º, nºs 2 e 3 da CRP). Motivo pelo qual considerou o TC que *"tais normas autorizam um procedimento identificativo que se traduz em privação total da liberdade fora do quadro das excepções autorizadas expressa e tabeladamente pelo artigo 27º, nºs 2 e 3 da Constituição"*. Tratando-se de uma privação total da liberdade nas condições referidas no nº 6 do art. 250º do CPP, verifica-se materialmente uma detenção – neste mesmo sentido, Maia Costa[294] e, entendendo também que tal detenção encontra cobertura na exceção constitucional prevista na al. *g)*, do nº 3 do art. 27º da CRP, Paulo Pinto de Albuquerque[295].

3.7.1.3.3. A (não) obrigatoriedade de se fazer acompanhar de documento de identificação

O regime jurídico aprovado pela Lei nº 5/95, de 21 de fevereiro, estabelece a obrigatoriedade de porte de documento de identificação.

Mais precisamente do referido regime decorre a *obrigatoriedade* para qualquer pessoa, desde que maior de 16 anos, de ser portadora de docu-

[293] Ac. TC nº 479/94, de 07.07.1994, Proc. 208/94 (Monteiro Diniz).

[294] Eduardo Maia Costa, *Código de Processo Penal Comentado* (coord. António da Silva Henriques Gaspar *et al.*), 3ª ed., Coimbra: Almedina, 2022, anotação 2 ao art. 250º, p. 895.

[295] Paulo Pinto de Albuquerque, *Comentário do Código de Processo Penal à luz da Constituição da República e da Convenção Europeia dos Direitos do Homem*, 4ª ed., Lisboa: Universidade Católica Editora, 2011, anotação 5 ao art. 250º, p. 690. Para uma apreciação das garantias em caso de detenção na perspetiva da CEDH, cfr. Flávia Noversa Loureiro, "Direitos do detido", in *Comentário da Convenção Europeia dos Direitos Humanos e dos Protocolos Adicionais* (org. Paulo Pinto de Albuquerque), vol. 1, Lisboa: Universidade Católica Editora, 2019, pp. 854-876.

mento de identificação sempre que se encontre em lugar público, aberto ao público ou sob vigilância policial (artigo 2º, nº 1).

Aparentemente, segundo aquele regime, qualquer pessoa, que esteja nas condições estabelecidas no referido preceito legal (recorde-se: maior de 16 anos e que se encontre em lugar público, aberto ao público ou sob vigilância policial), estará obrigada a fazer-se acompanhar de documento de identificação.

Alguma doutrina atribui às forças de segurança um poder de identificação emergente da Lei nº 5/95, de 21 de fevereiro[296]. Não obstante, estando em causa uma medida cautelar, a respetiva aplicação pelos OPC sempre teria de redundar num verdadeiro poder-dever estando verificados os respetivos pressupostos e requisitos, o que não obstaria à realização de juízos estratégicos ou de operacionalidade.

Todavia, o art. 250º, nº 1 do CPP dispõe que apenas poderá ser exigido à pessoa o documento de identificação nos casos de *suspeita concreta* de uma das circunstâncias legalmente fixadas. Ora, esse entendimento prevalece sobre aquele que decorre do regime jurídico aprovado pela Lei nº 5/95, de 21 de fevereiro.

De facto, apesar do legislador ter fixado em 1995 uma obrigatoriedade genérica de identificação, em 1998 resolveu alterar o regime do art. 250º do CPP, optando então por restringir o dever de identificação a apenas pessoas suspeitas e estando em causa alguma das circunstâncias definidas na lei.

Compreende-se que qualquer pessoa, maior de 16 anos e pelo simples facto de, por exemplo, se encontrar em lugar público, não esteja obrigada a fazer-se acompanhar de documento de identificação, já que para fins de investigação criminal não se pode considerar que são todos suspeitos concretos.

A idêntica conclusão se chegou no Parecer do Conselho Consultivo da PGR nº 161/2004[297], nos termos do qual *"[a] Lei nº 5/95, de 21 de Fevereiro, foi tacitamente revogada pelo artigo 250º do Código de Processo Penal, na redacção da Lei nº 59/98, de 25 de Agosto; 2ª – A identificação por órgãos de polícia crimi-*

[296] Eduardo Maia Costa, *Código de Processo Penal Comentado* (coord. António da Silva Henriques Gaspar *et al.*), 3ª ed., Coimbra: Almedina, 2022, anotação 1 ao art. 250º, p. 895.

[297] Parecer do Conselho Consultivo da PGR nº 161/2004, de 03.02.2005 (Alberto Esteves Remédio). Assim também António Gama, *Comentário Judiciário do Código de Processo Penal*, Tomo III, 2ª ed., Coimbra: Almedina, 2022, anotação 28 ao art. 191º, p. 45.

nal – de qualquer pessoa encontrada em lugar público, aberto ao público ou sujeito a vigilância policial, sobre quem recaiam fundadas suspeitas da prática de crimes, da pendência de processo de extradição ou de expulsão, de que tenha penetrado ou permaneça irregularmente no território nacional ou de haver contra si mandado de detenção – e, bem assim, a possibilidade de condução e permanência do identificando em posto policial obedecem ao disposto no artigo 250º do Código de Processo Penal".

3.7.1.4. A questão da identificação para fins de prevenção criminal

Tal como assinala António Latas[298], importa não confundir a identificação de suspeitos prevista no art. 250º do CPP com a identificação prevista na Lei de Segurança Interna (aprovada pela Lei nº 53/2008, de 29 de agosto).

No CPP está em causa a identificação de suspeitos perante uma *concreta suspeita* de, pelo menos, uma das circunstâncias definidas no nº 1 do artigo 250º do CPP, com vista à investigação criminal, ao passo que na Lei de Segurança Interna (art. 28º, nº 1, al. *a)*) se prevê a identificação de *suspeitos* para *fins de prevenção criminal*, exigindo-se também uma suspeita ainda que *genérica ou abstrata*. Para alguma doutrina[299], aqui a identificação assume a sua pura natureza de *medida de polícia*, enquanto no CPP a identificação mantém a natureza de *medida cautelar* destinada à investigação criminal e com fundamento em uma suspeita concreta de uma das circunstâncias constantes do nº 1 do art. 250º do CPP.

Um regime legal que, para fins de investigação ou de prevenção criminal, obrigasse pessoas não suspeitas a fornecer a identificação seria sempre inadmissível. A falta de qualquer suspeita transformaria todo e qualquer cidadão em suspeito, dispensando-se um qualquer juízo de ponderação ou de proporcionalidade, o que seria sempre inconstitucional. Recorde-se a este respeito que no já citado Ac. TC nº 479/94[300], o TC se pronunciou, em sede de fiscalização preventiva, pela inconstitucionalidade de normas *"enquanto autorizam que uma pessoa insuspeita da prática de qualquer crime e em local não frequentado habitualmente por delin-*

[298] António João Latas, *Comentário Judiciário do Código de Processo Penal*, Tomo III, 2ª ed., Coimbra: Almedina, 2022, anotação 3 ao art. 250º, p. 829.

[299] Eduardo Maia Costa, *Código de Processo Penal Comentado* (coord. António da Silva Henriques Gaspar *et al.*), 3ª ed., Coimbra: Almedina, 2022, anotação 1 ao art. 250º, pp. 894-895.

[300] Ac. TC nº 479/94, de 07.07.1994, Proc. 208/94 (Monteiro Diniz).

quentes, possa ser sujeita a identificação policial, com base na invocação de razões de segurança interna, através de procedimento susceptível de o vir a privar da liberdade, por um período até seis horas, por violação do disposto no artigo 27º, nºs 1, 2 e 3 da Constituição".

3.7.1.5. As consequências da recusa de identificação pelo suspeito: imputação de crime de desobediência e consequente detenção em flagrante delito?

O facto de recair sobre os OPC um poder-dever de pedirem a identificação ao suspeito que se encontre, pelo menos, numa daquelas circunstâncias legalmente previstas, faz emergir o correlativo dever de as pessoas suspeitas se identificarem.

As pessoas suspeitas têm ao seu dispor uma plêiade (generosa) de meios de identificação, tal como resulta dos nºs 3 a 5 do art. 250º do CPP. Porém, na impossibilidade de identificação por esses meios, poderá, nos termos do nº 6 do mesmo artigo, proceder-se à detenção da pessoa suspeita para identificação, pelo tempo estritamente necessário (no limite de até 6h), e, havendo necessidade, com sujeição às provas *"dactiloscópicas, fotográficas ou de natureza análoga"*.

Apurada a necessidade da realização das referidas provas, a sujeição do suspeito às mesmas não parece ser facultativa: assume natureza obrigatória. Não obstante, do referido regime parecem emergir dúvidas: para além de poder ser compelido a permanecer no posto policial, poderá também o suspeito ser compelido a suportar provas *"dactiloscópicas, fotográficas ou de natureza análoga"*? Em caso afirmativo, significará que o suspeito poderá ser fisicamente coagido e não apenas institucionalmente a realizar as provas?

Caso se admita (como a jurisprudência e a doutrina vêm admitindo) que o suspeito poderá ser compelido a realizar as referidas provas (e não apenas a permanecer no posto) e que tal terá o significado de o suspeito poder ser fisicamente coagido (de acordo com um estrito crivo de proporcionalidade), a recusa (ainda que ilegítima) de identificação por parte do suspeito não pode ser cominada com o crime de desobediência[301]. Por um lado, se sobre o suspeito pode ser exercida coação física

[301] Em sentido diferente, escreve FERNANDO GAMA LOBO, *Código de Processo Penal Anotado*, 4ª ed., Coimbra: Almedina, 2022, anotação ao art. 250º, p. 544: *"A exigência de identifica-*

para a realização das provas então não faz sentido admitir uma consequência pensada para uma coação de tipo institucional. Por outro lado, de outro modo ocorreria violação da proibição do excesso: se o objetivo é apenas identificar, não faz sentido cominar-se a falta de identificação do suspeito com o crime, gerando depois uma (artificial) detenção em flagrante delito do suspeito.

3.7.2. O pedido de informações

3.7.2.1. A justificação e a natureza do pedido de informações

Os OPC, ao abrigo do disposto nos arts. 249º, nº 2, al. *b)* e 250º, nº 8 do CPP, podem solicitar informações ao suspeito ou a qualquer pessoa suscetível de fornecer informação útil relativa a um crime e, nomeadamente, à descoberta e à conservação de meios de prova que poderiam perder-se antes da intervenção da autoridade judiciária.

Trata-se expressamente de uma medida cautelar face à aquisição, conservação/manutenção da prova o mais íntegra possível e como tal necessária à manutenção da cadeia de custódia da prova.

3.7.2.2. A resposta ao pedido de informações

3.7.2.2.1. A inexistência de um dever do suspeito ou de qualquer pessoa de resposta ao pedido de informações

Os OPC têm o poder-dever de, perante a necessidade e com vista à preservação da prova, solicitar informações ao suspeito ou a qualquer pessoa.

Porém, sobre o suspeito ou qualquer pessoa não se impôs um verdadeiro dever de resposta ao pedido de informações. A resposta ao pedido de informações fica dependente de uma colaboração espontânea destes declarantes.

ção pelo OPC, em serviço de prevenção e apuramento da responsabilidade criminal, tem a cobertura legal, não só deste art. 250º, como também do art. 2º da L.5/95, de 21.02, pelo que, o não acatamento da ordem de identificação, pode fazer o infrator incorrer num crime de desobediência previsto no art. 348º do C.P. (no mesmo sentido, Parecer no 13/96 de 22.005.97, do Conselho Consultivo da P.G.R.)". Esta posição parece desconsiderar a alteração promovida em 1998 ao regime do art. 250º do CPP, o qual passou como antes se referiu a prevalecer sobre o disposto na referida lei, tal como defendido também no já citado Parecer do Conselho Consultivo da PGR nº 161/2004, de 03.02.2005 (Alberto Esteves Remédio).

Recorde-se que tais declarantes não assumem, nesta fase, a qualidade de testemunha, como bem alerta Paulo Pinto de Albuquerque[302]. Por assim ser, deve concluir-se que nem os suspeitos, nem qualquer outra pessoa têm o dever de responder.

É verdade que o CPP ao incluir a referência no nº 8 do art. 250º *"e deles receber"* parece apontar para um dever de resposta. Contudo, está em causa um dever desprovido de qualquer consequência ou sentido processual penal.

Na medida em que não são suspeitos fundados de uma das circunstâncias descritas no nº 1 do art. 250º do CPP não se pode impor a identificação a estas pessoas a quem se pode pedir informações. Tudo depende, a este nível, da colaboração voluntária.

3.7.2.2.2. A cessação do pedido de informações perante a suspeita fundada ou suspeita concreta

Caso o suspeito ou qualquer pessoa, com o seu comportamento global (a propósito do pedido de informação), conjugado com outros elementos, alavanque/fundamente uma *suspeita fundada daquela pessoa/suspeita concreta* ter cometido ou participado naquele crime, deverá terminar-se de imediato o pedido de informação para dar lugar à (obrigatória) constituição como arguido daquela pessoa, já que sobre a mesma recai a suspeita fundada da prática de/participar em um crime (arts. 58º, nº 1, al. *a)* e 59º, nº 1 do CPP).

Com a constituição como arguido e respetiva comunicação dos direitos (art. 58º, nº 2 do CPP), incluindo o direito ao silêncio (art. 61º, nº 1, al. *d)* do CPP), cessa a possibilidade de os OPC continuarem o pedido de informações. O que deverá suceder nessa situação é a realização de interrogatório (formal) de arguido, em liberdade ou detido. No caso de se tratar de arguido detido, o primeiro interrogatório de arguido detido terá de ser realizado por juiz de instrução – art. 141º do CPP – ou por MP – art. 143º do CPP –, mas nunca por OPC – art. 144º do CPP. No caso de se tratar de arguido em liberdade, qualquer interrogatório pode ser rea-

[302] Paulo Pinto de Albuquerque, *Comentário do Código de Processo Penal à luz da Constituição da República e da Convenção Europeia dos Direitos do Homem*, 4ª ed., Lisboa: Universidade Católica Editora, 2011, anotação 8 ao art. 250º, p. 691.

lizado por OPC desde que ao mesmo tenha sido delegada tal competência pelo MP (arts. 144º, nº 2 e 270º do CPP).

Recorde-se que os OPC apenas poderão efetuar interrogatórios de arguido mediante a delegação de competências do MP (titular da ação penal, *dominus* do inquérito e como tal entidade competente para a prática de todos os atos de inquérito que não forem da reserva do juiz de instrução – arts. 263º e 267º do CPP) em dois casos: (i) de arguidos em liberdade (e, nesse caso, poderão os OPC efetuar qualquer interrogatório); e (ii) de arguidos detidos ou presos, mas apenas os subsequentes (ao 1º) interrogatórios de arguido detido ou preso (nos termos conjugados dos arts. 144º e 270º do CPP).

3.7.2.3. As conversas informais

3.7.2.3.1. O problema da (in)admissibilidade de conversas informais

A este propósito, importa aludir às designadas "conversas informais", que correspondem às comunicações efetuadas, fora do quadro de interrogatório formal de arguido, entre o OPC e o arguido (em sentido material), antes ou após a sua constituição formal como tal.

O critério relevante para este efeito é a existência de uma *suspeita fundada*. É esse o sentido útil da remissão (e ressalva) que o nº 8 do art. 250º opera para o art. 59º do CPP. A expressão *"sem prejuízo, quanto ao suspeito, do disposto no artigo 59º"* implica 2 consequências: (i) que pode e deve ser pedido informações a suspeitos; (ii) deve cessar tal pedido a partir do momento em que sobre tal suspeito recaia a *fundada suspeita* (crivo do nº 1 do art. 59º do CPP), caso em que deverá ser de imediato constituído arguido (com comunicação do direito ao silêncio).

O problema coloca-se a propósito do eventual pedido de informações, como medida cautelar, mas também de modo geral sempre que houver recolha de prova e os OPC comuniquem com o arguido de modo informal a propósito da mesma.

Na primeira situação, suponha-se que o OPC chega ao local do crime, alertado por uma chamada telefónica que denuncia a eventual prática de um crime de violência doméstica (art. 152º do CP) e ainda ouve o suspeito em atos que indiciam claramente o cometimento do referido crime. A troca de palavras que ocorra entre os OPC e o suspeito poderão ser consideradas "conversas informais"? Em caso afirmativo, serão tais conversas admissíveis?

Na segunda situação, pode imaginar-se, por exemplo, que, na execução de uma busca domiciliária (legal), efetuada com prévio despacho judicial e mandado, o OPC mantém um diálogo com o visado/arguido que se encontra presente no decurso de tal diligência de prova. Serão admissíveis tais "conversas informais"?

3.7.2.2.2. O *nemo tenetur* e a possível sujeição ao regime das proibições de prova

A resposta à questão da admissibilidade de conversas informais tem gerado alguma controvérsia na doutrina e na jurisprudência, na medida em que, através da produção e valoração das "conversas informais", se poderá vir a contornar ou até a defraudar o conjunto de normas erigidas a partir do *nemo tenetur se ipsum accusare*, designadamente de efetivação do direito ao silêncio do arguido através do regime das declarações anteriores (ao julgamento) do arguido cuja leitura seja proibida (o regime dos arts. 357º, nº 3 e 356º, nº 7 do CPP).

Por um lado, e *a montante*, temos um sistema que procura dar sentido útil ao *nemo tenetur se ipsum accusare* impondo que o arguido seja constituído como tal, com a transmissão, mesmo que oral, do direito ao silêncio, desde o momento em que surja a suspeita fundada da prática de crime (arts. 58º, nº 2 e 61º do CPP). E tal dever impõe-se independentemente da qualidade da pessoa a quem tenham sido pedidas informações: poderão ser meros declarantes, ser testemunhas, ser suspeitos ou possuir qualquer outra qualidade. Mais: o adiamento deste momento (de constituição de arguido) gera desde logo a proibição de valoração das declarações (art. 58º, nº 6 do CPP), tal como sustentado por Paulo Pinto de Albuquerque[303]. Acresce que o referido regime dos interrogatórios de arguidos procura evitar que sejam exploradas especiais debilidades do arguido em sentido material/suspeito fundado da prática de crime, nomeadamente a decorrente de uma detenção em flagrante delito ou ainda de se atrasar a (obrigatória) constituição de arguido.

[303] Paulo Pinto de Albuquerque, *Comentário do Código de Processo Penal à luz da Constituição da República e da Convenção Europeia dos Direitos do Homem*, 4ª ed., Lisboa: Universidade Católica Editora, 2011, anotação 12 ao art. 58º, p. 184. Assim também, cfr. Augusto Silva Dias/Vânia Costa Ramos, *Direito à não auto-inculpação (nemo tenetur se ipsum accusare) no processo penal e contra-ordenacional português*, Coimbra: Coimbra Editora, 2009, p. 36.

Recorde-se que o *nemo tenetur* impõe, como trave-mestra, que o arguido não possa ser obrigado, nem deverá ser condicionado a contribuir para a sua própria incriminação, isto é, tem o direito a não prestar fornecer informações ou facultar elementos (incluindo documentais) que o desfavoreçam, ou a não prestar declarações, sem que do seu silêncio possam resultar quaisquer consequências negativas ou ilações desfavoráveis[304].

Por outro lado, e de modo a garantir-se que, *a jusante*, não se obtenha por um atalho o proibido pelo caminho proibido *a priori*, estabelece-se um regime coerente de proibição de produção e de valoração das declarações (anteriores) de arguido cuja leitura e reprodução não sejam permitidas em julgamento. De acordo com o regime constante do nº 1 do art. 357º do CPP, se não for a pedido expresso do arguido (al. *a)*), as "conversas informais" mantidas entre o arguido e os OPC não podem ser tidas em conta: nem reproduzidas em audiência, nem valoradas na sentença. De outra banda, coerentemente, estabelece-se igualmente uma proibição de produção e de valoração do depoimento testemunhal, quer dos OPC que tenham recebido declarações cuja leitura não seja permitida, quer de qualquer pessoa que tenha participado na recolha daquelas declarações (art. 356º, nº 7 do CPP).

Existindo efetivamente uma atuação intencional dos OPC com vista a defraudar o estatuto do arguido (adiando ao máximo a sua constituição formal como estratégia para a obtenção de "informações"), além da proibição autónoma de valoração, poderá ainda operar a espada de Dâmocles que constitui o regime das proibições (absolutas) de prova por utilização de método proibido: o meio enganoso (art. 126º, nºs 1 e 2, al. *a)* do CPP), incluindo o efeito-à-distância que contaminará as provas que forem obtidas numa relação causal com aquela primeira (assim, Paulo de Sousa Mendes[305]).

Deteta-se uma preocupação sistémica e equilibrada entre o privilégio contra a autoincriminação e a obtenção de informações como medida cautelar e de polícia mesmo quanto ao suspeito.

304 Ac. TEDH, de 03.05.2001, J.B. v. Suíça.

305 Paulo de Sousa Mendes, *Lições de Direito Processual Penal*, Coimbra: Almedina, 2013, p. 125.

Por assim ser, as "conversas informais" que, como se refere no Ac. STJ de 05.01.2005[306], *"em rigor processual, não existem"*, não excluem a valoração das *"declarações dos órgãos de polícia criminal sobre factos e circunstâncias de que tenham obtido conhecimento por meios diferentes das declarações do arguido (ou de outro interveniente processual) que não possam ser lidas em audiência"*[307]. O ponto central parece ser o de que não tenham subjacentes declarações do arguido aquando da recolha de prova.

3.7.2.2.3. A possível utilidade das conversas informais

Importa sublinhar, como refere Maia Costa[308], que as "conversas informais" não são provas em si mesmas e *"apenas servirão como «elementos de trabalho» para a investigação imediata, não podendo obviamente ser utilizadas em audiência, nem sequer ser documentadas"*. Poderão também ser úteis para que o arguido procure dar pistas tendo em vista contribuir para a atenuação ou exclusão da sua responsabilidade (*v.g.*, procurando informar os OPC que o agente do crime fugiu em certa direção e levava a verdadeira arma do crime).

Porém, se no decurso do pedido de informações, a título de "conversa informal" ou não, surgir a suspeita fundada da prática de crime pelo suspeito ou qualquer pessoa, cessa de imediato tal diligência para dar lugar à constituição como arguido, transmissão dos direitos e eventual interrogatório nessa qualidade.

Em conformidade, de nada releva para este efeito o momento formal da constituição de arguido. O que releva é a natureza material daquela qualidade (*fundada suspeita* da prática de crime), pois é nesse pressuposto que assenta a remessa e ressalva do nº 8 do art. 250º do CPP: os OPC podem pedir informações ao suspeito e a qualquer pessoa, *"sem prejuízo, quanto ao suspeito, do disposto no artigo 59º"*, precisamente a norma que impõe a constituição de arguido sempre que no decurso de qual-

[306] Ac. STJ de 05.01.2005, Proc. 04P327 (Henriques Gaspar).

[307] Cfr. no mesmo sentido a jurisprudência constante do referido aresto, designadamente o Ac. STJ de 16.05.1996, Proc. 96P236 (Sousa Guedes), o Ac. STJ de 11.12.1996, Proc. 96P780 (Flores Ribeiro) e o Ac. STJ de 22.04.2004, Proc. 04P902 (Pereira Madeira).

[308] Eduardo Maia Costa, *Código de Processo Penal Comentado* (coord. António da Silva Henriques Gaspar *et al.*), 3ª ed., Coimbra: Almedina, 2022, anotação 6 ao art. 250º, p. 895.

quer inquirição surja a suspeita fundada da prática de crime por parte do inquirido[309].

De igual modo, pouco releva para os mesmos efeitos que exista (ou não) inquérito formal aberto. Tratando-se de uma medida cautelar e de polícia esta assume natureza extraprocessual, podendo ser anterior à abertura de processo-crime *mas finalisticamente vinculada e dirigida à investigação criminal* e como tal à abertura de inquérito que será subsequente. Assertivamente, a este respeito, entendeu-se no Ac. TRL de 23.11.2021[310] que, *"[t]endo os agentes da PSP tomado conhecimento de que o arguido estava na posse de produto estupefaciente, em quantidade que inculcava a existência de tráfico (de que suspeitavam), não havia mais "conversas" a manter informalmente com aquele. Dizer-se que não ainda inquérito instaurado contra ninguém em concreto, nem arguido constituído, é um argumento que não colhe, pois com a apreensão do produto estupefaciente a mera suspeita que levou à abordagem do referido arguido passou a constituir uma suspeita razoavelmente fundada de que o mesmo se dedicava à prática de actividade criminosa"*. De igual modo, decidiu-se no Ac. TRL de 20.09.2017[311]: *"1 – Tendo havido detenção e condução dos suspeitos ao posto policial, é obrigatória a imediata constituição dos detidos como arguidos, sob pena de as declarações dos suspeitos não puderem ser utilizadas como prova (artigo 58º, nº 1, alínea c) e nº 5 do Código de Processo Penal). 2 – A valoração probatória de uma "confissão" informal ocorrida nessas circunstâncias de tempo e de lugar traduz uma fraude à lei"*.

3.7.2.4. A distinção entre obtenção, produção e valoração

O pedido de informações encontra-se sujeito aos seguintes parâmetros:

Os OPC não só podem, como *devem* pedir informações sempre que qualquer pessoa, incluindo o suspeito, possa ter informações úteis (art. 250º, nº 8 do CPP). Trata-se de um poder-dever.

Porém, esse pedido de informações tem como *limite o estatuto do suspeito fundado* – art. 59º do CPP. Assim que surgir a suspeita fundada, deve cessar o pedido de informações e qualquer "conversa informal" e constituir-se formalmente a pessoa ou suspeito como arguido (arts. 58º,

309 Neste sentido, apontando para uma proibição total de valoração, o Ac. TRP de 21.03.2012, Proc. 628/11.3GAMAI.P1 (Coelho Vieira) e toda a jurisprudência aí recenseada.

310 Ac. TRL de 23.11.2021, Proc. 7/17.9PHFUN.L2-5 (Jorge Gonçalves).

311 Ac. TRL de 20.09.2017, Proc. 176/17.8GEALR-A.L1-3 (João Lee Ferreira).

nº 2 e 61º do CPP), transmitindo-se os direitos respetivos. Só depois, caso disponham de competência para tal, poderão os OPC proceder ao interrogatório (formal) de arguido (arts. 144º, 267º e 270º do CPP). Não dispondo de competência, devem os OPC apresentar o arguido à autoridade judiciária para que esta proceda ao 1º interrogatório de arguido detido (arts. 141º e 143º do CPP).

As "conversas informais" anteriores à constituição de arguido estão igualmente abrangidas pelo privilégio contra a autoincriminação. O momento da *obrigatoriedade* de constituição de arguido (em sentido material e não formal) é o critério relevante. As consequências poderão ser: (i) a proibição de valoração (art. 58º, nº 6 do CPP) ou, nos casos mais graves, (ii) havendo intenção de defraudar o referido regime legal, a proibição (absoluta) de prova por utilização de meio enganoso (art. 126º, nº 2, al. *a)* do CPP), com as respetivas consequências, incluindo o efeito-à-distância (salvas as exceções) relativamente às provas secundárias que estejam numa relação *"cronológica, lógica e valorativa"* (Paulo Pinto de Albuquerque[312]) face à prova primária ("conversas informais").

Não pode defraudar-se este regime através do depoimento testemunhal em julgamento dos OPC ou de outras pessoas que tenham assistido ou participado na recolha de prova e tenham mantido "conversas informais" ou ouvido declarações do arguido cuja leitura não possa ser realizada na audiência (art. 356º, nº 7, *ex vi* art. 357º, nº 3 do CPP).

Contudo, tal não significa que os OPC não possam depor como testemunhas em julgamento. Apenas não deverão depor sobre a parte que não é possível valorar, isto é, que contenham declarações do arguido cuja leitura esteja proibida, incluindo as ditas conversas informais antes ou após a constituição formal de arguido.

Em suma, e distinguindo-se entre obtenção, produção e valoração, pode concluir-se que existe: (i) permissão de *obtenção* (com cautelas: até ao limite da *suspeita fundada*); (ii) condicionamento na *produção* (advertência para exclusão das declarações do arguido/suspeito *fundado*/declarante); e (iii) proibição de *valoração* (o tribunal não deve atender ao conteúdo das "conversas informais").

[312] Paulo Pinto de Albuquerque, *Comentário do Código de Processo Penal à luz da Constituição da República e da Convenção Europeia dos Direitos do Homem*, 4ª ed., Lisboa: Universidade Católica Editora, 2011, anotação 11 ao art. 126º, p. 338.

3.7.3. A detenção em flagrante delito

3.7.3.1. A exceção ao direito à liberdade e a natureza de causa de justificação

A detenção em flagrante delito como medida cautelar e de polícia está regulada autonomamente nos arts. 254º a 256º do CPP e constitui a primeira exceção ao direito à liberdade (cfr. art. 27º, nºs 1 e 3, al. *a)* do CPP).

Cumpridos os requisitos legalmente fixados, a atuação daquele que detém em flagrante delito estará coberta por uma causa de justificação do facto ou de exclusão da ilicitude – uma das causas legais para além das previstas no CP.

3.7.3.2. A sujeição da detenção em flagrante delito ao crivo de proporcionalidade

A detenção constitui um ato de privação da liberdade do visado, que estará sempre sujeito a um crivo de proporcionalidade.

Daqui decorre que, só em face das circunstâncias concretas e de um juízo de operacionalidade, se deverá decidir sobre a necessidade de colocação de algemas. Vale por dizer que a utilização de algemas para a concretização da detenção não deve ser entendida como obrigatória em todo e qualquer caso.

3.7.3.3. Os requisitos da detenção em flagrante delito

São essencialmente 3 os requisitos da detenção em flagrante delito nos termos dos arts. 255º, nº 1 e 256º do CPP.

3.7.3.3.1. O primeiro requisito: a existência de uma situação de flagrante delito

Terá de existir uma situação de flagrante delito.

3.7.3.3.1.1. O delito como crime

A existência de flagrante delito refere-se a um crime.

Não se trata de um qualquer *"flagrante delito"*. Apenas releva o flagrante de um delito havido como criminal.

3.7.3.3.1.2. As modalidades de flagrante delito

O que possa ser considerado flagrante delito decorre do art. 256º do CPP. Comporta essencialmente 3 modalidades (Germano Marques da Silva[313] e Maria do Carmo Silva Dias[314]) e uma situação de extensão.

3.7.3.3.1.2.1. O flagrante delito *stricto sensu* ou em sentido próprio

Em primeiro lugar, temos a modalidade de flagrante delito *stricto sensu* ou em sentido próprio.

Quando *estão em curso* atos de execução do crime (no caso de crime consumado) ou atos preparatórios (no caso de tentativa punível)[315] diz-se que há flagrante delito *stricto sensu* – igualmente, Paulo Pinto de Albuquerque[316].

Corresponde à hipótese prevista na primeira parte do nº 1 do art. 256º do CPP: *"todo o crime que se está cometendo"*. Apenas o que ainda está em curso poderá estar a cometer-se para esse efeito.

A este respeito fala-se (Frederico da Costa Pinto) em *"plena actualidade e visibilidade"*. Dir-se-ia porventura que há plena *atualidade e percecionalidade* por qualquer sentido, já que nada impede que os outros sentidos, além da visão, possam corroborar e sustentar a atualidade plena.

Será, por exemplo, o caso em que o OPC, a autoridade judiciária ou mesmo um particular assistem ainda ao premir do gatilho no caso de homicídio através de arma de fogo.

3.7.3.3.1.2.2. O quase flagrante delito

Haverá quase flagrante delito de crime quando se perceciona a partir do fim/termo dos atos de execução ou dos atos preparatórios puníveis. No momento seguinte ao último acto de execução (ou preparatório), já haverá um quase flagrante delito.

Corresponde à hipótese prevista na segunda parte do nº 1 do art. 256º do CPP: *"ou se acabou de cometer"*. Acabou de cometer apela a uma ideia de imediatamente após.

[313] Germano Marques da Silva, *Curso de Processo Penal*, vol. II, Lisboa: Verbo, 2011, p. 324.

[314] Maria do Carmo Silva Dias, *Comentário Judiciário do Código de Processo Penal*, Tomo III, 2ª ed., Coimbra: Almedina, 2022, anotação 1 ao art. 256º, p. 883.

[315] Para uma relação entre o início da tentativa e a detenção, cfr. Helena Morão, "Início da tentativa e detenção em flagrante delito", in *Direito da investigação criminal e da prova* (coord. Maria Fernanda Palma *et al.*), Coimbra: Almedina, 2014, pp. 37-49.

[316] Paulo Pinto de Albuquerque, *Comentário do Código de Processo Penal à luz da Constituição da República e da Convenção Europeia dos Direitos do Homem*, 4ª ed., Lisboa: Universidade Católica Editora, 2011, anotação 1 ao art. 256º, p. 703.

Será, por exemplo, o caso em que o OPC, a autoridade judiciária ou mesmo um particular, chegam a um local do crime e assistem ao suspeito ainda estar de arma apontada à vítima e assistem a esta a cair. O disparo porventura não foi assistido (nem sequer por audição). Mas percecionam o momento imediatamente seguinte ao último ato (o premir do gatilho).

3.7.3.3.1.2.3. O flagrante delito presumido ou presunção de flagrante delito

Em certos casos o flagrante delito alicerça-se num juízo de inferência: a partir de um facto percecionado, ficciona-se um outro.

Trata-se de uma presunção ilidível: assim que se ilida aquele facto presumido, cessa a legitimidade de atuação ao abrigo da presunção (e a causa de exclusão da ilicitude).

Nos termos do nº 2 do art. 256º do CPP, diz-se que há presunção de flagrante delito no *"caso em que o agente for, logo após o crime, perseguido por qualquer pessoa ou encontrado com objetos e sinais que mostrem claramente que acabou de o cometer ou nele participar"*. A norma prevê 2 hipóteses diferentes.

Na primeira hipótese, está em causa o chamado "clamor público" ou de perseguição, ao passo que, na segunda hipótese, assumem relevância os *"objetos e sinais"* que mostrem claramente a participação do agente no crime.

Em qualquer dos casos, formula-se a exigência de *logo após o crime*, o que aponta para uma vinculação, ainda que não quantificável de tempo, limitada ao que, de acordo com as circunstâncias do caso, for razoável de acordo com as regras da experiência da vida.

Assim, no caso de um furto de um veículo automóvel em que um carro-patrulha com elementos de um OPC que inicia a perseguição à viatura furtada conduzida pelos suspeitos do crime e que acabam por despistar-se, mas que foi seguido por outro carro-patrulha, cujos membros de um OPC vêm a deter em flagrante delito, teremos o caso de *"clamor público"*. Também assim se, no caso de um furto de uma carteira, o suspeito de tal crime fugir dentro de uma viatura, seguido por membros de um OPC num carro que vem a despistar-se à entrada da Ponte 25 de Abril, mas em face da descrição da viatura e da descrição fisionómica e de vestuário do suspeito, vem a ser detido por membros de um

OPC que no final da Ponte mandam parar a viatura dada a correspondência com a descrição quer da mesma, quer do suspeito, encontrando-se posteriormente a carteira dentro do porta luvas da viatura que o suspeito conduzia.

Ou ainda, no exemplo de Maria do Carmo Silva Dias[317], o assaltante que, após furtar uma casa, ao sair pela porta com um saco de plástico na mão dentro do qual leva diversos objetos furtados, acaba por ser surpreendido pelo dono da casa que se encontrava a chegar naquela altura e ainda consegue apanhar o assaltante e os bens furtados dentro do referido saco.

O termo *"logo após"* o crime constitui um conceito indeterminado, mas que deve ser preenchido com uma vinculação finalística e heurística, ou seja, mais do que um critério temporal está em causa um critério material: não pode haver dúvida fundada sobre a prática do crime por parte do detido de acordo com os elementos disponíveis nesse momento. Assim, no exemplo do furto de um veículo a perseguição iniciada e depois continuada por outros OPC não tem qualquer problema desde que o processo causal não seja interrompido.

Poderá na perseguição perder-se de vista momentaneamente o veículo perseguido, mas não de modo a que permita que eventualmente já sejam outras pessoas a conduzir o veículo e que não estejam a cometer qualquer ato ilícito[318]. De igual modo, assiste plena razão a Maria do Carmo Silva Dias[319] e à jurisprudência por esta citada quando entendem que *"não há flagrante delito se o autor do crime, não foi perseguido logo após a sua prática e é detido mais tarde, em virtude de diligências investigatórias que foram feitas"*.

Contra, embora dificilmente com razão, decidiu-se no Ac. TRP de 01.02.2012[320] o seguinte: *"[c]onfigura uma situação de flagrante delito aquela em que, a juntar às fundadas suspeitas decorrentes da pendência de um inquérito contra o arguido, instaurado por uma filha da vítima e às informações prestadas pela esposa da vítima de que o agressor era "um indivíduo jovem, na fase etá-*

[317] Maria do Carmo Silva Dias, *Comentário Judiciário do Código de Processo Penal*, Tomo III, 2ª ed., Coimbra: Almedina, 2022, anotação 5 ao art. 256º, p. 884.

[318] Tal como se sustentou no Ac. TRL de 20.09.2017, Proc. 176/17.8GEALR-A.L1-3 (João Lee Ferreira).

[319] Maria do Carmo Silva Dias, *Comentário Judiciário do Código de Processo Penal*, Tomo III, 2ª ed., Coimbra: Almedina, 2022, anotação 11 ao art. 256º, p. 885.

[320] Ac. TRP de 01.02.2012, Proc. 1947/11.4JAPRT-B.P1 (Melo Lima).

ria dos vinte aos trinta anos de idade, trajando uma camisola escura e calças de ganga", a Polícia, cerca de 2 ou 3 horas depois da prática do homicídio, encontra o arguido e este na posse, na mala do carro em que acabava de se fazer transportar, de uma faca com uma lâmina de 19,3 cm de comprimento, que possuía vestígios hemáticos, sendo certo que a morte da vítima fora provocada por ferimentos causados por golpes de arma branca".

3.7.3.3.1.3. A extensão do flagrante delito nos crimes permanentes

Relativamente aos crimes permanentes, o art. 256º, nº 3 do CPP dispõe que ainda se verifica flagrante delito *"enquanto se mantiverem sinais que mostrem claramente que o crime está a ser cometido e o agente está nele a participar"*.

Opera-se desta forma uma extensão do flagrante delito pensada para os crimes permanentes.

Não obstante, a *"atualidade e evidência probatória"* (Germano Marques da Silva[321]) continuam a ser exigidas.

3.7.3.3.1.4. Os crimes de que dependem juízos periciais

A conclusão acerca do preenchimento de alguns elementos de certos crimes depende de um juízo pericial, o que suscita alguns problemas com a verificação do flagrante delito.

É o que sucede com os crimes de tráfico de estupefacientes, p. e p. nos arts. 21º e ss. do Decreto-Lei nº 15/93, de 22 de janeiro.

Só haverá crime, e consequente flagrante delito de crime de tráfico, se houver *estupefaciente*, o que apenas se poderá apurar num segundo momento após a detenção. Dir-se-á que nestes casos, em função dos elementos disponíveis (por exemplo, a abordagem típica pelo traficante; o *modus operandi* do mesmo conforme ao que habitualmente é utilizado por traficantes; ou ainda o modo como se apresentam, embaladas, as substâncias alegadamente estupefacientes, etc.), haverá presunção de flagrante delito que legitima a detenção. Se após a detenção for realizado um primeiro teste/exame à substância apreendida e esta reagir positivamente como estupefaciente, a situação de presunção de flagrante delito convola-se em flagrante delito *stricto sensu*, já que no momento da detenção haveria atos em curso de tráfico de estupefacientes. Se, pelo contrário,

[321] Germano Marques da Silva, *Curso de Processo Penal*, vol. II, Lisboa: Verbo, 2011, p. 325.

a substância apreendida reagir negativamente, a presunção inicial terá sido ilidida, pelo que deverá o suspeito ser libertado (art. 261º do CPP), salvo se a tentativa for punível. Não havendo crime de tráfico, pode discutir-se a ocorrência de flagrante delito (*stricto sensu*) do crime de burla (mediante queixa). Não obstante, para além de ser discutível em termos substantivos, sempre estaria afastada a tipicidade, já que o agente policial nunca teria tido intenção de adquirir substâncias estupefacientes.

3.7.3.3.1.5. A necessidade (prévia) dos indícios de flagrante delito

A situação que configura o flagrante delito e legitima a intervenção cautelar – a detenção – tem de ser aparente de modo *prévio* ao momento da detenção e *não em função de diligências investigatórias subsequentes* legitimadas pela detenção em flagrante delito.

Admita-se que é detido um suspeito em flagrante (arts. 255º, nº 1, al. *a)* e 256º do CPP) e no decurso da revista ao suspeito (arts. 174º, nº 5, al. *c)* e 251º, nº 1, *a)* do CPP) encontra-se, alegadamente, o bem furtado ou a arma do crime, que são imediatamente apreendidos – arts. 174º, nº 5 e 249º, nº 2, al. *c)* do CPP. O bem furtado ou a arma do crime serão provas do crime, *não* da detenção em flagrante delito. Se é a detenção que legitima a revista e a apreensão, tudo o que possa fundamentar a detenção terá de ser preexistente àquela detenção e não o que for obtido subsequentemente mediante diligências posteriores.

Mutatis mutandis, no caso anteriormente referido do furto de uma carteira, em que se verificou perseguição por quem presenciou o facto (em viatura que se vem a despistar) e detenção à saída da Ponte 25 de abril, tudo o que possa legitimar a detenção é a perseguição continuada e os objetos e sinais serão todo o contexto e a correspondência da viatura e do suspeito. Nunca seria fundamento da detenção a carteira encontrada posteriormente no porta luvas, ao abrigo de uma busca legitimada pela detenção. A carteira seria prova do crime. Não seria elemento suscetível de fundamentar a prévia detenção, já que nesse momento a mesma não era aparente por estar dentro do porta luvas da viatura.

Ou ainda, no exemplo de Maria do Carmo Silva Dias[322] e anteriormente recenseado, do suspeito do assalto detido à saída da casa pelo

[322] Maria do Carmo Silva Dias, *Comentário Judiciário do Código de Processo Penal*, Tomo III, 2ª ed., Coimbra: Almedina, 2022, anotação 5 ao art. 256º, p. 884.

dono com um saco de plástico contendo os bens furtados, tudo serviria de fundamento à detenção, com exceção dos bens encontrados dentro do saco (salvo se do lado externo, se conseguisse percecionar algum bem furtado).

3.7.3.3.2. O segundo requisito: estar em causa crime punível com pena de prisão e que não seja crime particular

3.7.3.3.2.1. A exclusão dos crimes puníveis apenas com multa

O art. 255º, nºs 1, 3 e 4 exige também que o flagrante delito diga respeito a crime *punível com pena de prisão*.

Excluídos da detenção em flagrante delito ficam os suspeitos de crimes puníveis *apenas* com pena de multa. Essa exclusão compreende-se à luz das exigências de proporcionalidade da CRP.

3.7.3.3.2.2. A exclusão dos crimes particulares

Ficam igualmente excluídos de detenção em flagrante delito os suspeitos da prática de *crimes de natureza particular* (art. 255º, nº 4 do CPP), havendo lugar apenas à sua identificação (art. 250º do CPP).

Esta solução, embora discutível, parece ser plenamente justificável atenta a proporcionalidade. Os crimes particulares são, por regra, crimes em que as exigências punitivas são menos intensas. E a a identificação do suspeito (e eventual auto de notícia nos casos em que os OPC/autoridade judiciária presenciem tais crimes) cumpre todos os desideratos de obtenção de prova. Assim, a finalidade de obstar à continuação do crime ficará salvaguardada pela intervenção que, resultando, sanará ou, no caso inverso, haverá risco de a situação escalar passando a existir eventualmente flagrante delito de crime mais grave (e pelo qual admita detenção).

3.7.3.3.2.3. O regime dos crimes semipúblicos

Os crimes semipúblicos exigem que em ato simultâneo ou seguido à detenção seja apresentada queixa-crime (art. 255º, nº 3 do CPP), devendo lavrar-se auto em que fique registada a queixa.

Uma vez mais, por uma questão de proporcionalidade, é totalmente congruente tal limitação, já que, não havendo queixa-crime em crime dependente de queixa, não haverá abertura de inquérito, pelo que ainda menos se justificaria a manutenção da detenção sem que pudesse haver processo-crime.

Caso a detenção tenha sido realizada relativamente a crime semipúblico, mas em que o titular do direito de queixa (art. 49º, nº 1 do CPP e art. 113º do CP) ou quem o legitimamente represente (art. 49º, nº 3 do CPP) esteja presente e apresente queixa, questiona-se até que momento é legitimo manter-se a detenção sem que seja apresentada queixa (em especial, na situação em que não se encontre o titular do direito de queixa)?

O CPP exige que *"a detenção só se mantém, quando em acto a ela seguido"* seja apresentada queixa. O *"ato a ela seguido"* implica um juízo material: desde o momento em que se concretiza a detenção haverá que procurar-se (mediante as diligências policiais adequadas) o titular do direito de queixa, não se admitindo interrupção daquele processo causal (para que se proceda a outras diligências de outros casos, processos ou fins).

Seja como for, caso não exista queixa, no máximo até 6h a contar da detenção, terá o detido de ser imediatamente libertado (art. 261º do CPP), por analogia com o prazo da detenção para identificação (art. 250º, nº 6 do CPP). De facto, seria estranho, e manifestamente desproporcional, que se ficasse a aguardar pela queixa enquanto se procura o titular do respetivo direito mais tempo do que o permitido para a detenção para identificação. Deste modo, tratando-se de crime semipúblico e se aquando da detenção em flagrante não se encontrar o respetivo titular do direito de queixa, a detenção só se mantém legal quando logo após a mesma se iniciarem as diligências, não interrompidas, com vista a contatar com o eventual queixoso e até ao limite de 6h após a detenção. Não havendo queixa nesse prazo (em que se procurou, ininterruptamente, contatar com o queixoso), ter-se-á de libertar o detido (art. 261º do CPP).

3.7.3.3.3. O terceiro requisito: a detenção ter sido realizada por OPC/autoridade judiciária (poder-dever) ou por particular (direito)

3.7.3.3.3.1. A detenção como poder-dever e a detenção como permissão, direito ou mera faculdade

Para os OPC e as autoridades judiciárias, a detenção constitui um *poder-dever* (art. 255º, nº 1, al. *a)* do CPP): verificados os requisitos legais, deverão proceder à detenção, pelo menos por regra.

Já para os particulares a detenção assume outra natureza. Podem admitir-se que configura uma *permissão de atuação* (tal como decorre do art. 255º, nº 1, al. *b)* do CPP), um verdadeiro *direito* de deter ou uma *mera faculdade* (Maria João Antunes)[323].

3.7.3.3.3.2. A impossibilidade de recurso em tempo útil à força pública pelos particulares

No caso dos particulares exige-se adicionalmente que se demonstre *a impossibilidade de recurso em tempo útil à força pública* (evidenciando-se que não é permitida a justiça privada).

Ainda que tal exigência esteja demonstrada, deverão os particulares que tenham procedido à detenção entregar *imediatamente* o detido a um OPC ou à autoridade judiciária, o qual redige um auto sumário de entrega e procede à comunicação ao MP (art. 259º do CPP) no caso de não ter sido esta a receber o detido (art. 255º, nº 1, al. *b)* do CPP).

3.7.3.3.3.3. As exigências de proporcionalidade sobre a detenção dos OPC e das autoridades judiciárias

O poder-dever imposto aos OPC e às autoridades judiciárias está sujeito a um critério de proporcionalidade que integra um juízo de operacionalidade.

De facto, não se pode exigir o mesmo a um OPC, jovem e treinado, do que a uma autoridade judiciária, cujas competências e ferramentas desenvolvidas não incluem o mesmo grau de exigência operacional. Tal como nem sempre se justifica tentar efetuar uma detenção em nome da proteção de outros bens jurídicos (exemplo clássico: o OPC que, na fila do banco, não deve tentar deter perante um assalto/roubo em curso com diversos suspeitos bem armados e coordenados).

Questiona-se também se pode haver lugar a um juízo de proporcionalidade que integre um juízo de ponderação entre o objeto da investigação e a eventual detenção por um crime de menor gravidade e meramente instrumental. Admita-se que o OPC está a vigiar suspeitos de crimes de associação criminosa, tráfico de armas e de roubos a ourivesarias e perceciona um flagrante delito de um crime de furto de um veículo automóvel na véspera da data do roubo que os suspeitos programaram para o dia seguinte utilizando aquele veículo furtado. Se o poder-dever implicar um dever de efetuar a detenção em todas as situações, então a detenção em flagrante delito pelo crime de furto frustrará

[323] Maria João Antunes, *Direito Processual Penal*, 3ª ed., Coimbra: Almedina, 2021, p. 153.

o objeto da investigação criminal em curso. Por outro lado, se não procederem à detenção, sopesando o interesse na continuação da investigação pelo objeto mais relevante, o poder-dever perderá alguma latitude impositiva e poderá o veículo automóvel ser perdido na eventual perseguição posterior à tentativa de roubo.

Apesar de controverso, parece ser de admitir a sujeição do poder--dever de deter a um juízo de proporcionalidade que também integre uma ponderação em face do objeto daquela concreta investigação criminal. Tal implica reconhecer alguma margem nesta apreciação, a qual deverá ser desempenhada pelo MP por representar uma decisão sobre a estratégia e um acto de direção do inquérito do qual aquele magistrado é titular. Isto sem prejuízo naturalmente de os eventuais prejuízos patrimoniais decorrentes de tal opção deverem ser ressarcidos aos particulares pelo Estado (havendo sempre direito de regresso).

3.7.3.4. O dever de comunicação (imediata) da detenção

Havendo detenção em flagrante delito pelos OPC a mesma deve ser comunicada de imediato ao MP nos termos da al. *b)* do art. 259º do CPP.

A finalidade de tal comunicação prende-se com uma garantia de direitos fundamentais: havendo uma restrição intensa do direito à liberdade (*rectius*, uma privação total), por uma entidade policial, em nome da urgência, o dever de comunicação imediata acautela eventuais situações de atuação errónea ou até abusiva a que a intervenção judiciária deve por cobro o quanto antes, ordenando a, igualmente imediata, libertação do detido ilegalmente (art. 261º do CPP).

Imagine-se uma detenção em flagrante delito de um suspeito por um crime que, do ponto de vista do MP, tem manifesta natureza particular. A finalidade daquela comunicação (imediata) será a de controlar a atuação intensamente restritiva de direitos fundamentais e se necessário corrigir o quanto antes (não sendo de aguardar pela sujeição à presença do juiz de instrução em 48h, até por ser manifestamente a solução que mais agravaria a situação do detido ilegalmente que ficaria ainda mais tempo privado totalmente da liberdade).

Imagine-se agora o caso inverso, isto é, em que o MP fazendo uma apreciação preliminar/oral positiva da legalidade da atuação, instará as entidades policiais a concluir o expediente, redigir os respetivos autos (art. 99º do CPP), relatórios (art. 253º do CPP) e a apresentar o detido, no prazo máximo de 48h, para os fins previsto no art. 254º, nº 1, al. *a)* do CPP ou até a instruir os OPC para que tramitem os autos na forma de processo sumária restituindo, por regra (art. 385º, nº 1 do CPP), o detido à liberdade com notificação para comparecer perante os serviços do MP do tribunal competente (art. 385º, nº 2 do CPP), salvo uma das condições previstas nas als. *a)*, *b)* e *c)* do nº 1 daquele preceito, caso em que o detido deverá permanecer detido até ser presente a uma autoridade judiciária no prazo máximo de 48h.

O art. 259º, al. *b)* do CPP exige que o dever de comunicação seja cumprido de *"imediato"*. Tal exigência implica uma comunicação logo que operacionalmente possível pelo meio técnico mais adequado a cumprir aquelas finalidades, sem prejuízo de posterior remessa (por escrito) do expediente após a conclusão do mesmo.

3.7.3.5. As finalidades da detenção em flagrante delito e o prazo máximo de 48h para o detido ser presente a autoridade judiciária

As finalidades da detenção em flagrante delito são as definidas no art. 254º, nº 1, al. *a)* do CPP: apresentar o detido, no prazo máximo de 48h, a julgamento na forma sumária (arts. 381º e ss. do CPP) ou ser presente ao juiz competente para o 1º interrogatório judicial (art. 141º do CPP) ou para aplicação ou execução de medida de coação.

Discute-se se o prazo máximo de 48h para o detido ser presente a juiz para o 1º interrogatório (judicial) de arguido detido (art. 141º do CPP), eventualmente para aplicação de medidas de coação mais graves do que o TIR, exige que o interrogatório se inicie ou esteja concluído até 48h após a detenção? O TC tem julgado conforme à CRP[324] o entendimento segundo o qual o interrogatório propriamente dito poderá iniciar-se após o prazo de 48h, desde que até aquele prazo se inicie o procedimento exigido pela CRP: o detido ser presente a juiz. Considera-se que a exigência constitucional fica assegurada desde que o detido seja presente ao juiz e este valide a detenção e proceda à identificação no prazo de 48h.

[324] Ac. TC nº 565/2003, de 19.11.2003, Proc. 573/03 (Pamplona Oliveira), Ac. TC nº 135/2005, de 15.03.2005, Proc. 1035/04 (Paulo Mota Pinto) e Ac. TC nº 589/2006, de 31.10.2006, Proc. 739/06 (Vítor Gomes).

Não obstante, esta interpretação pode ser problemática, atendendo ao facto de o fundamento legal para a detenção se ter esgotado ao final das 48h (assim, Maria João Antunes[325]).

Tal entendimento de conformidade à CRP apenas se poderá justificar nos casos em que exista manifesta impossibilidade de, em 48h após a detenção: (i) o juiz se poder inteirar dos autos (extensos e complexos em certos casos); e (ii) de a(s) defesa(s) do(s) arguido(s) poder(em) exercer o respetivo direito de contraditório e confronto (acesso e consulta) com os elementos constantes dos autos que lhes sejam facultados. Acresce que depois de concretizado o interrogatório do arguido propriamente dito ainda haverá que prever o tempo necessário para que o MP possa reapreciar ou rever a sua promoção/indiciação em face do resultado daqueles interrogatórios e o tempo para as defesas alegarem e por fim o tempo para o juiz decidir em conformidade.

Na medida em que só relevam casos de manifesta impossibilidade, verifica-se uma vinculação do juiz aos fins exclusivos daquele interrogatório. Deste modo, só poderá interromper ou suspender os trabalhos nos casos previstos na lei (para descanso ou outros fins idênticos).

4. O inquérito

A fase do inquérito surge regulada nos arts. 262º-285º do CPP.

4.1. A obrigatoriedade do inquérito

Trata-se de uma das fases mais importantes da forma de processo comum e que assume um caráter obrigatório[326].

4.2. A abertura de inquérito perante a notícia do crime e a sujeição do MP ao princípio da legalidade

Apesar do caráter obrigatório desta fase, o inquérito carece de ser aberto pelo MP, não podendo tal ato ser delegado pelo MP nos OPC (art. 270º, nº 2 do CPP).

Essa abertura de inquérito ocorrerá perante a notícia do crime. Como decorre do art. 262º, nº 2 do CPP, fora alguns casos excecionais, adquirida a notícia do crime tem sempre lugar a abertura de inquérito.

325 Maria João Antunes, *Direito Processual Penal*, 3ª ed., Coimbra: Almedina, 2021, pp. 152-153.

326 Paulo de Sousa Mendes, *Lições de Direito Processual Penal*, Coimbra: Almedina, 2013, p. 65, e Maria João Antunes, *Direito Processual Penal*, 3ª ed., Coimbra: Almedina, 2021, p. 90.

Esses casos excecionais são, desde logo, os relativos aos crimes cujo procedimento criminal depende de queixa, como é o caso dos crimes semipúblicos (art. 49º do CPP) e dos crimes particulares (que também dependem de queixa – art. 50º, nº 1 do CPP). Há também os casos de crimes em que, estando verificados os pressupostos da forma especial do processo sumário, o inquérito será substituído por um interrogatório sumário realizado pelo MP. Também assim será no caso da forma especial do processo abreviado, mas não no caso da forma especial do processo sumaríssimo.

O art. 262º, nº 2 do CPP vincula assim o MP a abrir inquérito. O MP não pode optar por abrir ou não inquérito, excluindo-se quaisquer outras razões (políticas, económicas, humanitárias, etc.) que não as que decorrem de uma estrita vinculação à lei. Não é aceitável à luz do princípio da igualdade que o MP possa optar por dar um tratamento diferenciado a arguidos em termos de decisão de abertura de inquérito. Não pode o MP fazer considerações de oportunidade quanto a abrir ou não inquérito[327]. No Brasil, fala-se a este propósito, e de modo muito mais assertivo, de obrigatoriedade da ação penal.

Questão diferente é a de saber se o MP deve ou não ter discricionariedade para promover ou não a ação penal[328]. O CPP português não

[327] PAULO DE SOUSA MENDES, *Lições de Direito Processual Penal*, Coimbra: Almedina, 2013, p. 65, e MARIA JOÃO ANTUNES, *Direito Processual Penal*, 3ª ed., Coimbra: Almedina, 2021, p. 77. Nesta linha, cfr. INÊS FERNANDES GODINHO, "Legalidade e oportunidade no processo penal: modelos de convivência possível ou a necessidade de uma escolha no combate à criminalidade organizada, em especial, a corrupção", in *Jurismat*, 14 (2021), pp. 245-259 (250), segundo a qual vigora o *"postulado de que a actividade investigatória se deve desenvolver sob a égide de uma estrita vinculação à lei, para o que não podem pesar razões de conveniência"* e que *"o princípio da legalidade significa que o Ministério Público está obrigado a promover o processo penal tanto no impulso inicial, como no que toca ao impulso sucessivo"*.

[328] Sobre o tema, ponderando as divergências entre a discricionariedade formal atribuída ao MP no modelo germânico e discricionariedade real que o MP alemão exerce, cfr. JORGE DE FIGUEIREDO DIAS/MANUEL DA COSTA ANDRADE, *Criminologia – O Homem Delinquente e a Sociedade Criminógena*, Coimbra: Coimbra Editora, 1997, pp. 492 e ss. Recentemente, fazendo uma análise monográfica desenvolvida sobre as relações entre a legalidade e a oportunidade, com especial incidência no Direito das Contraordenações, mas com considerações relevantes para o domínio penal, cfr. HELENA BOLINA, *Dever de promoção e oportunidade na intervenção sancionatória contraordenacional*, dissertação de doutoramento apresentada à Faculdade de Direito da Universidade Nova de Lisboa, inédita, 2020.

acolheu essa possibilidade. Porém, concede ainda assim algum espaço ao MP para avaliar a consistência da denúncia e da queixa.

4.3. A denúncia, a queixa e a notícia do crime

O MP está obrigado a avaliar a consistência das denúncias e das queixas.

Só a denúncia ou a queixa que seja consistente pode ser havida como notícia do crime e dará, então, lugar à abertura de inquérito. Pode tratar-se de uma denúncia ou de uma queixa que não é qualificável como notícia do crime.

O art. 262º, nº 2 do CPP não se refere à denúncia (ou à queixa) como dando lugar à abertura de inquérito, mas sim à notícia do crime, deixando desta forma clara a distinção entre, por um lado, a denúncia ou a queixa e, por outro lado, a notícia do crime e obrigando o MP a avaliar a consistência das denúncias ou queixas que receba. Só se concluir favoravelmente quanto à respetiva consistência terá o MP de proceder à abertura de inquérito. A jurisprudência tem afirmado que, embora o CPP não contemple expressamente a possibilidade de arquivamento liminar de queixa/denúncia, o MP deverá assim proceder nas situações em que lhe são participados factos que não constituem crime, decorrendo tal entendimento implicitamente do art. 262º, nº 2[329].

O art. 58º, nº 1, als. *a)* e *d)*, conjugado com art. 246º, nº 6 do CPP, permite confirmar esse entendimento em relação às denúncias: estas só poderão determinar a abertura de inquérito se delas se retirarem indícios da prática do crime ou elas próprias constituam crime. Caso não determinem a abertura de inquérito, a autoridade judiciária competente terá de promover a respetiva destruição (art. 246º, nº 8 do CPP). Porém, todas as denúncias, ainda que manifestamente infundadas, são objeto de registo (art. 247º, nº 5 do CPP).

4.4. A necessidade de um despacho de abertura do inquérito

Para além da notícia do crime, a abertura de inquérito depende da prolação de um despacho nesse sentido por parte do MP.

Este é o primeiro ato do procedimento. Sem esse despacho o procedimento padece de nulidade insanável, nos termos do art. 119º, al. *b)* do CPP (falta de promoção do processo). Isto porque, do ponto de vista da promoção da ação penal, essa promoção compete ao MP (art. 48º do CPP).

[329] Ac. TRC de 06.11.2013, Proc. 310/12.4T3AND-A.C1 (Maria Pilar de Oliveira).

É verdade que na doutrina se discute se pode haver um ato tácito de abertura de inquérito. A ideia seria a seguinte: havendo comunicação da notícia do crime ao MP pelos OPC nos termos do art. 248º do CPP e na falta de avocação do inquérito pelo MP, poderia então concluir-se ter ocorrido a delegação de atos de inquérito nos OPC e uma abertura tácita de inquérito. Só que o CPP não prevê a possibilidade de serem praticados atos tácitos e, por assim ser, terá de haver um despacho a determinar a abertura de inquérito[330].

Sem esse despacho de abertura de inquérito existirá uma nulidade insanável (art. 119º, al. *b)* do CPP), com o seguinte regime: pode ser conhecida oficiosamente a nulidade e a mesma só se sana com o trânsito em julgado. No caso dos crimes semipúblicos e dos crimes particulares a falta de despacho de abertura de inquérito dá azo também a nulidade insanável, mas estará fundada em falta de inquérito (art. 119º, al. *d)* do CPP).

4.5. As regras de identificação dos processos-crime e a atribuição de NUIPC

As regras aplicáveis à identificação dos processos-crime e a necessidade de atribuição de um Número Único Identificador de Processo Crime (NUIPC) resultam da Portaria nº 1223-A/91, de 30 de dezembro (com as últimas alterações introduzidas pela Portaria nº 94/2021, de 29 de abril).

4.6. O âmbito e a finalidade do inquérito

Do art. 262º, nº 1 do CPP decorrem o âmbito e a finalidade do inquérito: o mesmo *"compreende o conjunto de diligências que visam investigar a existência de um crime, determinar os seus agentes e a responsabilidade deles e descobrir e recolher as provas, em ordem à decisão sobre a acusação"*.

Está em causa essencialmente a atividade de investigação, que envolve descobrir a existência do crime, descortinar quem foram os seus agentes (incluindo os participantes) e recolher provas. Essa investigação existe para que no final do inquérito se possa tomar uma decisão: de acusar ou de não acusar.

Concretamente pode o inquérito envolver a prática de vários atos: por exemplo, a perseguição dos agentes do crime e a descoberta e conservação das provas relevantes, não apenas para o facto punível, mas também para a personalidade do agente.

[330] Paulo de Sousa Mendes, *Lições de Direito Processual Penal*, Coimbra: Almedina, 2013, p. 66.

4.7. A natureza inquisitiva do inquérito

O inquérito tem uma natureza inquisitiva, que constitui uma decorrência do pendor inquisitorial do processo penal português (ainda que com estrutura acusatória, assegurada no art. 32º, nº 5 da CRP).

Para além dos poderes de investigação autónomos atribuídos ao juiz, verifica-se que não vigora o contraditório no inquérito, não obstante o arguido, por regra, dever ser confrontado com o objeto do processo antes do termo do inquérito, para que, querendo, possa oferecer a sua defesa, tal como decorre do previsto no nº 1 do art. 272º do CPP (e se necessário recorrendo-se a interrogatórios suplementares sempre que houver alteração do objeto investigado e com o qual o arguido já foi confrontado).

4.8. A publicidade do inquérito e a sujeição a segredo de justiça[331]

Apesar da natureza inquisitiva, o inquérito é por regra público, mas podem existir casos de restrição à publicidade.

O art. 86º, nº 1 do CPP dispõe que o processo penal é, sob pena de nulidade, público, ressalvadas as exceções previstas na lei. Esse passou a ser o regime regra após a redação dada pela Lei nº 48/2007, de 29 de agosto.

Poderia equacionar-se se não faria mais sentido que a investigação fosse desenvolvida sem publicidade. Durante vários anos assim se entendeu. A partir de 2009 passou também a firmar-se a ideia segundo a qual a publicidade seria importante para efeitos de transparência, para controlar o desenrolar da investigação e para permitir a participação efetiva do assistente no processo (para deixar de ser um mero coadjuvante do MP). Hoje o CPP consagra o princípio da publicidade[332].

Os nºs 2, 3, 4 e 5 do art. 86º do CPP dispõem depois sobre o regime da sujeição a segredo de justiça, mas de alguma forma confirmando o sentido do princípio geral da publicidade constante do nº 1. Nos termos

[331] Em relação à publicidade e acesso ao processo penal, à liberdade de imprensa e ao segredo de justiça, cfr. Mário Ferreira Monte, *Segredo e publicidade na justiça penal*, Coimbra: Almedina, 2018, e Renato Lopes Militão, *A Liberdade de Imprensa e o Segredo de Justiça do Processo Penal – À Luz da Constituição da República Portuguesa e da Convenção Europeia dos Direitos Humanos*, Lisboa: Nova Causa, 2021.

[332] Assim, por exemplo, Ac. TRL de 21.05.2019, Proc. 324/14.0TELSB-CJ.L1-5 (Artur Vargues). Para uma evolução do regime antes da revisão de 2007 e após a revisão de 2007 e a revisão de 2010, cfr. Inês Ferreira Leite, "Segredo ou publicidade? – a tentação de Kafka na investigação criminal portuguesa", in *RMP*, 124 (Out.-Dez. 2010), pp. 5-87.

do nº 2, a sujeição a segredo de justiça depende de um requerimento do arguido, do assistente ou do ofendido, o MP terá de ser ouvido e o juiz de instrução só determinará a sujeição a segredo de justiça quando entenda que a publicidade prejudica os direitos daqueles sujeitos ou participantes processuais. Verifica-se aqui um reforço da regra do nº 1 na medida em que se estabelecem várias exigências para a sujeição a segredo. O nº 3 admite que o próprio MP venha a entender ser relevante a sujeição a segredo de justiça, mas também aí se formulam claras exigências quanto à decisão de aplicação ao processo do segredo de justiça: os interesses da investigação ou os direitos dos sujeitos processuais terão de o justificar e a decisão do MP de sujeição a segredo de justiça carece de uma validação pelo juiz de instrução no prazo máximo de 72h. Ainda que o processo tenha sido sujeito a segredo de justiça dispõe o nº 4 que o MP poderá a qualquer momento, oficiosamente ou mediante requerimento do arguido, do assistente ou do ofendido, determinar o seu levantamento. Logo o segredo de justiça, ainda que tenha sido determinado, não tem de se manter até ao final do inquérito. Estabelece por fim o nº 5 que, perante um requerimento do arguido, do assistente ou do ofendido, se o MP se recusar a levantar o segredo de justiça os autos serão remetidos ao juiz de instrução para decisão.

4.9. O acesso aos autos

Trata-se de matéria regulada no art. 89º do CPP.

Nos termos do nº 1, o arguido, o assistente, o ofendido, o lesado e o responsável meramente civil podem consultar o processo ou elementos dele constantes e podem também obter os correspondentes extratos, cópias ou certidões, mas para o efeito terão de apresentar um requerimento nesse sentido. Contudo, o MP poderá opor-se a essa consulta ou obtenção se, fundamentadamente, entender que poderão prejudicar a investigação ou os direitos dos participantes processuais ou das vítimas. Ou seja, há uma garantia de acesso aos autos e a postergação dessa garantia implica que o MP a justifique.

Opondo-se o MP à consulta ou obtenção de elementos, caberá ao juiz decidir (por despacho irrecorrível) o requerimento que tenha sido apresentado.

Especialmente relevante é o disposto no nº 6. Em princípio, ultrapassados os prazos de duração máxima do inquérito previstos no art. 276º do CPP, o arguido, o assistente e o ofendido passam a poder consultar todos os elementos de processo que se encontre em segredo de justiça. Só assim não será se o juiz de instrução determinar, a requerimento do MP, que o acesso aos autos seja adiado. Esse adiamento poderá ocorrer por um período máximo de 3 meses, mas tal período pode vir a ser prorrogado uma só vez estando em causa a criminalidade a que se referem as als. *i)* a *m)* do art. 1º do CPP. Diz a lei que a prorrogação será pelo prazo objetivamente indispensável à conclusão da investigação. Porém, discute-se se esse prazo objetivamente indispensável à conclusão da investigação poderá ou não ultrapassar um prazo máximo de mais 3 meses. No Ac. STJ de Fixação de Jurisprudência nº 5/2010[333], fixou-se jurisprudência no sentido de entender que *"o prazo de adiamento do acesso aos autos, a que se refere a segunda parte do art. 89º/6, é fixado pelo juiz de instrução pelo período de tempo objetivamente indispensável à conclusão da investigação, sem estar limitado pelo prazo máximo* [de 3 meses prorrogáveis por uma só vez] *referido na mesma norma"*. Porém, com a reforma de 2010 ocorreu o alargamento dos prazos máximos do inquérito, pelo que a referida jurisprudência terá perdido a respetivo *ratio decidendi*, conforme defende Paulo de Sousa Mendes[334]. Além disso, como sublinha o mesmo autor, a lei refere-se à possibilidade de prorrogação de prazo, o que inculca que o prazo de prorrogação terá de ser idêntico ao prazo inicial[335]. Logo, o adiamento de acesso aos autos deveria ser interpretado como tendo o limite máximo de 6 meses.

4.10. A direção do inquérito pelo MP e a colaboração dos OPC

A direção do inquérito está atribuída ao MP[336] (art. 263º, nº 1 do CPP), que é o seu *dominus*[337].

[333] Ac. STJ de Fixação de Jurisprudência nº 5/2010, de 15.04.2010 (Rodrigues da Costa).

[334] Paulo de Sousa Mendes, *Lições de Direito Processual Penal*, Coimbra: Almedina, 2013, p. 69.

[335] Paulo de Sousa Mendes, *Lições de Direito Processual Penal*, Coimbra: Almedina, 2013, p. 69.

[336] Acerca da direção do inquérito, cfr. Paulo Dá Mesquita, *Direcção do Inquérito Penal e Garantia Judiciária*, Coimbra: Coimbra Editora, 2003.

[337] Paulo de Sousa Mendes, *Lições de Direito Processual Penal*, Coimbra: Almedina, 2013, p. 67.

O art. 48º do CPP, que consagra o princípio da oficialidade, reforça esse entendimento.

Porém, o MP tem de contar na sua ação com a colaboração dos OPC (art. 263º, nºs 1 e 2 do CPP): os OPC assistem o MP no inquérito e atuam sob a direta orientação do MP e na sua dependência funcional[338].

4.11. Atos do inquérito

Nos arts. 267º-275º do CPP preveem-se os atos do inquérito.

4.11.1. Os atos da competência do MP e a delegação nos OPC

Desde logo, surge a referência aos atos do MP (art. 267º do CPP): que são aqueles que são necessários à realização das finalidades do inquérito.

Embora da competência do MP, os atos de inquérito podem ser delegados nos OPC (art. 270º, nº 1 do CPP). Nesses atos não se incluem os que sejam da competência exclusiva do juiz de instrução (arts. 268º e 269º do CPP), bem como receber depoimentos ajuramentados, ordenar a realização de perícia, assistir a exames que possam ofender o pudor da pessoa a eles sujeita, ordenar ou autorizar revistas e buscas e quaisquer outros atos expressamente determinados pela lei que devam ser presididos ou praticados pelo MP (art. 270º, nº 2 do CPP).

O art. 270º, nº 4 do CPP prevê a possibilidade de o MP efetuar uma delegação genérica e não apenas uma delegação específica. Esta, ao contrário da delegação específica, diz respeito a uma tipologia de processos. O despacho de delegação (de natureza genérica) terá de indicar os tipos de crime ou os limites das penas aplicáveis aos crimes em investigação.

Em certos casos, a delegação nos OPC encontra-se previamente estabelecida. Tal sucede em relação a crimes da competência reservada da PJ. A Diretiva nº 1/2002 – Ministério Público – PGR, determinou a dele-

338 No que toca à relação entre os OPC e o MP e à dependência funcional daqueles relativamente às autoridades judiciárias em geral e com uma apreciação crítica, cfr. José Damião da Cunha, *O Ministério Público e os órgãos de polícia criminal: no novo Código de Processo Penal*, Porto: Universidade Católica, 1993, pp. 105 e ss. e "O relacionamento entre a autoridade judiciária e polícias no processo penal", in *I Congresso de processo penal: memórias* (coord. Manuel Monteiro Guedes Valente), Coimbra: Almedina, 2005, pp. 99-112. Também com referências, cfr. Augusto Silva Dias/Rui Soares Pereira, *Sobre a Validade de Procedimentos Administrativos Prévios ao Inquérito e de Fases Administrativas – Preliminares no Processo Penal*, Coimbra: Almedina, 2018, pp. 15 e ss.

gação genérica na PJ da competência para a investigação e para a prática dos atos processuais de inquérito derivados da mesma ou que a integrem relativamente aos crimes previstos no art. 4º da Lei nº 21/2000, de 10 de agosto, e no nº 2 do art. 5º do Decreto-Lei nº 275-A/2000, de 9 de novembro. Determinou ainda a Diretiva a delegação genérica na PSP e na GNR da competência para a investigação e para a prática dos atos processuais da mesma derivados relativamente aos crimes que lhes forem denunciados cuja competência não esteja reservada à PJ e ainda dos crimes cuja investigação lhes esteja cometida pelas respetivas leis orgânicas.

Ainda que exista delegação de atos nos OPC, a orientação do inquérito pertence ao MP e os OPC estão numa situação de dependência funcional em relação do MP (arts. 53º, nº 2, al. *b*), e 263º, nº 2 do CPP).

O MP não perde a direção do inquérito em virtude da delegação de atos nos OPC. Verifica-se apenas que pode ser delegada nos OPC a realização de certos atos. De resto, a direção do inquérito não tem de implicar, necessariamente, que os atos de investigação tenham de ser pelo MP materialmente realizados ou presididos. De outra forma perderia sentido a restrição em matéria de delegação aos OPC constante do nº 2 do art. 270º do CPP.

4.11.2. Os atos da competência do juiz de instrução

Para certos atos do inquérito exige-se a intervenção do juiz de instrução (arts. 268º e 269º do CPP).

O juiz de instrução atua aqui como um "juiz das liberdades", isto é, que, sopesando os interesses em conflito, decide qual deve prevalecer e em que medida. Justifica-se a intervenção do juiz de instrução porque o inquérito não raras vezes contende com direitos fundamentais. Por exemplo, as medidas de coação têm de ser aplicadas pelo juiz[339].

Há atos que tem de ser o próprio juiz de instrução a praticar (art. 268º do CPP) e existem atos que o juiz pode ordenar ou autorizar que se realizem (art. 269º do CPP).

[339] Discutindo a questão do controlo de proibições de prova pelo juiz de instrução no inquérito, cfr. Nuno Brandão, "O controlo de proibições de prova pelo juiz de instrução no decurso do inquérito", in *Revista Portuguesa de Ciência Criminal*, 29, nº 1 (Jan.-Abr. 2019), pp. 47-58.

4.12. A insuficiência do inquérito

A importância do inquérito justifica que se preveja a respetiva nulidade em caso de insuficiência[340], que não se confunde com a falta de inquérito.

Dispõe o art. 120º, nº 2, al. *d)* do CPP que a insuficiência do inquérito (não a falta de inquérito que integra uma nulidade insanável nos termos do art. 119º, al. *d)* do CPP) poderá gerar uma nulidade dependente de arguição, mas tal sucederá apenas se tiver sido omitida a prática de atos legalmente obrigatórios. A dúvida reside em saber quando estamos perante atos legalmente obrigatórios. Terá de estar em causa a omissão de diligências de investigação que a lei impõe.

Havendo nulidade, terá de ser arguida até ao encerramento do debate instrutório ou, não havendo instrução, até 5 dias após a notificação do despacho que tiver encerrado o inquérito (art. 120º, nº 3, al. *c)* do CPP).

4.13. O encerramento do inquérito

4.13.1. A natureza ordenadora dos prazos de duração máxima do inquérito

O art. 276º do CPP prevê os prazos de duração máxima do inquérito.

Por regra o prazo de duração máxima do inquérito é de 6 meses ou de 8 meses consoante existam ou não arguidos presos ou obrigados a permanecer na habitação (art. 276º, nº 1 do CPP). Esses 2 prazos podem excecionalmente elevar-se para 8 ou 14 meses ou, no limite, para o dobro (art. 276º, nºs 2 e 3 do CPP).

Os prazos são considerados, pela generalidade da doutrina portuguesa[341], prazos ordenadores[342]. Não haverá invalidade (nem sequer irregularidade)

[340] Paulo de Sousa Mendes, *Lições de Direito Processual Penal*, Coimbra: Almedina, 2013, p. 71.

[341] Por vezes alude-se, mas de forma não rigorosa, a prazos meramente indicativos – AA.VV., *Mudar a Justiça Penal – Linhas de Reforma do Processo Penal Português* (coord. António João Latas), Coimbra: Almedina, 2012, p. 52 –, ainda que depois se acrescente a existência de mecanismos presentes no CPP para incentivar o cumprimento dos prazos e se proponham soluções para a melhoria/fiscalização desse cumprimento.

[342] Paulo de Sousa Mendes, *Lições de Direito Processual Penal*, Coimbra: Almedina, 2013, p. 69. Sobre a explicação do significado dos prazos ordenadores e sua contraposição em relação aos prazos perentórios, cfr. Marco Carvalho Gonçalves, *Prazos Processuais*, 3ª ed., Almedina,

do processo em resultado da ultrapassagem destes prazos. A violação dos prazos (de duração máxima do inquérito ou de acesso aos autos[343]) não é, contudo, desprovida de efeitos e consequências[344]. O magistrado do MP titular do processo tem de comunicar essa violação ao superior hierárquico e terá de indicar as razões do atraso e o período necessário para concluir o inquérito (art. 276º, nº 6 do CPP). O superior hierárquico pode avocar o processo (na prática, chamar a si o processo), dando sempre conhecimento ao PGR, ao arguido e ao assistente da violação do prazo e do período necessário para concluir o inquérito (art. 276º, nº 7 do CPP).

Excedidos os prazos pode também haver lugar ao incidente de aceleração processual a determinar pelo PGR, oficiosamente ou a requerimento (arts. 108º, 109º e 276º, nº 8 do CPP).

Discute-se se a imposição dos prazos de duração máxima do inquérito determina uma diferente natureza dos mesmos, nomeadamente de cadu-

2022, pp. 35-47. De acordo com Paulo Dá Mesquita, "Prazos da ação penal e procedimento para acusação", in *Julgar*, 34 (Jan.-Abr. 2018), pp. 165-190, deve entender-se que: o decurso dos prazos não tem qualquer efeito perentório relativamente ao exercício da ação penal; a atribuição de efeitos preclusivos da ação penal seria desconforme com a CRP; a solução adotada no CPP é compatível com a CEDH e está em linha com a jurisprudência do TEDH.

[343] É também possível estabelecer uma relação entre os prazos de duração máximo do inquérito, o segredo de justiça e a publicidade do processo – assim, cfr. José Damião da Cunha, "Prazos de encerramento do inquérito, segredo de justiça e publicidade do processo", in *As alterações de 2010 ao Código Penal e ao Código de Processo Penal* (coord. Rui do Carmo e Helena Leitão), Coimbra: Coimbra Editora, 2011, pp. 119-152.

[344] Com discussão a respeito de uma decisão do TRL e se não deverá a violação suscitar a intervenção jurisdicional, cfr. Cláudia Cruz Santos, "Prazos de duração máxima do inquérito: as consequências para a sua violação – acórdão do Tribunal da Relação de Lisboa de 09-07-2015", in *Revista Portuguesa de Ciência Criminal*, 26, nºs 1-4 (Jan.-Dez. 2016), pp. 549-583, e "O controlo judicial da violação dos prazos de duração máxima do inquérito", in *Julgar*, 32 (Maio-Ago. 2017), pp. 233-254. Propondo já uma solução integrada de intervenção do superior hierárquico e do juiz de instrução, neste caso, atento o conflito entre o interesse público na perseguição criminal e o interesse do arguido numa decisão em prazo razoável, cfr. AA.VV., *Mudar a Justiça Penal – Linhas de Reforma do Processo Penal Português* (coord. António João Latas), Coimbra: Almedina, 2012, pp. 53-55. Cfr. também a posição de José António Barreiros, "Inquérito sem prazo, justiça sem fim", in *Julgar*, 34 (Jan.-Abr. 2018), pp. 149-164, que se manifesta contra a possibilidade de inquérito criminal sem prazo ou com prazo formal, meramente indicativo.

cidade[345]. Em face da lei vigente, ademais sucessivamente revista e sem que se alterasse a natureza, incluindo a possibilidade de reabertura de inquérito a todo o tempo (mediante nova prova nos termos do art. 279º do CPP), a natureza meramente ordenadora dos prazos de inquérito é a única conclusão possível, tal como João Conde Correia[346] aponta (sendo inadmissível igualmente o arquivamento pelo mero decurso do tempo por corresponder até a uma violação da legalidade e da promoção processual penal).

4.13.2. As possíveis decisões no final do inquérito

4.13.2.1. O elenco de possíveis decisões

Concluído o inquérito, importará tomar uma decisão quanto à submissão ou não do arguido a julgamento, existindo uma diversidade de soluções[347], incluindo medidas de diversão/mediação processual[348].

No que respeita aos crimes públicos e semipúblicos, tipicamente o inquérito poderá findar com 2 grandes despachos proferidos pelo MP (que não podem ser delegados nos OPC, por integrar a direção do inquérito do MP): um despacho de arquivamento (art. 277º do CPP) ou com um despacho de acusação (art. 283º do CPP). Não obstante, preveem-se medidas de diversão processual, que devem ser aplicadas preferencialmente: (i) o arquivamento em caso de dispensa da pena (art. 280º do CPP)[349]; (ii) a suspensão provisória do processo (art. 281º do CPP);

[345] Assim, Cláudia Cruz Santos, *O Direito Processual Penal Português em Mudança: rupturas e continuidades*, Coimbra: Almedina, 2020, pp. 90 e ss.

[346] João Conde Correia, *Comentário Judiciário do Código de Processo Penal*, Tomo III, 2ª ed., Coimbra: Almedina, 2022, anotação ao art. 276º, pp. 1006-1010.

[347] Paulo de Sousa Mendes, *Lições de Direito Processual Penal*, Coimbra: Almedina, 2013, p. 71.

[348] No entender de José Faria Costa, "Diversão (desjudiciarização) e mediação: que rumos?", in *BFD*, 1985, pp. 91-158 (83) [ideia acolhida em Fernando Torrão, *A relevância político-criminal da suspensão provisória do processo*, Coimbra: Almedina, 2000, p. 121], a diversão ou desjudiciarização corresponde a uma tentativa de solução do conflito jurídico-penal fora do processo normal de justiça, ou seja, de modo desviado face àquele procedimento e que tal tem de ocorrer antes da determinação ou declaração da culpa ou antes da determinação da pena.

[349] Já se propôs também, como medida de simplificação, a consagração de um arquivamento dos autos fora dos casos de dispensa de pena para crimes puníveis com pena de prisão até 5 anos, verificada a reparação dos prejuízos causados e a não oposição do ofendido/assistente – AA.VV., *Mudar a Justiça Penal – Linhas de Reforma do Processo Penal Português* (coord. António João Latas), Coimbra: Almedina, 2012, p. 58.

(iii) o envio para a forma especial de processo sumaríssimo (art. 392º do CPP); e (iv) a mediação penal para os crimes semipúblicos (Lei nº 21/2007, de 12 de junho)[350]. Prevê-se também a possibilidade de vir a ser deduzida acusação (subordinada) pelo assistente (art. 284º do CPP) ou de deduzir requerimento para a abertura de instrução (287º, nº 1, al. *b)* do CPP).

Relativamente aos crimes particulares, vale o disposto no art. 285º do CPP, que contempla a faculdade de dedução de acusação particular pelo assistente, independentemente dos indícios que tenham sido recolhidos no inquérito, bem como a possibilidade de dedução de acusação subordinada pelo MP. Havendo acordo do assistente, é de admitir a possibilidade de ser determinada a suspensão provisória do processo também nos crimes particulares (art. 281º do CPP)[351]. Se não for aceite pelo assis-

[350] Cláudia Cruz Santos, *A Justiça Restaurativa – um modelo de reação ao crime diferente da justiça penal: porquê, para quê e como?*, Coimbra: Coimbra Editora, 2014, pp. 670: *"em Portugal optou--se por criar um regime legal da mediação penal enquanto mecanismo de diversão, entre nós introduzida pela Lei nº 21/2007, de 12 de Junho"*, e André Lamas Leite, *A mediação penal de adultos: um novo "paradigma" de justiça? – análise crítica da Lei nº 21/2007, de 12 de Junho*, Coimbra: Coimbra Editora, 2008, p. 56 (*"o recurso a este mecanismo de* diversion*)"*. Também no sentido da qualificação da mediação penal como medida de diversão processual, cfr. Paulo de Sousa Mendes, *Lições de Direito Processual Penal*, Coimbra: Almedina, 2013, p. 84, referindo que a mediação como alternativa ao procedimento criminal é o sistema mais comum. Rejeitando, porém, que a mediação penal prevista na Lei nº 21/2007, de 12 de junho, seja em rigor uma alternativa à acusação, argumentando que a remessa para mediação se basta com a existência de indícios e que pode ocorrer em qualquer momento do inquérito, cfr. Maria João Antunes, *Direito Processual Penal*, 3ª ed., Coimbra: Almedina, 2021, p. 83. Na medida em que defende que a mediação pode ocorrer em qualquer fase do inquérito e que a remessa depende apenas da existência de meros indícios, parece ser também essa a posição de Paulo Pinto de Albuquerque, *Comentário do Código de Processo Penal à luz da Constituição da República e da Convenção Europeia dos Direitos do Homem*, 4ª ed., Lisboa: Universidade Católica Editora, 2011, anotação 3 ao art. 262º, p. 713. Aparentemente favorecendo a ideia de a remessa do processo para mediação ser uma solução extrajudicial que evita a sujeição do arguido a julgamento e da qual emerge o dever de remessa ainda que existam indícios suficientes da prática de um crime, cfr. João Conde Correia, *Comentário Judiciário do Código de Processo Penal*, Tomo III, 2ª ed., Coimbra: Almedina, 2022, anotação 72 ao art. 281º, p. 1165.

[351] Pode, por isso, afirmar-se com João Conde Correia, *Comentário Judiciário do Código de Processo Penal*, Tomo III, 2ª ed., Coimbra: Almedina, 2022, anotação 16 ao art. 281º, p. 1142 que *"a natureza do crime é irrelevante"*. Nesse sentido, também Maria João Antunes, *Direito Processual Penal*, 3ª ed., Coimbra: Almedina, 2021, p. 110, acrescentando, porém, que a questão só se coloca se a acusação for deduzida e que deve ser logo dado cumprimento pelo MP

tente a suspensão provisória do processo nem por aquele for deduzida acusação particular, compete ao MP proferir despacho de arquivamento por inadmissibilidade legal do procedimento (art. 277º, nº 1, parte final do CPP). Também se admite a mediação penal para os crimes particulares (art. 2º, nº 1 da Lei nº 21/2007, de 12 de junho).

4.13.2.2. O arquivamento do inquérito

4.13.2.2.1. A competência exclusiva do MP para o arquivamento do inquérito

No final do inquérito, poderá ser proferida uma decisão de arquivamento do inquérito (art. 277º do CPP), a qual é ainda uma forma (ainda que negativa) de exercício da ação penal, no quadro do princípio da legalidade.

Tal decisão de arquivamento é da competência exclusiva do MP (logo, não delegável nos OPC).

4.13.2.2.2. As modalidades de arquivamento do inquérito

Pode o arquivamento do inquérito decorrer de 2 situações distintas: (i) da circunstância de ter sido recolhida prova bastante de se não ter verificado o crime ou de o arguido o não ter praticado a qualquer título ou de o procedimento ser legalmente inadmissível (é o chamado "arquivamento assertivo", previsto no art. 277º, nº 1 do CPP); (ii) ou apenas da falta de indícios suficientes da verificação de crime ou de quem foram os seus agentes (é o chamado "arquivamento dubitativo", previsto no art. 277º, nº 2 do CPP, e que corresponderia no direito anterior ao arquivamento do processo "a aguardar melhor prova").

No primeiro caso, não existe qualquer dúvida nem falta de indícios: simplesmente ou os indícios recolhidos apontam para não ter sido praticado o crime ou para o arguido não ter tido intervenção no crime praticado ou então não é admissível a continuação do procedimento (por exemplo, por se ter verificado a prescrição do procedimento criminal ou faltarem condições de procedibilidade[352]). Estando convencido de que o arguido não pode ser submetido a julgamento, não resta outra alter-

ao disposto no art. 285º, nº 1 do CPP e não apenas depois de se mostrar inviável a suspensão provisória do processo.

[352] Maria João Antunes, *Direito Processual Penal*, 3ª ed., Coimbra: Almedina, 2021, pp. 103-104.

nativa ao MP que não seja a de proferir um despacho de arquivamento. E, comprovando-se que foi feita uma utilização abusiva do processo, poderá ainda haver lugar a uma condenação do denunciante ou do queixoso no pagamento de quantia entre 6 UC e 20 UC e ao apuramento de responsabilidade penal deste (art. 277º, nº 5 do CPP). Discute-se se o MP poderá arquivar o processo quando tenha recolhido indícios de uma causa de exclusão da ilicitude ou da culpa[353]. Alguma doutrina[354] entende que tais causas de exclusão da responsabilidade do arguido apenas poderão ser aferidas por um juiz até porque, sendo da responsabilidade do MP a recolha de tais indícios, só outra entidade poderia atestar ou declarar a falta de responsabilidade do arguido. Uma solução que no plano dos princípios é totalmente coerente, porém, parece excessiva nos casos de absoluta inexistência de qualquer dúvida sobre a verificação de uma causa de exclusão da ilicitude (por exemplo, um agente policial que, de modo inequívoco e havendo prova irrefutável, mata um dos sequestradores momentos antes de o mesmo executar um dos reféns, agindo em manifesta legitima defesa). A dedução de uma acusação em tais casos é, além de excessiva, desproporcionada face a alguém a favor de quem se obteve prova de que *não* cometeu qualquer crime (logo, não está verificado o crivo dos indícios de crime ou de que se possa aplicar sanção), cabendo sempre um controlo jurisdicional de tal decisão (por via do requerimento para abertura de instrução).

Já no segundo caso o arquivamento é apenas fruto de não terem sido recolhidos indícios suficientes: o crime até pode ter sido praticado, o agente até pode estar envolvido na prática do crime e até poderão não existir obstáculos legais ao procedimento, mas se não foi possível recolher indícios suficientes sobre a verificação do crime e respetivos agentes também o MP não poderá deduzir acusação contra o arguido.

4.13.2.2.3. A não definitividade do arquivamento do inquérito

Ambas as modalidades de arquivamento do inquérito não conduzem a um arquivamento que possa ser considerado definitivo, no sentido de

[353] Acerca deste tema, cfr. HELENA MORÃO, "Dever de acusar ou não acusar do Ministério Público em casos de justificação e desculpa?", in *Revista Portuguesa de Ciência Criminal*, 22, nº 1 (Jan.-Mar. 2012), pp. 61-77.

[354] FREDERICO DA COSTA PINTO, *Direito Processual Penal – Curso semestral*, Lisboa: AAFDL, 1998, pp. 139-140.

não existir qualquer risco de contra o arguido vir a ser proferida acusação ou de as investigações retomarem[355].

É certo que o despacho de arquivamento é notificado ao arguido, ao assistente, ao denunciante com a faculdade de se constituir assistente e a quem tenha manifestado o propósito de deduzir pedido de indemnização civil e ainda ao defensor ou advogado (art. 277º, nºs 3 e 4 do CPP).

Porém, o imediato superior hierárquico pode determinar, oficiosamente ou a requerimento do assistente ou do denunciante com a faculdade de se constituir assistente, que seja formulada acusação ou que as investigações prossigam (art. 278º, nº 1 do CPP).

Além disso, até à prescrição do procedimento criminal poderá sempre ocorrer a reabertura do inquérito caso surjam novos elementos de prova que invalidem os fundamentos invocados pelo MP no despacho de arquivamento (art. 279º, nº 1 do CPP)[356]. Ainda que pudesse fazer mais sentido consagrar a possibilidade de reabertura do inquérito apenas para as hipóteses de arquivamento dubitativo (ou seja, para os casos de arquivamento previstos no nº 2 do art. 277º do CPP), o CPP não distingue as modalidades de arquivamento em causa que podem dar azo à reabertura do inquérito. Por assim ser, deve considerar-se também passível de reabertura o inquérito que tenha findado com um despacho de arquivamento assertivo (isto é, realizado nos casos do nº 1 do art. 277º do CPP)[357].

[355] Mitigando um pouco esta conclusão, embora reconhecendo que não tem força de caso julgado que o torne definitivo, mas sublinhando que dispõe de uma força estabilizadora muito superior à que é conferida pelo direito supranacional e pelo direito comparado, cfr. JOÃO CONDE CORREIA, *Comentário Judiciário do Código de Processo Penal*, Tomo III, 2ª ed., Coimbra: Almedina, 2022, anotações 2 a 5 ao art. 279º, pp. 1100-1101.

[356] MARIA JOÃO ANTUNES, *Direito Processual Penal*, 3ª ed., Coimbra: Almedina, 2021, p. 104, refere a este propósito que a *"eficácia processual definitiva do despacho de arquivamento mantém-se, pois, "sob reserva da cláusula rebus sic stantibus""*. Já com essa referência dizendo que *"é difícil entender (...) qual o efetivo valor do despacho de arquivamento perante alguém que já foi constituído arguido – despacho que, aqui sim, parece ser remetido para uma espécie de caso julgado rebus sic stantibus"*, cfr. JOSÉ DAMIÃO DA CUNHA, *O caso julgado parcial: questão da culpabilidade e questão da sanção num processo de estrutura acusatória*, Porto: Universidade Católica, 2002, p. 748.

[357] PAULO DE SOUSA MENDES, *Lições de Direito Processual Penal*, Coimbra: Almedina, 2013, p. 74.

O facto de existir possibilidade de reabertura do inquérito até à prescrição do procedimento criminal pode levar a defender (ponto discutido também ao abrigo do direito anterior por Castanheira Neves[358]) que o arguido terá de ter a possibilidade de requerer a abertura da instrução. Entende Paulo de Sousa Mendes[359] que o art. 287º, nº 1, al. *a)* do CPP terá de ser lido em conformidade com a CRP e que só concedendo ao arguido a faculdade de requerer a abertura da instrução poderá ocorrer a necessária pacificação social.

4.13.2.3. A acusação pelo MP

Nos crimes públicos e semipúblicos, se o MP tiver recolhido indícios suficientes de que foi cometido crime e tiver identificado os seus agentes, terá de deduzir acusação (art. 283º, nº 1 do CPP).

Embora a recolha de indícios suficientes quanto à existência de crime e à intervenção do arguido na sua prática seja uma condição necessária para a dedução de acusação pelo MP não é uma sua condição suficiente. Isto porque o nº 2 do mesmo art. 283º do CPP esclarece o sentido de indícios suficientes relevante para a dedução de acusação pelo MP: *"Consideram-se suficientes os indícios sempre que deles resultar uma possibilidade razoável de ao arguido vir a ser aplicada, por força deles, em julgamento, uma pena ou uma medida de segurança"*.

Desta formulação decorre que o MP tem de estar convencido que com aqueles indícios (e na falta de outros elementos que os infirmem) ao arguido virá ser aplicada em julgamento uma pena ou medida de segurança. Dúvidas[360] se suscitam sobre o patamar de convencimento exigível, tendo em conta as diferentes expressões usadas no CPP: "indí-

[358] António Castanheira Neves, *Sumários de Processo Criminal – 1967-1968*, Coimbra, 1968, pp. 143-151.

[359] Paulo de Sousa Mendes, *Lições de Direito Processual Penal*, Coimbra: Almedina, 2013, pp. 72-74.

[360] Sobre o tema, ainda com relevância, Jorge Noronha e Silveira, "O conceito de indícios suficientes no processo penal português", in *Jornadas de Direito Processual Penal e Direitos Fundamentais* (coord. Maria Fernanda Palma), Coimbra: Almedina, 2004, pp. 155-181, sustentando que a convicção não se basta com a maior possibilidade de condenação do que de absolvição, mas antes *"(...) deve pressupor a formação de uma verdadeira convicção de probabilidade de futura condenação"* – cfr. Ac. TRE de 02.06.2015, Proc. 1083/13.9GDSTB.E1 (Fernando Pina).

cios suficientes", "fortes indícios", etc. O MP só pode deduzir acusação se atingir esse patamar de convencimento, devendo para o efeito responder à seguinte questão: será que com os indícios recolhidos e, caso estivéssemos em julgamento, ao arguido seria aplicada pelo juiz uma pena ou uma medida de segurança? Está em causa um raciocínio hipotético, uma vez que o processo não se encontra na fase de julgamento, o MP não tem forma de garantir que um juiz faria a mesma apreciação acerca dos indícios e o MP também não pode excluir que em julgamento poderiam vir a surgir elementos a infirmar os indícios recolhidos. Ainda assim exige-se que faça esse exercício e que conclua com um juízo, não dubitativo, mas categórico[361]. Tal como já alertava Castanheira Neves[362], esse juízo do MP não se afasta em substância do juízo que terá de ser feito pelo juiz no momento da prolação da sentença, mas apoia-se em elementos cuja solidez não pode ser equiparada à dos elementos disponíveis aquando da prolação da sentença. Os indícios recolhidos na fase de inquérito são ainda e apenas indícios e não propriamente prova como no momento da sentença. O acervo sobre o qual o MP formula o seu juízo poderá ainda não estar completo e pode não ter sido objeto de verdadeiro contraditório (porque no inquérito o arguido não exerce um contraditório pleno) ou não ter sido sujeito a uma avaliação de consistência que passa pelo confronto com outros elementos que o MP não tomou em consideração[363].

Uma via alternativa, mas que suscita críticas, será procurar fundar-se na diversidade literal[364] (fortes indícios para as 3 medidas de coação mais graves - arts. 200º a 202º do CPP - *vs.* indícios suficientes para a acusação ou pronúncia - arts. 283º e 308º do CPP) uma diferença de grau de exigência: enquanto para submeter a julgamento é exigido um

[361] Paulo de Sousa Mendes, *Lições de Direito Processual Penal*, Coimbra: Almedina, 2013, p. 75.

[362] António Castanheira Neves, *Sumários de Processo Criminal - 1967-1968*, Coimbra, 1968, pp. 36-37.

[363] Concordante com esta visão, se bem compreendemos, cfr. João Conde Correia, *Comentário Judiciário do Código de Processo Penal*, Tomo III, 2ª ed., Coimbra: Almedina, 2022, anotação 10 ao art. 283º, pp. 1192-1193.

[364] Parecendo também admitir essa possibilidade, cfr. João Conde Correia, *Comentário Judiciário do Código de Processo Penal*, Tomo III, 2ª ed., Coimbra: Almedina, 2022, anotação 11 ao art. 283º, p. 1193.

juízo de probabilidade maioritário, para sujeitar o arguido a uma das daquelas 3 medidas de coação mais graves, atenta a maior lesão de direitos fundamentais, é exigida uma probabilidade qualificada.

O nº 3 do art. 283º do CPP refere-se ao conteúdo da acusação, cuja inobservância conduz à respetiva nulidade. Os limites ao número de testemunhas arroladas pelo MP podem ser ultrapassados, mediante requerimento, estando em causa os crimes previstos no nº 2 do art. 215º do CPP ou se o processo se revelar de excecional complexidade, mas se assim suceder terão de ser enunciados os factos sobre os quais as testemunhas irão depor e o motivo do conhecimento direto dos factos (art. 283º, nº 7 do CPP). A pretensão de ultrapassagem do limite do número de testemunhas será, em todo o caso, indeferida quando se conclua que estão em causa provas irrelevantes ou supérfluas, que o meio de prova é inadequado, de obtenção impossível ou muito duvidosa ou se o pedido tiver apenas finalidade dilatória (art. 283º, nº 8 do CPP).

4.13.2.4. A acusação (subordinada) pelo assistente

No prazo de 10 dias, nos crimes públicos e semipúblicos, se o MP também tiver acusado (art. 284º do CPP), o assistente pode limitar-se a mera adesão à acusação do MP, mas pode também acusar[365] por outros factos que não importem alteração substancial de factos (art. 1º, al. *f)* do CPP).

A acusação pelo assistente que não se limite a uma mera adesão à acusação do MP tem cabimento, quer em caso de discordância relativamente apenas à qualificação jurídica constante da acusação do MP, quer se o assistente considerar que a acusação do MP não contém factos que devem ser adicionados, mas constituem uma alteração não substancial de factos. Isto porque uma mera alteração da qualificação jurídica (ou seja, uma alteração da qualificação jurídica que não é acompanhada de uma alteração substancial de factos) é equiparada pelo legislador do ponto de vista do respetivo regime a uma alteração não substancial de factos.

[365] Maria João Antunes, *Direito Processual Penal*, 3ª ed., Coimbra: Almedina, 2021, p. 105, refere que a mera adesão à acusação do MP pelo assistente pode constituir ainda uma forma de acusação subordinada (que qualifica de *"acusação subsidiária"*).

4.13.2.5. A acusação particular, a acusação (subordinada) pelo MP e o arquivamento do inquérito pelo MP na falta de acusação particular

Nos crimes particulares, o assistente pode sempre deduzir acusação (art. 285º do CPP).

Estabelece a lei que, no final do inquérito, o MP deve notificar o assistente para, querendo, deduzir acusação particular, no prazo de 10 dias (art. 285º, nº 1 do CPP).

Com a notificação será indicado ao assistente se foram recolhidos pelo MP indícios suficientes da verificação do crime e de quem foram os seus agentes (art. 285º, nº 2 do CPP), mas tal indicação não é vinculativa para o assistente, que decidirá livremente se pretende ou não deduzir acusação particular. Vale por dizer que o assistente poderá ou não deduzir acusação, independentemente da indicação de recolha de indícios que receba do MP[366]: mesmo que o MP indique que não foram recolhidos indícios suficientes, o assistente poderá deduzir acusação particular e, caso aquele indique que foram recolhidos indícios suficientes, o assistente poderá ainda assim decidir não deduzir acusação particular[367].

Caso o assistente deduza acusação particular, poderá também o MP deduzir, no prazo de 5 dias, uma acusação (art. 285º, nº 4 do CPP).

Se o assistente não deduzir acusação particular, o processo-crime não poderá prosseguir por faltar uma condição de procedibilidade (art. 50º do CPP), não restando ao MP outra opção que não seja a de determinar o arquivamento do inquérito[368], *ex vi* art. 277º, nº 1, *in fine* do CPP[369]: o procedimento do crime particular, que exige a dedução de acusação particular, passou a ser legalmente inadmissível.

[366] Outra era a solução do anteprojeto da Unidade de Missão para a Reforma Penal e da proposta de lei que antecederam a revisão de 2007 – Paulo de Sousa Mendes, *Lições de Direito Processual Penal*, Coimbra: Almedina, 2013, pp. 76-77.

[367] Aceitando essa conclusão, mas referindo que a exigência (a bitola) para a dedução de acusação particular deve ser a mesma da acusação do MP prevista no art. 283º do CPP embora para aí o legislador não tenha remetido, ou seja, a existência de indícios suficientes, cfr. João Conde Correia, *Comentário Judiciário do Código de Processo Penal*, Tomo III, 2ª ed., Coimbra: Almedina, 2022, anotações 5 e 6 ao art. 285º, pp. 1229-1230.

[368] Maria João Antunes, *Direito Processual Penal*, 3ª ed., Coimbra: Almedina, 2021, p. 106.

[369] Assim também João Conde Correia, *Comentário Judiciário do Código de Processo Penal*, Tomo III, 2ª ed., Coimbra: Almedina, 2022, anotação 4 ao art. 285º, p. 1229, aditando que deve ser o assistente condenado em custas por abstenção injustificada em acusar, nos termos do art. 515º, nº 1, al. *d)* do CPP.

4.13.2.6. As medidas de diversão processual

Em alternativa à dedução de acusação (mas não ao arquivamento), existem outras decisões que podem ser tomadas no final do inquérito.

Tais decisões consubstanciam divergências em relação à tramitação normal, que seria a submissão a julgamento: no inquérito, a submissão a julgamento proviria da dedução de acusação.

As medidas de diversão são prioritárias face à dedução da acusação, salvo quanto aos crimes particulares em função da acusação principal que é desempenhada pelo assistente. Ou seja, o MP deve, no final do inquérito e antes de deduzir acusação, verificar se estão preenchidos os requisitos e pressupostos de uma das medidas de diversão, caso em que deverá privilegiar a promoção destas medidas por melhor satisfazerem a pretensão punitiva do Estado, compatível com a celeridade e a economia processuais, além de melhor assegurar os direitos dos arguidos e das vítimas[370]. Donde, é requisito de todas as medidas de diversão, pelo menos no estádio legislativo atual, a verificação dos indícios suficientes da prática de crime pelo arguido.

4.13.2.6.1. O arquivamento em caso de dispensa da pena

O art. 280º do CPP admite a figura do arquivamento em caso de dispensa da pena.

Este arquivamento nada tem que ver com o arquivamento previsto no art. 277º do CPP, em qualquer uma das suas modalidades. O que justifica o arquivamento não é o facto de ter sido recolhida prova bastante de se não ter verificado o crime ou de o arguido o não ter praticado a qualquer título ou de o procedimento ser legalmente inadmissível. Tão-pouco o justifica a circunstância de não terem sido recolhidos indícios suficientes de que foi praticado crime e de quem foram os sus agentes.

[370] Em qualquer medida de diversão o arguido é poupado ao vexame de ser submetido a uma audiência de julgamento, o que não é pouco. Porventura evitar a acusação ainda será um bem maior. Como refere Manuel da Costa Andrade, "Consenso e Oportunidade", in *Jornadas de direito processual penal: o novo código de processo penal* (org. CEJ), Coimbra: Almedina, 1988, pp. 317-358 (337), a dedução de uma acusação *"pode desencadear um processo de estigmatização"* do arguido que não é despiciendo. Às vítimas, a celeridade e a eventual (melhor ou igual) reparação dos danos também não será indiferente. E, por fim, ao Estado, que assegura porventura meios mais eficazes que salvaguardam (melhor) os fins do processo-crime e das penas e quiçá com meios menos onerosos, muito mais satisfatórios.

O que releva é antes o facto de estar em causa um crime para o qual está expressamente prevista a dispensa da pena (o tipo criminal tem de admitir a dispensa da pena), o que justifica que o MP possa optar por arquivar o processo, evitando dessa forma uma (desnecessária) sujeição do arguido a julgamento.

Para além da previsão expressa da dispensa da pena para o crime em causa, a lei faz depender o arquivamento da promoção pelo MP, da concordância do juiz de instrução (que fará o controlo da legalidade) e ainda da verificação dos pressupostos da dispensa da pena constantes do art. 74º do CP.

Discute-se na doutrina se é necessário o acordo do arguido para a aplicação desta medida de diversão na fase de inquérito e se a respetiva natureza é condenatória ou meramente processual. Expressamente, o CPP nos termos do art. 280º, nº 1, para a fase de inquérito, não exige a concordância do arguido com esta medida de diversão. Diferentemente, na fase de instrução, o nº 2 do mesmo preceito exige o acordo do arguido (*pari passu* com o acordo do MP)[371].

Alguma doutrina[372] defende que se deve *"aplicar por analogia o nº 2 do preceito (na parte referente ao acordo do arguido) ao nº 1, em nome do princípio do contraditório (art. 32º, nº 5, da CRP)"*. Conclui, por isso, que se trata de decisão materialmente jurisdicional (exigindo-se a intervenção do juiz de instrução), de caráter condenatório, fazendo caso julgado material e impedindo a reabertura do processo pelos mesmos factos ou abertura de processo com o mesmo objeto, sob pena de violação do *non bis idem* (art. 29º, nº 5 da CRP). Consequentemente, a decisão de arquivamento em caso de dispensa de pena deve ser levada ao registo de antecedentes criminais para efeitos de reincidência. Diferentemente, outra parte da doutrina sustenta que tal decisão *"não implica uma decisão de mérito; tem natureza exclusivamente processual (...) não implica nem condenação nem absolvição, mas simplesmente a extinção do procedimento e a concordância do Ministério Público equivale à desistência da ação, excecionalmente admitida"*[373].

[371] João Conde Correia, *Comentário Judiciário do Código de Processo Penal*, Tomo III, 2ª ed., Coimbra: Almedina, 2022, anotação 25 ao art. 280º, p. 1126.

[372] Frederico da Costa Pinto, *Direito Processual Penal – Curso Semestral*, Lisboa: AAFDL, 1998, p. 135.

[373] Germano Marques da Silva, *Direito Processual Penal Português*, vol. 3, Lisboa: Universidade Católica Editora, 2015, p. 105.

O nº 3 do art. 280º do CPP aponta para a natureza inimpugnável da decisão de arquivamento. Porém, tal só sucede se a decisão de arquivamento respeitar o disposto no nº 1, ou seja, se existir expressa previsão legal da dispensa da pena para o crime em causa, se o juiz de instrução tiver manifestado concordância e se os pressupostos da dispensa da pena estiverem reunidos. Se tal não suceder, a decisão de arquivamento será passível de impugnação, tanto mais que o princípio geral é o da recorribilidade de todas as decisões cuja irrecorribilidade não esteja prevista na lei (art. 399º do CPP). Essa impugnação poderá ser feita mediante recurso hierárquico ou através do requerimento para abertura da instrução, caso o arquivamento tenha sido determinado apenas pelo MP e sem a concordância do juiz de instrução, ou por via de recurso, mas apenas se a decisão de arquivamento tiver sido assentida pelo juiz de instrução.

Dúvidas se suscitam sobre a compatibilidade desta figura com os crimes particulares[374]. Prevê-se a dispensa de pena no art. 186º do CP, cujos nºs 1 e 2 são correspondentemente aplicáveis às ofensas a organismos, serviços ou pessoas coletivas. Por esse motivo, há quem sustente que pode aplicar-se o arquivamento em caso de dispensa da pena aos crimes particulares. Mas se se admitir essa possibilidade, como refere Paulo de Sousa Mendes, nega-se ao assistente a faculdade de deduzir acusação particular, assegurada no art. 285º do CPP, pelo que só faz sentido equacionar essa possibilidade na instrução (ou seja, depois de o assistente ter podido deduzir acusação particular)[375]. Outra posição, defendida por Paulo Pinto de Albuquerque[376], aponta para uma aplicação[377] analógica

[374] Com referências às diferentes posições, mas admitindo que, desde que o assistente concorde, nada impede que o MP, reunidos os demais requisitos, arquive, cfr. João Conde Correia, *Comentário Judiciário do Código de Processo Penal*, Tomo III, 2ª ed., Coimbra: Almedina, 2022, anotação 20 ao art. 280º, pp. 1123-1124.

[375] Paulo de Sousa Mendes, *Lições de Direito Processual Penal*, Coimbra: Almedina, 2013, p. 79.

[376] Paulo Pinto de Albuquerque, *Comentário do Código de Processo Penal à luz da Constituição da República e da Convenção Europeia dos Direitos do Homem*, 4ª ed., Lisboa: Universidade Católica Editora, 2011, anotação 2 ao art. 280º, p. 754.

[377] A posição de Maria João Antunes, *Direito Processual Penal*, 3ª ed., Coimbra: Almedina, 2021, pp. 110-111 parece ser no sentido da aplicabilidade do arquivamento em caso de dispensa de pena também aos crimes particulares: embora reconheça que a concordância do assistente não constitui um pressuposto do arquivamento, entende a autora que a solução

da solução que vigora em matéria de crimes particulares para a suspensão provisória do processo (que pressupõe o acordo do assistente), mas cabe discutir se essa aplicação analógica (podendo ser *in malam partem, contra reo*) poderá admitir-se.

4.13.2.6.2. A suspensão provisória do processo

Nos arts. 281º e 282º do CPP surge regulada a suspensão provisória do processo, também como alternativa à decisão de acusação.

Essa alternativa só pode ser seguida tratando-se de crime punível com pena de prisão não superior a 5 anos ou com sanção diferente da prisão e, mesmo tratando-se de crime cuja pena máxima não seja superior a 5 anos, se os demais pressupostos do instituto da suspensão provisória do processo estiverem preenchidos.

Tal como no arquivamento em caso de dispensa da pena, exige-se que o MP promova a suspensão provisória do processo. Todavia, ao contrário do que sucede com o art. 280º, nº 1 do CPP para o arquivamento em caso de dispensa da pena (em que se refere que o MP *"pode decidir-se..."*), o recurso à suspensão provisória do processo não surge como uma faculdade atribuída ao MP. Do art. 281º, nº 1 do CPP decorre que o MP terá de determinar, com a concordância do juiz de instrução, a suspensão provisória do processo, que implica a imposição de injunções e regras de conduta ao arguido, sempre que estiverem verificados os pressupostos previstos nas als. *a)* a *f)*.

Para além de estar em causa crime suscetível de ser integrado na pequena e média criminalidade, exige-se, cumulativamente, no nº 1 do art. 281º do CPP: *a)* concordância do arguido e do assistente; *b)* ausência de condenação anterior por crime da mesma natureza; *c)* ausência de aplicação anterior de suspensão provisória de processo por crime da mesma natureza; *d)* não haver lugar a medida de segurança de internamento; *e)* ausência de um grau de culpa elevado; e *f)* ser de prever que o cumprimento das injunções e regras de conduta responda suficientemente às exigências de prevenção que no caso se façam sentir. Esta al. *f)* consagra a pedra de toque da suspensão provisória do processo: no fundo, o cumprimento das injunções e regras de conduta "faz as vezes"

se justifica do ponto de vista político-criminal e que o assistente não dispõe propriamente do "direito" de submeter a causa a julgamento.

de uma perseguição criminal levada até ao final, tendo em conta os fins das penas.

A lei indica no nº 2 do art. 281º do CPP as injunções (comportamentos do arguido instantâneos) e regras de conduta (comportamento do arguido que satisfaz os fins das penas) que podem ser impostas ao arguido, cumulativa ou separadamente, e no nº 3 do mesmo artigo estabelece uma imposição obrigatória de uma injunção (a proibição de conduzir veículos com motor) quando esteja em causa crime para o qual esteja legalmente prevista pena acessória de proibição de conduzir veículos com motor. Contudo, no nº 4 do mesmo artigo restringe a imposição de injunções e regras de conduta quando as mesmas possam ofender a dignidade do arguido[378].

Nos termos do nº 3 do art. 281º do CPP, a decisão de suspensão provisória do processo não é passível de impugnação, mas somente se observar o disposto no nº 1. Não sendo esse o caso, e tal como ocorre com o arquivamento em caso de dispensa da pena, poderá haver impugnação: recurso hierárquico ou requerimento para abertura da instrução, se a suspensão provisória do processo tiver sido determinada pelo MP sem a concordância do juiz de instrução, ou recurso, se a suspensão provisória do processo tiver sido assentida pelo juiz de instrução. Na medida em que o juiz de instrução controla a legalidade da suspensão, discute-se se a recusa daquele em dar o seu acordo à suspensão provisória do processo será ou não passível de recurso nos termos gerais[379]. No Ac. STJ de Fixação de Jurisprudência nº 16/2009[380] fixou-se jurisprudência no sentido de considerar não passível de recurso a discordância do juiz de instrução, mas tal entendimento (embora validado do ponto de vista da respetiva conformidade constitucional no Ac. TC nº 139/2017[381]) não foi

[378] Sobre os argumentos esgrimidos contra a constitucionalidade material da suspensão provisória do processo, nomeadamente de que as injunções ou regras de conduta configuram verdadeiras penas e que o arguido não tem liberdade de escolha e rejeitando-os, cfr. Paulo de Sousa Mendes, *Lições de Direito Processual Penal*, Coimbra: Almedina, 2013, pp. 81-82.

[379] Maria João Antunes, *Direito Processual Penal*, 3ª ed., Coimbra: Almedina, 2021, p. 108.

[380] Ac. STJ de Fixação de Jurisprudência nº 16/2009, de 18.11.2009 (Santos Cabral).

[381] Ac. TC nº 139/2017, de 16.03.2017, Proc. 313/16 (Catarina Sarmento e Castro).

acolhido por alguma doutrina, nomeadamente Germano Marques da Silva[382].

A relevância dos pressupostos referidos nas diversas als. do nº 1 para a determinação da suspensão provisória do processo conhece variações em relação ao crime de violência doméstica não agravado pelo resultado, ao crime contra a liberdade e autodeterminação sexual de menor não agravado pelo resultado e ao crime de furto (art. 281º, nºs 7, 8 e 9 do CPP; cfr. art. 178º, nº 4 do CP para os crimes contra a liberdade e autodeterminação sexual de menor não agravados pelo resultado)[383]. Germano Marques da Silva[384] apelida as situações previstas nos nºs 7 e 8 do art. 281º do CPP de hipóteses especiais de suspensão provisória do processo.

Determinada a suspensão provisória do processo, o processo ficará suspenso, não correndo a prescrição enquanto durar a suspensão: a suspensão terá por regra a duração máxima de 2 anos ou, tratando-se de crime de violência doméstica não agravado pelo resultado ou contra a liberdade e autodeterminação sexual de menor não agravado pelo resultado, a duração máxima de 5 anos (art. 282º, nºs 1 e 5 do CPP; cfr. art. 178º, nº 5 do CP, em relação aos crimes contra a liberdade e autodeterminação sexual de menor não agravados pelo resultado).

Verificado o cumprimento das injunções e regras de conduta terá o MP de arquivar o processo, não podendo o mesmo ser reaberto nos termos do art. 279º do CPP (art. 282º, nº 3 do CPP). Contudo, caso não sejam cumpridas as injunções e regras de conduta ou o arguido vier a cometer e a ser condenado por crime da mesma natureza, o processo prosseguirá (até porque a suspensão provisória do processo constitui uma forma de concluir o inquérito divergente em relação àquela que à partida teria cabimento – no caso dos crimes públicos e semipúblicos, a acusação pelo MP) e não serão repetidas as prestações que tenham sido realizadas (art. 282º, nº 4 do CPP).

382 Germano Marques da Silva, *Direito Processual Penal Português*, vol. 3, Lisboa: Universidade Católica Editora, 2015, pp. 112-113.

383 Maria João Antunes, *Direito Processual Penal*, 3ª ed., Coimbra: Almedina, 2021, p. 110.

384 Germano Marques da Silva, *Direito Processual Penal Português*, vol. 3, Lisboa: Universidade Católica Editora, 2015, pp. 111-112.

4.13.2.6.3. O envio para processo sumaríssimo

No final do inquérito, o MP pode considerar que é mais provável que não seja aplicada ao arguido pena de prisão efetiva.

Se assim for o MP envia para processo sumaríssimo, uma forma de processo especial prevista nos arts. 392º-398º do CPP.

Nesse contexto, como se verá melhor *infra*, o MP propõe uma medida não privativa da liberdade e a proposta é convolada em acusação. O arguido não deixa de ser condenado se o processo sumaríssimo for até ao fim, mas evita a sua submissão a julgamento.

4.13.2.6.4. A remessa para a mediação penal

A Lei nº 21/2007, de 12 de junho, criou um regime de mediação penal, objeto de regulamentação pela Portaria nº 68-C/2008, de 22 de janeiro.

A mediação penal está prevista para a criminalidade de menor relevo (ou de menor gravidade) e para a criminalidade dependente de queixa ou de acusação particular (art. 2º, nºs 1, 2 e 3).

Pensado para uma outra forma de administração da justiça (a justiça restaurativa[385]), o modelo de mediação penal, embora legalmente previsto, não funciona na prática, por falta de recursos[386]. Diz-se que faltam condições para a sua operacionalização, que passaria por dotar o modelo existente de meios materiais, técnicos e humanos e por uma maior divulgação[387].

[385] Sobre o tema, com desenvolvimento e abrangendo também a mediação penal, cfr. Cláudia Cruz Santos, *A Justiça Restaurativa – um modelo de reação ao crime diferente da justiça penal: porquê, para quê e como?*, Coimbra: Coimbra Editora, 2014, e *O Direito Processual Penal Português em Mudança: rupturas e continuidades*, Coimbra: Almedina, 2020, pp. 190 e ss. Relevantes são ainda as considerações de Mário Ferreira Monte, "Justiça restaurativa: porquê e porque não", in *Diálogos em torno da justiça restaurativa: garantismo, ativismo e legalidade como pretextos* (coord. Mário Ferreira Monte *et al.*), Braga: Escola de Direito da Universidade do Minho, 2018, pp. 159-170.

[386] Para um estudo e balanço do regime, logo em 2011, cfr. Mário Ferreira Monte, "Um balanço provisório sobre a Lei de Mediação Penal de Adultos", in *Homenagem de Viseu a Jorge de Figueiredo Dias* (coord. Paulo Pinto de Albuquerque), Coimbra: Coimbra Editora, 2011, pp. 113-127, e, pouco mais tarde, Teresa Pizarro Beleza/Helena Pereira de Melo, *A Mediação Penal em Portugal*, Coimbra: Almedina, 2012.

[387] Não obstante, alguns autores sugerem a extensão do regime e a melhoria do modelo da mediação penal por forma a abranger outro tipo de criminalidade: não restrita aos crimes semipúblicos e particulares, capaz de incluir a criminalidade mais grave (Cláudia Cruz

O MP, por sua iniciativa ou na sequência de requerimento do ofendido e do arguido (art. 3º, nºs 1 e 2), remete o processo para o mediador e este tenta conciliar o titular do direito de queixa ou de acusação particular (que pode não ser o ofendido – art. 2º, nºs 4 e 5[388] – e também não se exige que sendo ofendido se tenha constituído assistente[389]) com o arguido (art. 4º, nº 1), tendo em vista a celebração de um acordo que permita a reparação dos danos causados pelo facto ilícito e contribua para a restauração da paz social (art. 4º, nº 1, parte final). O acordo consiste em aquele titular desistir da queixa e o arguido não se opor a essa desistência (art. 5º, nº 4). Ocorre então um arquivamento fundado

Santos, *O Direito Processual Penal Português em Mudança: rupturas e continuidades*, Coimbra: Almedina, 2020, pp. 190 e ss.); sem deixar escapar a criminalidade económico-financeira (Flávia Noversa Loureiro, "A justiça restaurativa e a criminalidade económica: reforço ou afastamento do direito penal?", in *Diálogos em torno da justiça restaurativa: garantismo, ativismo e legalidade como pretextos* (coord. Mário Ferreira Monte *et. al.*), Braga: Escola de Direito da Universidade do Minho, 2018, pp. 63-86); e com aptidão até para os conflitos emergentes do multiculturalismo e dos crimes culturalmente motivados (Mário Ferreira Monte, "Multiculturalismo e tutela penal: uma proposta de justiça restaurativa", in *Multiculturalismo e direito penal: I encontro Nova-Direito*, Lisboa 2012 (org. Teresa Pizarro Beleza, Pedro Caeiro, Frederico de Lacerda da Costa Pinto), Coimbra: Almedina, 2014, pp. 97-113).

388 Discute-se na doutrina se o ofendido pode ser uma pessoa coletiva ou se o regime da mediação penal de considerar-se restrito às pessoas singulares – contra, cfr. Paulo Pinto de Albuquerque, *Comentário do Código de Processo Penal à luz da Constituição da República e da Convenção Europeia dos Direitos do Homem*, 4ª ed., Lisboa: Universidade Católica Editora, 2011, anotação 3 ao art. 262º, p. 713, mas em sentido distinto com elementos do processo legislativo favoráveis a essa possibilidade, cfr. André Lamas Leite, *A mediação penal de adultos: um novo "paradigma" de justiça? – análise crítica da Lei nº 21/2007, de 12 de Junho*, Coimbra: Coimbra Editora, 2008, pp. 64-65. Com a afirmação desde a reforma do CP de 2007 de um princípio geral de responsabilidade penal das pessoas coletivas e entidades equiparadas (com crescente alargamento dos tipos de crime) e com a atribuição de um estatuto processual penal às pessoas coletivas, desde finais de 2021, há muito reclamado, é de esperar que um futuro regime da mediação penal possa resolver as dúvidas e contemplar expressamente essa possibilidade.

389 O que no entender de alguma doutrina (André Lamas Leite, *A mediação penal de adultos: um novo "paradigma" de justiça? – análise crítica da Lei nº 21/2007, de 12 de Junho*, Coimbra: Coimbra Editora, 2008, pp. 59-60) pode suscitar dúvidas (de ilegitimidade do MP) no que tange aos crimes particulares, caso o MP decida remeter o processo para mediação penal sem que tenha ocorrido uma prévia constituição como assistente, ainda que tenha sido deduzida queixa.

na desistência da queixa e na não oposição do arguido mediante a homologação[390] pelo MP (no prazo de 5 dias – art. 5º, nº 5) do acordo[391] obtido pelo mediador[392]. Tal arquivamento determina a preclusão do posterior exercício da ação penal[393], tanto mais que a resolução do caso penal por mediação havendo cumprimento do acordo não tem um valor ou estatuto diferente de outras decisões e o princípio *ne bis in idem* tem de ser respeitado[394].

A remessa para a mediação penal (por iniciativa do MP)[395] só pode ocorrer se existirem indícios da prática do crime e de que o arguido

[390] Acerca de uma eventual recusa de homologação, cfr. Cláudia Cruz Santos, *A Justiça Restaurativa – um modelo de reação ao crime diferente da justiça penal: porquê, para quê e como?*, Coimbra: Coimbra Editora, 2014, pp. 714-721.

[391] O conteúdo do acordo é livremente celebrado, mas a lei fixa limites (art. 6º, nºs 1 e 2). Sobre a existência de limitações ao conteúdo do acordo, cfr. Paulo Pinto de Albuquerque, *Comentário do Código de Processo Penal à luz da Constituição da República e da Convenção Europeia dos Direitos do Homem*, 4ª ed., Lisboa: Universidade Católica Editora, 2011, anotação 7 ao art. 262º, p. 714, e João Conde Correia, *Comentário Judiciário do Código de Processo Penal*, Tomo III, 2ª ed., Coimbra: Almedina, 2022, anotação 74 ao art. 281º, p. 1165.

[392] Embora o ponto seja controverso, na doutrina, argumentando no sentido da exclusão da intervenção do juiz de instrução, cfr. Cláudia Cruz Santos, *A Justiça Restaurativa – um modelo de reação ao crime diferente da justiça penal: porquê, para quê e como?*, Coimbra: Coimbra Editora, 2014, pp. 721-725, e *O Direito Processual Penal Português em Mudança: rupturas e continuidades*, Coimbra: Almedina, 2020, pp. 190-194. Contra, porém, cfr. André Lamas Leite, *A mediação penal de adultos: um novo "paradigma" de justiça? – análise crítica da Lei nº 21/2007, de 12 de Junho*, Coimbra: Coimbra Editora, 2008, pp. 115-121, e Paulo Pinto de Albuquerque, *Comentário do Código de Processo Penal à luz da Constituição da República e da Convenção Europeia dos Direitos do Homem*, 4ª ed., Lisboa: Universidade Católica Editora, 2011, anotação 7 ao art. 262º, p. 714.

[393] João Conde Correia, *Comentário Judiciário do Código de Processo Penal*, Tomo III, 2ª ed., Coimbra: Almedina, 2022, anotação 76 ao art. 281º, p. 1166.

[394] Helena Morão, "Justiça restaurativa e crimes patrimoniais na Reforma Penal de 2007", in *Estudos em homenagem ao Professor Doutor Jorge de Figueiredo Dias* (org. Manuel da Costa Andrade *et al.*), vol. 3, Coimbra: Coimbra Editora, 2010, pp. 527-544 (540).

[395] Essa ponderação dos indícios parece ter sido dispensada quando a remessa seja requerida pelo ofendido e o arguido nos termos do nº 2 do art. 3º – já assim com esta conclusão, mas criticando a solução, invocando que essa solução não se mostra compatível com o dever de atuação objetiva orientado pelo princípio da legalidade imposto ao MP no art. 219º da CRP quando este entenda que o processo deveria ser arquivado nos termos gerais, cfr. Helena Morão, "Justiça restaurativa e crimes patrimoniais na Reforma Penal de 2007", in *Estudos em homenagem ao Professor Doutor Jorge de Figueiredo Dias* (org. Manuel da Costa

foi seu agente, o que significa que o MP terá de estar em condições de deduzir acusação[396]. Embora a lei faça uso da expressão *"em qualquer momento do inquérito"* no nº 1 do art. 3º, tendo sido substituído no texto final o anterior inciso *"durante o inquérito"*, não parece que o MP possa logo no início do inquérito remeter o processo para mediação penal mesmo nos casos do nº 1: tem de aguardar o decurso do inquérito que lhe permita apurar a existência ou não de indícios da prática do crime e de que o arguido foi seu agente, com um grau de convicção equiparável ao necessário para deduzir acusação[397], o que não significa que tenha de existir já acusação[398].

Havendo remessa do processo para mediação, opera-se a suspensão do prazo legalmente previsto no nº 1 do art. 283º do CPP para a dedução de acusação pelo MP e dos prazos de duração máxima do inquérito pre-

Andrade *et al.*), vol. 3, Coimbra: Coimbra Editora, 2010, pp. 527-544 (541-542). Também criticando a dispensa do juízo prudencial do MP e reafirmando que o recurso à mediação só é compatível com a qualidade de arguido e não de suspeito, cfr. André Lamas Leite, *A mediação penal de adultos: um novo "paradigma" de justiça? – análise crítica da Lei nº 21/2007, de 12 de Junho*, Coimbra: Coimbra Editora, 2008, pp. 72-73.

[396] Contra, porém, defendendo que a mediação penal pode ocorrer em qualquer fase do inquérito e que a remessa depende da existência de meros indícios e não de indícios suficientes, cfr. Paulo Pinto de Albuquerque, *Comentário do Código de Processo Penal à luz da Constituição da República e da Convenção Europeia dos Direitos do Homem*, 4ª ed., Lisboa: Universidade Católica Editora, 2011, anotação 3 ao art. 262º, p. 713, e Maria João Antunes, *Direito Processual Penal*, 3ª ed., Coimbra: Almedina, 2021, p. 83.

[397] Chamou a atenção para este ponto, referindo que *"remeter arguido e ofendido para este mecanismo de RAL em fase incipiente do inquérito (...) não será, como regra, apto a fundamentar o juízo de prognose favorável vinculado aos fatores atrás indicados suscetíveis de transformar a mediação em uma utilidade para o processo e não em um instrumento inoperante"*, mas admitindo que se quis deixar *"a liberdade ao MP de, caso a caso, verificar qual o momento adequado de remessa para mediação"*, cfr. André Lamas Leite, *A mediação penal de adultos: um novo "paradigma" de justiça? – análise crítica da Lei nº 21/2007, de 12 de Junho*, Coimbra: Coimbra Editora, 2008, pp. 69-70. Mais à frente (p. 72) aplaude o autor que se tenha exigido a recolha de *"indícios da prática do crime e do seu autor, ao menos com o grau de convicção necessário para se formular uma eventual acusação, pois, de outro modo, bem podia acontecer que a mediação fosse entendida como forma de continuar as investigações ou de recolher alguns dados"*.

[398] Inclinando-se para essa possibilidade antes da Lei nº 21/2007, de 12 de junho, referindo que *"antes da acusação, não me parece correto que arguido e ofendido discutam a reparação adequada, mesmo que o arguido confesse a prática do crime"*, cfr. Carlota Pizarro de Almeida, *Despublicização do direito criminal*, Lisboa: AAFDL, p. 59.

vistos no art. 276º do CPP, suspendendo-se também os prazos de prescrição do procedimento criminal (art. 7º, nºs 1 e 2).

5. A instrução

A fase da instrução está prevista nos arts. 286º-310º do CPP.

5.1. O âmbito e a finalidade da instrução

Do nº 1 do art. 286º do CPP decorre que, através da instrução, se visa a comprovação da decisão tomada no final do inquérito de submeter ou não o arguido a julgamento.

Essa comprovação faz-se através do controlo judicial da decisão anteriormente tomada no sentido de deduzir acusação ou de arquivar o inquérito[399].

5.2. O caráter facultativo da instrução e a exclusão da instrução para as formas de processo especiais

Ao contrário do inquérito, a instrução constitui uma fase facultativa (art. 286º, nº 2 do CPP).

Poderá ter lugar se for requerida a abertura da instrução, mas tal possibilidade encontra-se excluída em relação às formas de processo especiais, *ex vi* nº 3 do art. 286º do CPP.

5.3. A direção da instrução pelo juiz de instrução e a colaboração dos OPC

Diferentemente do inquérito, cujo *dominus* é o MP, a instrução é dirigida por um juiz de instrução, mas este é igualmente assistido pelos OPC (art. 288º, nº 1 do CPP).

5.4. O requerimento para abertura da instrução

A instrução inicia-se com o requerimento para abertura da instrução, previsto no art. 287º do CPP.

Sem tal requerimento não haverá instrução, o que também confirma o caráter facultativo da instrução (art. 286º, nº 2 do CPP).

[399] Ponderando se a revisão de 2007 não terá desvirtuado o paradigma da instrução como mero controlo judicial, cfr. Nuno Brandão, "A nova face da instrução", in *Revista Portuguesa de Ciência Criminal*, 18, nºs 2-3 (Abr.-Set. 2008), pp. 227-255.

5.4.1. A legitimidade do arguido e do assistente para requerer a abertura da instrução

A possibilidade de requerer a abertura da instrução encontra-se prevista apenas para o arguido e para o assistente (art. 287º, nº 1, als. *a)* e *b)* do CPP), o que exclui, além do mais, o MP.

Perante uma decisão tomada no final do inquérito pelo assistente e com a qual não concorde (dedução de acusação particular pelo assistente, nos termos do art. 285º do CPP), ao MP a lei não faculta a possibilidade de pedir a comprovação judicial dessa decisão e de evitar a submissão do arguido a julgamento.

5.4.2. As situações em que pode ser requerida a abertura da instrução

Embora o arguido e o assistente possuam legitimidade para requerer a abertura da instrução, não o podem fazer em todas as situações.

5.4.2.1. A abertura da instrução pelo arguido

No caso do arguido, a lei contempla essa possibilidade na al. *a)* do nº 1 do art. 287º do CPP nas hipóteses em que o MP ou o assistente, em caso de procedimento dependente de acusação particular, tiverem deduzido acusação[400].

Assim, se o MP tiver deduzido acusação nos termos do art. 283º do CPP ou o assistente tiver deduzido acusação particular nos termos do art. 285º do CPP, o arguido pode requerer a abertura da instrução, tendo em vista evitar a sua submissão a julgamento.

Porém, a lei parece restringir essa possibilidade a uma discordância do arguido em relação aos factos que constem da acusação do MP ou do assistente, ao usar na al. *a)* a expressão *"relativamente a factos ..."*.

Uma tal interpretação literal da al. *a)* não pode vingar. Desde logo, porque o nº 2 do art. 287º do CPP estabelece que o requerimento para

[400] Alguma doutrina tem-se manifestado favorável a uma supressão ou redução do direito do arguido à comprovação judicial da decisão de deduzir acusação por parte do MP – assim, cfr. AA.VV., *Mudar a Justiça Penal – Linhas de Reforma do Processo Penal Português* (coord. António João Latas), Coimbra: Almedina, 2012, pp. 83-92, e, mais recentemente, retomando o tópico, António João Latas, "A reconfiguração da fase de instrução no Código de Processo Penal e a estratégia nacional anticorrupção", in *Corrupção em Portugal: avaliação legislativa e propostas de reforma* (org. Paulo Pinto de Albuquerque *et al.*), Lisboa: Universidade Católica Editora, 2021, pp. 643-654.

abertura da instrução deve conter as razões de facto e de direito, o que inculca que, para além de uma discordância quanto aos factos, o arguido poderá manifestar também uma discordância quanto ao direito.

Mas, como vem defendendo Paulo de Sousa Mendes[401], o arguido deve poder requerer a abertura da instrução mesmo que tencione só discutir matéria de direito e não tenha qualquer discordância relativamente aos factos constantes da acusação do MP ou do assistente. Só assim se garante a necessária igualdade de armas com o assistente: para este não se encontram estabelecidas restrições quanto à componente das decisões do MP que poderá questionar. Para além de poder reagir contra uma eventual decisão de arquivamento do inquérito do MP, o assistente também pode manifestar as suas discordâncias em relação à acusação que o MP deduza. De acordo com o art. 284º do CPP, o assistente poderá deduzir uma acusação subordinada para introduzir factos que não representem uma alteração substancial de factos e também caso não concorde com a qualificação jurídica dada pelo MP. Querendo introduzir factos novos que representem uma alteração substancial de factos face à acusação do MP poderá o assistente requerer a abertura da instrução, *ex vi* al. *b)* do nº 1 do art. 287º do CPP.

Nem se diga que o arguido tem uma arma paralela (contestação – art. 311º-B do CPP) à do assistente (acusação subordinada – art. 284º do CPP) para refutar a qualificação jurídica dada pelo MP, já que essa igualdade deve ser aferida na *mesma fase* processual, o que não ocorre em tal comparação.

De igual modo, não procede a ideia de que a qualificação jurídica é sempre provisória (cfr. o regime da alteração da qualificação jurídica quer na instrução, quer no julgamento, respetivamente, arts. 303º, nº 5 e 358º, nº 3 do CPP), sendo por isso inútil uma instrução com uma finalidade tão efémera. Tal ideia conduz à admissibilidade da legitimidade do arguido para requerer a abertura de instrução apenas para discutir questões de direito *quando das mesmas o mesmo possa obter um efeito útil, ou seja, um despacho de não pronúncia*[402]. Nos casos em que invoque uma dife-

[401] Paulo de Sousa Mendes, *Lições de Direito Processual Penal*, Coimbra: Almedina, 2013, pp. 85-86.

[402] Cecília Santana, "Dos limites do requerimento para abertura da instrução", in *Questões avulsas de processo penal*, Lisboa: AAFDL, 2000, pp. 47-73.

rente qualificação jurídica para obter um despacho de pronúncia diverso da acusação (porventura pelo crime na forma simples face à acusação por crime qualificado), não seria de admitir ao arguido tal requerimento (art. 287º, nº 1, al. *a)* do CPP), remetendo-o para a contestação (art. 311º-B do CPP).

Desde logo, pode invocar-se que a utilidade da instrução não se afere nem se mede apenas pela eventualidade de obtenção de um despacho de não pronúncia. É consensual que o arguido tem legitimidade para requerer a abertura de instrução, por exemplo, apenas e tão só para requerer a aplicação da suspensão provisória do processo, o que constitui uma mera questão de direito[403]. Tal requerimento deve ser facultado, não só porque a CRP impõe uma fase de instrução como controlo jurisdicional da decisão final de inquérito de acesso o mais amplo possível ao arguido (tal como configurado na interpretação dada pelo Ac. do TC nº 7/87 em sede de fiscalização preventiva do atual CPP), como também porque o próprio CPP estabelece a possibilidade de o arguido requerer a referida medida de diversão sem necessidade de invocar qualquer questão de facto ou outra condicionante (cfr. arts. 281º, nº 1 e 307º, nº 2 do CPP).

Por assim ser, deve concluir-se que o arguido poderá, havendo acusação, requerer a abertura da instrução se entender que não deve ser submetido a julgamento[404], por razões de facto ou de direito, ou até para restringir o objeto do processo.

A al. *a)* do nº 1 do art. 287º do CPP também não parece admitir a possibilidade de o arguido requerer a abertura da instrução tendo sido proferida uma decisão de arquivamento do inquérito por parte do MP.

[403] Cfr. as referências doutrinárias em Sónia Fidalgo, "O consenso no processo penal: reflexões sobre a suspensão provisória do processo e o processo sumaríssimo", in *Revista Portuguesa de Ciência Criminal*, 18, nºs 2-3 (Abr.-Set. 2008), pp. 277-315 (282, nota 12), embora refira que se trata de uma situação em que haverá razões de facto e de direito de discordância em relação à acusação.

[404] Para João Conde Correia, *Comentário Judiciário do Código de Processo Penal*, Tomo III, 2ª ed., Coimbra: Almedina, 2022, anotações 5 a 7 ao art. 287º, pp. 1247-249, revela-se indiferente se a pretensão do arguido está sustentada sobre a matéria de facto ou sobre uma questão de direito, desde que se possa concluir que pela procedência da pretensão o feito não virá a ser introduzido em juízo.

Apenas se refere a hipóteses em que tenha sido deduzida acusação pelo MP ou pelo assistente.

Contudo, mesmo perante uma decisão de arquivamento do inquérito (que lhe é favorável), o arguido poderá pretender obter uma decisão de não pronúncia (art. 308º, nº 1 *in fine* do CPP), que permita alcançar o caso julgado material que a decisão de arquivamento do inquérito não possibilita. Como defende Paulo de Sousa Mendes[405], essa pretensão do arguido é legítima e faz todo o sentido, na medida em que, como já se referiu, o arquivamento do inquérito não garante a paz jurídica do arguido, pois o inquérito poderá ser reaberto até à prescrição do procedimento criminal se surgirem novos elementos de prova e poderá sê-lo independentemente de estar em causa um arquivamento dubitativo ou um arquivamento assertivo (art. 279º, nº 1 do CPP).

5.4.2.2. A abertura da instrução pelo assistente

Para o assistente a lei também restringe a possibilidade de requerer a abertura da instrução (art. 287º, nº 1 al. *b)* do CPP).

Por um lado, o assistente só poderá requerer a abertura da instrução se o procedimento não depender de acusação particular (ou seja, se não estiver em causa um crime particular).

Nos crimes particulares, o assistente não pode requerer a abertura da instrução porque a decisão de submeter ou não o arguido a julgamento depende apenas de si[406]: sejam quais forem as conclusões do MP quanto à recolha de indícios ao longo do inquérito o assistente poderá sempre deduzir acusação (art. 285º do CPP), não podendo sequer o MP restringir a acusação particular que o assistente deduza. Quando muito poderá o MP deduzir uma acusação subordinada à do assistente, mas apenas caso este deduza acusação particular.

[405] Paulo de Sousa Mendes, *Lições de Direito Processual Penal*, Coimbra: Almedina, 2013, p. 74.

[406] Maria João Antunes, *Direito Processual Penal*, 3ª ed., Coimbra: Almedina, 2021, pp. 113-114. Ponderando já antes a questão, cfr., da mesma autora, "Abertura da instrução por parte do assistente em caso de procedimento dependente de acusação particular: anotação ao Acórdão do Tribunal da Relação do Porto de 27-06-2012", in *Revista Portuguesa de Ciência Criminal*, 24, nº 4 (Out.-Dez. 2014), pp. 617-635.

Questão complexa é a reportada no Ac. TRP de 12.10.2022[407].Tendo o MP notificado o assistente nos termos do art. 285º do CPP e entendendo este último que resultam indícios de um crime semipúblico ou público (ao invés de crime particular como entendido pelo MP), o assistente deverá recorrer ao requerimento para a abertura de instrução (287º, nº 1, alínea *b)* do CPP). Contudo, e caso *"o juiz de instrução criminal não concorde com o enquadramento jurídico propugnado pelo assistente, mas entender existirem indícios apenas para os crimes na sua natureza particular (por exemplo, injurias e difamação simples), deverá proferir despacho de pronúncia remetendo para o requerimento de abertura de instrução entendida enquanto acusação particular (sendo que, em tal circunstância, não se mostrará ultrapassado o objeto do processo), sob pena de o assistente já não ter oportunidade de deduzir por si acusação particular, o que seria uma restrição inadmissível dos seus direitos processuais e substantivos"*.

Por outro lado, nos crimes públicos e semipúblicos o assistente só poderá requerer a abertura da instrução perante uma decisão de arquivamento do MP ou se discordar substancial e factualmente da acusação do MP[408].

O assistente só pode requerer a abertura da instrução relativamente a factos pelos quais o MP não tiver deduzido acusação.

Incluídas estarão as situações em que o MP tenha arquivado o inquérito nos termos do art. 277º do CPP. Para além disso, estarão incluídas as situações em que o MP não tenha submetido o arguido a julgamento, tendo feito, sem a concordância do juiz de instrução, um uso indevido de medidas de diversão processual (arquivamento em caso de dispensa da pena e suspensão provisória do processo): nestas hipóteses haverá também factos pelos quais o MP não deduziu acusação e pode justificar-se que o assistente requeira a comprovação judicial da decisão do MP de não submeter o arguido a julgamento.

[407] Ac. TRP de 12.10.2012, Proc. 370/19.7GBAGD.P1(Pedro Afonso Lucas).

[408] Jorge de Figueiredo Dias/Nuno Brandão, "Uma instrução inadmissível", in *Revista Portuguesa de Ciência Criminal*, 19, nº 4 (Out.-Dez. 2009), pp. 643-668, discutem também a questão de saber (respondendo-lhe negativamente) se é admissível a abertura da instrução pelo assistente contra pessoa em relação à qual a investigação não foi dirigida e não viu a sua eventual responsabilidade criminal apreciada pelo MP em despacho de acusação ou de arquivamento com que tenha sido encerrado o inquérito.

Mas também estarão incluídas as situações em que o MP tenha deduzido acusação e o assistente pretenda chamar a atenção para factos novos que representem uma alteração substancial de factos nela contidos, *ex vi* art. 1º, al. *f)* do CPP[409]. Sobre esses novos factos o MP não terá deduzido acusação, pelo que também se deve admitir que o assistente possa requerer a abertura da instrução.

Caso o assistente pretenda introduzir factos novos que constituam uma alteração não substancial de factos ou caso não concorde com a qualificação jurídica feita pelo MP na sua acusação, não pode requerer a abertura da instrução, dispondo apenas da via da acusação subordinada (art. 284º do CPP).

Alguma jurisprudência, minoritária, tem vindo a admitir o requerimento para a abertura de instrução por parte do assistente *apenas e só* para discutir questões de direito, nomeadamente para pedir uma pronúncia por 2 crimes em concurso efetivo (e não, como apresentado na acusação do MP, em concurso aparente)[410] ou ainda para discutir a agravação do crime imputado na acusação pública[411], ainda que sem adicionar (ou discutir) qualquer facto novo.

A discordância do assistente em relação ao MP pode fundar-se em razões de facto ou de direito e poderá o assistente recorrer ao requerimento para abertura da instrução mesmo quando pretenda alargar o objeto do processo, desde que esse alargamento represente uma alteração substancial dos factos constantes da acusação do MP.

5.4.3. Os outros requisitos do requerimento para abertura da instrução

Para além da legitimidade, estabelece-se um prazo de 20 dias a contar da notificação da acusação ou do arquivamento para a apresentação de requerimento para abertura da instrução (art. 287º, nº 1 do CPP), o qual poderá terminar em dias diferentes se forem vários os arguidos ou os assistentes[412].

[409] Com idêntica conclusão, cfr. João Conde Correia, *Comentário Judiciário do Código de Processo Penal*, Tomo III, 2ª ed., Coimbra: Almedina, 2022, anotação 9 ao art. 287º, p. 1249.

[410] Ac. TRP de 12.10.2012, Proc. 2/20.0GAAND-AP.1 (Paula Guerreiro).

[411] Ac. TRG de 23.04.2014, Proc. 12/13.4GEVCT.G1(Ana Teixeira e Silva).

[412] Maria João Antunes, *Direito Processual Penal*, 3ª ed., Coimbra: Almedina, 2021, p. 115.

Um prazo que se conta, de acordo com a jurisprudência fixada pelo STJ, "*sempre e só a partir da notificação do despacho de arquivamento proferido pelo magistrado do Ministério Público titular do inquérito ou por quem o substitua, ao abrigo do artigo 277º do mesmo código, não relevando para esse efeito a notificação do despacho do imediato superior hierárquico que, intervindo a coberto do artigo 278º, mantenha aquele arquivamento*"[413].

Embora o requerimento não obedeça a formalidades especiais, o objeto da instrução carece de ser delimitado (art. 287º, nº 2 do CPP), contendo: (i) as razões de facto e de direito de discordância face à decisão final do inquérito; (ii) e a indicação dos atos de instrução a levar a cabo, dos meios de prova desconsiderados no inquérito e dos factos que se espera provar. Tratando-se do assistente, o requerimento para abertura da instrução deve conter ainda uma "acusação em sentido material", que observe os requisitos previstos no art. 283º, nº 3, als. *b)* e *c)* do CPP.

Por fim, exige-se a representação judiciária do arguido e do assistente, *ex vi* arts. 64º, nº 1, als. *b)* e *c)* e 70º do CPP, o que significa que o requerimento para abertura da instrução terá de ser subscrito por defensor ou advogado.

5.4.4. A rejeição e as possibilidades de aperfeiçoamento do requerimento para abertura da instrução

Do nº 3 do art. 287º do CPP decorre que o requerimento para abertura da instrução só pode ser rejeitado se for extemporâneo, se o juiz não for competente ou se a instrução for legalmente inadmissível.

Tomando em consideração o âmbito e a finalidade da instrução (art. 286º, nº 1 do CPP), as hipóteses de rejeição do requerimento para abertura da instrução com fundamento na inadmissibilidade legal da instrução parecem ser reduzidas.

Nas hipóteses em que o requerimento para abertura da instrução (do arguido ou do assistente) não proceda a uma delimitação do objeto da instrução, suscita-se a questão de saber se pode haver lugar a um convite ao aperfeiçoamento do requerimento, *ex vi* art. 4º do CPP. O CPP não prevê a possibilidade de serem dirigidos convites ao aperfeiçoamento de articulados ou peças processuais. Por assim ser, há quem

[413] Ac. STJ de Fixação de Jurisprudência nº 3/2015, de 08.01.2015 (Manuel Braz).

admita que essa possibilidade pode fundar-se na aplicação da regra prevista no art. 590º, nº 4 do CPC, que permitiria então integrar a lacuna. Porém, a jurisprudência fixou entendimento[414] segundo o qual os convites ao aperfeiçoamento só podem ocorrer estando em causa requerimentos para abertura da instrução de arguidos, invocando-se que estender a solução aos requerimentos para abertura da instrução de assistentes constituiria analogia in *malam partem* e, portanto, proibida.

5.5. Os atos de instrução

Refere o art. 289º, nº 1 do CPP que a instrução compreende os atos de instrução que o juiz entenda dever levar a cabo.

Aos atos de instrução que tenham requerido, podem o MP, o arguido, o defensor, o assistente e o seu advogado assistir, podendo também formular pedidos de esclarecimento ou requerer que sejam formuladas as perguntas que entenderem relevantes para a descoberta da verdade (art. 289º, nº 2 do CPP).

Dado que a direção da instrução compete ao juiz de instrução, caberá ao juiz decidir quais os atos de instrução que deve levar a cabo e, para o efeito, deve tomar em consideração as finalidades da instrução referidas no nº 1 do art. 286º do CPP (arts. 289º, nº 1 e 290º, nº 1 do CPP).

Aos OPC poderá ser delegada a prática de atos de instrução, com exclusão do interrogatório do arguido, da inquirição de testemunhas, de atos da competência exclusiva do juiz e os que não podem também ser delegados pelo MP na fase de inquérito (art. 290º, nº 2 do CPP).

A regra em matéria de atos e diligências de prova parece ser a seguinte: tratando-se de novos atos e diligências (ou seja, ainda não realizados no inquérito, tenham ou não sido antes requeridos) à partida serão realizados na instrução, desde que requeridos – só não o serão se o juiz entender que não interessam à instrução ou servem apenas para protelar o andamento do processo; não assim se em causa estiverem atos e diligência repetidos, pois a repetição só ocorrerá caso não tenham sido observadas as formalidades legais ou a mesma se revelar indispensável à realização das finalidades da instrução (art. 291º, nºs 1 e 3 do CPP). Em qualquer dos casos, está excluída a inquirição de testemunhas sobre fac-

[414] Ac. STJ nº 7/2005, de 12.05.2005 (Santos Monteiro) e Ac. TC nº 175/2013, de 20.03.2013, Proc. 653/12 (Pedro Machete).

tos relativos à personalidade e ao caráter do arguido e às suas condições pessoais e conduta anterior (art. 291º, nº 3 do CPP).

Um regime especial parece estar consagrado para o interrogatório do arguido e para a audição da vítima (mesmo que não constituída como assistente): de acordo com o nº 2 do art. 292º do CPP o arguido será interrogado e a vítima será ouvida quando o juiz de instrução o julgar necessário e sempre que por aqueles seja solicitado. Na jurisprudência[415] já se entendeu o seguinte: *"A realização do interrogatório requerido pelo arguido constitui diligência obrigatória de instrução, embora, tendo direito a ser interrogado na instrução, o arguido não tenha direito a ser interrogado todas as vezes que o solicite; o juiz tem obrigatoriamente que ouvir o arguido, pelo menos uma vez, se ele o solicitar".*

5.6. O debate instrutório

Para além dos atos de instrução, refere o art. 289º, nº 1 do CPP que a instrução compreende, neste caso obrigatoriamente (sob pena de nulidade – art. 120º, nº 2, al. *d)* do CPP[416]), um debate instrutório.

Esclarece o art. 298º do CPP que *"o debate instrutório visa permitir uma discussão perante o juiz, por forma oral e contraditória, sobre se, do decurso do inquérito e da instrução, resultam indícios de facto e elementos de direito suficientes para justificar a submissão do arguido a julgamento".*

O debate assume assim uma natureza oral e contraditória e tem também caráter público. Nele participam o juiz de instrução, o MP, o arguido, o defensor, o assistente e seu advogado, mas não as partes civis. O debate instrutório é semelhante a uma audiência de julgamento.

No decurso do debate, o juiz de instrução (art. 302º do CPP): (i) faz as exposições introdutórias sobre os atos de instrução a que tiver procedido e sobre as questões de prova relevantes para a decisão instrutória que apresentem caráter controverso; (ii) dá a palavra aos restantes sujeitos, para requererem produção de prova indiciária suplementar que se proponham apresentar ou requerer, sobre pontos concretos controversos; (iii) procede à eventual produção de prova suplementar; (iv) dá a palavra novamente aos sujeitos para formularem as suas conclusões sobre a suficiência ou insuficiência dos indícios recolhidos e sobre questões de direito de que dependa o sentido da decisão instrutória; (v)

415 Ac. TRC de 08.07.2015, Proc. 204/14.9PCCBR.C1 (Fernando Chaves).

416 Maria João Antunes, *Direito Processual Penal*, 3ª ed., Coimbra: Almedina, 2021, p. 120.

encerrado o debate, o juiz dita logo a decisão para a ata, salvo em causas complexas, nas quais a decisão pode ser proferida no prazo de 10 dias.

Ao debate instrutório também se aplicam os princípios da continuidade (art. 304º do CPP), que são próprios da audiência de julgamento.

Do debate é lavrada ata nos termos do art. 305º do CPP.

5.7. O encerramento da instrução

5.7.1. Os prazos de duração máxima da instrução

O art. 306º do CPP também estabelece prazos de duração máxima da instrução, consoante existam ou não arguidos presos ou obrigados a permanecer na habitação (2 ou 4 meses), podendo o prazo de 2 meses ser elevado para 3 meses se estiver em causa um dos crimes previstos no nº 2 do art. 215º do CPP.

Embora existam algumas semelhanças, são várias as diferenças entre este regime e o regime previsto para o inquérito no art. 276º do CPP. Não apenas no que respeita à possibilidade de elevação do prazo de duração máxima, restrita às hipóteses de arguidos presos ou obrigados a permanecer na habitação e apenas tratando-se de crimes previstos no nº 2 do art. 215º do CPP.

É de assinalar uma natureza ordenadora também para estes prazos[417], mas vale a pena igualmente sublinhar que, ao contrário do que sucede no art. 276º do CPP, o art. 306º do CPP não contempla qualquer efeito ou consequência para a sua violação, nem tão pouco consagra a possibilidade de vir a ser determinada a aceleração processual.

5.7.2. As possíveis decisões no final da instrução

Terminado o debate instrutório, o juiz profere a decisão instrutória (art. 307º do CPP), que poderá ser de: (i) pronúncia (art. 308º, nº 1, primeira parte do CPP); (ii) não pronúncia (art. 308º, nº 1, segunda parte do CPP); (iii) arquivamento em caso de dispensa da pena (art. 280º, nº 2 do CPP); (iv) suspensão provisória do processo (art. 307º, nº 2 do CPP).

A decisão instrutória será de pronúncia se tiverem sido recolhidos indícios suficientes de se terem verificado os pressupostos de que depende a aplicação ao arguido de uma pena ou de uma medida de segurança[418].

[417] Pedro Soares de Albergaria, *Comentário Judiciário do Código de Processo Penal*, Tomo III, 2ª ed., Coimbra: Almedina, 2022, anotação 1 ao art. 306º, p. 1333.

[418] Seguindo o mesmo critério que rege para a acusação do MP prevista no art. 283º do CPP – Pedro Soares de Albergaria, *Comentário Judiciário do Código de Processo Penal*, Tomo

Será de não pronúncia caso não tenham sido recolhidos indícios suficientes de se terem verificado os pressupostos de que depende a aplicação ao arguido de uma pena ou de uma medida de segurança, ou se for procedente uma questão processual, prévia ou incidental, que obste ao conhecimento do mérito da causa.

O arquivamento em caso de dispensa de pena exige a concordância do MP e do arguido, mas não do assistente.

Por fim, a suspensão provisória do processo exige a concordância do MP do arguido e do assistente.

5.7.3. A impugnação da decisão instrutória

O tema da impugnação da decisão instrutória coloca-se sobretudo em relação às decisões de pronúncia.

A primeira questão que se deve suscitar diz respeito à validade da decisão de pronúncia[419].

Caso a pronúncia seja inválida, sendo essa invalidade fundada numa alteração substancial dos factos relativamente aos descritos na acusação do MP ou do assistente ou no requerimento para abertura da instrução[420], o art. 309º do CPP contempla uma via própria de impugnação[421]. A impugnação passa por ser arguida a nulidade junto do juiz de instrução que proferiu a decisão, devendo essa arguição ocorrer no prazo de 8 dias a contar da notificação da decisão, sob pena de se sanar a nulidade. Perante a arguição de nulidade, o juiz de instrução poderá deferi-la ou indeferi-la. Só no caso de indeferimento da arguição de nulidade poderá

III, 2ª ed., Coimbra: Almedina, 2022, anotação 8 ao art. 308º, p. 1346. Para uma análise da acusação e da pronúncia no confronto entre a presunção de inocência e a realização da justiça, cfr. Maria Fernanda Palma, "Acusação e pronúncia num direito processual penal de conflito entre a presunção de inocência e a realização da justiça punitiva", in *I Congresso de processo penal: memórias* (coord. Manuel Monteiro Guedes Valente), Coimbra: Almedina, 2005, pp. 113-129.

[419] Assim também Paulo de Sousa Mendes, *Lições de Direito Processual Penal*, Coimbra: Almedina, 2013, p. 89.

[420] Sobre outros vícios possíveis da decisão instrutória, cfr. Pedro Soares de Albergaria, *Comentário Judiciário do Código de Processo Penal*, Tomo III, 2ª ed., Coimbra: Almedina, 2022, anotação 2 ao art. 309º, p. 1350.

[421] Para uma visão crítica do art. 309º do CPP, cfr. José Damião da Cunha, "Uma leitura crítica do art. 309º do CPP: nulidade da decisão instrutória – para uma (re-)interpretação actualista", in *Direito e justiça*, 18, 1 (2004), pp. 231-236.

haver recurso, mas este terá por objeto, não a decisão de pronúncia nula, mas a decisão que indeferiu a arguição de nulidade (arts. 399º e, redundantemente, 310º, nº 3 do CPP).

Esclarecida a validade da decisão de pronúncia, poderá então equacionar-se a recorribilidade da decisão[422].

Em virtude do princípio geral de recorribilidade das decisões consagrado no art. 399º do CPP, o despacho de pronúncia válido será à partida recorrível. Só não será quando incidir sobre factos que constam da acusação do MP, tal como decorre do art. 310º, nº 1 do CPP. O art 310º, nº 1 do CPP constitui uma regra excecional, pelo que fora do caso previsto de dupla conforme[423] (entre a decisão de pronúncia e o despacho de acusação do MP formulado nos termos do art. 283º ou do nº 4 do art. 285º do CPP), o despacho de pronúncia válido será recorrível[424]. Caso a dupla conforme seja apenas parcial (por exemplo, acusação do MP por crime de furto simples de uma coisa móvel e pronúncia por furto qualificado atendendo ao valor elevado da coisa furtada), poderá colocar-se a questão da recorribilidade parcial: no exemplo indicado, o despacho

[422] A matéria dos recursos, dada a sua relevância teórica e prática merece um tratamento autónomo e exaustivo, como se tem verificado na FDUL com a emergência de um Direito Processual Penal dos Recursos acompanhado de indicações jurisprudenciais próprias – assim, *Direito Processual Penal dos Recursos: jurisprudência seleccionada* (org. Helena Morão e Mafalda Moura Melim), 2ª ed., Lisboa: AAFDL, 2022. À matéria dos recursos em processo penal a doutrina tem dedicado especial atenção – assim, de forma consistente, cfr. Helena Morão, "Da delimitação subjectiva do direito ao recurso em matéria penal: fundamento e legitimidade para recorrer", in *Anatomia do Crime*, 5 (Jan.-Jun. 2017), pp. 9-32, "Whenever yet was your appeal denied"? – sobre o direito do arguido ao recurso de decisões de recurso", in *RMP*, 158 (Abr.-Jun. 2019), pp. 37-50, "Sem apelo nem agravo: sobre o direito ao recurso em matéria de facto em caso de primeira condenação em segunda instância", in *RMP*, 159 (Jul.-Set. 2019), pp. 155-167, e "Reformando o recurso em processo penal", in *Corrupção em Portugal: avaliação legislativa e propostas de reforma* (org. Paulo Pinto de Albuquerque *et al.*), Lisboa: Universidade Católica Editora, 2021, pp. 655-663.

[423] Que colhe sentido no estatuto do MP, de sujeição a critérios de legalidade e objetividade na atuação – Pedro Soares de Albergaria, *Comentário Judiciário do Código de Processo Penal*, Tomo III, 2ª ed., Coimbra: Almedina, 2022, anotação 1 ao art. 310º, p. 1351.

[424] Assim, embora invocando admissibilidade de interpretação enunciativa *a contrario* de regra excecional, cfr. Paulo de Sousa Mendes, *Lições de Direito Processual Penal*, Coimbra: Almedina, 2013, p. 90. Cfr. igualmente, Carlos Soares, "Em que casos se não pode recorrer da decisão instrutória?", in *Questões avulsas de processo penal*, Lisboa: AAFDL, 2000, pp. 75-83.

de pronúncia só não seria recorrível em relação ao furto, ou seja, estaria fora de discussão para efeitos de recurso o facto de o arguido ter subtraído uma coisa móvel com ilegítima intenção de apropriação, mas já não o fundamento da qualificação do furto (o valor elevado da coisa móvel subtraída). De facto, quanto a esta parte parece vigorar o princípio geral do art. 399º do CPP, não sendo a mesma abrangida pela regra excecional contida no nº 1 do art. 310º do CPP.

Quanto às decisões de não pronúncia, atendendo ao princípio geral do art. 399º do CPP, deve considerar-se que tais decisões são recorríveis[425]. A solução de recorribilidade decorre do referido princípio geral para todos os casos de decisão de não pronúncia, embora alguma doutrina (Maria João Antunes[426]) entenda que se pode e deve defender a solução da irrecorribilidade da decisão de não pronúncia proferida na sequência de um despacho de arquivamento do MP, invocando que vale também nesta hipótese a razão que justifica o disposto no nº 1 do art. 310º do CPP e que não constituem obstáculos a essa irrecorribilidade o direito de acesso aos tribunais pelo assistente nem o princípio do juiz natural[427].

6. O julgamento

6.1. Aspetos gerais

A fase do julgamento surge regulada nos arts. 311º a 380º do CPP.

A passagem para a fase de julgamento pode ocorrer na sequência de ser proferida acusação contra o arguido no final do inquérito sem que tenha sido requerida a abertura da instrução (no prazo legalmente previsto). Também pode ocorrer em razão de no final da instrução ter sido proferido despacho de pronúncia contra o arguido.

Tal como resulta da divisão do CPP, o julgamento é composto por 3 subfases: os atos preliminares (arts. 311º-320º do CPP), a audiência de julgamento (arts. 321º-364º do CPP) e a sentença (arts. 365º-380º do CPP).

[425] Assim, Paulo de Sousa Mendes, *Lições de Direito Processual Penal*, Coimbra: Almedina, 2013, p. 90.

[426] Maria João Antunes, *Direito Processual Penal*, 3ª ed., Coimbra: Almedina, 2021, p. 124.

[427] Contra, Pedro Soares de Albergaria, *Comentário Judiciário do Código de Processo Penal*, Tomo III, 2ª ed., Coimbra: Almedina, 2022, anotação 7 ao art. 310º, pp. 1354-1355.

6.2. Os atos preliminares

A subfase dos atos preliminares compreende o saneamento, a contestação e os requerimentos probatórios e ainda a designação da data para a audiência de julgamento.

As alterações ao CPP introduzidas pela Lei nº 94/2021, de 21 de dezembro, tiveram um impacto significativo no regime da contestação e dos requerimentos probatórios e da designação da data para a audiência de julgamento.

Foi revogado o art. 315º do CPP, foram introduzidos os arts. 311º-A e 311º-B e foi alterada a redação dos arts. 312º, 313º e 314º do CPP.

6.2.1. O saneamento do processo

O saneamento do processo surge previsto no art. 311º do CPP, cuja redação não foi alterada pela Lei nº 94/2021, de 21 de dezembro.

Feita a distribuição do processo no tribunal competente, é o mesmo concluso ao juiz para proceder ao saneamento do processo, através da prolação de despacho preliminar, o qual poderá assumir uma dupla função, consoante tenha existido ou não instrução.

6.2.1.1. A pronúncia sobre nulidade e questões prévias ou incidentais

Tal como decorre do nº 1 do art. 311º do CPP, após receber os autos, o juiz terá de pronunciar-se sobre nulidades e outras questões prévias ou incidentais e fá-lo-á independentemente de ter existido ou não instrução.

Essa verificação por parte do juiz tem sempre de ocorrer: a apreciação judicial do preenchimento dos pressupostos necessários para a fase de julgamento tem sempre lugar. Mesmo que tenha sido proferido despacho de pronúncia conforme com o despacho de acusação do MP e, por isso, irrecorrível nos termos do art. 310º, nº 1 do CPP[428].

Tendo havido instrução (a qual pressupõe que tenha sido requerida a sua abertura e que tenha sido proferido despacho de pronúncia), não cumpre ao juiz analisar o fundamento da acusação ou se a acusação do assistente ou do MP constitui uma alteração substancial de factos relativamente à acusação principal (respetivamente do MP ou do assistente).

[428] Paulo de Sousa Mendes, *Lições de Direito Processual Penal*, Coimbra: Almedina, 2013, p. 94.

Tal sucede porque através da decisão instrutória já houve oportunidade de apreciar a legalidade da acusação e o preenchimento dos pressupostos necessários para a submissão do arguido a julgamento. E o despacho de pronúncia já terá transitado em julgado (nomeadamente se existir uma situação de dupla conforme tal como previsto no art. 310º, nº 1 do CPP).

Caso não tenha existido instrução (ou seja, se os autos foram remetidos para a fase de julgamento diretamente logo após findar o inquérito), para além de decidir as nulidades e demais questões prévias ou incidentais suscetíveis de obstar à apreciação do mérito da causa, o juiz poderá ter de decidir sobre o fundamento da acusação ou se a acusação do assistente ou do MP constitui uma alteração substancial de factos relativamente à acusação principal.

6.2.1.2. A rejeição da acusação manifestamente infundada

Pode ser proferido despacho de rejeição da acusação caso o juiz a considere manifestamente infundada (art. 311º, nºs 2, al. *a)* e 3 do CPP): a acusação não contém a identificação do arguido ou a narração dos factos (als. *a)* e *b)* do nº 3), não indica as disposições legais aplicáveis ou as provas que as fundamentam (al. *c)* do nº 3), ou os factos não constituem crime (al. *d)* do nº 3).

Sobre o caráter manifestamente infundado da acusação, há alguma discussão na doutrina[429].

Apesar do disposto no nº 3 do art. 311º do CPP (introduzido pela Lei nº 59/98, de 25 de agosto), existem algumas dúvidas sobre o juízo que o juiz poderá formular sobre a acusação, para que a possa considerar infundada. Desde logo, se a decisão do juiz sobre a acusação poderá ser uma decisão de mérito ou se terá de representar uma decisão formal. Também se discute se o juízo poderá incidir apenas sobre os factos ou se poderá também abranger a qualificação jurídica.

Em vários arestos[430] se defende que o juiz de julgamento *"não pode formular um pré-juízo sobre o mérito da acusação, ou seja, sindicar a avaliação*

[429] Com desenvolvimento, cfr. António João Latas, *Comentário Judiciário do Código de Processo Penal*, Tomo IV, Coimbra: Almedina, 2022, anotações 31 a 60 ao art. 311º, pp. 47-55.

[430] Ac. TRG de 19.09.2016, Proc. 103/18.5T9BCL.G1 (Cândida Martinho); Ac. TRG de 17.12.2020, Proc. 1531/19.4T9BRG.G1 (Jorge Bispo).

da suficiência dos indícios efetuada pelo Ministério Público ou pelo assistente", argumentando-se que *"antes da audiência de julgamento, os poderes do juiz sobre a acusação, restringem-se à valoração jurídica dos factos tidos como suficientemente indiciados pelo acusador, mas, ainda assim, com uma margem de atuação bastante restrita, uma vez que apenas a pode rejeitar quando for manifestamente infundada, ou seja, quando for inequívoco e incontroverso que os factos nela descritos não constituem crime"*.

De acordo com o Assento do STJ nº 4/93[431], a acusação fundada em prova indiciária manifestamente insuficiente poderia ser rejeitada. Porém, com a introdução do nº 3 no art. 311º do CPP aquele entendimento parece ter sido revogado[432] (alguma jurisprudência alude mesmo à caducidade da jurisprudência ali fixada[433]), na medida em que se procedeu a uma densificação das situações que podem conduzir a uma acusação manifestamente infundada. O TC também tem entendido que não viola as garantias de defesa do arguido e não atenta contra o princípio da presunção de inocência a norma do art. 311º, nº 3 do CPP, quando veda ao juiz do julgamento a possibilidade de rejeitar a acusação manifestamente infundada por insuficiência de prova indiciária, no caso de não ter havido instrução[434].

Também a jurisprudência se vem manifestando contra a possibilidade de o juiz proceder a uma modificação da qualificação jurídica constante da acusação ou da pronúncia, invocando ser essa a única solução compatível com o texto do art. 311º do CPP, que não prevê a possibilidade de alteração da qualificação jurídica dos factos constantes da acusação, e ainda que se trata da única interpretação que não esvazia de conteúdo outras soluções consagradas na lei processual penal[435].

[431] Ac. STJ de 17.02.1993. Para uma apreciação do decidido no Assento, cfr. José Damião da Cunha, "Rejeição da acusação por manifesta insuficiência da prova indiciária", in *Revista Portuguesa de Ciência Criminal*, 5, nº 1 (Jan.-Mar. 1995), pp. 107-121.

[432] Na doutrina, Maria João Antunes, *Direito Processual Penal*, 3ª ed., Coimbra: Almedina, 2021, p. 184 refere que na prática significou a derrogação do Assento nº 4/93.

[433] Ac. STJ de 23.05.2012, Proc. 6/09.4TRGMR.S1 (Pires da Graça).

[434] Assim, por exemplo, Ac. TC nº 101/2001, de 14.03.2001, Proc. 402/00 (Artur Maurício).

[435] Ac. TRP de 09.09.2015, Proc. 9671/12.4TDPRT-A.P1 (Ana Bacelar).

Alguma doutrina (Germano Marques da Silva[436] e Paulo de Sousa Mendes[437]) continua a defender, não obstante, que no despacho preliminar pode realizar-se uma apreciação crítica dos indícios e da sua qualificação jurídica.

Em relação aos indícios, na esteira de Paulo de Sousa Mendes[438], considera-se que o tribunal deve fazer essa apreciação com base no critério de para além da dúvida razoável de que possa faltar em concreto um pressuposto da pena ou da punibilidade do agente. Havendo dúvida razoável sobre a falta de um tal pressuposto, deve essa dúvida ser resolvida em julgamento, mas se não existir uma dúvida razoável o juiz deve rejeitar a acusação. Vários exemplos podem ser referidos: casos de atipicidade, hipóteses de verificação de causas de justificação ou de exclusão da culpa, situações de falta de condições de punibilidade, de prescrição, ou de amnistia.

O que parece estar afastada é a possibilidade de rejeição da acusação apenas por ser controversa ou duvidosa a verificação dos pressupostos da pena ou da punibilidade do agente. Na jurisprudência[439] já se decidiu que, *"No caso de se apresentar controversa a atipicidade dos factos narrados na acusação, esta não pode ser taxada de manifestamente infundada e fulminada com a rejeição liminar, nos termos do art. 311º, nº 2, al. a) e nº 3, al. d) , do CPP, devendo os autos prosseguir para julgamento, onde a questão, segundo as várias perspetivas que se perfilem e sob a égide do contraditório, será discutida e debatida"*. Ainda mais se a controvérsia ou a dúvida do juiz assentam numa pré-compreensão ou num pré-juízo deste. Mais discutíveis podem ser as situações em que ocorre a rejeição da acusação embora esta esteja fundada num entendimento jurisprudencial ou doutrinário significativo ou possível sobre os factos nela narrados. Ainda assim, à partida, havendo disputa doutrinal ou jurisprudencial, a acusação não pode ser taxada de

[436] Germano Marques da Silva, *Direito Processual Penal Português*, vol. 3, Lisboa: Universidade Católica Editora, 2015, p. 197.

[437] Paulo de Sousa Mendes, *Lições de Direito Processual Penal*, Coimbra: Almedina, 2013, p. 94.

[438] Paulo de Sousa Mendes, *Lições de Direito Processual Penal*, Coimbra: Almedina, 2013, p. 95.

[439] Ac. TRE de 23.06.2020, Proc. 342/17.6IDSTB.E1 (Laura Goulart Maurício).

manifestamente infundada e fulminada com a rejeição liminar, devendo os autos prosseguir para julgamento[440].

Porém, quando a falta dos pressupostos da pena ou da punibilidade do agente seja incontroversa ou esteja para além da dúvida razoável a acusação deverá ser rejeitada. Tal rejeição não violará o princípio do acusatório, nem corresponde a uma antecipação da decisão.

A rejeição da acusação produzirá efeitos distintos consoante ponha termo ao processo ou não ponha termo ao processo. Se a rejeição puser termo ao processo, discute-se na doutrina se a decisão terá efeito de caso julgado material (como defende Paulo de Sousa Mendes[441]) ou apenas formal. Trata-se de uma questão debatida, tal como também a de saber se poderá haver lugar a nova acusação[442]. Se a rejeição da acusação não puser termo ao processo (*v.g.*, nulidades de inquérito), admite-se que possa ocorrer o suprimento da causa de rejeição da acusação (art. 122º do CPP), com reenvio do processo para o inquérito se necessário.

6.2.1.3. A não aceitação da acusação subordinada do assistente ou do MP

Pode também dar-se o caso de o juiz não aceitar a acusação (subordinada) do assistente (art. 284º do CPP) ou do MP (art. 285º, nº 4 do CPP) – na parte em que a mesma represente uma alteração substancial de factos face à acusação principal, respetivamente, do MP ou do assistente (art. 1º, al. *f)* do CPP) – art. 311º, nº 2, al. *b)* do CPP.

Caso assim decida, o juiz terá concluído pela ilegitimidade do assistente ou do MP para deduzirem *aquela acusação* subordinada, uma vez que a lei só permite que o façam se não constituir uma alteração substancial de factos[443].

6.2.1.4. A recorribilidade do despacho preliminar

Existindo vícios, poderá ser interposto recurso do despacho preliminar, nos termos do art. 399º do CPP.

[440] Ac. TRL de 18.10.2017, Proc. 1212/15.8PBAMD.L1-3 (Nuno Ribeiro Coelho).

[441] Paulo de Sousa Mendes, *Lições de Direito Processual Penal*, Coimbra: Almedina, 2013, p. 95.

[442] Cfr. Ac. TC nº 246/2017, de 17.05.2017, Proc. 880/16 (Teles Pereira).

[443] António João Latas, *Comentário Judiciário do Código de Processo Penal*, Tomo IV, Coimbra: Almedina, 2022, anotação 29 ao art. 311º, p. 47.

6.2.2. A contestação e os requerimentos probatórios

Com a Lei nº 94/2021, de 21 de dezembro, foram introduzidas alterações relevantes em matéria de contestação e requerimentos probatórios.

Ao invés de com a notificação do despacho a designar a audiência de julgamento, que teria de ser proferido antes, se começar a contar o prazo para o arguido, querendo, apresentar contestação e/ou requerimentos probatórios, prevê-se agora que primeiro é proferido pelo juiz despacho para apresentação de contestação (art. 311º-A do CPP), a que seguirá então a prolação de despacho pelo mesmo juiz a designar a audiência (art. 311º-B do CPP).

Em relação ao despacho para apresentação de contestação, o arguido e o defensor são notificados do mesmo (art. 311º-A, nºs 1 e 3 do CPP), devendo o despacho conter, sob pena de nulidade: *a)* a indicação dos factos e disposições legais aplicáveis (ainda que por remissão para a acusação ou para a pronúncia, se a houver); *b)* cópia da acusação ou da pronúncia; *c)* a nomeação de defensor do arguido, se ainda não estiver constituído no processo; e *d)* a data e a assinatura do presidente (art. 311º-A, nº 2 do CPP). Trata-se de um despacho irrecorrível, *ex vi* art. 311º-A, nº 4 do CPP.

A contestação e/ou os requerimentos probatórios (art. 311º-B do CPP) podem ser apresentados pelo arguido no prazo de 20 dias a contar da notificação do despacho previsto no art. 311º-A do CPP. A apresentação de contestação e/ou de requerimentos probatórios continuar a não ser obrigatória e não está sujeita a formalidades especiais: não se prevê qualquer efeito cominatório, por estarem em causa garantias de defesa do arguido e admite-se que o arguido possa optar por apresentar só a contestação ou os requerimentos probatórios. Embora o CPP continue a aludir apenas ao rol de testemunhas, deve entender-se que o arguido pode requerer a realização de quaisquer atos probatórios. O rol de testemunhas é apenas mais um requerimento probatório. Os requerimentos probatórios são também independentes da contestação.

6.2.3. A designação da data para a audiência de julgamento

O despacho que designa data para a audiência de julgamento encontra previsão nos arts. 312º e 313º do CPP.

Para a designação da data da audiência a lei aponta o prazo de 2 meses a contar da data em que foram recebidos os autos, mas não o faz de forma inflexível: prevê-se que a data da audiência será fixada para a data mais próxima possível, de modo que entre ela e o dia em que os autos forem recebidos não decorram mais de 2 meses (art. 312º, nº 1 do CPP).

Na doutrina suscita-se a dúvida sobre a natureza do prazo para a data da audiência. Para alguns, está em causa um prazo meramente ordenador. Outros equacionam a possibilidade de um vício processual, mais concretamente de existir uma (mera) irregularidade que poderia afetar o valor do ato praticado ou do ato a praticar (art. 123º do CPP). Para Paulo Pinto de Albuquerque[444] o desrespeito do prazo previsto no nº 1 do art. 312º do CPP só tem como consequência a possibilidade de ser apresentado um pedido de aceleração do processo, sem que tal possa afetar o valor do ato praticado ou do ato a praticar, desta feita rejeitando a tese da irregularidade e favorecendo a tese da natureza meramente ordenadora.

Para além da indicação da data, hora e local da audiência, o despacho deve proceder ainda à designação da data para a realização da audiência em caso de adiamento ou para a audição do arguido a requerimento do seu advogado ou defensor nomeado (art. 312º, nºs 1 e 2 do CPP).

O despacho é notificado ao MP, ao arguido, ao assistente, às partes civis e seus representantes, com uma antecedência de, pelo menos, 20 dias antes da audiência (art. 313º, nº 1 do CPP), sendo tal regra igualmente aplicável à pessoa coletiva ou entidade equiparada nos termos do nº 2 do mesmo artigo.

O despacho assume natureza irrecorrível, *ex vi* art. 313º, nº 4 do CPP.

6.3. A audiência de julgamento

A subfase da audiência de julgamento (arts. 321º a 361º do CPP) assume particular importância.

6.3.1. Aspetos gerais

Em sede de audiência de julgamento vigora o princípio da publicidade[445] (arts. 321º, nº 1 do CPP e 206º da CRP).

[444] Paulo Pinto de Albuquerque, *Comentário do Código de Processo Penal à luz da Constituição da República e da Convenção Europeia dos Direitos do Homem*, 4ª ed., Lisboa: Universidade Católica Editora, 2011, anotação 3 ao art. 312º, p. 830.

[445] Sobre o alcance deste princípio, cfr. Maria João Antunes, *Direito Processual Penal*, 3ª ed., Coimbra: Almedina, 2021, pp. 195-199, e Mário Ferreira Monte, *Segredo e publicidade na justiça penal*, Coimbra: Almedina, 2018, pp. 147 e ss.

Não obstante, surge prevista a possibilidade de a audiência decorrer sem publicidade – art. 87º, *ex vi* art. 321º, nº 2 do CPP. A razão desta solução decorre da necessidade de respeito pelos direitos (*v.g.*, intimidade) de terceiros ou de sujeitos/participantes processuais.

A audiência encontra-se também sujeita ao princípio do contraditório (art. 327º, nº 2 do CPP), o qual se justifica pelos amplos poderes de investigação concedidos ao juiz[446].

Um outro princípio relevante é o princípio da concentração (art. 328º do CPP), que favorece uma prossecução unitária e continuada de todos os termos e atos processuais e impõe a concentração espacial e temporal da audiência[447].

O aditamento do art. 328º-A pela Lei nº 27/2015, de 14 de abril, reforçou este entendimento. O adiamento da audiência continua a não pode exceder 30 dias, sendo certo que ao abrigo do regime anterior o incumprimento desse prazo determinava a perda de eficácia da prova já realizada (art. 328º, nº 6 do CPP). Já havia sido proferido o Ac. STJ de Fixação de Jurisprudência nº 11/2008[448]: *"Nos termos do artigo 328 nº6 do Código de Processo Penal o adiamento da audiência de julgamento por prazo superior a trinta dias implica a perda de eficácia da prova produzida com sujeição ao princípio da imediação. Tal perda de eficácia ocorre independentemente da existência de documentação a que alude o artigo 363º do mesmo diploma"*. Porém, a Lei nº 27/2015, de 14 de abril, veio alterar esse paradigma, invocando-se as alterações já introduzidas no art. 364º do CPP em matéria de documentação da audiência: *"Se não for possível retomar a audiência neste prazo, por impedimento do tribunal ou por impedimento dos defensores*

[446] Paulo de Sousa Mendes, *Lições de Direito Processual Penal*, Coimbra: Almedina, 2013, p. 96.

[447] Sobre este princípio, com desenvolvimento, cfr. Maria João Antunes, *Direito Processual Penal*, 3ª ed., Coimbra: Almedina, 2021, pp. 203-206. Para a história do art. 328º do CPP e uma apreciação crítica das alterações nele efetuadas pela Lei nº 27/2015, de 14 de abril, cfr. Nuno Brandão, "Era uma vez o princípio da concentração temporal? – notas sobre a revisão do artigo 328º do CPP", in *Julgar*, 28 (Jan.-Abr. 2016), pp. 107-124. Sobre o princípio, cfr. ainda José Damião da Cunha, "Comentário ao Acórdão do Supremo Tribunal de Justiça de Fixação de Jurisprudência nº 1/2016, P. 769/12.0GAMMV.C1-A.S1, de 12 de novembro: auto/ata – princípio da concentração temporal – Recuperação de auto ou de parte de auto", in *RMP*, 149 (Jan.-Mar. 2017), pp. 183-199.

[448] Ac. STJ de Fixação de Jurisprudência nº 11/2008, de 29.10.2008 (Santos Cabral).

constituídos em consequência de outro serviço judicial já marcado de natureza urgente e com prioridade sobre a audiência em curso, deve o respectivo motivo ficar consignado em ata, identificando-se expressamente a diligência e o processo a que respeita".

6.3.2. Os atos introdutórios

Do ponto de vista da respetiva tramitação, a audiência de julgamento desdobra-se fundamentalmente em atos introdutórios (arts. 329º-339º do CPP) e na produção de prova (arts. 340º-361º do CPP).

Quanto aos atos introdutórios importa dar especial atenção à preocupação manifestada pelo CPP (nos arts. 332º a 337º) no que respeita à presença do arguido na audiência[449].

A presença do arguido constitui o regime-regra (art. 332º, nº 1 do CPP), embora o CPP consagre algumas exceções a essa regra (arts. 333º e 334º do CPP).

O regime da contumácia (arts. 335º-337º do CPP) reforça a importância da presença do arguido, criando mecanismos para forçar o arguido a comparecer na audiência. Com a Lei nº 94/2021, de 21 de dezembro, foi introduzido o novo nº 6 do art. 335º do CPP para as pessoas coletivas e entidades equiparadas.

6.3.3. A produção de prova

A produção de prova implica a produção de todos os meios de prova cujo conhecimento se afigure ao tribunal necessário à descoberta da verdade e à boa decisão da causa (art. 340º, nº 1 do CPP), devendo observar-se a ordem de produção de prova prescrita no art. 341º do CPP.

No caso das declarações de arguido (arts. 343º-345º do CPP), discute-se o valor probatório da confissão realizada pelo arguido em julgamento (art. 344º do CPP)[450]. A prestação de declarações pelo arguido

[449] Sobre a questão da presença do arguido cfr. José Damião da Cunha, "Julgamento à revelia", in *III Congresso de processo penal* (coord. Manuel Monteiro Guedes Valente), Coimbra: Almedina, 2010, pp. 243-258, José António Barreiros, "Presença e ausência do arguido no julgamento penal", in *Jurismat*, 4 (2014), pp. 79-90, e, monograficamente, Bárbara Churro, *Julgamento na ausência: contributo para uma revisão do regime do Código de Processo Penal à luz da Directiva (EU) 2016/343*, Coimbra: Almedina, 2020.

[450] Sobre o tema, cfr. Rui Soares Pereira, "Acerca do valor probatório da confissão do arguido", in *Direito da investigação criminal e da prova* (coord. Maria Fernanda Palma *et al.*),

(de natureza confessória ou não) integra o seu direito de defesa, impondo-se a sua sujeição em termos de admissibilidade e valor à livre apreciação do julgador. Resta saber se com ou sem especialidades. A Lei nº 94/2021, de 21 de dezembro, introduziu um novo nº 5 no art. 344º do CPP para as pessoas coletivas e entidades equiparadas.

Em sede de produção de prova é relevante é o princípio da investigação (art. 340º do CPP), que se salda, de acordo com o ensino de Figueiredo Dias[451], num *"poder-dever que ao tribunal incumbe de esclarecer e instruir autonomamente, mesmo para além das contribuições da acusação e da defesa, o facto sujeito a julgamento, criando aquele mesmo as bases necessárias à sua decisão"*. Desta forma ocorre uma mitigação da estrutura acusatória. Mais: a concessão ao julgador de poderes autónomos de investigação, a par de outros aspetos, permite qualificar o sistema português como estando integrado na família dos sistemas processuais de pendor inquisitorial.

Dotados de uma especial importância são também os princípios da imediação (art. 355º, nº 1 do CPP), da oralidade e da identidade do juiz[452].

De acordo com o princípio da imediação, que constitui a regra no CPP, só é prova válida a prova produzida ou examinada em sede audiência de julgamento (art. 355º do CPP)[453]. Porém, o CPP consagra diversas exceções a essa regra: no art. 356º permite-se a leitura ou reprodução de autos e declarações (mas com restrições em relação aos arguidos nos termos do nº 7) e no art. 357º do CPP prevê-se a permissão de leitura ou reprodução de declarações do arguido[454]. Embora esta última solução

Coimbra: Almedina, 2014, pp. 183-222 e, para uma apreciação detalhada do regime do art. 344º do CPP, cfr. Maria do Carmo Silva Dias, *Comentário Judiciário do Código de Processo Penal*, Tomo IV, Coimbra: Almedina, 2022, anotação ao art. 344º, pp. 459-475.

[451] Jorge de Figueiredo Dias, *Direito Processual Penal*, I, Coimbra: Coimbra Editora, 1974 (reimpressão, 2004), p. 148.

[452] Paulo de Sousa Mendes, *Lições de Direito Processual Penal*, Coimbra: Almedina, 2013, p. 97. Com desenvolvimento sobre a oralidade e a imediação, cfr. Maria João Antunes, *Direito Processual Penal*, 3ª ed., Coimbra: Almedina, 2021, pp. 199-203.

[453] Sobre o alcance do princípio, cfr. Paulo Dá Mesquita, *Comentário Judiciário do Código de Processo Penal*, Tomo IV, Coimbra: Almedina, 2022, anotação ao art. 355º, pp. 573-597.

[454] Embora ao abrigo do direito anterior, mantém relevância a análise sobre a evolução da jurisprudência verificada à data realizada por José Damião da Cunha, "O regime processual de leitura de declarações na audiência de julgamento: arts. 356º e 357º do CPP – algu-

suscite dúvidas à luz do princípio do acusatório no entender de alguma doutrina[455], as alterações introduzidas pela Lei nº 20/2013, de 21 de fevereiro, na sequência de propostas nesse sentido[456], vieram reforçar as hipóteses de leitura ou reprodução de declarações do arguido. As alterações introduzidas conheceram posicionamentos doutrinários contrários[457] e já foram objeto de apreciação pela jurisprudência[458].

A reprodução ou leitura de declarações de testemunhas ou a sua valoração em sede de sentença, sem o acordo do arguido, ao abrigo do nº 4 do art. 356º do CPP pode suscitar dúvidas de inconstitucionalidade material em face das garantias de defesa e do contraditório (art. 32º, nºs 1 e 5 da CRP) por obliterar totalmente o direito ao confronto do arguido face aos meios probatórios que contra si podem ser valorados. O arguido, e/ou o seu defensor, têm o direito de solicitar esclarecimentos e contra-interrogar qualquer testemunha como garantia de um direito de defesa e de um contraditório que não se limite a oferecer a oportunidade de o arguido se pronunciar *ex post*. Aliás, como exigido no art. 348º, nº 4 do CPP (que consagra o direito de contra-interrogar) e quanto às declarações de coargui-

mas reflexões à luz de uma recente evolução jurisprudencial", in *Revista Portuguesa de Ciência Criminal*, 7, nº 3 (Jul.-Set. 1997), pp. 403-443.

[455] Paulo de Sousa Mendes, *Lições de Direito Processual Penal*, Coimbra: Almedina, 2013, pp. 48-49, "A questão do aproveitamento probatório das declarações processuais do arguido anteriores ao julgamento", in *Estudos em Homenagem ao Prof. José Lebre de Freitas*, vol. II (coord. Maria Helena Brito, Mariana França Gouveia, Armando Marques Guedes, Rui Pinto Duarte), Coimbra: Coimbra Editora, 2013, pp. 1363-1387, e "O processo penal entre a eficácia e as garantias", in *Direito da investigação criminal e da prova* (coord. Maria Fernanda Palma *et al.*), Coimbra: Almedina, 2014, pp. 67-80.

[456] AA.VV., *Mudar a Justiça Penal – Linhas de Reforma do Processo Penal Português* (coord. António João Latas), Coimbra: Almedina, 2012, pp. 18-19 e 96-116.

[457] Cfr. a doutrina citada em Maria João Antunes, *Direito Processual Penal*, 3ª ed., Coimbra: Almedina, 2021, pp. 202-203, e a doutrina e a jurisprudência referidas em Paulo Dá Mesquita, *Comentário Judiciário do Código de Processo Penal*, Tomo IV, Coimbra: Almedina, 2022, anotações 7 a 11 ao art. 357º, pp. 625-628, e ainda, com muito interesse, as reflexões comparadas de Joana Boaventura Martins, *Da Valoração das Declarações de Arguido Prestadas em Fase Anterior ao Julgamento – Contributo Para uma Mudança de Paradigma*, Coimbra: Coimbra Editora, 2014, e o estudo de Andreia Cruz, "A revisão de 2013 ao Código de processo penal no domínio das declarações anteriores ao julgamento", in *ROA*, 2013 IV (outubro-dezembro), pp. 1139-1224.

[458] É o caso do Ac. TRC de 15.03.2017, Proc. 21/14.6PELRA.C1 (Vasques Osório) – ponderação do novo regime e aplicação mesmo se interrogatório complementar.

dos declarantes quando se escudem no *nemo tenetur* para não responder a esclarecimentos dos demais co-arguidos, como decorre hoje da letra do art. 345º, nº 4 do CPP (tal como já defendia Teresa Beleza[459]): tais declarações dos co-arguidos declarantes poderão servir para a incriminação dos mesmos, mas já não para a incriminação dos demais porque não tiveram oportunidade de exercer o confronto. A solução poderá passar por lançar mão, em sede de inquérito ou de instrução, do regime das declarações para memória futura (arts. 271º e 294º do CPP), que assegura plenamente os desideratos pretendidos com o disposto no nº 4 do art. 356º do CPP, assegurando-se o cumprimento do direito ao confronto.

6.4. A sentença

A sentença representa o culminar do processo, estando o respetivo regime regulado nos arts. 365º-380º-A (o último artigo revogado) do CPP, cujas notas essenciais importa dar nota.

A sentença comporta duas fases distintas (a fase da determinação da culpabilidade e a fase da determinação da sanção), deve observar-se certos requisitos para a respetiva elaboração e a lei prevê situações de nulidade da sentença.

6.4.1. A determinação da culpabilidade

O art. 368º do CPP regula a questão da culpabilidade.

Antes de entrar na apreciação do mérito, compete ao tribunal decidir (e de forma separada) eventuais questões prévias ou incidentais sobre as quais ainda não tenha recaído decisão (art. 368º, nº 1 do CPP).

Caso a apreciação do mérito não tenha ficado prejudicada, será objeto de individualização e submissão a deliberação e votação a factualidade relevante para determinar se existiu crime (ou seja, se está em causa um facto típico, ilícito, culposo e punível) e se este pode ser imputado ao arguido: *a)* se estão preenchidos os elementos constitutivos do tipo de crime; *b)* se o arguido praticou o crime ou nele participou; *c)* se o arguido atuou com culpa; *d)* se se verificou alguma causa que exclua a ilicitude ou a culpa; *e)* se se verificaram quaisquer outros pressupostos de que a lei faça depender a punibilidade do agente ou a aplicação a este de uma medida de segurança; *f)* se se verificaram os pressupostos de que

[459] Teresa Beleza, "Tão amigos que nós éramos: o valor probatório do depoimento de co-arguido no Processo Penal Português", in *RMP*, 74 (Abr.-Jun.1998), pp. 39-60.

depende o arbitramento da indemnização civil (art. 368º, nº 1 do CPP). Só depois são individualizadas e submetidas a deliberação e votação as questões de direito suscitadas pela factualidade (art. 368º, nº 3 do CPP).

6.4.2. A determinação da sanção

Concluindo-se que ao arguido deve ser aplicada uma pena ou medida de segurança, deve proceder-se então à determinação da sanção (art. 369º do CPP).

A determinação da sanção pode implicar a apresentação de relatório social pelos serviços de reinserção social e a reabertura da audiência (arts. 370º e 371º do CPP).

6.4.3. Os requisitos da sentença

No que respeita aos requisitos da sentença, o art. 374º do CPP formula algumas exigências para qualquer decisão, independentemente de a mesma possuir natureza condenatória ou absolutória.

Para além do relatório (art. 374º, nº 1 do CPP), a sentença terá de conter a respetiva fundamentação – que implica a enumeração dos factos provados e não provados, o enquadramento jurídico-penal dos mesmos, a exposição sobre os motivos e ainda o exame crítico dos meios de prova[460] – (art. 374º, nº 2 do CPP). Segue-se a parte do dispositivo, que inclui: *a)* as disposições legais aplicáveis; *b)* a decisão condenatória ou absolutória; *c)* a indicação do destino a dar a animais, coisas ou objetos relacionados com o crime, com expressa menção das disposições legais aplicadas; *d)* a ordem de remessa de boletins ao registo criminal; *e)* a data e as assinaturas dos membros do tribunal (art. 374º, nº 3 do CPP).

Tratando-se de sentença condenatória (que abrange a que tiver decretado dispensa da pena), deverão ser ainda especificados os fundamentos da escolha e da medida da sanção aplicada, o início e regime de cumprimento, bem como outros deveres impostos e respetiva duração e o plano individual de readaptação social (art. 375º, nºs 1 e 3 do CPP).

[460] Sobre as exigências (acrescidas) de fundamentação estando em causa prova indireta, cfr. SUSANA AIRES DE SOUSA, "Prova indireta e dever acrescido de fundamentação da sentença penal", in *Homenagem ao Professor Doutor Germano Marques da Silva* (coord. JOSÉ LOBO MOUTINHO *et al.*), vol. 4, Lisboa: Universidade Católica Editora, 2020, pp. 2753-2775.

Terá de incluir ainda a decisão sobre as medidas de coação (art. 375º, nº 4 do CPP).

Caso a sentença seja absolutória, deve ser declarada a extinção das medidas de coação e à partida será ordenada a imediata libertação do arguido preso preventivamente, sendo o assistente condenado em custas (art. 376º, nºs 1 e 2 do CPP).

6.4.4. As nulidades da sentença

No art. 379º do CPP são reguladas diversas causas de nulidade da sentença, embora outras causas (previstas ou não no CPC) possam ser invocadas[461].

Assume particular relevância (para a matéria do objeto do processo) a causa de nulidade prevista na al. *b)* do nº 1 do art. 379º do CPP, que diz respeito à condenação do arguido por factos diversos dos descritos na acusação ou na pronúncia em violação do disposto nos arts. 358º e 359º do CPP.

[461] Com desenvolvimento, cfr. PAULO PINTO DE ALBUQUERQUE, *Comentário do Código de Processo Penal à luz da Constituição da República e da Convenção Europeia dos Direitos do Homem*, 4ª ed., Lisboa: Universidade Católica Editora, 2011, anotação ao art. 379º, pp. 981-986, e JOSÉ MOURAZ LOPES, *Comentário Judiciário do Código de Processo Penal*, Tomo IV, Coimbra: Almedina, 2022, anotação ao art. 379º, pp. 795-802.

Capítulo II
As formas de processo especiais

Sumário: 1. O fundamento da aplicação das formas de processo especiais; 2. O processo sumário; 3. O processo abreviado; 4. O processo sumaríssimo; 5. A promoção da aplicação das formas de processo especiais; 6. O incentivo à utilização das formas de processo especiais à luz da Lei-Quadro da Política Criminal

Bibliografia escolhida: Paulo de Sousa Mendes, *Lições de Direito Processual Penal*, Coimbra: Almedina, 2013, pp. 99-103; Germano Marques da Silva, *Direito Processual Penal Português*, vol. 3, Lisboa: Universidade Católica Editora, 2015, pp. 393-405; Manuel Simas Santos/Manuel Leal-Henriques/João Simas Santos, *Noções de Processo Penal*, 3ª ed., Lisboa: Rei dos Livros, 2020, pp. 529-553; Paulo Pinto de Albuquerque, *Comentário do Código de Processo Penal à luz da Constituição da República e da Convenção Europeia dos Direitos do Homem*, 4ª ed., Lisboa: Universidade Católica Editora, 2011, anotação aos arts. 381º a 398º, pp. 989-1034; AA.VV., *Comentário Judiciário do Código de Processo Penal*, Tomo IV, Coimbra: Almedina, 2022, anotação aos arts. 381º a 398º pp. 807-1037; Rui Soares Pereira/David Silva Ramalho, "Os processos especiais no direito processual penal português", in *O Direito*, 147, nº 4 (2015), pp. 823-852; Maria Beatriz de Brito, "Um processo sumário desassossegado: Da reforma de 2013 à reconfiguração do regime legal em face do acórdão nº 174/2014 do Tribunal Constitucional", in *Revista Portuguesa de Ciência Criminal*, 24, nº 2 (Abr.-Jun. 2014), pp. 261-305.

Jurisprudência escolhida: Ac. TC nº 162/2009, de 25.03.2009, Proc. 913/08 (Mário Torres); Ac. TC nº 444/2012, de 26.09.2012, Proc. 86/12 (Vítor Gomes); Ac. TC nº 174/2014, de 18.02.2014, Proc. 1297/13 (Carlos Fernandes Cadilha); Ac. TRC de 11.06.2011, Proc. 159/10.9GBPMS.C1 (Belmiro Andrade); Ac. TRC de 23.05.2012, Proc. 397/11.7SAGRD-A.C1 (Paulo Guerra); Ac. TRC de 18.05.2016, Proc. 141/15.0PFCBR.C1 (Maria Pilar de Oliveira); Ac. TRE de 30.06.2015, Proc. 267/10.6GTABF.E1 (Maria Isabel Duarte); Ac. TRG de 19.01.2009, Proc. 1700/08-2 (Cruz Bucho); Ac. TRL de 20.01.2009, Proc. 11057/2008-5 (José Adriano); Ac. TRP de 04.05.2010, Proc. 912/08.3PBVLG.P1 (Joaquim Gomes); Ac. TRP de 20.10.2010, Proc. 1117/09.1PTPRT.P1 (Dolores da Silva e Sousa).

1. O fundamento da aplicação das formas de processo especiais

Como fundamento[462] da aplicação das formas de processo especiais estão certas circunstâncias específicas que permitem concluir pela desnecessidade do recurso a uma forma de processo mais morosa e ritualística.

De facto, por partirem da verificação de circunstâncias que justificam menor solenidade, são tendencialmente mais céleres e, para além de prescindirem da instrução, podem ver o inquérito suprimido e o julgamento acelerado. No CPP, integram as formas de processo especiais o processo sumário, o processo sumaríssimo e, desde a reforma de 1998, também o processo abreviado.

A aplicabilidade das formas de processo especiais, para além de limitada pelo tipo de crime ou pelo limite máximo da pena abstratamente aplicável, está dependente da verificação de circunstâncias específicas. Caso não se verifiquem os pressupostos de qualquer uma das formas de processo especiais, terá de ocorrer obrigatoriamente a aplicação subsidiária da forma de processo comum sob pena de nulidade insanável, nos termos do disposto no art. 119º, al. *f)* do CPP. O processo comum é, por isso, considerado a forma-tipo aplicável a todos os crimes para os quais a lei não preveja forma especial. Atendendo ao requisito da existência de um patamar máximo de

[462] Com maior desenvolvimento e referências, cfr. Rui Soares Pereira/David Silva Ramalho, "Os processos especiais no direito processual penal português", in *O Direito*, 147, nº 4 (2015), pp. 823-852 (823-825).

gravidade nas formas de processo especiais, os crimes mais graves – embora não só estes – serão julgados seguindo a forma de processo comum.

A prioridade e a preferência dada aos processos especiais decorrem do regime de nulidade respetivo: estando verificados os respetivos pressupostos e requisitos de uma forma especial, a aplicação da forma comum gera nulidade dependente de arguição (art. 120º, nº 2, al. *a)* do CPP), sob pena de sanação. Será a situação de um processo por crime de furto (art. 203º do CP), em que o arguido foi detido em flagrante delito: a aplicação da forma comum gerará uma nulidade dependente de arguição. Não sendo invocada, pelo interessado, em tempo, sana-se. Bem se compreende tal regime porque, nestes casos, a forma comum constitui uma atribuição (um extra) em termos de garantias processuais para o arguido, nomeadamente ao facultar-se a fase de instrução (que inexiste em todas as formas de processo especiais).

Diferentemente, se for aplicada a forma especial quando esta é proibida, gera-se a nulidade insanável, de conhecimento oficioso, prevista no art. 119º, al. *f)* do CPP. A situação aqui é muito mais grave: ao recorrer-se à forma especial (por exemplo, a sumária para julgar um detido em flagrante delito por crime de homicídio doloso), quando esta é proibida, subtraem-se garantias de defesa do arguido (nomeadamente a fase de instrução), pelo que a nulidade processual aplicável é também mais gravosa.

2. O processo sumário

A forma de processo sumário está regulada nos arts. 381º a 391º do CPP.

2.1. O traço característico

O processo sumário possui um papel central no âmbito das formas de processo especiais, em virtude de ser a forma de processo tradicionalmente mais apta a proporcionar respostas céleres e adequadas à pequena e média criminalidade, quando ocorra detenção em flagrante delito do seu agente.

Em comparação com o processo comum, constitui uma forma de processo mais expedita porque não comporta algumas fases presentes naquela outra forma de processo. A evidência que é própria das situações de flagrante delito permitirá concluir que a prova é relativamente simples de fazer, o que legitima que se saltem fases para se chegar o mais rapidamente possível ao julgamento.

2.2. Os requisitos

2.2.1. A enunciação dos requisitos

Dos arts. 381º e 382º do CPP costumam extrair-se 3 requisitos para que o julgamento sob a forma sumária possa ocorrer: (i) a detenção em flagrante delito (art. 381º, nº 1 do CPP); (ii) a necessidade de estar em causa crime cuja pena legal abstratamente aplicável não exceda os 5 anos de prisão ou, caso exceda esse limite, a necessidade de o MP entender que não deve ser aplicada, em concreto, pena de prisão superior a 5 anos (art. 381º, nºs 1 e 2 do CPP; (iii) o início da audiência no prazo máximo de 48 horas ou até 20 dias após a detenção (art. 382º do CPP).

Um requisito adicional (ainda que implícito) deve ser considerado: o de estar atribuída ao tribunal singular a competência para o julgamento.

2.2.2. A detenção em flagrante delito

Do art. 381º, nº 1, als. *a)* ou *b)* do CPP emerge o primeiro requisito: a detenção em flagrante delito de crime punível com pena de prisão.

Uma das finalidades assinaladas à detenção é precisamente para *"o detido ser apresentado a julgamento sob forma sumária"* (art. 254º, nº 1, al. *a)* do CPP). Dessas finalidades também comunga uma das formas de detenção: a detenção em flagrante delito regulada nos arts. 255º e 256º do CPP.

Porém, uma detenção em flagrante delito só poderá ocorrer em relação a crimes públicos ou semipúblicos (embora neste segundo caso condicionada à apresentação de queixa em ato seguido à detenção) e não relativamente a crimes particulares, caso em que só poderá haver lugar à identificação do infrator (arts. 255º, nºs 3 e 4 e art. 250º, nº 1 do CPP). Daqui decorre que o processo sumário não se aplica a crimes particulares, embora também nestes crimes possa existir uma situação de flagrante delito. O crime poderá ser de natureza pública ou semipública (desde que a queixa seja apresentada em ato seguido à detenção).

A detenção em flagrante delito pode ser efetuada por entidade policial ou autoridade judiciária (art. 255º, nº 1, al. *a)* do CPP) ou por particular (neste caso, somente desde que uma das outras entidades não esteja presente nem puder ser chamada em tempo útil e implicando que seja lavrado pelas mesmas entidades auto sumário de entrega pelo particular do detido até 2h após a detenção – art. 255º, nº 1, al. *b)* do CPP).

Caso a detenção tenha sido efetuada por particular e a entrega do detido apenas tenha sido possível após 2h face à detenção (e o consequente auto sumário de entrega tenha sido lavrado para além das 2h posteriores à detenção), não admite a tramitação em processo sumário (equacionando-se a sucedânea forma abreviada), mesmo que a detenção se mantenha incólume.

Em causa poderá estar qualquer das 3 modalidades de flagrante delito: (i) o flagrante delito em sentido próprio ou *stricto sensu* (art. 256º, nº 1, 1ª parte do CPP), que supõe atos de execução em curso e uma plena atualidade e "visibilidade"/perceção por qualquer sentido; (ii) o quase flagrante delito (art. 256º, nº 1, 2ª parte do CPP), que supõe verificar-se logo após o termo dos atos de execução; (iii) o flagrante delito presumido ou a presunção de flagrante delito (art. 256º, nº 2 do CPP), que pode decorrer de "clamor público" ou de o agente ser encontrado com objetos e sinais que evidenciem (mostrem claramente) que acabou de o cometer ou nele participar. Tratando-se de crime permanente a persistência da situação de flagrante delito encontra uma limitação: aquele estado só persiste enquanto se mantiverem sinais que mostrem claramente que o crime está a ser cometido e o agente está nele a participar (art. 256º, nº 3 do CPP).

Apesar da compatibilidade do recurso à forma de processo sumário com qualquer das modalidades de flagrante delito, o julgamento segundo esta forma de processo especial pode ser problemático estando em causa crimes que careçam de prova pericial (por exemplo, tráfico de estupefacientes). Isto é, pode mostrar-se inviável o recurso à forma de processo sumário ainda que a detenção em flagrante delito possa ter legitimamente ocorrido.

2.2.3. O crime ser punível com pena de prisão não superior a 5 anos ou com pena de prisão superior a 5 anos

O segundo requisito diz respeito a estar em causa um crime punível com pena de prisão.

Ainda que o nº 1 do art. 381º do CPP pareça restringir a aplicação do processo sumário aos crimes puníveis com pena de prisão não superior a 5 anos, o nº 2 do mesmo artigo possibilita a extensão do processo sumário aos crimes puníveis com pena de prisão superior a 5 anos (mesmo em caso de concurso, em que se procede ao cúmulo material ou soma das penas máximas), caso o MP entenda ser aplicável pena até 5 anos (naturalmente, desde que a pena mínima abstratamente aplicável seja inferior a 5 anos).

Importa sublinhar que o nº 2 do art. 381º do CPP encontra um claro paralelismo com a solução contida no art. 16º, nº 3 do CPP (de transferência da competência do tribunal coletivo para o tribunal singular). Por assim ser, a aplicação do processo sumário aos crimes puníveis com pena de prisão superior a 5 anos também só poderá verificar-se nos casos previstos no art. 14º, nº 2, al. *b)* do CPP.

Com a reforma de 2013 havia sido dada uma nova redação aos nºs 1 e 2 do art. 381º do CPP, que tornava possível a aplicação do processo sumário a praticamente qualquer crime. Tal poderia suceder ainda que a pena máxima abstratamente aplicável fosse superior a 5 anos e mesmo que o MP não fosse capaz de formular um juízo de prognose que lhe permitisse concluir que não deveria ser aplicada, em concreto, pena de prisão superior a 5 anos. Porém, no Ac. TC nº 174/2014[463] foi declarada a inconstitucionalidade, com força obrigatória geral, da norma do art. 381º, nº 1 do CPP, na redação introduzida pela Lei nº 20/2013, de 21 de fevereiro, na interpretação segundo a qual o processo sumário aí previsto é aplicável a crimes cuja pena máxima abstratamente aplicável é superior a 5 anos de prisão, por violação do art. 32º, nºs 1 e 2 da CRP. Apesar do efeito repristinatório típico e automático das declarações de inconstitucionalidade (claro no caso da norma do nº 1 do art. 381º do CPP, mas já não evidente no caso da norma do nº 2 do art. 381º do CPP), veio a redação dos nºs 1 e 2 do art. 381º do CPP a ser alterada pela Lei nº 1/2016, de 25 de fevereiro, que nesta parte essencialmente repristinou o regime vigente antes da reforma de 2013, tornando desnecessária a adaptação do regime avançada por alguma doutrina enquanto a alteração legislativa não tivesse lugar[464].

2.2.4. O início do julgamento até 48h ou até 20 dias após a detenção

Como terceiro requisito encontra-se o início do julgamento se verificar até 48h (art. 387º, nº 1 do CPP) ou, no limite, até 20 dias após a detenção (art. 387º, nº 2, al. *c)* do CPP).

[463] Ac. TC nº 174/2014, de 18.02.2014, Proc. 1297/13 (Carlos Fernandes Cadilha).

[464] Assim, por exemplo, GERMANO MARQUES DA SILVA, *Direito Processual Penal Português*, vol. 3, Lisboa: Universidade Católica Editora, 2015, pp. 394-395.

A preterição do prazo máximo para o início de julgamento suscita algumas dúvidas.

Desde logo, por força do art. 390º, nº 1, al. *a)* do CPP, tornando-se o processo sumário legalmente inadmissível, poderá ocorrer o reenvio do processo para outra forma, competindo então ao MP decidir a nova forma de processo. Em qualquer dos casos, a competência do tribunal (que era competente para o processo sumário) para o conhecimento do processo mantém-se (art. 390º, nº 2 do CPP).

Por outro lado, suscitam-se dúvidas acerca da modalidade de invalidade que decorre da preterição do prazo de início do julgamento na forma sumária. Enquanto uns entendem que estamos perante nulidade insanável (art. 119º, al. *f)* do CPP), outros consideram que se está perante uma mera irregularidade (art. 123º do CPP). No fundo questiona-se se aqueles prazos assumem ou não a natureza de prazos meramente ordenadores. A jurisprudência[465] já entendeu ser de diferenciar os requisitos do processo sumário e as regras de marcação de audiência: assim, se a violação dos primeiros origina a nulidade insanável, prevista no art. 119º, al. *f)* do CPP, já a violação das regras de marcação de audiência consubstanciaria uma mera irregularidade (art. 123º do CPP).

2.2.5. A competência do tribunal singular para o julgamento

O quarto requisito do processo sumário constitui um requisito implícito negativo: traduz-se em não ser um processo da competência do tribunal coletivo por reserva de competência deste tribunal (arts. 14º, nº 2, al. *a)* e 14º, nº 1 do CPP).

Terá, por isso, de tratar-se de crime para cujo julgamento seja o tribunal singular competente (art. 16º do CPP).

Este requisito decorria de uma redação anteriormente vigente do art. 386º do CPP, que fazia referência ao tribunal singular. De facto, antes da reforma de 2010, dispunha-se no nº 1 que *"O julgamento em processo sumário regula-se pelas disposições deste Código relativas ao julgamento por tribunal singular"*.

Apesar de em 2010 a referência ao tribunal singular ter sido alterada para *"julgamento em processo comum"*, alguma doutrina continuou a refe-

[465] Ac. TRE de 30.06.2015, Proc. 267/10.6GTABF.E1 (Maria Isabel Duarte).

rir-se à intervenção do tribunal singular[466] e outra doutrina a chamar a atenção no seu ensino (Paulo de Sousa Mendes) para o facto de não ser compaginável com o processo sumário o julgamento de alguns crimes puníveis com pena de prisão inferior a 5 anos, ainda que tivesse ocorrido detenção em flagrante delito. Seria o caso dos homicídios. As dificuldades de prova inerentes a estes crimes (ou aos chamados "crimes de sangue") não poderiam ser superadas pela mera evidência resultante da situação de flagrante delito. E as possíveis oscilações no que respeita à qualificação e privilegiamento dos homicídios dolosos ou mesmo quanto à natureza dolosa ou negligente dos homicídios depunham no sentido de a competência para o respetivo julgamento ser atribuída a um tribunal coletivo e não a um tribunal singular, o que tornava inviável o recurso ao processo sumário.

A reforma de 2013 acentuou a compatibilidade do processo sumário apenas com o tribunal singular, ao dispor que: (i) o tribunal coletivo não seria competente para julgar processos relativos a crimes dolosos ou agravados pelo resultado, quando for elemento do tipo a morte de uma pessoa, sempre que os mesmos devam ser julgados em processo sumário, nem para crimes cuja pena máxima, abstratamente aplicável, seja superior a 5 anos de prisão mesmo quando, no caso de concurso de infrações, seja inferior o limite máximo correspondente a cada crime, sempre que os mesmos devam ser julgados em processo sumário (als. *a)* e *b)* do nº 2 do art. 14º do CPP, que conheceram nova redação dada pela Lei nº 1/2016, de 25 de fevereiro); (ii) seria competente o tribunal singular para julgar os processos que respeitem a crimes que devam ser julgados em processo sumário (al. *c)* do nº 2 do art. 16º do CPP, revogada pela Lei nº 1/2016, de 25 de fevereiro).

Essa perspetiva não foi alterada pelo Ac. TC nº 174/2014. Antes pelo contrário[467]. A declaração de inconstitucionalidade com força obrigatória geral partiu do pressuposto que o processo sumário só era compatível, não apenas com a pequena e média criminalidade, mas com a

[466] Germano Marques da Silva, *Direito Processual Penal Português*, vol. 3, Lisboa: Universidade Católica Editora, 2015, p. 399.

[467] Também João Conde Correia, *Comentário Judiciário do Código de Processo Penal*, Tomo IV, Coimbra: Almedina, 2022, anotação 41 ao art. 381º, p. 823 reconhece que a decisão do TC, embora formulada noutro contexto, acabou por reforçar o entendimento de que o crime não deve ser da competência do tribunal coletivo.

criminalidade passível de ser julgada pelo tribunal singular. Também por essa razão alguma doutrina qualificou como não escritas as normas que, em caso de processo sumário, previam, após a reforma de 2013, o desvio de competência do tribunal coletivo para o tribunal singular[468], solução afastada pelo TC.

As alterações promovidas pela Lei nº 1/2016, de 25 de fevereiro, ao regime do processo sumário não modificaram essa conclusão. O legislador não viabilizou a possibilidade de o julgamento poder ser realizado em tribunal coletivo ainda que o processo siga a forma sumária. A competência do tribunal singular é definida negativamente. Daí que, por exemplo, o julgamento do crime previsto no art. 318º, nº 2 do CP ocorrerá sempre pelo tribunal coletivo, na forma de processo comum, mesmo quando exista detenção em flagrante delito.

2.3. A tramitação

O processo sumário segue uma forma mais expedita e menos solene do que o processo comum em termos de tramitação, prescindindo da fase de inquérito e de instrução, face à robustez e suficiência que o legislador entende poder extrair-se do flagrante delito como elemento probatório.

2.3.1. A apresentação do arguido ao MP para interrogatório sumário

Após a detenção em flagrante delito, o suspeito é constituído arguido (art. 58º, nº 1, al. *c)* do CPP), apresentado imediatamente ao MP para interrogatório sumário, se este o entender conveniente (art. 383º, nº 2 do CPP).

De seguida, é o arguido apresentado ao tribunal competente para julgamento, se o MP não promover, oficiosamente ou mediante requerimento do arguido ou do assistente, o arquivamento em caso de dispensa de pena ou a suspensão provisória do processo, com a concordância do juiz de instrução (arts. 382º, nº 2 e 384º do CPP).

De facto, compete ao MP decidir sobre a promoção de medidas previstas nos arts. 280º ou 281º, *ex vi* art. 384º do CPP, ou seja, o arquivamento em caso de dispensa de pena ou a suspensão provisória do processo. Essa decisão pode ser proferida oficiosamente ou na sequência de

[468] Jorge de Figueiredo Dias/Nuno Brandão, *Sujeitos Processuais Penais: O Tribunal*, Coimbra, 2015 (disponível em https://apps.uc.pt/mypage/fi les/nbrandao/1083), p. 44.

requerimento apresentado pelo arguido ou pelo assistente. A suspensão provisória do processo não tem de durar tempo compatível com a forma de processo sumário, mas é fixado um prazo perentório no art. 384º, nº 4 do CPP para a dedução de acusação. Por isso, alguns autores vêm entendendo que a decisão de suspensão provisória do processo pode suscitar dúvidas de compatibilização com o processo sumário, uma vez que a suspensão poderá ter uma duração entre 2 e 5 anos (art. 282º do CPP)[469].

2.3.2. O inquérito sumário

Existe uma fase preliminar sob o domínio do MP, na qual este pode, não só interrogar sumariamente o arguido, como ordenar a realização de diligências probatórias que entenda necessárias para a descoberta da verdade, nos termos do art. 382º do CPP.

Quando haja lugar a uma investigação sumária, a forma de processo sumário só se mantém se for respeitado o prazo de 20 dias desde a data da detenção, tal como dispõe o art. 387º, nº 2, al. *c)* do CPP.

Não existindo fase de inquérito, nem sendo admissível a de instrução, esta fase preliminar surge como o único momento processual em que o MP pode analisar a prova e robustecer a sua convicção quanto à prática do crime, podendo inclusive aplicar as medidas de coação previstas no art. 382º, nº 3 do CPP, antes de submeter o arguido a julgamento.

2.3.3. A libertação do arguido com notificação

A situação de detenção do arguido poderá manter-se até o mesmo ser presente à autoridade judiciária nas situações previstas no nº 1 do art. 385º do CPP.

Porém, não é necessária a manutenção da detenção para que o processo sumário prossiga. Fora dos casos previstos nas als. *a)*, *b)* e *c)* do nº 1 do art. 385º do CPP, o processo sumário segue com o arguido em liberdade. Estando preenchidos os requisitos do processo sumário, a regra é a libertação do arguido detido logo após a notificação prevista no nº 2 do

[469] Paulo Pinto de Albuquerque, *Comentário do Código de Processo Penal à luz da Constituição da República e da Convenção Europeia dos Direitos do Homem*, 4ª ed., Lisboa: Universidade Católica Editora, 2011, anotação 1 ao art. 384º, p. 995. Em sentido divergente parece estar João Conde Correia, *Comentário Judiciário do Código de Processo Penal*, Tomo IV, Coimbra: Almedina, 2022, anotação 10 ao art. 384º, p. 857, que entende que nada impede, mesmo na forma sumária, que a suspensão provisória do processo possa durar até 2 ou 5 anos.

art. 385º do CPP. A exceção será a manutenção da detenção (quando se verifique uma das situações previstas nas referidas als. *a)*, *b)* e *c)* do nº 1 do art. 385º do CPP).

Sem grande novidade, a Lei nº 1/2016, de 25 de fevereiro, alterou o disposto no art. 385º, nº 1, retirando a referência ao limite de pena de prisão ser ou não superior a 5 anos, acompanhando a modificação operada em relação ao art. 381º, ambos do CPP.

2.3.4. A audiência de julgamento

Seguindo o processo para a fase de julgamento, a tramitação da audiência de julgamento rege-se pelas normas do processo comum reduzidas *"ao mínimo indispensável ao conhecimento e boa decisão da causa"*, tal como estatui o art. 386º do CPP, de modo a garantir a celeridade do processo[470].

Assim, a audiência realiza-se no prazo máximo de 48 horas (art. 387º, nº 1 do CPP), salvo os casos de adiamento previstos no art. 387º, nºs 2, 6 e 7, do CPP. O carácter expedito traduz-se ainda no facto dos exames, relatórios periciais e documentos que se destinem a instruir o processo sumário revestirem carácter urgente (art. 387º, nº 8 do CPP). De resto, atente-se nas limitações quanto à possibilidade de adiamento da audiência de julgamento constantes do art. 387º, nºs 3 a 7 do CPP.

A grande alteração introduzida pela Lei nº 1/2016, de 25 de fevereiro, na fase de julgamento foi a revogação dos nºs 9 e 10 do art. 387º do CPP, os quais previam prazos de 60 dias (ou 90 dias em casos excecionais) para a produção de prova, quando os crimes tivessem uma penalidade (abstrata) máxima de 5 anos, elevando-se estes a 90 e 120 dias, se a penalidade fosse superior, sempre contados desde a data da detenção.

O princípio da oralidade, preterindo o ritualismo de alguns atos processuais, dita que a acusação, a contestação, o pedido de indemnização e a sua contestação podem, no processo sumário, ser apresentados verbalmente (art. 389º, nº 4 do CPP).

Dispõe a al. *c)* do nº 2 do art. 387º do CPP que a audiência terá lugar no prazo máximo de 20 dias após a detenção, sempre que o arguido tiver

[470] Defendendo, porém, que aquele mínimo não poderá colidir com a plena defesa do arguido, sob pena de inconstitucionalidade, cfr. GERMANO MARQUES DA SILVA, *Direito Processual Penal Português*, vol. 3, Lisboa: Universidade Católica Editora, 2015, p. 399.

requerido prazo para preparação da sua defesa. O arguido pode exercer o direito ao prazo para preparar a sua defesa, a que se referem os nºs 2 e 3 do art. 382º e o nº 2 do art. 383º do CPP.

Não obstante, suscita-se a dúvida de saber se as diligências de prova requeridas pelo arguido serão compatíveis com a audiência de julgamento na forma sumária.

Na jurisprudência[471] já se decidiu pela compatibilidade da audiência de julgamento na forma sumária numa hipótese em que havia sido deferida a produção de prova testemunhal requerida pelo arguido (em relação a 2 testemunhas que o mesmo não conseguia identificar), apesar de tal deferimento implicar a ultrapassagem dos prazos constantes do art. 387º do CPP: na opinião do TRC tais prazos não seriam aplicáveis em caso de reabertura de audiência ordenada por tribunal de recurso. Essa solução deveria impor-se ainda que o tribunal entenda que não é indispensável para a descoberta da verdade e boa decisão da causa, bastando que o meio de prova indicado pelo arguido seja legalmente admissível e não seja notória a sua irrelevância, superfluidade, inadequação, impossibilidade ou dificuldade de obtenção ou a natureza dilatória do requerimento.

A questão poderia colocar-se à luz do art. 120º, nº 2, al. *d)* do CPP: saber se estaria em causa uma situação de nulidade dependente de arguição em virtude da preterição de ato legalmente obrigatório. Discutia-se naquele caso a inquirição de 2 testemunhas que o arguido não poderia identificar. Porém, impõe-se também discutir a compatibilidade do art. 340º do CPP (ou seja, o poder-dever/princípio da investigação) com o art. 387º, nº 4 do CPP.

Na perspetiva do TRC há que ir mais longe. Não podem ser postergadas as normas constitucionais que exigem que o processo penal assegure todas as garantias de defesa, devendo a audiência de julgamento estar subordinada ao princípio do contraditório e o processo ser equitativo (um processo justo e com efetivos meios de defesa e ampla possibilidade de contradição). Deverá também fazer-se uma interpretação lata do conceito de indispensabilidade do depoimento para a descoberta da verdade que não pode ser analisado na exclusiva perspetiva de quem julga, mas na perspetiva da defesa e da indispensabilidade e idoneidade do meio para a tentativa de prova da sua tese em contraponto com a

[471] Ac. TRC de 18.05.2016, Proc. 141/15.0PFCBR.C1 (Maria Pilar de Oliveira).

tese da acusação. A não ser assim existiria uma compressão intolerável do contraditório, a que a forma sumária do processo não pode conduzir, sob pena de desconformidade constitucional.

2.3.5. A prolação de despacho de acusação pelo MP ou a substituição pelo auto de notícia

O MP tanto pode apresentar acusação, como substituí-la pelo auto de notícia da autoridade que tiver procedido à detenção (art. 389º, nº 1 do CPP).

Contudo, nos casos em que tenha procedido à produção de prova sumária, a factualidade constante do auto de notícia é completada por despacho do MP, o qual deve ser proferido antes da apresentação a julgamento e lido na audiência, conforme estabelece o art. 389º, nº 2 do CPP. Com a Lei nº 1/2016, de 25 de fevereiro, foi derrogada a exceção aos casos em que a pena de prisão máxima fosse de 5 anos, constante do art. 389º, nº 1, em consequência da alteração ao art. 381º, ambos do CPP.

2.3.6. O reenvio para outra forma de processo

O art. 390º do CPP prevê 3 situações em que poderá o tribunal ver-se obrigado a remeter os autos ao MP para tramitação sob outra forma de processo.

Para além da inadmissibilidade legal do processo sumário (al. *a)* do art. 390º do CPP), prevê-se a não realização, por razões devidamente justificadas, no prazo máximo previsto no art. 387º, das diligências de prova necessárias à descoberta da verdade (al. *b)* do art. 390º do CPP)[472] e ainda a circunstância de o procedimento se revelar de excecional complexidade, devido, nomeadamente, ao número de arguidos ou de ofendidos ou ao carácter altamente organizado do crime (al. *c)* do art. 390º do CPP).

Não obstante a remessa dos autos para o MP, a competência do tribunal (que era competente para o processo sumário) para o conheci-

[472] Germano Marques da Silva, *Direito Processual Penal Português*, vol. 3, Lisboa: Universidade Católica Editora, 2015, p. 400 refere que a declaração de inconstitucionalidade decorrente do Ac. TC nº 174/2014 tornou sem sentido a al. *b*) do art. 390º do CPP, invocando para o efeito um argumento sobre a competência do tribunal do júri julgado incompatível com o processo sumário.

mento do processo mantém-se caso o MP deduza acusação em processo comum com intervenção do tribunal singular, em processo abreviado, ou requeira a aplicação de pena ou medida de segurança não privativas da liberdade em processo sumaríssimo (art. 390º, nº 2 do CPP).

2.3.7. A sentença

Por regra, a sentença deve ser sempre proferida oralmente, embora seja documentada, dela constando *"a indicação sumária dos factos provados e não provados, que pode ser feita por remissão para a acusação e contestação, com indicação e exame crítico sucintos das provas"* (art. 389º-A, nºs 1 e 3 do CPP). Caso seja aplicada pena privativa da liberdade ou as circunstâncias do caso o tornarem necessário, a sentença poderá ser elaborada por escrito e lida, o que deverá suceder logo após a discussão (art. 389º-A, nº 4 do CPP).

Quanto à admissibilidade de recursos, esta fica limitada às sentenças ou aos despachos que ponham termo ao processo (art. 391º, nº 1 do CPP). Para alguma doutrina esta limitação suscita reservas de constitucionalidade[473]. Por contraposição com os acórdãos finais proferidos pelo tribunal do júri ou pelo tribunal coletivo, não há recurso para o STJ de decisões condenatórias do juiz singular, ainda que apliquem pena de prisão superior a 5 anos (art. 432º, nº 1, al. *c*) do CPP).

2.4. Síntese

O processo sumário apresenta várias diferenças em relação ao processo comum.

Não há propriamente "inquérito", quando muito "diligências de prova". Embora se afirme que o julgamento em processo sumário se regula essencialmente pelas disposições relativas ao julgamento em processo comum, são várias as modificações introduzidas no processo sumário em matéria de julgamento. A audiência de julgamento tem lugar num prazo curto após a detenção. Os atos e termos do julgamento são reduzidos ao mínimo indispensável ao conhecimento e boa decisão da causa. Admite-se que o MP tanto possa apresentar acusação, como substituí-la pelo auto de notícia da autoridade que tiver procedido à

473 Paulo Pinto de Albuquerque, *Comentário do Código de Processo Penal à luz da Constituição da República e da Convenção Europeia dos Direitos do Homem*, 4ª ed., Lisboa: Universidade Católica Editora, 2011, anotação 2 ao art. 391º, pp. 1011-1012.

detenção. A sentença deve ser sempre proferida oralmente, embora seja documentada.

O que parece justificar a submissão do arguido a julgamento de uma forma mais célere do que sucede no processo comum é sobretudo a existência de uma detenção em flagrante delito.

3. O processo abreviado

A forma de processo abreviado foi introduzida pela reforma de 1998, não tendo surgido logo na redação inicial do CPP.

Encontra-se, por isso, regulada nos arts. 391º-A a 391º-G do CPP.

3.1. O traço característico

O traço característico desta forma de processo especial tem a ver com a simplicidade e a evidência da prova.

Não existe no processo abreviado algo equivalente ao que sucede no processo sumário, em que surgem referências à detenção em flagrante delito.

O que está em causa no processo abreviado é a simplicidade e a evidência probatória, das quais têm de resultar os indícios suficientes a que se refere o art. 283º, nºs 1 e 2 do CPP.

A expressão utilizada "provas simples e evidentes" inculca que a prova não apresentará, quer do ponto de vista dos factos, quer do ponto de vista do direito, uma grande dificuldade, podendo, por isso, ser facilmente esclarecida.

3.2. Os requisitos

Trata-se de uma forma de processo especial que apresenta, no essencial, 2 requisitos: um requisito que tem a ver com a pena; e um outro requisito que tem a ver com a chamada "evidência probatória".

Em primeiro lugar, pressupõe que esteja em causa um crime punível com pena de multa ou com pena de prisão até 5 anos ou superior a 5 anos desde que, em resultado de um juízo de prognose, a pena seja limitada aos 5 anos por parte do MP.

Portanto, o crime não tem de ser punível com pena de prisão: pode também ser punível com pena de multa.

Tratando-se de crime punível com pena de prisão, poderá estar em causa crime com pena de prisão abstratamente aplicável até 5 anos ou superior a 5 anos, mesmo em caso de concurso efetivo, mas nesta última hipótese desde que o MP entenda que, em concreto, não deve ser aplicada pena até 5 anos[474]. Verifica-se aqui também um paralelo com o disposto no art. 16º, nº 3 do CPP, que é de aplicar à forma de processo abreviado por via do disposto no nº 2 do art. 391º-A[475]. Por assim ser, em causa não estará propriamente um crime em que não é possível o julgamento em tribunal coletivo. Basta que seja um crime passível de ser julgado em tribunal singular, o que vale por dizer, desde que não seja da competência qualitativa (e reservada) do tribunal coletivo (art. 14º, nºs 1 e 2, al. *a)* do CPP).

Para que o MP possa entender que não deve ser aplicada, em concreto, pena de prisão superior a 5 anos a pena abstrata mínima aplicável ao crime (ou do crime mais grave em concurso se se tratar de uma situação de concurso) terá de ser inferior a 5 anos. Daí que, em princípio, valham também para o processo abreviado as considerações que o próprio Ac. do TC nº 174/2014 teceu para o processo sumário.

Existe de facto um claro paralelo entre o art. 381º, nºs 1 e 2, e o art. 391º-A, nºs 1 e 2 do CPP. Mas importa sobretudo reforçar que o que se referiu a propósito da competência do tribunal singular no processo sumário também se aplica ao processo abreviado. E, portanto, as considerações que o TC teceu no Ac. nº 174/2014 serão também relevantes em sede de processo abreviado.

Em segundo lugar, existe o requisito relacionado com a chamada "evidência probatória".

Exige-se que as provas em questão sejam simples e evidentes, no sentido de que as provas deverão ser suficientemente indiciadoras do crime e também da identidade do agente. Tal exigência resulta do art. 391º-A, nºs 1 e 3 do CPP. É por força desta evidência probatória que se torna desnecessário prolongar a investigação que normalmente precede uma decisão de acusação.

474 Também já se preconizou o alargamento do âmbito desta forma de processo especial aos crimes puníveis com pena de prisão não superior a 8 anos, para casos de flagrante de delito e casos que não carecessem de maior investigação – AA.VV., *Mudar a Justiça Penal – Linhas de Reforma do Processo Penal Português* (coord. António João Latas), Coimbra: Almedina, 2012, p. 58.

475 Assim também Germano Marques da Silva, *Direito Processual Penal Português*, vol. 3, Lisboa: Universidade Católica Editora, 2015, pp. 401-402.

No nº 3 do artigo 391º-A do CPP encontra-se uma enumeração das situações em que se considera que as provas são simples e evidentes.

Este segundo requisito, que dá o traço característico ao processo abreviado, apresenta, todavia, dificuldades interpretativas. O art. 391º-A, nº 1 do CPP refere-se a provas simples e evidentes, e o nº 3 do mesmo artigo indica as situações em que se pode considerar que há provas simples e evidentes. Preveem-se aqui 3 casos em que se pode entender que há provas simples e evidentes. Um deles é a hipótese de detenção em flagrante delito, mas apenas se o julgamento não pôde efetuar-se sobre a forma de processo sumário (ou seja, houve detenção em flagrante delito, mas não foi possível recorrer à forma de processo sumário). Portanto, entende-se que existe também evidência probatória quando ocorra uma detenção em flagrante delito. Outro caso é o da prova essencialmente documental e que pode ser recolhida no prazo previsto para a dedução da acusação. Por fim, existe a prova assente em testemunhas presenciais com versão uniforme dos factos.

A grande questão que se coloca é a seguinte: quando o artigo 391º-A, nº 3 do CPP refere aquelas 3 situações está a assumir que só nestes casos poderá concluir-se que há provas simples e evidentes? Existe, por isso, desde logo o problema de saber se o nº 3 é taxativo ou não. A favor da tese da taxatividade invoca-se que em determinado momento a lei previa (fazia uma referência ou utilizava uma expressão) que parecia conceder alguma abertura a outros casos que não estivessem ali expressamente previstos. Contudo, essa referência veio a desaparecer, o que poderia então legitimar a conclusão de que só nos casos referidos no nº 3 se poderá considerar que há provas simples e evidentes.

3.3. A celeridade

Apesar de mais célere do que o processo comum, o processo abreviado é mais moroso do que o processo sumário.

Essa conclusão pode alcançar-se fazendo um confronto entre o art. 384º, nº 4, e o art. 391º-A, nº 3, al. *a)*, ambos do CPP.

Feito esse confronto verifica-se que existem certos casos em que o processo-crime não pode seguir a forma sumária, pelo que seguirá a forma do processo abreviado.

3.4. A tramitação

3.4.1. A dedução de acusação ou remissão

Tal como no sumário, não existe no processo abreviado a fase de inquérito como uma fase obrigatória, admitindo-se a possibilidade de remissão para o próprio auto de notícia ou para a denúncia (para a identificação do arguido e a narração dos factos), em vez de ser deduzida uma acusação, *ex vi* art. 391º-B, nº 1 do CPP.

O art. 391º-B, nº 1 do CPP começa por referir que a acusação deve conter os elementos, mas depois acrescenta que a identificação do arguido e a narração dos factos podem ser efetuados, no todo ou em parte, por remissão para o auto de notícia ou para a denúncia.

Se existir inquérito (que não é obrigatório, mas pode existir), a acusação terá de ser deduzida no prazo de 90 dias a contar da notícia do crime ou da apresentação da queixa (art. 391º-B, nº 2, als. *a)* e *b)* do CPP).

Coloca-se também a dúvida de saber o que sucede caso não ocorra o cumprimento deste prazo, mais concretamente se estamos perante uma situação de invalidade ou de irregularidade[476], ou se está em causa um prazo meramente ordenador[477]. No Ac. TC nº 162/2009[478] já se decidiu: *"Não julga inconstitucional o critério normativo extraído dos artigos 119º, alínea f), e 391º-D do Código de Processo Penal, na redacção da Lei nº 48/2007, de 29 de Agosto, segundo o qual a inviabilidade da realização do julgamento em processo abreviado, no prazo de 90 dias a contar da dedução da acusação, constitui uma nulidade insanável, conducente à alteração da forma de processo abreviado para a forma de processo comum"*. Trata-se de uma discussão relevante, mas que não pode ser nesta sede realizada. O que importa neste momento reter é que, pela própria forma como está regulado o processo abreviado, em termos do prazo, será de concluir que o processo abreviado

[476] Segue esta posição, Paulo Pinto de Albuquerque, *Comentário do Código de Processo Penal à luz da Constituição da República e da Convenção Europeia dos Direitos do Homem*, 4ª ed., Lisboa: Universidade Católica Editora, 2011, anotação 3 ao art. 391º-B, p. 1017. Rejeitando a solução de invalidade, por exemplo, Ac. TRP de 20.10.2010, Proc. 1117/09.1PTPRT.P1 (Dolores da Silva e Sousa), e afirmando estar em causa apenas irregularidade, cfr. Ac. TRC de 11.06.2011, Proc. 159/10.9GBPMS.C1 (Belmiro Andrade).

[477] Assim, cfr. João Conde Correia, *Comentário Judiciário do Código de Processo Penal*, Tomo IV, Coimbra: Almedina, 2022, anotação 35 ao art. 391º-B, p. 967. Com esta conclusão, por exemplo, Ac. TRP de 04.05.2010, Proc. 912/08.3PBVLG.P1 (Joaquim Gomes).

[478] Ac. TC nº 162/2009, de 25.03.2009, Proc. 913/08 (Mário Torres).

é à partida mais moroso do que o processo sumário. Será certamente mais rápido do que o processo comum, mas introduz-se no processo abreviado uma dose de morosidade acrescida em relação ao processo sumário. Do art. 391º-B, nº 2 do CPP consta que a acusação é deduzida no prazo de 90 dias, mas tal se houver inquérito. Todavia, se não existir inquérito, que não é obrigatório, então, pode ainda assim haver acusação deduzida, fazendo uma remissão para o auto de notícia ou para a denúncia.

3.4.2. Os crimes particulares

No processo abreviado, não existe limitação para os crimes particulares idêntica à que vigora no processo sumário.

Não é possível o julgamento de crimes particulares em processo sumário porque não pode haver detenção em flagrante delito neste tipo de crimes. Nos crimes particulares pode haver uma situação de flagrante delito, mas não pode haver detenção, porque o art. 255º, nº 4 do CPP refere que, em caso de procedimento dependente de acusação particular, não há lugar a detenção, mas apenas à identificação do infrator. Tal limitação não vigora, porém, para o processo abreviado, pelo que poderá ser seguida a forma de processo abreviado estando em causa um crime particular.

No entanto, verifica-se uma especificidade em termos de tramitação. O art. 391º-B, nº 3 do CPP, que tem de ser conjugado naturalmente com o nº 5, acrescenta que a acusação do MP tem lugar depois de deduzida a acusação nos termos do art. 285º do CPP. Portanto, a acusação do MP só surge depois da acusação particular. Ocorre aqui um certo paralelo com o que se passa no processo comum: na forma de processo comum, o assistente, tratando-se de um crime particular, tem de ser notificado primeiro para querer deduzir particular e, só se tal suceder, é que poderá então surgir a acusação subordinada do MP. No processo abreviado, a acusação do MP tratando-se de crime particular só pode ser deduzida depois de deduzida a acusação particular[479].

[479] Assim também Germano Marques da Silva, *Direito Processual Penal Português*, vol. 3, Lisboa: Universidade Católica Editora, 2015, p. 402.

3.4.3. A possibilidade de suspensão provisória do processo e de recurso à mediação penal

Suscita-se também no processo abreviado a questão da compatibilidade desta forma de processo especial com a suspensão provisória do processo.

É verdade que o art. 391º-B, nº 4 do CPP estabelece que é correspondentemente aplicável, não só a norma do arquivamento em caso de dispensa da pena (art. 280º do CPP), como também as normas da suspensão provisória do processo (arts. 281º e 282º do CPP)[480]. Porém, a discussão é equivalente àquela traçada quanto ao processo sumário[481], mas com a seguinte particularidade: o processo abreviado é menos célere do que o processo sumário, mas, ainda assim, tramita de forma bastante mais rápida do que o processo comum, pelo que a discussão acabará por ser equivalente.

Também assume relevância a questão da tempestividade do requerimento de suspensão provisória do processo, o qual deverá surgir antes de deduzida acusação[482].

Para além do arquivamento em caso de dispensa da pena e da suspensão provisória do processo, é de admitir o recurso à mediação penal, embora exista quando muito um inquérito sumário, por não ser incompatível com o prazo de 90 dias ser alcançada a conciliação entre os intervenientes na mediação[483].

3.4.4. O saneamento do processo

A questão do saneamento do processo encontra previsão específica no art. 391º-C do CPP.

Tal como no processo comum, em que o saneamento está previsto no art. 311º do CPP, prevê-se no processo abreviado o saneamento do processo, algo que não é possível encontrar no processo sumário.

O saneamento reconduz-se a o juiz conhecer as questões a que se refere o art. 311º do CPP e admite também a possibilidade de rejeição da

[480] Convoca essas normas sem mais, por exemplo, Germano Marques da Silva, *Direito Processual Penal Português*, vol. 3, Lisboa: Universidade Católica Editora, 2015, p. 402.

[481] Paulo Pinto de Albuquerque, *Comentário do Código de Processo Penal à luz da Constituição da República e da Convenção Europeia dos Direitos do Homem*, 4ª ed., Lisboa: Universidade Católica Editora, 2011, anotação 4 ao art. 391º-B, p. 1018.

[482] Ac. TRG de 19.01.2009, Proc. 1700/08-2 (Cruz Bucho).

[483] João Conde Correira, *Comentário Judiciário do Código de Processo Penal*, Tomo IV, Coimbra: Almedina, 2022, anotação 7 ao art. 391º-B, p. 958.

acusação do MP ou da acusação do particular. Remete-se para o art. 311º do CPP.

Se não houver rejeição da acusação, então o juiz irá designar uma data da audiência, nos termos do art. 391º-C, nº 2 do CPP. Esta audiência tem precedência sobre os julgamentos em processo comum. Daí que, à partida, se não houver nada que impeça que a acusação seja aceite, o juiz irá designar audiência. Nada disto se encontra regulado a propósito do processo sumário, uma vez que aí a própria lei fixa uma espécie de prazo máximo para se iniciar a audiência. Não existe no processo sumário um ato formal, equivalente ao existente no processo abreviado, porque no art. 391º-C do CPP prevê-se uma fase de saneamento e depois esse saneamento vai implicar uma decisão do juiz sobre se rejeita ou não a acusação.

3.4.5. O reenvio para outra forma de processo

O nº 1 do art. 391º-D do CPP estabelece os casos em que pode haver reenvio para outra forma de processo.

No processo sumário faz-se menção no art. 390º do CPP à inadmissibilidade legal do processo sumário, às situações em que não é possível realizar a audiência no prazo máximo do art. 387º, aos casos em que o procedimento se revela de excecional complexidade.

Diferentemente sucedem as coisas no processo abreviado. Diz-se que o tribunal só remete para tramitação sobre outra forma de processo quando se verificar a inadmissibilidade. Portanto, ocorre uma limitação a um dos casos de reenvio. O nº 2 regula depois um aspeto importante em caso de reenvio: refere que, feito o reenvio para a forma de processo comum, o MP, tendo deduzido efetivamente acusação com intervenção do tribunal singular ou pedindo a aplicação de pena ou medida de segurança não privativa da liberdade em processo sumaríssimo, então a competência irá manter-se no tribunal que seria competente para o julgamento na forma abreviada. Portanto, não ocorre qualquer alteração ao nível da competência.

3.4.6. O julgamento

O art. 391º-E do CPP refere que serão aplicadas as regras do julgamento em processo comum, com as alterações aqui previstas.

A particularidade do julgamento do processo abreviado não tem a ver com uma simplificação tão acentuada como aquela que existe no processo sumário. No âmbito do processo sumário, refere o art. 386º, nº 2 do CPP que são reduzidos ao mínimo dispensável os atos e termos do julgamento. Não no caso do processo abreviado: aqui apenas se refere que, finda a produção de prova – portanto, a produção de prova ocorre de forma equivalente àquela que existe no processo comum –, será concedida a palavra ao MP e aos representantes do assistente e das partes civis e ao defensor que podem, num prazo máximo de 30 minutos prorrogáveis, se necessário, fazer uso da palavra e admitida a réplica por um prazo máximo de 10 minutos.

Portanto, verifica-se aqui uma pequena entorse em relação à tramitação do processo comum do ponto de vista do próprio julgamento, no que respeita à sequência dos atos que são praticados no julgamento. Esta pequena entorse surge, desde logo, na audiência de julgamento: é produzida prova, mas, finda a produção de prova, o que se respeita é o que se prevê no art. 391º-E, nº 2 do CPP.

3.4.7. A sentença

Poderá existir no processo abreviado uma sentença que, em princípio, será também uma sentença equivalente àquela que existe no processo sumário.

Será então uma sentença oral. Isto porque o 391º-F do CPP refere que é correspondentemente aplicável à sentença o disposto no artigo 389º-A do CPP, o que, como já se referiu, prevê que será, em princípio, uma sentença oral.

Tal como no processo sumário, no abreviado o recurso só é admitido em relação à sentença ou despacho que puser termo ao processo (art. 391º, nº 1, *ex vi* art. 391º-G do CPP). Por essa razão, tal como em relação ao regime do art. 391º do CPP, também aqui alguma doutrina suscita dúvidas de constitucionalidade[484].

3.5. Síntese

O processo abreviado apresenta pequenos afastamentos em relação ao processo comum, mas grande parte do formalismo e da tramitação são equivalentes aos do processo comum.

[484] Paulo Pinto de Albuquerque, *Comentário do Código de Processo Penal à luz da Constituição da República e da Convenção Europeia dos Direitos do Homem*, 4ª ed., Lisboa: Universidade Católica Editora, 2011, anotação 2 ao art. 391º-G, p. 1021.

Poderá haver inquérito, mas este não é obrigatório, e não haverá instrução. Neste aspeto, o processo abreviado é equivalente ao que existe no processo sumário, mas, no sumário, também não existe inquérito, ao passo que no processo abreviado poderá existir inquérito, embora não seja um inquérito obrigatório.

Também ao nível do processo abreviado se pretende chegar ao julgamento da forma mais rápida possível como no processo sumário. Contudo, o que justifica essa submissão a julgamento mais célere não é tanto a existência de uma detenção em flagrante delito – embora a circunstância de existir uma detenção em flagrante delito também possa ser um elemento a tomar em consideração para concluir que há provas simples e evidentes nos casos em que não é possível ir para o processo sumário –, mas é, sobretudo, a ideia da simplicidade e evidência da prova. Tratando-se de provas simples e evidentes não se justifica uma tramitação tão demorada quanto a da forma de processo comum.

Na maior parte dos casos, ou em vários casos, o processo abreviado acaba por representar uma segunda possibilidade, quando tenha ocorrido detenção em flagrante delito, mas não tenha sido possível, por outros motivos, seguir a forma de processo sumário, nomeadamente por não ser possível cumprir os prazos mais acelerados do processo sumário.

4. O processo sumaríssimo

O processo sumaríssimo está regulado nos arts. 392º a 398º do CPP, tendo o respetivo âmbito sido alargado pela reforma de 1998 e também pela reforma de 2007[485].

4.1. O traço característico

Se o processo sumário tem o traço característico da detenção em flagrante delito, e se o processo abreviado tem como traço característico a simplicidade e evidência da prova, então o processo sumaríssimo tem

[485] Apreciando o regime anterior à revisão de 2007 e recordando o instituto do processo sumaríssimo, cfr. PEDRO SOARES DE ALBERGARIA, "Processo sumaríssimo: lembranças de um instituto esquecido", in *Direito e Cidadania*, 8, nºs 25-26 (2006-2007), pp. 9-36. Sobre as alterações introduzidas no processo sumaríssimo pela revisão de 2007, cfr. SÓNIA FIDALGO, "O processo sumaríssimo na revisão do Código de Processo Penal", in *Revista do CEJ*, 9 (1º Semestre 2008), pp. 297-319.

como pedra de toque a ideia de consenso, que decorre da não oposição do arguido em relação à pena que lhe será aplicada.

É esse mesmo consenso que justifica depois que ocorra uma certa simplificação e uma economia processual bastante significativa no processo sumaríssimo.

4.2. Os requisitos

A aplicação do processo sumaríssimo depende da verificação de, pelo menos, 3 requisitos (art. 392º, nº 1 do CPP): (i) estar em causa um crime punível com pena de prisão até 5 anos ou com pena de multa; (ii) a apresentação de um requerimento, proveniente do MP, mas ouvido o arguido, ou da iniciativa do próprio arguido; (iii) a avaliação pelo MP sobre se deve ou não ser aplicada ao arguido uma pena ou uma medida privativa da liberdade.

Em relação ao requisito do crime punível com pena de prisão até 5 anos, mesmo em caso de concurso efetivo, ou só com pena de multa, não existe nada de especial que valha a pena acrescentar face ao já referido para as outras formas especiais de processo. Não se justificará nestes crimes uma forma de processo tão solene quanto a forma de processo comum ou, eventualmente, qualquer outra das formas de processo especial, porque está aqui em causa um crime com uma pena que não é superior a 5 anos. No processo sumaríssimo não existe a possibilidade (prevista no sumário e no abreviado) de estar em causa um crime que conheça pena de prisão superior a 5 anos e de o MP fazer um juízo de prognose de que a pena em concreto não será superior a 5. Portanto, no processo sumaríssimo tem mesmo de estar em causa um crime punível com pena de prisão não superior a 5 anos ou, então, só com pena de multa.

Em segundo lugar, exige-se a apresentação de um requerimento do MP. Naturalmente, a apresentação deste requerimento pressupõe que o arguido tenha sido ouvido, mas a necessidade de audição só faz sentido quando a iniciativa não provier do próprio arguido. Caso a iniciativa tenha partido do arguido, então já não será ouvido pelo MP, porque a iniciativa que tomou faz as vezes dessa audição.

Em terceiro lugar, exige-se a avaliação por parte do MP. O MP terá de entender que, em concreto, deve ser aplicada ao arguido pena ou medida de segurança não privativas da liberdade. Desta avaliação do MP depende a aplicação do processo sumaríssimo.

Tratando-se de crime particular, é possível falar num requisito adicional. Exige-se também a concordância do próprio assistente, quanto ao teor do requerimento que o MP irá apresentar (art. 392º, nº 2 do CPP)[486].

4.3. A tramitação

À partida, se não ocorrer a rejeição pelo juiz nem existir oposição do arguido, o processo segue logo para a prolação de decisão condenatória.

4.3.1. O requerimento do MP

Em termos de tramitação do processo sumaríssimo, basicamente terá de haver um requerimento escrito do MP, o qual não pressupõe uma mera remissão para o auto de notícia ou para a denúncia[487].

Decorre do art. 394º do CPP que o requerimento contém as indicações tendentes à identificação do arguido, a descrição dos factos imputados e a menção das disposições legais violadas, a prova existente e o enunciado sumário das razões pelas quais entende que ao caso não deve concretamente ser aplicada pena de prisão, findando com a indicação precisa das sanções concretamente propostas e da quantia exata a atribuir a título de reparação, nos termos do disposto no art. 82º-A do CPP, quando este deva ser aplicado.

Por assim ser, a apresentação de requerimento pelo MP implica um momento preliminar de recolha de prova e também dos elementos que depois são necessários para poder apurar qual é que será a pena adequada, ou seja, se é uma pena de prisão ou se é uma pena de multa, e também a respetiva medida, e, em certos casos, também está pensada a possibilidade de uma medida de segurança não privativa de liberdade. Tudo isto irá exigir a constituição do suspeito como arguido (tal como no caso do processo sumário, porque se houve detenção, ele foi cons-

[486] No entender de Germano Marques da Silva, *Direito Processual Penal Português*, vol. 3, Lisboa: Universidade Católica Editora, 2015, p. 404 e nota 2, a concordância do assistente nos crimes particulares é também exigida caso o juiz não aceite a proposta de sanção constante do requerimento do MP, apesar de não ser referida no art. 395º do CPP, por ser tal concordância pressuposto da aplicação da forma de processo sumaríssimo e do requerimento do MP.

[487] A esta luz também se compreende a posição de Germano Marques da Silva, *Direito Processual Penal Português*, vol. 3, Lisboa: Universidade Católica Editora, 2015, p. 404 segundo a qual o requerimento do MP corresponde a uma acusação.

tituído como arguido, tem de haver o interrogatório do arguido) e, no caso dos crimes particulares, terá de existir concordância do assistente que seja prévia ao requerimento que o MP irá apresentar.

4.3.2. A aceitação ou rejeição do requerimento do MP

O requerimento do MP é essencialmente uma proposta que o mesmo apresenta e que pode ou não obter aceitação por parte do juiz, nos termos do art. 395º do CPP.

O MP apresenta o requerimento no sentido de o processo ser julgado sob a forma sumaríssima. Porém, o juiz pode aceitar ou não esse mesmo requerimento.

A rejeição do requerimento pelo juiz – que, no fundo, é uma rejeição a que o processo siga a forma de processo sumaríssimo – pode implicar o reenvio do processo para outra forma de processo, nos termos do art. 395º, nº 1 do CPP. O requerimento do MP valerá então como acusação, nos termos do nº 3 do art. 395º do CPP, competindo ao MP decidir a forma de processo a adotar[488].

Também pode o juiz rejeitar o requerimento por não aceitar a sanção proposta pelo MP (art. 395º, nº 1, al. *c)* do CPP). Entende o juiz que deve ser aplicada uma sanção diferente, seja na espécie ou na própria medida. Se assim for, terá de ser obtida concordância do MP e do arguido (art. 395º, nº 2 do CPP). Esta segunda possibilidade só existe quando o juiz entenda que há algum problema com a sanção: entende que a mesma não é adequada e suficiente para as finalidades da punição. Poderá rejeitar, mas apenas propondo uma sanção diferente. Faz todo o sentido esta faculdade do juiz porque, de alguma forma, pertence aos juízes e fará parte do seu monopólio a aplicação das sanções. Por essa razão também não faria muito sentido que houvesse uma vinculação do juiz em relação à respetiva espécie de sanção.

4.3.3. A notificação do arguido em caso de não rejeição

Se o juiz não rejeitar o requerimento do MP, não se aplica o art. 395º do CPP. À partida, será então o arguido notificado nos termos do art. 396º do CPP.

[488] Assim, por exemplo, Ac. TRL de 20.01.2009, Proc. 11057/2008-5 (José Adriano).

Portanto, o juiz recebe o requerimento do MP e, perante o requerimento, das duas, uma: ou o aceita ou o rejeita. Se rejeitar o requerimento, também das duas, uma: ou reenvia para outra forma de processo ou, nos casos em que entende que há problemas quanto à sanção em termos das finalidades da punição, limita-se a propor outra sanção. Contudo, se não rejeitar o requerimento, o juiz terá de notificar o arguido.

Sendo notificado, o arguido pode fazer uma de duas coisas.

Por um lado, o arguido pode deduzir oposição à forma de processo sumaríssimo, a qual poder feita por simples declaração (art. 396º, nº 4 do CPP). Em caso de oposição, o próprio juiz ordena o reenvio para outra forma de processo e vale também o requerimento do MP como acusação, nos termos do art. 398º, nº 1 do CPP. O arguido será então notificado da acusação e para, querendo, requerer a abertura da instrução se o processo seguir a forma comum (art. 398º, nº 2 do CPP).

Por outro lado, o arguido pode não deduzir oposição, nos termos do art. 397º do CPP. Nessa situação passa-se logo para a decisão condenatória. A decisão condenatória é a decisão que vai ser proferida sobre a proposta que estiver em cima da mesa. À partida, essa decisão não admite recurso ordinário.

Um aspeto importante a reter é que, quando é notificado, o arguido só tem uma de duas opções: ou aceita ou rejeita. Não pode dizer "sim, mas..." ou "eu aceito isto, mas não aceito aquilo". E, por isso, diz-se que a aceitação ou rejeição do arguido tem de ser pura e simples. Não pode ser uma aceitação ou rejeição de natureza parcial, não pode ser uma aceitação ou rejeição de natureza condicional, não se dá a possibilidade ao arguido de negociar o conteúdo do que estiver em cima da mesa. Portanto, ou o arguido diz "aceito" ou o arguido diz "rejeito".

A decisão de aceitar ou de rejeitar constitui uma decisão pessoal do arguido, ainda que possa ser tomada sob conselho do defensor e este a possa transmitir[489].

4.3.4. A possível sujeição de juiz a incidente de recusa

Se o juiz aceitar a proposta do MP e se o arguido também a tiver aceitado, poderá suscitar-se o problema da possível sujeição do juiz a um incidente de recusa, porque não poderá intervir na outra forma de pro-

[489] Ac. TRC de 23.05.2012, Proc. 397/11.7SAGRD-A.C1 (Paulo Guerra).

cesso para a qual este tenha sido remetido, nos termos do art. 43º, nºs 1 e 3, e também do art. 398º do CPP.

O art. 398º do CPP refere que se o arguido deduzir oposição, o juiz ordena o reenvio para outra forma de processo. Ora, feito este reenvio, não pode esse mesmo juiz, caso tenha aceitado a proposta que foi apresentada pelo MP e caso tenha havido rejeição pelo arguido, ter intervenção na outra forma de processo. O juiz já aceitou. Ou seja, para o juiz parecia-lhe bem a solução do processo sumaríssimo e a proposta que concretamente tinha sido apresentada pelo MP. O arguido rejeita e o juiz é obrigado a remeter para outra forma de processo, seja a forma de processo comum, seja outra forma de processo especial. Não pode então o juiz intervir na nova forma de processo porque, de alguma maneira, para o juiz estava bem a outra solução, e, portanto, pode haver o risco de o juiz vir a ser alvo de um incidente de recusa. Não obstante, no Ac. TC nº 444/2012[490] decidiu-se: *"Não julgar inconstitucional os artigos 40º, 43º, nº 2 e 398º, todas do CPP, quando interpretados no sentido de que o juiz que concordou com a sanção proposta pelo Ministério Público em processo sumaríssimo, a qual não foi aceite pelo arguido, não está impedido de intervir no julgamento subsequente desse mesmo arguido"*.

4.3.5. A inexistência de audiência de julgamento

Não há propriamente uma audiência de julgamento no processo sumaríssimo.

Não se verifica a produção de provas. Não só não existe instrução, como não existe atividade probatória. Daí que também não exista propriamente recolha de prova, uma investigação realizada nos mesmos termos em que se procede noutras formas de processo, muito menos existirá a fase da instrução, vedada nos termos do art. 286º, nº 3 do CPP.

Por assim ser, também não existe uma audiência de julgamento. O que ocorre é a apresentação de uma proposta pelo MP, que é sujeita a uma avaliação pelo juiz e este, se aceitar essa proposta, então, remete para o arguido a fim de obter a sua concordância.

[490] Ac. TC nº 444/2012, de 26.09.2012, Proc. 86/12 (Vítor Gomes).

4.4. Síntese

O grande traço característico desta forma de processo especial é o consenso, mais concretamente e a ideia de que, estando todos de acordo, ocorrerá por essa via uma certa pacificação.

É o consenso entre os diversos intervenientes e, em particular, a não oposição do arguido que gera pacificação social. Se esse consenso permite alcançar uma certa pacificação social, então é possível encontrar uma forma de processo bastante rápida, pensada, obviamente, também para a pequena e média-baixa criminalidade.

Não existe no processo sumaríssimo a possibilidade de o MP fazer um juízo de prognose, pelo que ocorre uma limitação à lógica dos crimes puníveis com pena de prisão não superior a 5 anos ou com pena de multa.

Não existe instrução nem audiência na fase de julgamento. Não se realiza um julgamento. Existe um requerimento do MP, cuja iniciativa partiu do MP e em que o arguido foi ouvido, ou cuja iniciativa partiu do arguido.

O requerimento do MP tem de ter um determinado conteúdo e é apresentado ao juiz. O juiz aceita ou rejeita o requerimento do MP.

Se rejeitar, o juiz reenvia para outra forma de processo, ou faz outra proposta ao nível de sanção. Mas, se aceitar, terá de notificar o arguido, que poderá fazer uma de duas coisas: rejeitar o acordo, caso em que o processo segue para outra forma de processo; aceitar o acordo. Se o arguido aceitar o acordo, existe logo decisão condenatória e não há possibilidade de recurso.

O processo sumaríssimo será talvez a forma de processo especial mais expedita. Visa, sobretudo, libertar os tribunais de processos com uma tramitação morosa. Apresenta também uma vantagem interessante para o arguido. Não só constitui um processo célere, como corresponde a uma forma de processo que, na medida em que prescinde da audiência pública, evita uma certa exposição ou uma certa publicidade prejudicial para o arguido. Resumidamente: há um requerimento do MP, há uma análise desse requerimento por parte do juiz e, se este aceitar, compete ao arguido tomar uma decisão: deduzir oposição ou não deduzir oposição. O facto de não existir uma audiência pública propriamente dita, permite subtrair o arguido aos problemas inerentes à publicidade do próprio processo.

5. A promoção da aplicação das formas de processo especiais

Importa referir que a aplicação dos processos especiais depende de uma promoção por parte do MP.

Se estiverem reunidos os pressupostos da respetiva forma de processo especial, poderá até dizer-se que essa promoção é mesmo obrigatória, não é facultativa, e é por causa disso mesmo que se prevê, em certos casos, um interrogatório sumário para a verificação desses mesmos pressupostos.

No caso do processo abreviado, em princípio, a promoção é mesmo do MP, nos termos do art. 391º-A do CPP. No processo sumaríssimo, das duas uma: ou foi o MP oficiosamente que requereu, mas ouviu o arguido, ou houve iniciativa do arguido. Mas, em todos os casos, o requerimento terá de ser apresentado pelo MP e, portanto, tem de haver também aqui um impulso do MP e tem de haver a concordância do MP para a solução de consenso.

6. O incentivo à utilização das formas de processo especiais à luz da Lei-Quadro da Política Criminal

A Lei-Quadro da Política Criminal (Lei nº 17/2006, de 23 de maio) fomentou a utilização das formas de processos especiais, ao referir no art. 6º que as orientações de política criminal podem compreender orientações sobre a pequena criminalidade que favorecem a aplicação de processos especiais, não estando as autoridades judiciárias competentes dispensadas da verificação em cada caso dos requisitos gerais e da oportunidade da aplicação.

Ao fazê-lo reforçou a consequência estabelecida no CPP para a não utilização da forma de processo especial, quando estejam verificados os respetivos pressupostos.

Pode ser arguida a nulidade, nos termos do art. 120º, nº 2, al. *d)* do CPP, se for empregue a forma de processo comum quando ao caso caberia uma forma de processo especial. Não está em causa uma nulidade insanável, mas uma nulidade dependente de arguição.

Apesar disso, é curioso constatar que diversas leis de política criminal têm estimulado o MP a privilegiar a utilização das formas de processos especiais, ao estabelecerem como objetivo específico a celeridade processual.

Esta referência surgia, por exemplo, na Lei de Política Criminal em vigor para o biénio de 2009 a 2011, que era a Lei nº 38/2009, de 20 de julho (art. 2º, al. *d)*), mas veio a desaparecer, inexplicavelmente, da Lei de Política Criminal em vigor para o biénio de 2015 a 2017, a Lei nº 72/2015, de 20 de julho. Esta eliminação resulta estranha, na medida em que o fomentar da utilização dos processos especiais está em linha com a consequência da nulidade que decorre do art. 120º, nº 2, al. *d)* do CPP.

À partida, estando reunidos os pressupostos para o processo seguir uma forma especial deve o MP dar o impulso processual necessário para que siga essa forma de processo especial e não a forma de processo comum. Embora o arquétipo de processo penal seja o processo comum, por ser esse que é aplicado se não for possível aplicar uma forma de processo especial, verificados os pressupostos das formas de processos especiais devem ser essas as formas seguidas. São formas mais rápidas e mais céleres. É verdade que conferem menos garantias (em particular, ao arguido), mas também são à partida as formas mais adequadas às situações em causa. No processo sumário essa maior adequação decorre de ter existido uma detenção em flagrante delito. No processo abreviado pelo facto de existirem provas simples e evidentes. No processo sumaríssimo pela circunstância de estarem todos de acordo, incluindo o próprio arguido, verificando-se então uma situação de consenso.

Cada uma das formas especiais tem ritmos diferentes. O processo abreviado é mais rápido do que o comum, mas é mais moroso do que o processo sumário. Também o processo sumaríssimo é mais rápido do que o processo sumário e também é muito mais rápido que o processo abreviado e que o processo comum. Em qualquer dos casos, existe um elemento importante comum: nas formas de processo especiais não existe instrução, conforme decorre no art. 286º, nº 3 do CPP. No processo sumário, em princípio, também não existe inquérito e o julgamento reduz-se ao indispensável. No processo abreviado, não há redução do julgamento ao indispensável, mas finda a produção de prova prevê-se uma limitação do tempo disponível para o MP, os representantes do assistente e das partes civis e o defensor poderem usar da palavra e replicarem. Em princípio, também, será um pouco mais célere e o inquérito (que não é obrigatório) terá de ser mais curto, porque se preveem 90 dias como referência máxima para a dedução de acusação. No processo sumaríssimo, em princípio, não haverá investigação, porque parte de um impulso processual do MP, que vai apresentar ao juiz uma proposta que este aceitará ou não, ou formulará uma outra proposta e, depois, essa proposta vai ser notificada o arguido e, se ele concordar, conclui-se o acordo e, portanto, será esse o próprio conteúdo da decisão condenatória, sem necessidade de audiência de julgamento. Portanto, o acordo ou o consenso vai incorporar a própria decisão condenatória que, aliás, se tornará depois insuscetível de recurso ordinário.

PARTE IV

AS MEDIDAS DE COAÇÃO E DE GARANTIA PATRIMONIAL NO PROCESSO PENAL

Capítulo I
Aspetos gerais

Sumário: 1. Noção; 2. As finalidades essenciais das medidas de coação e de garantia patrimonial; 3. O dever do arguido de sujeição a medidas de coação e de garantia patrimonial; 4. As exigências cautelares e as exigências de punição; 5. A distinção entre as medidas de coação e medidas de garantia patrimonial; 6. As condições gerais de aplicação das medidas de coação e de garantia patrimonial; 7. Os princípios gerais das medidas de coação e das medidas de garantia patrimonial

Bibliografia escolhida: Paulo de Sousa Mendes, *Lições de Direito Processual Penal*, Coimbra: Almedina, 2013, pp. 165-170; Maria João Antunes, *Direito Processual Penal*, 3ª ed., Coimbra: Almedina, 2021, pp. 156-168 e 174-178; Germano Marques da Silva, *Curso de Processo Penal*, vol. II, Lisboa: Verbo, 2011, pp. 343-373; Manuel Simas Santos/Manuel Leal-Henriques/João Simas Santos, *Noções de Processo Penal*, 3ª ed., Lisboa: Rei dos Livros, 2020, pp. 295-348; Paulo Pinto de Albuquerque, *Comentário do Código de Processo Penal à luz da Constituição da República e da Convenção Europeia dos Direitos do Homem*, 4ª ed., Lisboa: Universidade Católica Editora, 2011, anotação aos arts. 191º a 195º, pp. 565-578; AA.VV., *Comentário Judiciário do Código de Processo Penal*, Tomo III, 2ª ed., Coimbra: Almedina, 2022, anotação aos arts. 191º a 195º, pp. 35-106; Manuel Cavaleiro de Ferreira, *Curso de Processo Penal*, 1º vol., Lisboa: Danubio, 1986, pp. 229-233.

Jurisprudência escolhida: Ac. TC nº 147/2000, de 21.03.2000, Proc. 56/00 (Artur Maurício); Ac. TC nº 396/2003, de 30.07.2003,

Proc. 485/03 (Paulo Mota Pinto); Ac. TC nº 724/2014, de 28.10.2014, Proc. 224/14 (Maria José Rangel Mesquita); Ac. TC nº 391/2015, de 12.08.2015, Proc. 526/15 (João Cura Mariano); Ac. TRC de 09.05.2012, Proc. 234/11.2GAVZL-A.C1 (Calvário Antunes); Ac. TRG de 24.01.2005, Proc. 2321/04-1 (Miguel Garcia); Ac. TRG de 13.01.2021, Proc. 16/19.3PECHV-B.G1 (Ausenda Gonçalves); Ac. TRL de 23.03.2011, Proc. 189/10.0PPLSB-A.L1-3 (Jorge Raposo); Ac. TRL de 19.10.2017, Proc. 3110/13.0JFLSB-B.L1-9 (João Abrunhosa).

1. Noção

As medidas de coação e as medidas de garantia patrimonial podem ser entendidas como meios processuais que limitam a liberdade pessoal e/ou patrimonial do arguido, bem como a liberdade patrimonial de outros eventuais responsáveis por prestações patrimoniais derivadas ou relacionadas com a prática do crime.

2. As finalidades essenciais das medidas de coação e de garantia patrimonial

Costumam ser apontadas 3 finalidades essenciais às medidas de coação e de garantia patrimonial: (i) acautelar o normal e imperturbado desenvolvimento do procedimento criminal; (ii) prevenir/evitar a fuga ou a continuação da atividade criminosa (no caso das medidas de coação); (iii) garantir a execução das decisões condenatórias (no caso das medidas de garantia patrimonial).

3. O dever do arguido de sujeição a medidas de coação e de garantia patrimonial

De acordo com o art. 61º, nº 6, al. *d)* do CPP, sobre o arguido recai o dever de se sujeitar a medidas de coação e de garantia patrimonial, especificadas na lei, desde que ordenadas e efetuadas por entidade competente.

A imposição desse dever pela entidade competente e o respetivo cumprimento pelo arguido são moldados/cunhados, por um lado, pelo direito de defesa deste (art. 32º, nº 1 da CRP) e, por outro lado, pelo princípio da presunção de inocência do arguido (que vigora até ao trânsito em julgado da decisão condenatória – art. 32º, nº 2 da CRP).

4. As exigências cautelares e as exigências de punição

As exigências processuais de natureza cautelar que legitimam a imposição de uma medida de coação ou de uma medida de garantia patrimonial a alguém que se presume inocente (arts. 191º, nº 1, 193º, nº 1, e 212º, nº 3 do CPP) não devem ser confundidas com as exigências de punição: estas justificam a sujeição a uma pena por quem tenha sido declarado culpado pela prática de um crime.

Por assim ser, em regra, dar-se-á a imediata extinção das medidas de coação logo que sejam proferidas decisões que infirmem a existência das exigências processuais cautelares que lhes estão subjacentes. De facto, decorre do art. 214º do CPP que as medidas de coação se extinguem de imediato com: *a)* o arquivamento do inquérito; *b)* a não pronúncia; *c)* a rejeição da acusação por ser manifestamente infundada nos termos do art. 311º, nº 2, al. *a)* (saneamento); *d)* a sentença absolutória, mesmo que dela tenha sido interposto recurso; ou *e)* o trânsito em julgado da sentença condenatória, iniciando-se então o cumprimento da eventual pena. A extinção das medidas de coação neste último caso não se verificará se em causa estiver o TIR, pois este apenas se extingue quando ocorrer a extinção da pena.

5. A distinção entre as medidas de coação e as medidas de garantia patrimonial

Cada uma das categorias (medidas de coação e medidas de garantia patrimonial) carece de ser analisada com maior detalhe.

Não obstante, vale a pena clarificar já o sentido da distinção entre, por um lado, as medidas de coação e, por outro lado, as medidas de garantia patrimonial.

Esse sentido está relacionado com as diferentes finalidades associadas às medidas de coação e de garantia patrimonial e com os sujeitos que podem ser visados por causa uma das tipologias de medidas.

De facto, as medidas de coação (previstas nos arts. 196º-202º do CPP) pressupõem a existência de um processo-crime em curso e prosseguem finalidades intra-processuais (art. 204º do CPP). Essas finalidades poderão ser, por exemplo: garantir a presença do arguido nos atos para os quais for convocado; assegurar a aquisição, conservação ou veracidade da prova. As medidas de coação também são aplicáveis apenas ao arguido.

Diferentemente, sucede com as medidas de garantia patrimonial (previstas nos arts. 227º e 228º do CPP). Estas visam garantir que no final do processo-crime as quantias eventualmente devidas serão pagas (por exemplo, multas, custas, indemnizações, perdas de produtos e vantagens de facto ilícito típico ou pagamentos do valor correspondente). E são aplicáveis as medidas de garantia patrimonial, quer ao arguido, quer ao responsável meramente civil (arts. 227º, nº 3 e 228º, nº 5 do CPP).

6. As condições gerais de aplicação

6.1. A condição positiva de aplicação: prévia constituição como arguido

Pela positiva, podemos falar da condição geral de aplicação das medidas de coação que está associada à prévia constituição como arguido nos termos do art. 58º do CPP (art. 192º, nº 1 do CPP).

O que implica igualmente a pendência de processo crime, já aberto ou a abrir formalmente logo após a constituição de arguido. De todo o modo, vincada fica que tal constituição como arguido é relativa a um ilícito criminal.

Assim, a pessoa que seja objeto de uma medida de coação terá de ser assim previamente constituída como arguida.

Diferentemente sucedem as coisas no âmbito das medidas de garantia patrimonial[491]. Por regra, a aplicação de medidas de garantia patrimonial também depende da prévia constituição como arguido, nos termos do art. 58º do CPP, a qual incidirá sobre a pessoa que for objeto daquelas medidas (art. 192º, nº 2 do CPP). Contudo, o arresto pode ser aplicado sem que se tenha verificado uma prévia constituição formal como arguido, quando esta constituição prévia de arguido puser em sério risco o seu fim ou a sua eficácia ou se tenha revelado comprovadamente impossível (art. 192º, nºs 3 a 5 do CPP). Em tais hipóteses, a constituição de arguido poderá, mediante despacho fundamentado do juiz, vir a ocorrer em momento posterior ao da aplicação do arresto preventivo (num prazo máximo de 72h sob pena de nulidade) e poderá ainda ser, novamente mediante despacho fundamentado do juiz, dispensada a

[491] Falando num regime excecional para estas medidas e explicando as particularidades do regime, cfr. António Gama, *Comentário Judiciário do Código de Processo Penal*, Tomo III, 2ª ed., Coimbra: Almedina, 2022, anotações 3 e 4 e 18 a 31 ao art. 192º, pp. 48-49 e 54-60.

constituição de arguido se a mesma se tiver revelado comprovadamente impossível e existirem indícios de dissipação do património e fundada suspeita da prática do crime. Também nos casos em que o visado pela medida de garantia patrimonial seja, não o arguido, mas o civilmente responsável (contra quem o lesado deduziu pedido de indemnização civil e requereu a aplicação de uma medida de garantia patrimonial nos termos dos arts. 71º, 73º, nº 1 e 227º, nº 3) não haverá constituição prévia de arguido. Tal não significa que se dispense a existência de fundadas suspeitas da prática de ilícito-típico criminal, o que significa que terá de ser possível formular um juízo de verosimilhança sobre o direito invocado. Também não significa que não se exija como provável a aplicação de uma pena pecuniária, de uma condenação em custas ou em qualquer outra quantia para o Estado, no pedido de indemnização ou na perda do valor dos instrumentos, produtos e vantagens ou do património incongruente. E exige-se ainda o fundado receio de que faltem ou diminuam substancialmente as garantias patrimoniais (traduzido em atos praticados ou a praticar pelo visado de disposição do seu património) e o *periculum in mora* (do qual possa resultar uma falta ou diminuição substancial do património)[492].

6.2. A condição negativa de aplicação: inexistência de causas de isenção da responsabilidade ou de extinção do procedimento criminal

Pela negativa, pode ainda referir-se, como condição geral de aplicação, a inexistência de causas de isenção da responsabilidade ou de extinção do procedimento criminal, formulação que deve ser entendida em sentido muito amplo – incluindo as causas de extinção da responsabilidade e do procedimento criminal, bem como as causas de isenção da pena[493] (art. 192º, nº 6 do CPP)[494].

[492] Neste termos, cfr. João Conde Correia, *Comentário Judiciário do Código de Processo Penal*, Tomo III, 2ª ed., Coimbra: Almedina, 2022, anotações 19 a 23 ao art. 227º, pp. 640-642.

[493] Assim, cfr. Germano Marques da Silva, *Curso de Processo Penal*, vol. II, Lisboa: Verbo, 2011, p. 352.

[494] Sobre as hipóteses abrangidas, cfr. Paulo Pinto de Albuquerque, *Comentário do Código de Processo Penal à luz da Constituição da República e da Convenção Europeia dos Direitos do Homem*, 4ª ed., Lisboa: Universidade Católica Editora, 2011, anotação 3 ao art. 192º, p. 566, e António Gama, *Comentário Judiciário do Código de Processo Penal*, Tomo III, 2ª ed., Coimbra: Almedina, 2022, anotação 7 ao art. 192º, pp. 49-50.

Porém, para que sejam aplicadas medidas de coação e medidas de garantia patrimonial, são suficientes os fundados motivos para crer na sua existência. Também é admissível a aplicação ou manutenção de medidas de garantia patrimonial nas hipóteses em que o processo deva prosseguir para apreciação do pedido de indemnização civil, apesar da extinção da responsabilidade penal, ou também para efeitos de responsabilidade patrimonial (de confisco para perda de instrumentos ou produtos do crime ou para perda das vantagens do crime que não dependa de condenação penal)[495].

7. Os princípios gerais das medidas de coação e de garantia patrimonial

Assumem também relevância 3 princípios gerais na aplicação das medidas de coação e de garantia patrimonial: (i) o princípio da legalidade; (ii) o princípio da proporcionalidade em sentido amplo; (iii) e o princípio da subsidiariedade. Releva também um outro princípio: (iv) o princípio da precariedade.

Importa ver o reflexo de cada um destes princípios um pouco mais em detalhe[496].

7.1. O princípio da legalidade

A aplicação das medidas de coação e de garantia patrimonial, na medida em que provoca uma limitação da liberdade das pessoas, só pode ocorrer estando em causa as medidas legalmente previstas.

A observância do princípio da legalidade decorre do art. 18º, nº 2 da CRP, bem como dos arts. 61º, nº 6, al. *d)*, e 191º, nº 1 do CPP.

Implica o princípio da legalidade, na vertente da taxatividade adotada, que só possam ser aplicadas as medidas de coação e de garantia patrimonial previstas na lei, com as consequências de afastamento de aplicação analógica de medidas e de forte restrição à interpretação

[495] A este respeito, cfr. João Conde Correia, *Comentário Judiciário do Código de Processo Penal*, Tomo III, 2ª ed., Coimbra: Almedina, 2022, anotações 24 a 26 ao art. 227º, pp. 642-644.

[496] Com um diferente elenco de princípios, cfr. Paulo Pinto de Albuquerque, *Comentário do Código de Processo Penal à luz da Constituição da República e da Convenção Europeia dos Direitos do Homem*, 4ª ed., Lisboa: Universidade Católica Editora, 2011, anotação 1 ao art. 193º, p. 568.

extensiva[497]. Ainda que não esgotem o universo de medidas de coação aplicáveis (já que outras podem estar previstas em legislação especial – por exemplo, no art. 31º da Lei nº 112/2009, de 16 de setembro, sobre a prevenção da violência doméstica, ainda que possam ser reconduzíveis às previstas no art. 200º do CPP, e no art. 142º da Lei nº 23/2007, de 04 de julho, regime dos estrangeiros em território nacional), particular atenção deverá ser dada às medidas de coação contempladas como tal no CPP: o TIR, a caução, a obrigação de apresentação periódica, a suspensão do exercício de profissão, função, atividade e direitos, a proibição e imposição de condutas, a obrigação de permanência na habitação e a prisão preventiva. Quanto às medidas de garantia patrimonial relevam as previstas no CPP (a caução económica e o arresto preventivo), bem como as incluídas em legislação especial (arts. 48º a 50º do Regime das Infrações Antieconómicas e contra Saúde Pública, aprovado pelo Decreto-Lei nº 28/84, de 20 de janeiro, os arts. 345º e 346º do Código de Propriedade Industrial e o art. 10º da Lei do Combate à Criminalidade Organizada e Económico-Financeira, aprovada pela Lei nº 5/2002, de 11 de janeiro)[498].

7.2. O princípio da proporcionalidade em sentido amplo

Formula-se uma exigência de proporcionalidade em sentido amplo, encontrando tal exigência suporte no art. 18º, nºs 2 e 3 da CRP e no art. 193º do CPP.

A proporcionalidade tem sido entendida também nesta matéria (malgrado as críticas que por vezes se vem fazendo a esta repartição)

[497] Contra a aplicação analógica, cfr. Paulo Pinto de Albuquerque, *Comentário do Código de Processo Penal à luz da Constituição da República e da Convenção Europeia dos Direitos do Homem*, 4ª ed., Lisboa: Universidade Católica Editora, 2011, anotação 3 ao art. 191º, p. 565, e, indo mais longe em relação às medidas de coação, sublinhando que, não só o âmbito de admissibilidade se circunscreve ao elenco legal, como as interpretações não podem ultrapassar os sentidos possíveis, Tiago Caiado Milheiro, *Comentário Judiciário do Código de Processo Penal*, Tomo III, 2ª ed., Coimbra: Almedina, 2022, anotação 1 ao art. 196º, p. 109. Quanto às medidas de garantia patrimonial, afastando também a aplicação analógica das medidas processuais civis, cfr. João Conde Correia, *Comentário Judiciário do Código de Processo Penal*, Tomo III, 2ª ed., Coimbra: Almedina, 2022, anotação 12 ao art. 227º, p. 636.

[498] João Conde Correia, *Comentário Judiciário do Código de Processo Penal*, Tomo III, 2ª ed., Coimbra: Almedina, 2022, anotação 12 ao art. 227º, p. 636.

nos seus 3 vetores: da necessidade; da adequação; e da proporcionalidade *stricto sensu*/justa medida[499].

Assim, em razão do subprincípio da necessidade, as medidas de coação, na medida em que implicam limitações à liberdade das pessoas, só podem ser aplicadas em razão de exigências processuais de natureza cautelar e não em razão de outras finalidades (como sejam os fins das penas ou as exigências de punição)[500]. E, em razão do subprincípio da adequação, terão as medidas de coação revelar-se em concreto adequadas às exigências cautelares requeridas pelo caso concreto[501]. Por fim, o subprincípio da proporcionalidade em sentido estrito ou da justa medida assegura que as medidas de coação tenham de ser proporcionais à gravidade do crime e das sanções a ser aplicadas[502]. Para uma concretização de alguns destes subprincípios, por referência ao art. 193º, nº 1 do CPP, releva o Ac. TRG de 24.01.2005[503], para quem a adequação se volve em saber *"se o sacrifício que se requer a quem está destinado a sofrer a medida encontra justificação no interesse que se retende tutelar"* e considera que para a satisfação do critério da proporcionalidade *"é necessário atender proporções entre a medida escolhida e a componente factual, por um lado; e entre medida escolhida e as sanções que previsivelmente venham a ser aplicadas, por outro"*.

Em relação às medidas de garantia patrimonial, a aplicação também deverá fazer-se em função das exigências processuais de natureza cautelar que se encontram subjacentes a estas medidas, ou seja, à conservação do património e possibilidade de execução efetiva da sentença condenatória na sua vertente patrimonial (subprincípio da necessidade), da adequação às exigências cautelares requeridas pelo caso concreto (subprincípio da adequação) e ainda da proporcionalidade à gravidade do crime e/ou[504]

[499] Porém, referindo-se antes a 4 subprincípios, correspondentes à necessidade, adequação, subsidiariedade e precariedade, Ac. TRG de 13.01.2021, Proc. 16/19.3PECHV-B.G1 (Ausenda Gonçalves).

[500] Maria João Antunes, *Direito Processual Penal*, 3ª ed., Coimbra: Almedina, 2021, pp. 157-158.

[501] Maria João Antunes, *Direito Processual Penal*, 3ª ed., Coimbra: Almedina, 2021, p. 158.

[502] Maria João Antunes, *Direito Processual Penal*, 3ª ed., Coimbra: Almedina, 2021, p. 159.

[503] Ac. TRG de 24.01.2005, Proc. 2321/04-1 (Miguel Garcia).

[504] Para alguma doutrina a proporcionalidade não dirá respeito à gravidade do crime, mas à medida da responsabilidade patrimonial – com referências nesse sentido, cfr. António

às quantias eventualmente devidas (subprincípio da proporcionalidade em sentido estrito)[505].

7.3. O princípio da subsidiariedade

Uma exigência de subsidiariedade decorre do art. 193º, nºs 2 e 3 do CPP para certas medidas de coação: a prisão preventiva e a obrigação de permanência na habitação só podem ser aplicadas quando se revelarem inadequadas ou insuficientes as outras medidas de coação e, se couber ao caso medida de coação privativa da liberdade, deverá ser dada preferência à obrigação de permanência na habitação sempre que ela se revele suficiente para satisfazer as exigências cautelares.

Daqui decorrem 2 corolários importantes para as medidas de coação[506]: (i) a subsidiariedade das medidas de coação mais graves face às menos graves (por exemplo, da obrigação de permanência na habitação, prevista no art. 201º do CPP, face à obrigação de apresentação periódica, prevista no art. 198º do CPP); (ii) lógica de *ultima ratio* da prisão preventiva[507] confirmada no art. 202º, nº 1 do CPP (*"Se considerar inadequadas ou insuficientes, no caso, as medidas referidas nos artigos anteriores, o juiz pode impor ao arguido a prisão preventiva"*).

Apesar de não existir referência expressa, também para as medidas de garantia patrimonial vale a exigência de subsidiariedade, na medida em que: (i) deve ser dada preferência à caução económica, só podendo aplicar-se o arresto preventivo se aquela não for prestada ou for inadequada ou insuficiente (art. 228º, nº 1 parte final do CPP); (ii) prestando o arguido ou o civilmente responsável a caução económica imposta, o

Gama, *Comentário Judiciário do Código de Processo Penal*, Tomo III, 2ª ed., Coimbra: Almedina, 2022, anotação 13 ao art. 193º, p. 70.

505 Maria João Antunes, *Direito Processual Penal*, 3ª ed., Coimbra: Almedina, 2021, pp. 174-175, e João Conde Correia, *Comentário Judiciário do Código de Processo Penal*, Tomo III, 2ª ed., Coimbra: Almedina, 2022, anotações 13 a 15 ao art. 227º, pp. 636-638.

506 Já assim Maria João Antunes, *Direito Processual Penal*, 3ª ed., Coimbra: Almedina, 2021, p. 160.

507 Alguns autores aludem a uma "dupla subsidiariedade da prisão preventiva" – António Gama, *Comentário Judiciário do Código de Processo Penal*, Tomo III, 2ª ed., Coimbra: Almedina, 2022, anotações 25 a 27 ao art. 193º, pp. 75-76.

arresto preventivo que tenha sido decretado é revogado (art. 228º, nº 5 do CPP)[508].

7.4. O princípio da precariedade

As medidas de coação estão sujeitas a um princípio da precariedade que encontra acolhimento nos arts. 212º, nº 1, al. *b)*, nºs 3 e 4, 213º, 215º, 218º, e 214º do CPP.

Destas normas resulta que ocorrerá: (i) a revogação imediata da medida de coação se deixarem de subsistir as razões que a determinaram a sua aplicação; (ii) a imediata substituição da medida de coação por outra se se atenuaram as exigências cautelares que a determinaram; (iii) a extinção imediata da medida de coação se forem proferidas decisões que ponham em causa as exigências processuais de natureza cautelar que a fundamentaram; (iv) a extinção da medida de coação se for ultrapassado o prazo máximo de duração[509].

Tal princípio pode ser também convocado para o domínio das medidas de garantia patrimonial: deixando de subsistir as razões concretas que determinaram a sua aplicação, o que pode decorrer de as medidas já não serem necessárias ou de poderem ser substituídas por outras menos graves ou de execução menos gravosa, devem as medidas de garantia patrimonial ser de imediato revogadas[510].

7.5. O direito de defesa e ao contraditório do arguido e do visado

Do artigo 194º, nºs 4, 7 e 8 do CPP emerge o direito de defesa e ao contraditório do arguido relativamente à aplicação das medidas de coação e de garantia patrimonial.

Desde logo, consagra-se um direito de audição prévia do arguido (assegurado aliás já pela parte final do art. 32º, nº 5 da CRP e pelo art. 61º, nº 1, al. *b)* do CPP), o qual só não será concedido nos casos de impossibilidade devidamente fundamentada (art. 194º, nºs 4 e 7 do

[508] Maria João Antunes, *Direito Processual Penal*, 3ª ed., Coimbra: Almedina, 2021, p. 175 e, em sentido aproximado, João Conde Correia, *Comentário Judiciário do Código de Processo Penal*, Tomo III, 2ª ed., Coimbra: Almedina, 2022, anotação 14 ao art. 227º, p. 637.

[509] Com desenvolvimento, cfr. Maria João Antunes, *Direito Processual Penal*, 3ª ed., Coimbra: Almedina, 2021, pp. 160-163.

[510] Assim, João Conde Correia, *Comentário Judiciário do Código de Processo Penal*, Tomo III, 2ª ed., Coimbra: Almedina, 2022, anotação 17 ao art. 227º, p. 639.

CPP). No regime anterior a audição poderia ser presencial ou por escrito (através do defensor), entendendo então a jurisprudência que estaria, em ambos os casos, *"plenamente respeitado o princípio do contraditório, permitindo que o arguido exponha previamente as suas razões relativamente à decisão judicial"*[511], mas o atual nº 4 do art. 194º do CPP refere-se à audição presencial[512]. Por assim ser, já se tem entendido: *"A audição prevista no artº 194º/4 do CPP, ressalvados os casos de impossibilidade devidamente fundamentada, deve ser presencial, sob pena de nulidade insanável"*[513].

Apesar de não encontrar referência expressa, o regime de audição prévia (e das exceções à sua concessão) é estendido ao visado das medidas de garantia patrimonial, que pode não ser arguido e ter responsabilidade meramente civil[514]. Mesmo tratando-se de arresto preventivo, que remete para as regras do CPC (art. 228º do CPP), deverá à partida o decretamento ser precedido de audição do visado, atenta a natureza processual penal da figura, apesar do decidido no Ac. TC nº 724/2014[515] (que não julgou inconstitucional o decretamento do arresto preventivo sem audição prévia do arguido), sobre a aplicação de arresto preventivo a pedido de lesado[516].

Consagra-se também o direito do arguido (e do seu defensor) de consulta dos elementos do processo que sejam determinantes da aplicação da medida de coação ou de garantia patrimonial (art. 194º, nº 8 do CPP).

[511] Ac. TRC de 09.05.2012, Proc. 234/11.2GAVZL-A.C1 (Calvário Antunes).

[512] Com desenvolvimento no que tange às razões da necessidade de audição presencial do arguido para aplicação de medida de coação, cfr. NUNO BRANDÃO, "Aplicação de medidas de coacção: audição do arguido e interrogatório judicial – anotação ao Acórdão do Tribunal da Relação de Lisboa de 19 de outubro de 2017", in *Revista Portuguesa de Ciência Criminal*, 28, nº 2 (Maio-Ago. 2018), pp. 351-396.

[513] Ac. TRL de 19.10.2017, Proc. 3110/13.0JFLSB-B.L1-9 (João Abrunhosa).

[514] Também se refere ao direito de audição prévia no caso das medidas de garantia patrimonial ANTÓNIO GAMA, *Comentário Judiciário do Código de Processo Penal*, Tomo III, 2ª ed., Coimbra: Almedina, 2022, anotações 16 a 20 ao art. 194º, pp. 86-88.

[515] Ac. TC nº 724/2014, de 28.10.2014, Proc. 224/14 (Maria José Rangel Mesquita).

[516] MARIA JOÃO ANTUNES, *Direito Processual Penal*, 3ª ed., Coimbra: Almedina, 2021, pp. 176-177. Porém, contra essa audição prévia, no caso do arresto preventivo, cfr. PAULO PINTO DE ALBUQUERQUE, *Comentário do Código de Processo Penal à luz da Constituição da República e da Convenção Europeia dos Direitos do Homem*, 4ª ed., Lisboa: Universidade Católica Editora, 2011, anotação 14 ao art. 194º e anotação 1 ao art. 228º, pp. 576-577 e 650-651.

7.6. O princípio da judicialidade ou da reserva de juiz

Do art. 194º, nº 1 do CPP decorre que, à exceção do TIR, as medidas de coação e de garantia patrimonial são aplicadas por despacho do juiz.

Trata-se de uma concretização do art. 32º, nº 4 da CRP (que veda a delegação noutras entidades da prática de atos que se prendam diretamente com direitos fundamentais), bem como do disposto no art. 268º, nº 1, al. *b)* do CPP (que atribui competência exclusiva ao juiz de instrução, durante o inquérito, para proceder à aplicação de medidas de coação ou de garantia patrimonial, com exceção do TIR)[517].

A concretização desta exigência conhece especificidades no domínio das medidas de coação: consoante a fase processual a aplicação das medidas de coação poderá ou não depender de requerimento do MP e com a reforma de 2013 passou a admitir-se a possibilidade de juiz aplicar medida de coação mais grave do que a requerida pelo MP (o que o regime anterior não permitia)[518]. Em face do regime atualmente em vigor, durante o inquérito é sempre necessária a prévia promoção do MP (princípio do pedido), sob pena de nulidade. Depois do inquérito, pode ser aplicada a requerimento ou oficiosamente, desde que ouvido o MP e o arguido (cfr. arts. 194º, nº 1, 268º, nº 1, al. *b*) e 375º, nº 4 do CPP). O fundamento é o respeito pela entidade que dirige cada fase processual e o papel (de juiz das liberdades/garantias) do juiz de instrução na fase de inquérito. Acresce que, durante o inquérito, o juiz de instrução não pode aplicar medida de coação mais grave, "*quanto à sua natureza, medida ou modalidade de execução*" do que a promovida pelo MP com fundamento na al. *b*) do nº 1 do art. 204º do CPP, nem medida de garantia patrimonial mais grave do que a requerida, sob pena de nulidade (art. 194º, nº 3 do CPP). O fundamento aqui assenta na concordância prática entre, por um lado, a direção do inquérito atribuída ao MP (obrigando por isso o juiz de instrução à vinculação ao tecto

[517] Com reflexões importantes sobre o regime de Angola introduzido pela revogada Lei nº 25/2015, de 18 de setembro, ao entregar o domínio sobre as medidas de coação ao MP, mas com relevância também à luz no novo CPP de Angola, cfr. Paulo Pinto de Albuquerque, "A lei das medidas cautelares à luz da jurisprudência e instrumentos internacionais", in *Juris – Revista da Faculdade de Direito da Universidade Católica de Angola*, 1, nº 2 (2016), pp. 113-129 (118-123).

[518] Assim, apreciando a questão à luz do direito anterior, Ac. TRL de 23.03.2011, Proc. 189/10.0PPLSB-A.L1-3 (Jorge Raposo).

máximo do promovido quando se trate do fundamento previsto na al. *b*) do art. 204º do CPP: perturbação do inquérito) e, por outro lado, a jurisdicionalidade que o juiz de instrução representa. A opção do legislador provocou erosão substancial no papel do juiz de instrução na veste de juiz das liberdades/garantias durante o inquérito, já que este poderá aplicar medida mais grave do que a requerida desde que com fundamento nas als. *a*) ou *c*) do art. 204º, nº 1 do CPP, e com isso até defraudar gravemente a estratégia de inquérito definida pelo MP – cfr. art. 194º, nº 2 do CPP.

Tal como já assinalado, o CPP em matéria de medidas de coação, e fruto das diversas revisões, tem cominado com nulidade o despacho que infrinja os comandos relativos à judicialidade, pedido do MP na fase de inquérito e direitos de defesa e ao contraditório (cfr. art. 194º, nºs 1, 3 e 6 do CPP). Resta apurar qual o tipo (e regime) de nulidade. Como aponta Maria João Antunes, não deveria seguir-se "*o regime geral das nulidades e irregularidades, previsto no artigo 118º e ss. do CPP para a violação ou a inobservância das disposições da lei do processo penal*"[519]. Em face do disposto expressamente naqueles comandos ("*sob pena de nulidade*"), seria aplicável subsidiariamente a nulidade dependente de arguição nos termos do art. 120º, nº 1 do CPP. O que seria um absurdo, dado que tal implicaria a sanação/convalidação de situações gravíssimas, como por exemplo uma medida de coação (mais grave que o TIR) aplicada em sede de inquérito por decisão oficiosa do juiz de instrução. Dir-se-ia que seria um caso em que "isto não pode ser assim", atendendo a que tais hipóteses correspondem à privação da liberdade fora dos casos e condições previstas na lei de acordo com o art. 27º da CRP, pelo que o vício adequado deveria ser extra invalidades gerais, ou, em face da letra da lei, no mínimo a nulidade insanável prevista no art. 119º do CPP com o respetivo regime.

Em todo o caso, da referida exigência emerge a necessidade de ser proferido um despacho judicial que aplique as medidas de coação (com exceção do TIR) ou das medidas de garantia patrimonial. Esse despacho terá de ser: (i) proferido no prazo de 5 dias (salvo impossibilidade devidamente fundamentada) a contar do recebimento da promoção do MP se ocorrer durante o inquérito e em relação a arguido não detido (art. 194º, nº 5 do CPP); (ii) notificado ao arguido, com a advertência das

[519] MARIA JOÃO ANTUNES, *Direito Processual Penal*, 3ª ed., Coimbra: Almedina, 2021, p. 140.

consequências do incumprimento das obrigações impostas (art. 194º, nº 9 do CPP), e, sendo ao arguido menor, também é comunicado, de imediato, aos titulares das responsabilidades parentais, e comunicado de imediato ao seu representante legal ou à pessoa que tiver a sua guarda de facto (art. 194º, nº 11 do CPP); (iii) devidamente fundamentado, sob pena de nulidade (art. 194º, nº 6 do CPP). Sobre as formas possíveis de fundamentação de decisões de aplicação de medidas de coação[520], assume relevância o decidido no Ac. TC nº 147/2000[521], de acordo com o qual *"não é o facto de, na sua fundamentação, o despacho judicial remeter para as razões expressas noutras peças processuais que, só por si, põe em causa a razão de ser da imposição constitucional"*, e no Ac. TC nº 396/2003[522], segundo o qual a fundamentação de uma ordem de prisão preventiva por remissão para a promoção do MP, a cujos fundamentos o juiz aderiu, constituiu uma fundamentação por adesão que *"é, porém, ainda uma forma possível de fundamentação desta decisão judicial"*. Igualmente, no Ac. TC nº 391/2015[523], em que se decidiu "*não julgar inconstitucional a norma constante do artigo 97º, nº 5, do Código de Processo Penal, na interpretação segundo a qual a fundamentação da decisão que decreta a medida de prisão preventiva, pode ser feita por remissão para a promoção do Ministério Público*", assumindo-se que "*o cumprimento do dever de fundamentação das decisões judiciais pode assumir, conforme os casos, uma certa geometria variável, sendo entregue ao legislador ordinário a tarefa de definir as formas e o grau de fundamentação exigível*". São *ratio decidendi* e parâmetros de conformidade constitucional: (i) que a decisão judicial revele ainda um juízo concreto que traduza uma "*opção livre, autónoma e independente*" do próprio; e (ii) que o legislador ordinário fixe/defina, de acordo com a sua liberdade de conformação, os parâmetros, "*as formas e o grau de fundamentação exigível*". Sucede que, *in casu*, no

[520] Acerca das exigência de motivação da decisão de aplicação, que considera extensíveis às decisões de manutenção, substituição ou revogação das medidas de coação, cfr. Maria João Antunes, *Direito Processual Penal*, 3ª ed., Coimbra: Almedina, 2021, pp. 167-169. Em sentido diferente, embora afirme a relevância da motivação da decisão, António Gama, *Comentário Judiciário do Código de Processo Penal*, Tomo III, 2ª ed., Coimbra: Almedina, 2022, anotações 34 a 37 ao art. 194º, pp. 94-95, parece entender que as exigências de fundamentação são menores para o despacho de reexame.

[521] Ac. TC nº 147/2000, de 21.03.2000, Proc. 56/00 (Artur Maurício).

[522] Ac. TC nº 396/2003, de 30.07.2003, Proc. 485/03 (Paulo Mota Pinto).

[523] Ac. TC nº 391/2015, de 12.08.2015, Proc. 526/15 (João Cura Mariano).

que respeita às medidas de coação o legislador não fixou qualquer possibilidade de o despacho judicial que as determine poder remeter para a fundamentação da promoção do MP. Ao contrário, nomeadamente, em matéria de sentença (proferida oralmente) na forma de processo sumário, o art. 389º-A do CPP, dispõe expressamente que a "*indicação sumária dos factos provados e não provados*" poderá ser feita "*por remissão para a acusação e contestação, com indicação e exame crítico sucintos das provas*". Diferentemente, em matéria de medidas de coação, o legislador ordinário não utilizou tal "*liberdade de conformação*" dado não haver norma habilitante que admita a remessa e fixe os seus limites e parâmetros (de "*geometria variável*"). Consequentemente, e de acordo com os crivos e parâmetros fixados pelo próprio TC, é no mínimo duvidosa a constitucionalidade da interpretação normativa segundo a qual o despacho judicial que aplique medida de coação (mais grave que o TIR) poderá fundamentar-se na remessa para a promoção do MP.

No domínio das medidas de garantia patrimonial também se exige o seu decretamento por parte do juiz, o qual na fase de inquérito (diferentemente das fases de instrução ou julgamento) terá de ser precedido de requerimento do MP, do lesado ou do próprio arguido[524], estando afastada (ao contrário das medidas de coação) a possibilidade de aplicação pelo juiz de medidas mais gravosas do que as que lhe tenham sido sugeridas[525]. Também o despacho de aplicação de medida de garantia patrimonial terá de ser fundamentado[526].

[524] Maria João Antunes, *Direito Processual Penal*, 3ª ed., Coimbra: Almedina, 2021, pp. 177-178.

[525] João Conde Correia, *Comentário Judiciário do Código de Processo Penal*, Tomo III, 2ª ed., Coimbra: Almedina, 2022, anotação 27 ao art. 227º, p. 644.

[526] Maria João Antunes, *Direito Processual Penal*, 3ª ed., Coimbra: Almedina, 2021, p. 178.

Capítulo II

As medidas de coação

Sumário: 1. Os pressupostos gerais das medidas de coação; 2. Os princípios das medidas de coação; 3. Os requisitos específicos das medidas de coação; 4. A revogação, alteração e extinção das medidas de coação; 5. A impugnação da decisão que aplique, mantenha ou modifique medida de coação; 6. A indemnização por ilegal ou injustificada privação da liberdade

Bibliografia escolhida: Paulo de Sousa Mendes, *Lições de Direito Processual Penal*, Coimbra: Almedina, 2013, pp. 165-170; Maria João Antunes, *Direito Processual Penal*, 3ª ed., Coimbra: Almedina, 2021, pp. 155-156 e 168-172; Germano Marques da Silva, *Curso de Processo Penal*, vol. II, Lisboa: Verbo, 2011, pp. 375-433; Paulo Pinto de Albuquerque, *Comentário do Código de Processo Penal à luz da Constituição da República e da Convenção Europeia dos Direitos do Homem*, 4ª ed., Lisboa: Universidade Católica Editora, 2011, anotação aos arts. 196º a 226º, pp. 579-648; AA.VV., *Comentário Judiciário do Código de Processo Penal*, Tomo III, 2ª ed., Coimbra: Almedina, 2022, anotação aos arts. 196º a 226º, pp. 107-629; Rui Soares Pereira/João Gouveia de Caires, "Decisão de isolamento profilático como privação da liberdade passível de habeas corpus? – breve comentário ao acórdão do Tribunal da Relação de Lisboa de 11.11.2020", in *RFDUL*, 61, nº 2 (2020), pp. 709-728; Manuel Cavaleiro de Ferreira, *Curso de Processo Penal*, 1º vol., Lisboa: Danubio, 1986, pp. 237-274.

Jurisprudência escolhida: Ac. TC nº 41/2000, de 26.01.2000, Proc. 481/97 (Nunes de Almeida); Ac. TC nº 284/2020, de 28.05.2020, Proc. 1170/17 (Pedro Machete); Ac. STJ de Fixação de Jurisprudência nº 16/2014, de 20.11.2014 (Oliveira Mendes); Ac. STJ de 15.04.2021, Proc. 204/19.2PAMDL-A.S1 (Eduardo Loureiro); Ac. STJ de 09.09.2021, Proc. 208/20.2GFVNG-D.S1 (António Gama); Ac. TRC de 30.01.2013, Proc. 681/12.2PEAVR-B.C1 (Jorge Dias); Ac. TRE de 06.06.2006, Proc. 1007/06-1 (Martins Simão); Ac. TRE de 08.03.2016, Proc. 6/15.5PATMR.E1 (Proença da Costa); Ac. TRG de 25.10.2021, Proc. 1/20.2PEBGC-G.G1 (António Teixeira); Ac. TRL de 25.05.2005, Proc. 2907/2005-3 (Carlos de Sousa); Ac. TRL de 31.01.2018, Proc. 19/17.2F1PDL-B.L1-3 (Nuno Coelho); Ac. TRL de 21.03.2019, Proc. 12/17.5JBLSB-G.L1-9 (Antero Luís); (Ac. TRL de 29.01.2020, Proc. 59/18.4JBLSB-B.L1-3 (Florbela Sebastião e Silva); Ac. TRL de 17.06.2020, Proc. 130/18.2SWLB-A.L1-3 (Cristina Almeida e Sousa); Ac. TRL de 26.01.2021, Proc. 267/20.8JELSB-A.L15 (Anabela Simões); Ac. TRL de 22.02.2022, Proc. 764/21.8PDAMD-A.L1-5 (Jorge Gonçalves); Ac. TRP de 25.03.2010, Proc. 1936/09.9JAPRT-A.P1 (Joaquim Gomes); Ac. TRP de 29.09.2015, Proc. 3743/11.0TBSTS.P1 (Maria Graça Mira).

1. Os aspetos fundamentais do estudo das medidas de coação

O estudo das medidas de coação em particular, para além do já mencionado no capítulo geral antecedente, pressupõe a análise de 5 aspetos fundamentais: (i) os pressupostos gerais das medidas de coação; (ii) os princípios das medidas de coação; (iii) os requisitos específicos de cada medida de coação; (iv) a revogação, alteração e extinção das medidas de coação; (v) as formas de reação às medidas de coação.

2. Os pressupostos gerais das medidas de coação

Para além das já referidas condições gerais, que podem ser definidas pela positiva (art. 192º, nº 1 do CPP) e pela negativa (art. 192º, nº 6 do CPP), importa analisar ainda os pressupostos gerais das medidas de coação.

Tais pressupostos gerais podem ser reconduzidos às categorias tradicionais do *fumus comissi delicti* e do *periculum libertatis*[527].

Importa analisar cada uma das categorias.

[527] Assim, cfr. Germano Marques da Silva, *Curso de Processo Penal*, vol. II, Lisboa: Verbo, 2011, p. 351.

2.1. *Fumus comissi delicti*

Em relação ao primeiro pressuposto (*fumus comissi delicti*), está em causa a indiciação da prática de certo crime pelo agente[528]. No caso das medidas de coação mais graves essa indiciação terá de ocorrer sob a forma de "fortes indícios", não bastando uma qualquer indiciação, nem uma indiciação suficiente[529].

Adotando uma formulação negativa, poderá, também aqui, falar-se na ausência de fundados motivos para crer na existência de uma causa de isenção de responsabilidade ou de extinção do procedimento criminal[530]. No nº 6 do art. 192º do CPP refere-se que *"nenhuma medida de coação (...) é aplicada quando houver fundados motivos para crer na existência de causas de isenção da responsabilidade ou de extinção do procedimento criminal"*.

2.2. *Periculum libertatis*

O segundo pressuposto (*periculum libertatis*) encontra-se refletido no art. 204º do CPP[531].

De acordo com este artigo, com exceção do TIR (previsto no art. 196º do CPP), nenhuma medida de coação pode ser aplicada se em concreto se não verificar, no momento da aplicação da medida: *a)* fuga ou perigo de fuga; *b)* perigo de perturbação do decurso do inquérito ou da instrução do processo (instrução envolve a produção de prova, pelo que engloba também a fase de julgamento) e, nomeadamente, perigo para a aquisição, conservação ou veracidade da prova; ou *c)* perigo em razão da natureza e das circunstâncias do crime ou da personalidade do arguido,

[528] Escreve ANTÓNIO GAMA, *Comentário Judiciário do Código de Processo Penal*, Tomo III, 2ª ed., Coimbra: Almedina, 2022, anotação 13 ao art. 192º, p. 51, que estará em causa *"a possibilidade de formular um juízo afirmativo da prática de um crime pelo visado"*.

[529] Assim, por exemplo, a discussão efetuada estando em causa prisão preventiva, em relação à prova que apontava contra o arguido como autor de disparos consistindo a mesma unicamente nas declarações da vítima e nos reconhecimentos, fotográfico e presencial, posteriormente efetuados pelo ofendido, concluindo que *"aqueles reconhecimentos, ainda que constituindo prova indiciária, não permitem caracterizar os indícios com o grau de intensidade inerentes à forte indiciação, pelas reservas que suscitam quanto à sua fiabilidade como prova da identidade do autor dos disparos"*, cfr. Ac. TRL de 22.02.2022, Proc. 764/21.8PDAMD-A.L1-5 (Jorge Gonçalves).

[530] Nestes temos, cfr. GERMANO MARQUES DA SILVA, *Curso de Processo Penal*, vol. II, Lisboa: Verbo, 2011, pp. 351-352.

[531] Sobre este pressuposto, cfr. GERMANO MARQUES DA SILVA, *Curso de Processo Penal*, vol. II, Lisboa: Verbo, 2011, pp. 353-360.

de que este continue a atividade criminosa ou perturbe gravemente a ordem e a tranquilidade públicas[532].

À partida está arredada a invocação de outras finalidades (tais como as relativas aos fins das penas), uma vez que como se referiu antes: uma coisa são as exigências processuais de natureza cautelar que legitimam a aplicação de medidas de coação (e de medidas de garantia patrimonial); outra são as exigências de punição.

Apesar da consagração legal das circunstâncias em que poderá existir *periculum libertatis*, suscitam-se algumas dúvidas relevantes, nomeadamente no que respeita à parte final da al. *c)* do art. 204º do CPP. Aí se refere que poderá ser aplicada uma medida de coação se existir o perigo de o arguido perturbar gravemente a ordem e a tranquilidade públicas[533].

Porém, questiona-se qual possa ser o limite constitucional da invocação da perturbação grave da ordem e tranquilidade públicas como circunstância fundamentadora da aplicação de uma medida de coação. À partida não é admissível submeter alguém a uma medida de coação apenas como resposta ao alarme social e aos sentimentos gerais de insegurança suscitados pela prática do crime, se no caso concreto se não verificarem específicas necessidades processuais cautelares[534]. Historicamente, a perturbação grave da ordem e tranquilidade públicas foi pensada para os casos em que se receava que o povo fizesse justiça pelas próprias mãos, "linchando" o delinquente, e, portanto, de algum modo, pretendendo através de medidas de coação preservar-se a sua vida e integridade física. Porém, num Estado de Direito é muito duvidoso que se possa restringir a liberdade do arguido invocando a necessidade de preservar a sua vida/integridade física da "fúria" popular. A ordem e a

[532] Para uma caracterização destas situações, cfr., por exemplo, Ac. TRP de 25.03.2010, Proc. 1936/09.9JAPRT-A.P1 (Joaquim Gomes), e, especificamente no caso do perigo de fuga e da sua necessária apreciação em concreto, Ac. TRE de 06.06.2006, Proc. 1007/06-1 (Martins Simão).

[533] Sobre esta al., cfr. Augusto Silva Dias, "A prisão preventiva após a revisão de 2007 do Código de Processo Penal foi superada a crise?", in *Estudos em honra do Professor Doutor José de Oliveira Ascensão*, vol. II (org. António Menezes Cordeiro *et al.*), Coimbra: Almedina, 2008, pp. 1379-1394 (1392-1393).

[534] Como sustenta Maria João Antunes, *Direito Processual Penal*, 3ª ed., Coimbra: Almedina, 2021, p. 142, "*Não é por isso legítima a invocação de uma qualquer razão atinente a finalidades preventivas das sanções criminais, à culpa do agente ou à proteção do ofendido*".

tranquilidade públicas devem ser asseguradas de outra forma que não passe pela restrição da liberdade do arguido. A este respeito, referiu-se no Ac. TRL de 17.06.2020[535] o seguinte: *"No que concerne aos perigos de continuação da actividade criminosa e de perturbação da ordem e tranquilidade públicas, são os que mais facilmente poderão extrapolar da sua vertente estritamente cautelar e processual, pelo que a forma de os conciliar com a natureza cautelar das medidas de coacção, expressamente afirmada no art. 191º do CPP e com a presunção de inocência do arguido, terá de ser desligá-los de considerações de antecipação da sanção penal, ou de alarme social, próprias dos fins de prevenção geral e especial positiva, associados à aplicação das penas e centrar a sua verificação num juízo de prognose acerca do comportamento futuro do arguido e da reacção que a notícia do crime indiciado pode desencadear nos cidadãos em geral".*

3. Os princípios das medidas de coação

Para além do já apreciado quanto aos princípios gerais mencionados no capítulo anterior, existem ainda algumas concretizações importantes no domínio das medidas de coação: é o caso do princípio da subsidiariedade e é o caso do princípio da judicialidade/reserva de juiz.

A estes princípios acresce o princípio da precariedade, dotado de relevância acrescida em sede de medidas de coação.

Importa ver cada um destes pontos em detalhe.

3.1. A subsidiariedade das medidas mais graves e a natureza de *ultima ratio* da prisão preventiva

A exigência de subsidiariedade encontra-se especialmente referida em relação às medidas de coação mais gravosas: a obrigação de permanência na habitação e a prisão preventiva.

Tal como decorre do art. 193º, nºs 2 e 3 do CPP, a prisão preventiva e a obrigação de permanência na habitação só podem ser aplicadas quando se revelarem inadequadas ou insuficientes as outras medidas de cocção e, se couber ao caso medida de coação privativa da liberdade, deverá ser dada preferência à obrigação de permanência na habitação sempre que ela se revele suficiente para satisfazer as exigências cautelares[536].

[535] Ac. TRL de 17.06.2020, Proc. 130/18.2SWLB-A.L1-3 (Cristina Almeida e Sousa).

[536] Referindo-se a medidas que *"nunca podem ser uma prioridade mas antes uma via de recurso excepcional"*, embora que *"terão de ser accionadas quando, reunidos os demais pressupostos legais,*

Daqui resulta que a prisão preventiva é uma medida de coação de *ultima ratio*, a qual só se poderá aplicar não havendo outra medida de coação adequada ou suficiente e se as exigências cautelares não se mostrarem satisfeitas com a obrigação de permanência na habitação. Não parece ser outro o sentido do art. 202º, nº 1 do CPP.

3.2. A necessidade de a aplicação de medidas de coação no inquérito ser precedida de requerimento do MP

Na fase de inquérito, a aplicação de medida de coação pelo juiz (juiz de instrução) terá de resultar de uma prévia promoção por parte do MP (art. 194º, nº 1 do CPP).

Na fase de instrução e na fase de julgamento, o juiz poderá aplicar oficiosamente medida de coação, mas terão ainda de ser ouvidos o MP (art. 194º, nº 1 do CPP) e o arguido (art. 194º, nº 4 do CPP).

3.3. A possibilidade de autoridade de polícia criminal, arguido e assistente requererem ao juiz a aplicação de medidas de coação

Questiona-se se a aplicação de medidas de coação poderá também ser requerida ao juiz pela autoridade de polícia criminal (em caso de urgência ou perigo na demora), bem como por parte do arguido ou do assistente[537]. Essa possibilidade encontra expressa previsão no art. 268º, nºs 2 e 3 do CPP, mas tem gerado alguma discussão sobre se o art. 194º do CPP não deve ser considerado norma especial e que prevalece sobre o art. 268º, nºs 2 e 3 do CPP.

Importa começar por distinguir quem tem interesse no pedido e a fase processual em causa. O arguido à partida não terá interesse, mas o assistente poderá ter. Na instrução parece ser admissível porque o juiz

não existem outro tipo de alternativas face à gravidade dos factos em presença e aos riscos envolvidos", cfr. Ac. TRL de 31.01.2018, Proc. 19/17.2F1PDL-B.L1-3 (Nuno Coelho).

[537] No que toca ao assistente e à autoridade de polícia criminal, cfr. Paulo Pinto de Albuquerque, *Comentário do Código de Processo Penal à luz da Constituição da República e da Convenção Europeia dos Direitos do Homem*, 4ª ed., Lisboa: Universidade Católica Editora, 2011, anotações 3 e 4 ao art. 194º, p. 574. Aparentemente contra a possibilidade do assistente requerer e defendendo que mesmo o poder de sugerir a aplicação ao MP para que este o requeira só pode ter lugar no âmbito da colaboração com o MP, que lhe dará seguimento ou não, cfr. António Gama, *Comentário Judiciário do Código de Processo Penal*, Tomo III, 2ª ed., Coimbra: Almedina, 2022, anotação 2 ao art. 194º, pp. 81-82.

de instrução é o *dominus* desta fase, mas já não no inquérito atendendo à função das medidas de coação e ao equilíbrio necessário com a função da intervenção do juiz de instrução na fase de inquérito.

No caso da autoridade de polícia criminal, a lei prevê essa possibilidade em caso de urgência ou perigo na demora na fase de inquérito, mas tal pedido teria de ser posteriormente ratificado pelo MP, atendendo a que o mesmo detém a direção do inquérito (art. 263º, nº 1 do CPP).

3.4. A possibilidade de aplicação pelo juiz de medida de coação mais grave do que a requerida pelo MP

A reforma de 2013 introduziu alterações no que respeita à possibilidade de o juiz aplicar, no inquérito, medida de coação mais grave do que a requerida pelo MP.

Se com a reforma de 2007 já se tinha deixado claro que o juiz poderia aplicar medida de coação menos grave do que a requerida pelo MP (embora não pudesse aplicar medida mais grave), com a reforma de 2013 vieram a distinguir-se 2 situações: (i) os casos em que a medida de coação foi decretada com fundamento nas als. *a)* e *b)* do art. 204º do CPP, relativamente aos quais se permite que o juiz aplique medida mais grave quanto à sua natureza, medida ou modalidade de execução (art. 194º, nº 2 do CPP); (ii) os casos em que a medida de coação foi decretada com fundamento na al. *c)* do art. 204º do CPP, relativamente aos quais se não permite que o juiz aplique medida mais grave quanto à sua natureza, medida ou modalidade de execução (art. 194º, nº 3 do CPP).

No fundo estabeleceu-se um regime legal bipartido. Quando a decisão de aplicação de medida de coação, tomada durante o inquérito, seja fundada no perigo de perturbação do inquérito, o juiz não pode aplicar medida mais grave do que a requerida pelo MP, justificando-se tal solução com o equilíbrio entre a reserva de juiz/judicialidade e o respeito pelo "*dominus* do inquérito". Nos demais casos poderá aplicar medida de coação mais grave do que a requerida pelo MP.

Contra a solução prevista na lei de admitir a possibilidade de o juiz aplicar medida de coação mais grave do que a requerida pelo MP no inquérito têm sido aduzidas algumas críticas[538], em especial: (i) o facto

[538] Em tom crítico contra a alteração legislativa efetuada em 2013, que considera também não estar justificada na exposição de motivos da proposta de lei que lhe deu origem, cfr.

de a solução não atentar na natureza estritamente cautelar das medidas de coação e nos princípios gerais que presidem à sua aplicação; (ii) a circunstância de contrariar o modelo de repartição de funções entre o juiz de instrução e o MP e o papel de juiz das liberdades e garantias desempenhado pelo juiz de instrução no inquérito; (iii) o facto de deixar em aberto a questão de saber se é possível ao juiz aplicar medida mais grave também com fundamento na al. *b)* do art. 204º do CPP, desde que cumulado com o fundamento da al. *a)* ou *c)* do mesmo art. 204º do CPP[539].

A atribuição ao juiz do poder de aplicar medida de coação mais grave do que a requerida pelo MP conduz a 2 problemas estruturais e de relevante alcance prático: (i) erosão do papel do juiz de instrução como juiz das liberdades e das garantias na fase de inquérito e contraria a estrutura acusatória do processo (art. 32º, nºs 4 e 5 da CRP), na medida em que implica que o juiz proceda a um juízo que perde de vista a função de garantia dos direitos fundamentais; (ii) interferência com o estatuto constitucional do MP (art. 219º da CRP), em virtude do qual o *dominus* do inquérito é o MP, o que significa também que o juiz poderá negar/alterar a definição da estratégia da investigação atribuída ao MP.

4. Os requisitos específicos de cada medida de coação

4.1. As categorias de requisitos específicos

É costume distinguir os seguintes tipos de requisitos específicos das medidas de coação:

a) *Quantitativos*: respeitam ao facto praticado pelo arguido e têm a ver com a ilicitude do facto, pois quanto maior for a pena abstratamente aplicável maior será o ilícito.
b) *Qualitativos*: respeitam ao facto praticado pelo arguido e têm a ver com a imputação subjetiva (dolo, negligência, ...).
c) *Grau de indiciação da prática do facto*: há medidas que referem que tem de haver fortes indícios, outras nada referem.

Maria João Antunes, *Direito Processual Penal*, 3ª ed., Coimbra: Almedina, 2021, pp. 166-167.

[539] Assim, aparentemente, estando em causa os fundamentos das als. *b)* e *c)*, cfr. Ac. TRL de 26.01.2021, Proc. 267/20.8JELSB-A.L15 (Anabela Simões).

Em relação ao grau de indiciação da prática do facto, por vezes ainda se distingue entre:

a) *Suspeita*, quando existe a possibilidade de a pessoa ser condenada; o inquérito foi aberto e foi constituído arguido, mas há probabilidade de ser absolvido;
b) *Indícios suficientes*, quando forem maiores probabilidades de o arguido ser condenado do que ser absolvido;
c) *Fortes indícios*, quando se chega à conclusão de que, salvo situações excecionais e anormais (ex. amnistia, prescrição do processo, morte do arguido ou não produção de prova em julgamento), o arguido irá ser condenado;
d) *Certeza moral ou convicção do julgador*, quando se atinge o grau de certeza que tem a ver com a dúvida razoável.

Embora esta gradação da indiciação seja discutível do ponto de vista da formação da convicção, o CPP atribui-lhe de facto alguma relevância, quando dispõe para algumas medidas de coação (as mais graves) que terão de existir fortes indícios da prática de crime, além do mais doloso: é o caso da proibição e imposição de condutas (art. 200º, nº 1 do CPP), da obrigação de permanência na habitação (art. 201º, nº 1 do CPP) e ainda da prisão preventiva (art. 202º, nº 1, als. *a)* a *e)* do CPP).

Resta saber se quando se refere a "fortes indícios" o CPP pretende ser mais exigente do que o crivo de "indícios suficientes" exigido para a dedução da acusação do MP (art. 283º, nºs 1 e 2 do CPP) e para a pronúncia (art. 308º, nº 1 do CPP). Será que essa exigência é similar à convicção do julgador[540], caso em que então "indícios suficientes" corresponderá à totalidade e "fortes indícios" corresponderá a um crivo menor (um *minus* face aos suficientes)? Ou deve entender-se de forma diferente: que, atendendo aos progressivos níveis de exigência formulados ao longo do processo (suspeita fundada, indícios suficientes, fortes indícios e convicção para a condenação), que estão alicerçados na proporção direta da restrição intensa de direitos e liberdades e garantias,

[540] Assim, por exemplo, PAULO PINTO DE ALBUQUERQUE, *Comentário do Código de Processo Penal à luz da Constituição da República e da Convenção Europeia dos Direitos do Homem*, 4ª ed., Lisboa: Universidade Católica Editora, 2011, anotações 8 a 10 ao art. 127º, pp. 347-348.

os "indícios suficientes" correspondem a uma probabilidade maioritária e serão, por isso, um *minus* face aos fortes indícios, que correspondem a uma probabilidade qualificada?

4.2. O TIR

O CPP elenca o TIR como medida de coação no art. 196º do CPP.

4.2.1. O significado da sujeição do arguido a TIR

O TIR visa a fixação da identidade, residência, local de trabalho ou domicílio à escolha do arguido ou, no caso de pessoa coletiva ou entidade equiparada, da identificação social, da sede ou do local de funcionamento da administração e do seu representante designado, para estar à disposição do tribunal em qualquer ato que se venha a revelar necessário.

4.2.2. A sujeição do arguido a TIR

O TIR pode ser imposto em qualquer processo, deve ser aplicado sempre que haja constituição de arguido e é uma medida que pode ser aplicada por qualquer autoridade judiciária ou mesmo por OPC (art. 196º, nº 1 do CPP).

A medida é aplicável às pessoas coletivas ou entidades equiparadas.

Do TIR deverão constar os elementos constantes do nº 3 do art. 196º do CPP ou, no caso de pessoa coletiva ou entidade equiparada, os elementos constantes dos nºs 4 e 5 do art. 196º do CPP.

4.2.3. A cumulação do TIR com outras medidas de coação

Decorre expressamente do nº 8 do art. 196º do CPP que o TIR é cumulável com qualquer outra medida de coação prevista no CPP.

4.2.4. As dúvidas sobre a qualificação do TIR como medida de coação

Não obstante o TIR surgir no CPP como medida de coação, há muito que se suscita a dúvida de saber se está em causa verdadeiramente uma medida de coação.

Contra essa qualificação são, por vezes, invocados os seguintes argumentos: (i) a prestação de TIR é um dever especial que recai sobre o arguido, o que significa que a aquisição da qualidade de arguido implica o cumprimento deste dever (ou seja, a sujeição do arguido a TIR); (ii) ao juiz não está reservada a aplicação do TIR (art. 194º, nº 1 do CPP), dispondo expressamente a lei que o mesmo poderá ser aplicado pelo MP (arts. 196º, nº 1 e 268º, nº 1, al. *b)* do CPP) ou mesmo por OPC (art. 196º, nº 1 do CPP); (iii) a lei não prevê a sujeição de arguido a TIR a uma decisão fundamentada como sucede com as demais medidas de coação (art. 194º, nº 6 do CPP); (iv) o TIR não se extingue de imediato com o trânsito em julgado da sentença condenatória, mas somente com a extinção da pena (art. 214º, nº 1, al. *e)* do CPP)[541].

Para a crítica à caracterização do TIR como medida de coação podem ainda ser alinhavadas outras razões: (i) o TIR não restringe direitos fundamentais; (ii) trata-se de uma medida que não está sujeita ao princípio da adequação e proporcionalidade; (iii) para o TIR basta a constituição de arguido; (iv) o TIR serve apenas o processo para que este possa prosseguir e ter o arguido à sua disposição; (v) o TIR constitui uma medida mínima que decorre do estatuto do arguido, uma vez que hoje não há constituição de arguido sem TIR; (vi) a violação do TIR não tem sanção, salvo se for necessário encontrar o arguido.

Não obstante, parece tratar-se de verdadeira medida de coação, atentas as restrições intensas provocadas pelo TIR (ainda que porventura menores quando comparado com as verificadas nas demais medidas de coação) nos direitos, liberdades e garantias[542], por exemplo, no que diz respeito à restrição da privacidade e do direito de defesa com a possibilidade de realização da audiência de julgamento na ausência do arguido desde que este tenha sido notificado para a morada constante do TIR (art. 196º, nº 3, al. *d)* do CPP).

4.3. A caução

O CPP também regula nos arts. 197º e 205º a 208º CPP como medida de coação a caução, que anteriormente era designada como "caução carcerária".

[541] Assim, por exemplo, Maria João Antunes, *Direito Processual Penal*, 3ª ed., Coimbra: Almedina, 2021, p. 157.

[542] No sentido também de se verificar uma compressão de direitos fundamentais com o TIR, que constringe a esfera pessoal de quem a ele fique sujeito, cfr. Tiago Caiado Milheiro, *Comentário Judiciário do Código de Processo Penal*, Tomo III, 2ª ed., Coimbra: Almedina, 2022, anotação 3 ao art. 196º, pp. 110-111.

4.3.1. O significado da sujeição do arguido a caução

Trata-se de uma medida de natureza patrimonial para garantir a comparência do arguido nos atos processuais ou perante autoridades.

A medida é aplicável às pessoas coletivas ou entidades equiparadas (art. 197º, nº 4 do CPP).

4.3.2. A sujeição do arguido a caução

A caução é aplicável para todos os crimes, desde que sejam puníveis com pena de prisão.

Compete ao juiz decidir da sua aplicação, tendo em conta os princípios da adequação, necessidade e proporcionalidade (art. 197º, nº 1 do CPP).

A fixação do montante da caução depende da gravidade do ilícito e da condição económica e social do arguido (art. 197º, nº 3 do CPP).

Admite-se a substituição da caução (oficiosamente pelo juiz ou na sequência de requerimento do arguido ou do MP) por qualquer outra medida de coação, salvo prisão preventiva ou obrigação de permanência na habitação, quando o arguido não puder prestar caução (art. 197º, nº 2 do CPP).

Se o arguido, podendo prestar caução, se recusar a prestá-la, aplica-se o art. 228º do CPP (art. 206º, nº 4 do CPP).

A caução pode ser prestada por depósito, penhor, hipoteca, fiança bancária ou fiança (art. 206º do CPP).

Pode ser ordenado o reforço da caução, *ex vi* art. 207º do CPP.

A quebra da caução implica que o seu valor reverta para o Estado (art. 208º do CPP).

4.3.3. A cumulação da caução com outras medidas de coação

A caução é cumulável com todas as outras medidas de coação, salvo com a prisão preventiva ou a obrigação de permanência na habitação (art. 205º do CPP).

4.4. A obrigação de apresentação periódica

A obrigação de apresentação periódica encontra-se regulada no art. 198º do CPP.

4.4.1. O significado da obrigação de apresentação periódica

Esta medida visa constranger a liberdade de ação do arguido, com possíveis implicações na sua vida pessoal ou profissional.

4.4.2. As imposições associadas à obrigação de apresentação periódica

Tal como decorre do nº 1 do art. 198º do CPP, a obrigação de apresentação periódica salda-se na obrigação do arguido de se apresentar a uma entidade judiciária ou a um certo OPC em dias e horas preestabelecidos.

A medida de coação não é aplicável às pessoas coletivas ou entidades equiparadas.

A aplicação desta medida de coação deve ter em conta as exigências profissionais e o local onde o arguido habita nos termos da parte final do nº 1 do mesmo art. 198º do CPP.

No fundo, na aplicação desta medida, haverá, até por força dos princípios da adequação e proporcionalidade, que ponderar os direitos, liberdades e garantias do arguido, o equilíbrio entre o direito ao trabalho e sobrevivência e a colaboração com a justiça.

Embora esteja sujeito a obrigação de apresentação periódica, tal não deve impedir que o arguido se possa movimentar, inclusive mudar de local de trabalho ou de residência. Se alterar o local de trabalho e a residência, deverá o arguido comunicar tal facto ao juiz e pedir que a medida seja prestada de acordo com as suas novas condições.

4.4.3. Os crimes a que pode ser aplicada a obrigação de apresentação periódica

A obrigação de apresentação periódica pode ser aplicada a todos os crimes puníveis com pena de prisão superior a 6 meses (art. 198º, nº 1 do CPP).

4.4.4. A cumulação da obrigação de apresentação periódica com outras medidas de coação

A obrigação de apresentação periódica pode ser cumulada com qualquer outra medida de coação, salvo estando em causa a prisão preventiva ou a obrigação de permanência na habitação (art. 198º, nº 2 do CPP).

4.5. A suspensão do exercício de profissão, de função, de atividade e de direitos

No art. 199º do CPP encontra-se prevista a suspensão do exercício de profissão, de função, de atividade e de direitos.

4.5.1. O significado da medida

Esta medida visa restringir o exercício de certos direitos fundamentais, relacionados com a profissão, a função, a atividade ou direitos/poderes de que goza o arguido.

4.5.2. As suspensões do exercício e a sua natureza taxativa

Consagram-se várias possibilidades de suspensão do exercício, as quais assumem, contudo, natureza taxativa.

Nas als. *a)* e *b)* do nº 1 do art. 199º do CPP consagra-se a suspensão do exercício de profissão, função ou atividade, públicas ou privadas[543], bem como do poder paternal (responsabilidade parentais), da tutela, da curatela, da administração de bens ou da emissão de títulos de crédito.

A suspensão do exercício depende, contudo, de a interdição do exercício poder a vir a ser decretada, nos termos dos arts. 66º a 69º do CP.

Relativamente a pessoa coletiva ou entidade equiparada arguida, a imposição da suspensão do exercício restringe-se a atividades, à administração de bens ou emissão de títulos de crédito, ao controlo de contas bancárias, ao direito de candidatura a contratos públicos e ao direito a subsídios, subvenções ou incentivos outorgados pelo Estado, regiões autónomas, autarquias locais e demais pessoas coletivas públicas (art. 199º, nº 3 do CPP).

4.5.3. Os crimes a que pode ser aplicada a suspensão do exercício

A suspensão do exercício de profissão, de função, de atividade e de direitos pode ser aplicada a todos os crimes puníveis com pena de prisão de máximo superior a 2 anos.

[543] Mas excluindo-se os titulares de cargos públicos de acordo com o Ac. TC nº 41/2000, de 26.01.2000, Proc. 481/97 (Nunes de Almeida).

4.5.4. A cumulação com outras medidas de coação

A suspensão do exercício de profissão, de função, de atividade e de direitos pode ser cumulada com qualquer outra medida de coação (art. 199º, nº 1 do CPP), mas sem que tal conduza a uma desvalorização do princípio da subsidiariedade, nomeadamente em relação à prisão preventiva e à obrigação de permanência na habitação.

4.6. A proibição e a imposição de condutas

4.6.1. O significado da medida

No art. 200º do CPP encontra-se prevista, como medida de coação, a sujeição do arguido ao cumprimento de obrigações, saldando-se algumas dessas obrigações em proibições e outras em imposições de condutas.

4.6.2. As obrigações que podem ser impostas ao arguido

As obrigações passíveis de serem impostas ao arguido assumem caráter taxativo.

Das diversas alíneas do nº 1 do art. 200º do CPP constam essas obrigações, a saber: *a)* não permanecer, ou não permanecer sem autorização, na área de uma determinada povoação, freguesia ou concelho ou na residência onde o crime tenha sido cometido ou onde habitem os ofendidos, seus familiares ou outras pessoas sobre as quais possam ser cometidos novos crimes; *b)* não se ausentar para o estrangeiro, ou não se ausentar sem autorização; *c)* não se ausentar da povoação, freguesia ou concelho do seu domicílio, ou não se ausentar sem autorização, salvo para lugares predeterminados, nomeadamente para o lugar do trabalho; *d)* não contactar, por qualquer meio, com determinadas pessoas ou não frequentar certos lugares ou certos meios; *e)* não adquirir, não usar ou, no prazo que lhe for fixado, entregar armas ou outros objetos e utensílios que detiver, capazes de facilitar a prática de outro crime; *f)* se sujeitar, mediante prévio consentimento, a tratamento de dependência de que padeça e haja favorecido a prática do crime, em instituição adequada.

As obrigações podem ser impostas ao arguido cumulativa ou separadamente, tal como resulta do proémio do nº 1 do art. 200º do CPP.

No caso de algumas das obrigações (a da al. *d)* do nº 1 do art. 200º do CPP), podem também ser aplicados, fundamentadamente, quando tal se demonstre imprescindível para a proteção da vítima, meios técnicos de controlo à distância (art. 200º, nº 5 do CPP).

Sendo arguida pessoa coletiva ou entidade equiparada, o leque de obrigações passíveis de serem impostas reduz-se: não obstante, é ainda assim possível impor a proibição de contactos, a proibição de adquirir ou usar certos objetos e a obrigação de entrega de certos objetos (art. 200º, nº 7 do CPP).

4.6.3. Os crimes a que pode ser aplicada e a exigência de fortes indícios

Trata-se de uma medida de coação aplicável a todos os crimes dolosos puníveis com pena de prisão de máximo superior a 3 anos.

Algumas obrigações (as previstas nas als. *a)*, *d)*, *e)* e *f)* do nº 1 do art. 200º do CPP) também podem ser impostas ao arguido, se houver fortes indícios de prática do crime de ameaça, de coação ou de perseguição, no prazo máximo de 48 h (art. 200º, nº 4 do CPP).

Ao contrário das anteriores medidas de coação, esta medida exige fortes indícios. Está dependente a aplicação da medida da verificação do requisito dos *"fortes indícios da prática de crime doloso"*. Não só terá de estar em causa a prática de um crime doloso, como em relação à prática desse crime doloso estará associada a possibilidade de o MP concluir pela existência de fortes indícios. Essa conclusão depende dos indícios existentes, mas exige-se uma convicção do MP no sentido de existirem fortes indícios da prática de crime doloso. Essa convicção terá de ser segura, ainda que suportada em elementos que não assumem ainda caráter probatório (como noutras fases do processo) ou sequer comparável ao dos indícios usados para o MP e o juiz de instrução se decidirem sobre se deduzem ou não acusação ou pronúncia.

4.6.4. A cumulação com outras medidas de coação

A proibição e imposição de condutas pode ser cumulada com outras medidas: com o TIR (art. 196º, nº 8 do CPP), com a caução (art. 205º do CPP), com a obrigação de apresentação periódica (art. 198º, nº 2 do CPP), com a suspensão do exercício de profissão, função, atividade e direitos (art. 199º, nº 1 do CPP), com a obrigação de permanência na habitação no caso da imposição da obrigação da al. *d)* do nº 1 do art. 200º do CPP (art. 201º, nº 2 do CPP) e com a prisão preventiva no caso da imposição da obrigação da al. *d)* do nº 1 do art. 200º do CPP (aplicando-se, por interpretação extensiva, o art. 201º, nº 2 do CPP).

4.7. A obrigação de permanência na habitação (prisão domiciliária)

No art. 201º do CPP prevê-se a obrigação de permanência na habitação.

Trata-se de uma espécie de "prisão preventiva domiciliária".

Esta medida de coação não é aplicável às pessoas coletivas ou entidades equiparadas.

A obrigação de permanência na habitação poderá ser aplicada a todos os crimes dolosos puníveis com pena de prisão de máximo superior a 3 anos.

Porém, tal como na medida de coação anterior, exige fortes indícios. Mais. Exige-se fortes indícios da prática de crime doloso, o que significa que o MP terá de, com base nos elementos disponíveis, formar convicção segura a esse respeito.

Com a reforma de 1998 veio prever-se a possibilidade de utilização de meios técnicos de controlo à distância, para fiscalizar o cumprimento da obrigação de permanência na habitação, à qual pode ser acoplada também a obrigação de não contactar com certas pessoas - cfr. Lei nº 33/2010, de 2 de setembro, que regula a utilização de meios técnicos de controlo à distância (vigilância eletrónica), em especial arts. 1º, al. *a)* e 16º, nº 2.

O período em que o arguido é obrigado a permanecer na habitação é contabilizado para efeitos de desconto na pena (art. 80º do CP).

Esta medida de coação apenas pode ser cumulada com o TIR e com a suspensão do exercício de funções, de profissão e de direitos.

4.8. A prisão preventiva

Trata-se de uma medida de aplicação subsidiária (art. 193º, nº 2 do CPP), à qual se pode atribuir a natureza de *ultima ratio.*

Se for ilegal ou injustificada a aplicação desta medida, dá direito a indemnização (art. 225º do CPP).

A medida também não é aplicável às pessoas coletivas ou entidades equiparadas.

Não pode ser substituída a prisão preventiva pela obrigação de permanência na habitação, porque esta é uma espécie de prisão preventiva domiciliária.

O tempo em que o arguido fica em prisão preventiva é contabilizado para efeitos de desconto na pena (art. 80º do CP).

O nº 1 do art. 202º do CPP apresenta diversas hipóteses em que pode ser decretada a prisão preventiva.

Tal como na obrigação de permanência na habitação, a prisão preventiva também exige, no caso das als. *a)* a *e)* (mas não no caso da al. *f)*) do nº 1 do art. 202º do CPP, fortes indícios da prática de crime doloso.

Relativamente a uma dessas hipóteses (a da al. *a)* do nº 1 do art. 202º do CPP), pode questionar-se se pode haver decretamento de prisão preventiva em caso de concurso de crimes dolosos puníveis, cada um, com pena de 3 anos (por exemplo, art. 203º, nº 1 do CP). Uma possibilidade seria responder afirmativamente, invocando para o efeito que a pena é de facto superior a 5 anos, embora o seja em ou por força do cúmulo. Porém, uma resposta negativa poderia suportar-se na circunstância de o crime doloso não ser punível com pena de prisão superior a 5 anos. Uma outra solução consiste em defender que, havendo concurso, só poderá justificar a prisão preventiva o crime doloso punível com pena mais grave.

5. A revogação, alteração e extinção das medidas de coação

5.1. A revogação e substituição das medidas de coação

Deixando de subsistir as razões que determinaram a aplicação da medida de coação, a mesma é imediatamente revogada, aplicando-se a solução de imediata substituição por outra menos grave ou cuja forma de execução é menos gravosa quando se tenham atenuado as exigências cautelares que determinaram a medida de coação (art. 212º, nº 1, al. *b)*, e nº 3 do CPP).

A revogação e a substituição das medidas de coação podem ser promovidas oficiosamente pelo juiz ou na sequência de requerimento do MP ou do arguido, devendo à partida estes (bem como a vítima tenha ou não se constituído como assistente) ser ouvidos (art. 212º, nº 4 do CPP). Sobre a audição prévia do arguido, alguma jurisprudência veio a entender que poderia ser dispensada essa audição quando fosse o arguido a requerer a alteração para medida menos grave ou para que fosse suavizada a medida aplicada[544], e sugiram mesmo decisões[545] a considerar que não seria obrigatória, tendo lugar apenas quando *"se patenteie necessária à decisão do caso concreto, porquanto circunstâncias – novas ou supervenientes – existam que conduzam, ou mesmo imponham, essa audição"*.

[544] Ac. TRC de 30.01.2013, Proc. 681/12.2PEAVR-B.C1 (Jorge Dias).

[545] Ac. TRE de 08.03.2016, Proc. 6/15.5PATMR.E1 (Proença da Costa).

No caso da obrigação de permanência na habitação e da prisão preventiva, o juiz está obrigado a proceder oficiosamente a um reexame periódico dos respetivos pressupostos, no prazo máximo de 3 meses a contar da data da aplicação da medida ou do último reexame que tenha sido efetuado (art. 213º do CPP). Desse reexame poderá resultar a decisão de manter, substituir ou revogar a medida de coação, mas sem que tal tenha de ter como fundamento uma alteração das circunstâncias: o que importa é perceber se à data do reexame se verificam ou não os pressupostos para a aplicação daquelas medidas de coação. A existir, deve a revisão ser devidamente fundamentada, embora possa não ser tão exaustiva quanto as sentenças finais se oficiosamente realizada[546]. Mas deve responder aos argumentos oferecidos pelo arguido quando a revisão tenha sido por este solicitada[547]. Sobre as exigências de fundamentação de um despacho de reexame proferido ao abrigo do art. 213º do CPP, releva o Ac. TRL de 21.03.2019[548], que apreciou questão de nulidade de decisão por falta de fundamentação, adotando a perspetiva segundo a qual a análise efetuada pelo juiz *"não precisa de ser explanada em todos os seus pormenores no despacho"*. Em qualquer dos casos, a previsão do reexame não significa que não possa ter lugar a revogação ou a substituição da obrigação de permanência na habitação ou da prisão preventiva com fundamento no art. 212º do CPP. Um aspeto adicional prende-se com a necessidade de audição prévia do arguido e/ou do MP, atento o disposto no nº 3 do art. 213º do CPP que parece sujeitar a audição prévia a um critério de necessidade. Daí se extrai, de acordo com alguma jurisprudência[549], que a audição do arguido (e do MP) e a elaboração de relatório social (sob prévio requerimento e/ou consentimento do arguido) só deverá ocorrer em sede de reexame dos pressupostos da prisão preventiva ou da obrigação de permanência na habitação *"se no desenrolar do processo tiverem havido alterações significativas aos pressupostos que determinaram a aplicação inicial da medida de coacção, já que tais actos seriam totalmente inúteis nas situações em que se mantém todo o circunstancialismo anteriormente*

[546] Ac. TRL de 25.05.2005, Proc. 2907/2005-3 (Carlos de Sousa).

[547] Ac. TRL de 29.01.2020, Proc. 59/18.4JBLSB-B.L1-3 (Florbela Sebastião e Silva).

[548] Ac. TRL de 21.03.2019, Proc. 12/17.5JBLSB-G.L1-9 (Antero Luís).

[549] Ac. TRG de 25.10.2021, Proc. 1/20.2PEBGC-G.G1 (António Teixeira).

analisado e decidido, nada mais havendo a acrescentar ao já devidamente considerado e ponderado".

5.2. A extinção das medidas de coação

Pode verificar-se a extinção (imediata) das medidas de coação na sequência de decisões que ponham em causa as exigências processuais de natureza cautelar nas quais aquelas se suportavam: arquivamento do inquérito, despacho de não pronúncia, decisão de rejeição da acusação por ser manifestamente infundada, sentença de absolvição e sentença condenatória transitada em julgado (art. 214º, nº 1 do CPP).

A extinção das medidas de coação pode também verificar-se na sequência de ter sido ultrapassado o prazo máximo de duração, o qual é estabelecido tendo em consideração a fase processual (arts. 215º, nº 1 e 218º, nº 1 do CPP) ou, no caso de certas medidas de coação – proibição de condutas, obrigação de permanência na habitação e prisão preventiva – em razão da natureza do crime e da complexidade do procedimento (arts. 215º e 218º, nºs 2 e 3 do CPP).

6. A impugnação da decisão que aplique, mantenha ou modifique medida de coação

O arguido e o MP, para além de poderem requerer a revogação ou a substituição de medidas de coação, podem reagir contra a decisão de aplicação, substituição ou de manutenção de medida de coação mediante recurso e/ou através da providência de *habeas corpus*.

Com reforma de 2007 esclareceu-se no nº 2 do art. 219º do CPP que *"não existe relação de litispendência ou de caso julgado entre o recurso previsto no número anterior e a providência de habeas corpus, independentemente dos respectivos fundamentos"*, o que significa que o recurso a uma das formas de impugnação não preclude o recurso à outra forma de impugnação.

Não obstante, numa situação de aplicação, substituição ou manutenção de medida de coação a que fosse possível reagir através das duas formas de impugnação (necessariamente um caso de medida de coação que determine a privação ilegal da liberdade) releva considerar as vantagens e os inconvenientes de cada forma de impugnação.

6.1. O recurso

O recurso constitui a forma comum de impugnação de decisão de sujeição a medida de coação ao dispor do arguido e do MP (a quem a lei confere legitimidade e, no caso do MP, mesmo contra o interesse do arguido)[550], devendo ser interposto para o Tribunal da Relação competente (arts. 219º, nº 1 e 427º do CPP).

O MP poderá interpor recurso mesmo de *"decisão que indefere, revoga ou declara extinta medida de coação por ele requerida ou proposta"*[551].

Não é só a decisão de aplicação de medida de coação que pode ser impugnada através de recurso, ponto de vista reforçado pela revisão de 2010[552]. Também a decisão que não aplique a medida de coação requerida, que revogue a medida de coação ou a declare extinta é passível de recurso, com a particularidade de o recurso não ter de ser julgado (como no recurso da decisão que aplique medida de coação) no prazo de 30 dias da receção dos autos[553].

Em relação ao despacho que, na sequência de reexame, mantenha a obrigação de permanência na habitação ou a prisão preventiva, dele poderá também ser interposto recurso, sem que tal possa conduzir à extinção (por inutilidade superveniente da lide) de eventual recurso interposto de prévia que tenha aplicado ou mantido a medida de coação (art. 213º, nº 5 do CPP), aplicando-se a mesma solução em relação ao despacho que tenha mantido a medida de coação ao abrigo do art. 212º do CPP. A razão de ser do art. 213º, nº 5 do CPP parece ser clara: afastar a negação do direito ao recurso, em especial das medidas mais gravo-

[550] Discutindo e defendendo que o sistema processual penal e a ordem axiológica constitucional obrigam ao reconhecimento do direito de o assistente poder impugnar, judicialmente, uma decisão relativa à aplicação de medidas de coação em igualdade de circunstâncias com o arguido e o MP, cfr. Mafalda Moura Melim, *O recurso da decisão que aplica medida de coacção: que tutela para o assistente? – Contributo para o estudo deste sujeito processual*, Dissertação de Mestrado em Ciências Jurídico-Criminais, FDUL, 2017.

[551] Ac. STJ de Fixação de Jurisprudência nº 16/2014, de 20.11.2014 (Oliveira Mendes).

[552] Face ao regime anterior, cfr. José Damião da Cunha, "Breves notas acerca do regime de impugnação de decisões sobre medidas de coacção", in *Revista Portuguesa de Ciência Criminal*, 19, nº 2 (Abr.-Jun. 2009), pp. 313-327, e, sobre as modificações de 2010, Sónia Fidalgo, "Medidas de coacção: aplicação e impugnação – breves notas sobre a revisão da revisão", in *RMP*, 123 (Jul.-Set. 2010), pp. 247-262.

[553] Maria João Antunes, *Direito Processual Penal*, 3ª ed., Coimbra: Almedina, 2021, p. 170, com referências adicionais.

sas que estão sujeitas ao reexame obrigatório até ao máximo de 3 em 3 meses[554].

6.2. A providência de *habeas corpus*

A providência de *habeas corpus* tem um âmbito de aplicação mais limitado, uma vez que só poderá ser usada para reagir contra uma privação ilegal da liberdade.

No Ac. STJ de 15.04.2021[555] consta: *"o habeas corpus constitui, não um recurso, mas uma providência extraordinária com natureza de acção autónoma com fim cautelar, destinada a pôr um fim expedito a situações de ilegalidade grosseira, ostensiva e fora de toda a dúvida de privação da liberdade e, não, de toda e qualquer ilegalidade, essa sim, objecto de recurso ordinário ou extraordinário"*.

Essa privação ilegal pode decorrer[556] do facto de estar em causa uma privação de liberdade realizada ou ordenada por entidade sem competência para o efeito, de ter sido fundada em facto não permitido por lei ou de se manter para além dos prazos fixados na lei[557] ou em decisão judicial (art. 222º, nº 2, als. *a)* a *c)* do CPP). Em relação ao sentido a dar à prisão motivada por facto pelo qual a lei a não permite, a jurisprudência do STJ tem assumido uma interpretação restritiva, por considerar que o *habeas corpus* não é o meio adequado à verificação dos fortes indícios do crime que devem ser suscitados através de recurso.

[554] Maria João Antunes, *Direito Processual Penal*, 3ª ed., Coimbra: Almedina, 2021, pp. 170-171.

[555] Ac. STJ de 15.04.2021, Proc. 204/19.2PAMDL-A.S1 (Eduardo Loureiro).

[556] Para uma discussão da possibilidade de recurso à providência de *habeas corpus* no quadro de decisão de isolamento profilático, cfr. Rui Soares Pereira/João Gouveia de Caires, "Decisão de isolamento profilático como privação da liberdade passível de *habeas corpus*? – breve comentário ao acórdão do Tribunal da Relação de Lisboa de 11.11.2020", in *RFDUL*, 61, nº 2 (2020), pp. 709-728.

[557] No Ac. STJ de 09.09.2021, Proc. 208/20.2GFVNG-D.S1 (António Gama) admitiu-se poder ser esse o caso de uma situação em que o reexame e manutenção da prisão preventiva ocorreu 3 dias após o decurso de 3 meses a contar do último reexame, em virtude da imposição da obrigatoriedade do reexame dos pressupostos da prisão preventiva ser *"uma manifestação e exigência prática da excecionalidade da medida de coação prisão preventiva, que não deve ser mantida sempre que possa ser aplicada caução ou outra medida mais favorável prevista na lei"*, não sendo tal possibilidade de recurso à providência de *habeas corpus* desconforme com a CRP.

Apesar do âmbito mais limitado e dos resultados parcos[558], a providência de *habeas corpus* apresenta algumas vantagens[559]: (i) é apreciada pelo STJ, perante quem é diretamente apresentada; (ii) pode ser usada por qualquer cidadão[560] no gozo dos seus direitos políticos; (iii) não se aplicam as normas relativas à legitimidade e ao interesse em agir em matéria de recurso; (iv) a providência assume natureza urgente e será decidida num prazo de apenas 8 dias (art. 31º, nºs 2 e 3 da CRP, 222º, nº 2 e 223º, nº 2 do CPP).

7. A indemnização por ilegal ou injustificada privação da liberdade

No caso das medidas de coação privativas da liberdade, poderá vir a ser peticionada uma indemnização a pagar pelo Estado, com fundamento na respetiva ilegalidade ou caráter injustificado.

Esse direito de indemnização emerge desde logo do art. 27º, nº 5 da CRP, que é concretizado pelo art. 225º do CPP. Resta saber, ponto discutido na doutrina e na jurisprudência, se o regime do art. 225º do CPP esgotará a regulamentação jurídica da responsabilidade do Estado por privação ilegal ou injustificada da liberdade assegurada pelo art. 27º, nº 5 da CRP ou se pode acrescentar-se ainda a responsabilidade do Estado por erro não grosseiro e por prisão injustificada pela ulterior absolvição do arguido.

No caso das demais medidas de coação (ou seja, não privativas da liberdade) ou das medidas de garantia patrimonial injustificadas, o direito de indemnização também poderá ser exercido, mas não no qua-

[558] Com interesse, fazendo um balanço da providência e dos respetivos resultados, cfr. José Damião da Cunha, "*Habeas corpus* (e direito de petição «judicial») – Uma «Burla Legal» ou uma «Invenção Jurídica»?, in *Homenagem ao Professor Doutor Germano Marques da Silva* (coord. José Lobo Moutinho *et al.*), vol. 2, Lisboa: Universidade Católica Editora, 2020, pp. 1361-1378.

[559] Referindo-se também a vantagens inequívocas da providência de *habeas corpus*, cfr. Maria João Antunes, *Direito Processual Penal*, 3ª ed., Coimbra: Almedina, 2021, p. 172.

[560] Ainda que se possa admitir que o detido/preso possa manifestar vontade de não pretender a apreciação de sucessivas providências que porventura até frustrem a sua estratégia de defesa ou façam deteriorar a sua própria posição processual. Havendo indeferimento ou rejeição de uma providência, não se vislumbra que possam ser impostas, contra a vontade do detido/preso, sucessivas providências instauradas por terceiros com idêntico objeto.

dro dos arts. 225º e 226º do CPP: aplicar-se-á o art. 13º do RRCEE sobre o erro judiciário.

A responsabilidade civil em causa nos arts. 225º e 226º do CPP é a responsabilidade civil extracontratual do Estado, a que alude o art. 22º da CRP e o RRCEE, que no seu art. 13º ressalva o regime especial da privação ilegal ou injustificada da liberdade[561].

No art. 225º do CPP deixou de se exigir com a reforma de 1998 o requisito da causação de prejuízos anómalos e de particular gravidade e, com a reforma de 2007, foi alargado o regime à obrigação de permanência na habitação, eliminado o advérbio "manifestamente" reportado à ilegalidade da privação da liberdade (na al. *a)* do nº 1 do art. 225º do CPP[562]), e foi acrescentado um novo fundamento de responsabilidade (constante da al. *c)* do nº 1 do art. 225º do CPP): a comprovação de que o arguido não cometeu o crime ou de que agiu justificadamente. Esta última exigência veio a ser sindicada no Ac. TC nº 284/2020[563], que decidiu *"Julgar inconstitucional, por violação dos artigos 13º, nº 1, e 32º, nº 2, da Constituição, o artigo 225º, nº 1, alínea c), do Código de Processo Penal, na redação da Lei nº 48/2007, de 29 de agosto, interpretado no sentido de se não considerar que não foi agente do crime ou atuou justificadamente o arguido a quem foi aplicada a medida de coação de prisão preventiva e que vem a ser absolvido com fundamento no princípio* in dubio pro reo*"*. No entender do TC, *"a exigência normativa de que o arguido absolvido com base no princípio* in dubio pro reo, *para efeitos de lhe ser atribuída uma indemnização por prisão preventiva imposta no âmbito do processo criminal, prove positiva e adicionalmente à decisão absolutória a sua inocência, sob pena de não o logrando fazer tal indemnização lhe ser recusada como se a sua culpabilidade ainda pudesse ser admitida, é incompatível com a mencionada garantia constitucional. A responsabilidade penal do arguido, uma vez afastada por via da absolvição, mesmo que apenas fundada na presunção de inocência, não pode voltar a ser considerada num processo ulterior, ainda que a título de mera possibilidade"*. Em 2021, verificou-se um alargamento importante do regime às hipóteses de privação da liberdade em violação da

[561] Com mais desenvolvimentos acerca do regime, cfr. José Mouraz Lopes, *Comentário Judiciário do Código de Processo Penal*, Tomo III, 2ª ed., Coimbra: Almedina, 2022, anotações 3 a 7 ao art. 225º, pp. 615-616.

[562] Para uma decisão de acordo com o regime anterior, cfr., por exemplo, o Ac. TRP de 29.09.2015, Proc. 3743/11.0TBSTS.P1 (Maria Graça Mira).

[563] Ac. TC nº 284/2020, de 28.05.2020, Proc. 1170/17 (Pedro Machete).

CEDH (na al. *d)* do nº 1 do art. 225º do CPP), o que agrava a importância de ser tomada em consideração a jurisprudência do TEDH.

O regime de indemnização assume natureza substantiva, apesar de figurar do CPP, o que significa que não está apenas regulado o exercício de direitos e que poderá ser aplicado o regime a outras situações de privação da liberdade não previstas especificamente no CPP.

A indemnização terá de ser peticionada, no tribunal comum, sob pena de caducidade do direito de indemnização, num prazo de 1 ano a contar da libertação se esta ocorrer antes do julgamento ou então do trânsito em julgado da decisão final (art. 226º, nº 1 do CPP). Tratando-se de um prazo de caducidade não se suspende nem interrompe, perante a falta de norma que preveja qualquer uma dessas possibilidades (art. 328º do CC).

Capítulo III
As medidas de garantia patrimonial

Sumário: 1. Generalidades sobre as medidas de garantia patrimonial; 2. A caução económica; 3. O arresto preventivo: 4. A impugnação da decisão que aplique, mantenha ou modifique medida de garantia patrimonial

Bibliografia escolhida: Maria João Antunes, *Direito Processual Penal*, 3ª ed., Coimbra: Almedina, 2021, pp. 172-174; Germano Marques da Silva, *Curso de Processo Penal*, vol. II, Lisboa: Verbo, 2011, pp. 435-439; Paulo Pinto de Albuquerque, *Comentário do Código de Processo Penal à luz da Constituição da República e da Convenção Europeia dos Direitos do Homem*, 4ª ed., Lisboa: Universidade Católica Editora, 2011, anotação aos arts. 227º e 228º, pp. 648-652; AA.VV., *Comentário Judiciário do Código de Processo Penal*, Tomo III, 2ª ed., Coimbra: Almedina, 2022, anotação aos arts. 227º e 228º, pp. 631-673; Manuel Cavaleiro de Ferreira, *Curso de Processo Penal*, 1º vol., Lisboa: Danubio, 1986, pp. 236-237; João Castro Mendes/Miguel Teixeira de Sousa, *Manual de Processo Civil*, vol. I, Lisboa: AAFDL, 2022, pp. 598-600; Ana Carolina dos Santos Sequeira, *Do Arresto como meio de conservação da garantia patrimonial*, Coimbra: Almedina, 2020.

Jurisprudência escolhida: Ac. TC nº 724/2014, de 28.10.2014, Proc. 224/14 (Maria José Rangel Mesquita); Ac. TRG de 17.12.2020, Proc. 147/17.4T9BGC-B.G1 (Ausenda Gonçalves); Ac. TRL de 06.07.2000, Proc. 0066933 (Santos Carvalho); Ac. TRL de 11.07.2000, Proc. 0011165 (Pulido Garcia); Ac. TRP de 13.09.2017, Proc. 788/14.1GBAMT-B.P1 (Pedro Vaz Pato).

1. Generalidades sobre as medidas de garantia patrimonial

Diferentemente do que sucede com as medidas de coação, o CPP apenas prevê 2 medidas de garantia patrimonial: a caução económica e o arresto preventivo.

Em ambos os casos[564], pretende-se assegurar a manutenção das garantias de pagamento de montantes eventualmente devidos no final do processo, decorrentes da aplicação de penas pecuniárias, da condenação em custas do processo, de dívidas em relação ao Estado, dos instrumentos, produtos e vantagens do facto ilícito a declarar perdidos a favor do Estado ou do seu valor e ainda da indemnização ou outras obrigações civis derivadas do crime.

A aplicação das medidas de garantia patrimonial deve nortear-se por este objetivo, procurando também salvaguardar, na medida do possível, os direitos fundamentais e a liberdade das pessoas afetadas pelas medidas, incluindo aqui a liberdade patrimonial.

Também aqui relevam as exigências processuais de natureza cautelar, visando-se, garantir a exequibilidade da sentença que venha a ser proferida, contudo, na respetiva vertente patrimonial.

O facto de, ao contrário do que se verifica na apreensão, incidirem sobre património lícito do visado (arguido ou responsável meramente civil), constitui argumento no sentido de se concluir que as medidas de garantia patrimonial exigem também a intervenção de juiz, que as terá de decretar (art. 194º, nº 1 do CPP)[565].

Não se aplicam às medidas de garantia patrimonial os requisitos que decorrem do art. 204º do CPP para as medidas de coação.

[564] No essencial, acompanha-se aqui o que escreve na comparação entre as medidas de coação e as medidas de garantia patrimonial João Conde Correia, *Comentário Judiciário do Código de Processo Penal*, Tomo III, 2ª ed., Coimbra: Almedina, 2022, anotações 2 a 6 ao art. 227º, pp. 632-634.

[565] Assim, cfr. João Conde Correia, *Comentário Judiciário do Código de Processo Penal*, Tomo III, 2ª ed., Coimbra: Almedina, 2022, anotação 27 ao art. 227º, p. 644. Chamando a atenção para a incongruência do regime angolano da revogada Lei nº 25/2015, de 18 de setembro, que atribuía a aplicação das medidas de coação ao MP e as medidas de garantia patrimonial ao juiz, cfr. Paulo Pinto de Albuquerque, "A lei das medidas cautelares à luz da jurisprudência e instrumentos internacionais", in *Juris – Revista da Faculdade de Direito da Universidade Católica de Angola*, 1, nº 2 (2016), pp. 113-129 (121).

2. A caução económica

Está em causa a medida de garantia patrimonial menos grave[566], que permite ao visado manter o seu património ou até dele dispor, razão pela qual lhe deve ser dada (até por razões de subsidiariedade) precedência face ao arresto preventivo.

Não se confunde a caução económica com a caução medida de coação[567], o que também justifica segundo alguma jurisprudência[568] que naquela, ao contrário desta, seja irrelevante a situação económica do arguido para a fixação do respetivo valor em benefício do credor.

Poderá o MP requerer esta medida contra o arguido ou um terceiro (art. 227º, nº 1 do CPP), tal como poderá o lesado fazê-lo contra o arguido e o responsável civil (art. 227º, nº 2 do CPP). O facto de ser o MP a requerer, não significa que a caução económica não aproveite ao lesado (art. 227º, nº 4 do CPP).

A caução económica pode ser prestada por depósito, penhor, hipoteca, fiança bancária ou fiança, mas admite-se maior flexibilidade na comparação com a medida de coação caução, sujeita ao regime do art. 206º do CPP.

Compete ao juiz determinar a modalidade de prestação da caução económica. Tal como no caso da medida de coação caução, deverá ser escolhida a forma que represente o menor sacrifício para o visado, desde que satisfeitas as exigências de natureza cautelar. A jurisprudência sublinha que *"a adequação e proporcionalidade do montante a fixar, deve ser aferida em função do valor da quantia a garantir"*[569]. A audição prévia do arguido deverá, em princípio, ocorrer, salvo se tal se revelar impossível ou inconveniente por decisão fundamentada (art. 194º, nº 4 do CPP).

Poderá verificar-se a substituição da forma de prestação de caução económica por outra mais ajustada a pedido do arguido, do terceiro ou do responsável civil, *ex vi* art. 206º, nº 2 do CPP.

[566] Assim, João Conde Correia, *Comentário Judiciário do Código de Processo Penal*, Tomo III, 2ª ed., Coimbra: Almedina, 2022, anotação 30 ao art. 227º, p. 645.

[567] Ac. TRG de 17.12.2020, Proc. 147/17.4T9BGC-B.G1 (Ausenda Gonçalves).

[568] Ac. TRL de 06.07.2000, Proc. 0066933 (Santos Carvalho).

[569] Ac. TRP de 13.09.2017, Proc. 788/14.1GBAMT-B.P1 (Pedro Vaz Pato).

Só com a prolação da decisão final absolutória ou com a extinção das obrigações poderá a caução económica deixar de subsistir (art. 227º, nº 5 do CPP).

O valor da caução económica será usado em caso de condenação para satisfazer os montantes em dívida, discutindo-se se existe alguma ordem de precedência fixada legalmente (tal como parece decorrer da expressão "sucessivamente" constante do nº 5 do art. 227º do CPP) ou, se no caso de a caução económica ter sido para o lesado, poderá/deverá ser dada primazia à satisfação da pretensão formulada por este.

A medida é aplicável às pessoas coletivas ou entidades equiparadas (art. 227º, nº 6 do CPP).

3. O arresto preventivo

Existem duas modalidades principais de arresto: o arresto preventivo e o arresto repressivo.

O CPP apenas prevê o arresto preventivo como medida de garantia patrimonial[570], embora se preveja a figura do arresto repressivo[571] como efeito da declaração de contumácia no art. 337º, nºs 3 e 4 do CPP[572].

Trata-se da medida de garantia patrimonial mais gravosa, pois impede a disposição do património. Por assim ser só será de aplicar – até por exigências de subsidiariedade – quando a caução económica seja desadequada ou insuficiente, o que não significa que tenha de se aguardar a fixação e o incumprimento da caução económica para que se possa decretar o arresto[573]. Do nº 1 do art. 228º do CPP decorre que, se tiver sido previamente fixada e não prestada caução económica, fica o requerente dispensado da prova do fundado receio de perda da garantia patrimonial, o que significa que o arresto pode ser decretado antes da caução económica.

[570] Sobre a respetiva natureza processual do arresto preventivo, cfr. Manuel da Costa Andrade/Maria João Antunes, "Da natureza processual penal do arresto preventivo", in *Revista Portuguesa de Ciência Criminal*, 27, nº 1 (Jan.-Abril 2017), pp. 135-155.

[571] Em relação a esta figura e para um confronto em relação ao arresto preventivo, cfr. ainda João Conde Correia, *Comentário Judiciário do Código de Processo Penal*, Tomo III, 2ª ed., Coimbra: Almedina, 2022, anotação 34 ao art. 228º, pp. 668-669.

[572] Maria João Antunes, *Direito Processual Penal*, 3ª ed., Coimbra: Almedina, 2021, p. 172.

[573] Assim, por exemplo, Ac. TRL de 11.07.2000, Proc. 0011165 (Pulido Garcia).

O arresto deve observar exigências de proporcionalidade, limitando-se ao necessário para garantia das obrigações em questão, sendo irrelevantes considerações relativas à gravidade do ilícito ou da pena. Apesar do disposto no art. 194º, nº 4 do CPP, aplicável também às medidas de garantia patrimonial, o TC já decidiu[574] *"não julgar inconstitucional a norma constante do artigo 228º, nº 1 do Código de Processo Penal, na interpretação segundo a qual, remetendo a referida disposição para o regime processual civil, se permite o decretamento do arresto preventivo sem audição prévia do arguido"*.

Pode incidir o arresto sobre bens do arguido, bens de terceiros ou bens do responsável meramente civil, estando excluída qualquer imunidade a favor de quem assuma a qualidade de comerciante (art. 228º, nº 2 do CPP).

Havendo dúvidas sobre a propriedade dos bens, a lei admite a remessa para o tribunal civil (art. 228º, nº 4 do CPP), mas a tal não é obrigado o tribunal penal.

Assume caráter urgente esta medida de garantia patrimonial e a mesma é processada por apenso, nos termos do CPC.

Apesar do teor do nº 5 do art. 228º do CPP, poderão beneficiar da revogação do arresto, não só o arguido e o civilmente responsável, como o terceiro, desde que, tal como aqueles, este preste a caução económica imposta.

O arresto decretado poderá ser ampliado ou reduzido se se concluir que o valor em causa é, respetivamente, maior ou menor.

O arresto preventivo também é aplicável às pessoas coletivas ou entidades equiparadas (art. 228º, nº 7 do CPP).

Fora do CPP encontra previsão uma outra modalidade de arresto, que tem por objetivo garantir o pagamento do valor que se presume corresponder à vantagem da atividade criminosa para efeitos de perda de bens a favor do Estado (art. 10º da Lei nº 5/2002, de 11 de janeiro). Este é qualificado de arresto para garantia do património incongruente, servindo para assegurar o cumprimento da decisão sobre o confisco e tendo por objeto todo o património incongruente do arguido.

[574] Ac. TC nº 724/2014, de 28.10.2014, Proc. 224/14 (Maria José Rangel Mesquita).

4. A impugnação da decisão que aplique, mantenha ou modifique medida de garantia patrimonial

Para as decisões que apliquem, mantenham ou modifiquem medidas de garantia patrimonial vale a regra de recorribilidade prevista no art. 219º do CPP para as decisões que apliquem medida de coação, embora o legislador não tenha sujeitado expressamente as medidas de garantia patrimonial a tal regime.

BIBLIOGRAFIA FINAL

AA.VV., *Mudar a Justiça Penal – Linhas de Reforma do Processo Penal Português* (coord. António João Latas), Coimbra: Almedina, 2012.

AA.VV., *Prova Penal Teórica e Prática* (coord. Paulo de Sousa Mendes e Rui Soares Pereira), Coimbra: Almedina, 2019.

AA.VV., *Novos Desafios da Prova Penal* (coord. Paulo de Sousa Mendes e Rui Soares Pereira), Coimbra: Almedina, 2020.

A.VV., *Código de Processo penal e Legislação complementar*, 12ª ed. (coord. Augusto Silva Dias, João Gouveia de Caires, Vânia Costa Ramos e Catarina Abegão Alves), Lisboa: AAFDL, 2022.

AA.VV., *Código de Processo Penal Comentado* (coord. António da Silva Henriques Gaspar *et al.*), 3ª ed., Coimbra: Almedina), Coimbra: Almedina, 2022.

AA.VV., *Comentário Judiciário do Código de Processo Penal*, Tomo I, Coimbra: Almedina, 2019.

AA.VV., *Comentário Judiciário do Código de Processo Penal*, Tomo III, 2ª ed., Coimbra: Almedina, 2022.

AA.VV., *Comentário Judiciário do Código de Processo Penal*, Tomo IV, Coimbra: Almedina, 2022.

AA.VV., *Novos Desafios da Prova Penal* (coord. Paulo de Sousa Mendes e Rui Soares Pereira), vol. 2, Coimbra: Almedina, 2023.

Albergaria, Pedro Soares de, "Processo sumaríssimo: lembranças de um instituto esquecido", in *Direito e Cidadania*, 8, nºs 25-26 (2006-2007), pp. 9-36.

– *Comentário Judiciário do Código de Processo Penal*, Tomo III, Coimbra: Almedina, 2021, anotação aos arts. 306º, 308º, 309º e 310º.

Albuquerque, Paulo Pinto de, *Comentário do Código de Processo Penal à luz da Constituição da República e da Convenção Europeia dos Direitos do Homem*, 4ª ed., Lisboa: Universidade Católica Editora, 2011.

– "A lei das medidas cautelares à luz da jurisprudência e instrumentos internacionais", in *Juris – Revista da Faculdade de Direito da Universidade Católica de Angola*, 1, nº 2 (2016), pp. 113-129.

– *Comentário do Código Penal à luz da Constituição da República e da Convenção Europeia dos Direitos do Homem*, 4ª ed., Lisboa: Universidade Católica Editora, 2021.

ALMEIDA, CARLOTA PIZARRO DE, *Despublicização do direito criminal*, Lisboa: AAFDL, 2000.

ALVES, CATARINA ABEGÃO/REIS, SÓNIA MOREIRA, *Relatório provítimas: o papel do Ministério Público na promoção dos direitos das vítimas*, Lisboa: APAV, 2021.

ALVES, IVANA MASCARENHAS, "A Diretiva (UE) 2016/343, relativa à presunção de inocência, e a inversão do ónus da prova", in *Novos Desafios da Prova Penal* (coord. PAULO DE SOUSA MENDES e RUI SOARES PEREIRA), vol. 2, Coimbra: Almedina, 2023, pp. 21-78.

ANDRADE, MANUEL DA COSTA, "Consenso e Oportunidade", in *Jornadas de direito processual penal: o novo código de processo penal* (org. CEJ), Coimbra: Almedina, 1988, pp. 317-358.

ANDRADE, MANUEL DA COSTA/ANTUNES, MARIA JOÃO, "Da natureza processual penal do arresto preventivo", in *Revista Portuguesa de Ciência Criminal*, 27, nº 1 (Jan.-Abril 2017), pp. 135-155.

ANTUNES, MARIA JOÃO, "Abertura da instrução por parte do assistente em caso de procedimento dependente de acusação particular: anotação ao Acórdão do Tribunal da Relação do Porto de 27-06-2012", in *Revista Portuguesa de Ciência Criminal*, 24, nº 4 (Out.-Dez. 2014), pp. 617-635.

– "A representação da pessoa coletiva arguida no processo penal", in *Homenagem ao Professor Doutor Germano Marques da Silva* (coord. JOSÉ LOBO MOUTINHO *et al.*), vol. 3, Lisboa: Universidade Católica Editora, 2020, pp. 1787-1797.

– *Direito Processual Penal*, 3ª ed., Coimbra: Almedina, 2021.

– "A pessoa coletiva arguida no processo penal: o que muda?", in *Revista Portuguesa de Ciência Criminal*, 31, nº 3 (setembro-dezembro 2021), pp. 533-541.

BARREIROS, JOSÉ ANTÓNIO, *Sistema e Estrutura do Processo Penal Português*, vol. II, s/ed., 1997.

– "Estatuto jurídico processual do arguido: alguns dos seus direitos", in *I Congresso de processo penal: memórias* (coord. MANUEL MONTEIRO GUEDES VALENTE), Coimbra: Almedina, 2005, pp. 141-176.

– "Presença e ausência do arguido no julgamento penal", in *Jurismat*, 4 (2014), pp. 79-90.

– "Inquérito sem prazo, justiça sem fim", in *Julgar*, 34 (Jan.-Abr. 2018), pp. 149-164.

BELEZA, TEREZA PIZARRO, *Apontamentos de Direito Processual Penal*, Lisboa: AAFDL, 1992.

– "Tão amigos que nós éramos: o valor probatório do depoimento de co-arguido no Processo Penal Português", in *RMP*, 74 (Abr.-Jun.1998), pp. 39-60.

BELEZA, TERESA PIZARRO/PINTO, FREDERICO DA COSTA, *Direito Processual Penal, Os sujeitos processuais e as partes civis*, Lisboa, 2001.

BELEZA, TERESA PIZARRO/MELO, HELENA PEREIRA DE, *A Mediação Penal em Portugal*, Coimbra: Almedina, 2012.

BOLINA, HELENA, *Dever de promoção e oportunidade na intervenção sancionatória contraordenacional*, dissertação de doutoramento apresentada à Faculdade de Direito da Universidade Nova de Lisboa, inédita, 2020.

BRANDÃO, NUNO, "A nova face da instrução", in *Revista Portuguesa de Ciência Criminal*, 18, nºs 2-3 (Abr.-Set. 2008), pp. 227-255.
– "Era uma vez o princípio da concentração temporal? – notas sobre a revisão do artigo 328º do CPP", in *Julgar*, 28 (Jan.-Abr. 2016), pp. 107-124.
– "Aplicação de medidas de coacção: audição do arguido e interrogatório judicial – anotação ao Acórdão do Tribunal da Relação de Lisboa de 19 de outubro de 2017", in *Revista Portuguesa de Ciência Criminal*, 28, nº 2 (Maio-Ago. 2018), pp. 351-396.
– "O controlo de proibições de prova pelo juiz de instrução no decurso do inquérito", in *Revista Portuguesa de Ciência Criminal*, 29, nº 1 (Jan.-Abr. 2019), pp. 47-58.

BRITO, MARIA BEATRIZ DE, "Um processo sumário desassossegado: Da reforma de 2013 à reconfiguração do regime legal em face do acórdão nº 174/2014 do Tribunal Constitucional", in *Revista Portuguesa de Ciência Criminal*, 24, nº 2 (Abr.-Jun. 2014), pp. 261-305.

BRITO, TERESA QUINTELA DE, "As normas processuais penais materiais e o problema da sua sucessão no sistema jurídico português", in *Anatomia do Crime*, nº 9 (Jan.-Jun. 2019), pp. 151-178.
– "Processo contra pessoas colectivas: algumas propostas de adaptação (urgente) do Código de Processo Penal português", in *Corrupção em Portugal: avaliação legislativa e propostas de reforma* (org. PAULO PINTO DE ALBUQUERQUE *et al.*), Lisboa: Universidade Católica Editora, 2021, pp. 477-514.

CAEIRO, PEDRO, "Aplicação da lei penal no tempo e prazos de suspensão do procedimento criminal: um "caso prático", in *Estudos em Homenagem a Cunha Rodrigues* (org. JORGE DE FIGUEIREDO DIAS *et al.*), vol. I, Coimbra: Coimbra Editora, 2001, pp. 231-253.

CAPELO, MARIA JOSÉ, *A Sentença entre a Autoridade a Prova – em busca de traços distintivos do caso julgado civil*, Coimbra: Almedina, 2016.

CARDOSO, RUI, "Órgãos de Polícia Criminal: o que são, os que são e os que não são", in *RMP*, 161 (Jan-Mar 2020), pp. 171-234.

CARVALHO, AMÉRICO TAIPA DE, *Sucessão de Leis Penais*, 3ª ed., Coimbra: Coimbra Editora, 2008.

CHURRO, BÁRBARA, *Julgamento na ausência: contributo para uma revisão do regime do Código de Processo Penal à luz da Directiva (EU) 2016/343*, Coimbra: Almedina, 2020.

CORREIA, JOÃO CONDE, *Comentário Judiciário do Código de Processo Penal*, Tomo III, 2ª ed., Coimbra: Almedina, 2022, anotação aos arts. 227º, 228º, 276º, 279º, 280º, 281º, 283º, 285º e 287º.
– *Comentário Judiciário do Código de Processo Penal*, Tomo IV, Coimbra: Almedina, 2022, anotação aos arts. 381º, 384º e 391º-B.

COSTA, EDUARDO MAIA, *Código de Processo Penal Comentado* (coord. ANTÓNIO DA SILVA HENRIQUES GASPAR *et al.*), 3ª ed., Coimbra: Almedina), Coimbra: Almedina, 2022, anotação aos arts. 248º e 250º.

COSTA, JOSÉ DE FARIA, "Diversão (desjudiciarização) e mediação: que rumos?", in *BFD*, 1985, pp. 91-158.
– "Os códigos e a mesmidade: o Código de Processo Penal de 1987", in *Que futuro para o direito processual penal? – Simpósio em Homenagem a Jorge de Figueiredo Dias, por ocasião dos 20 anos do Código de Processo Penal Português*, Coimbra: Coimbra Editora, 2009, pp. 441-459.

CRUZ, ANDREIA, "A revisão de 2013 ao Código de processo penal no domínio das declarações anteriores ao julgamento", in *ROA*, 2013 IV (outubro-dezembro), pp. 1139-1224.

CUNHA, JOSÉ DAMIÃO DA, *O Ministério Público e os órgãos de polícia criminal: no novo Código de Processo Penal*, Porto: Universidade Católica, 1993.

– "Rejeição da acusação por manifesta insuficiência da prova indiciária", in *Revista Portuguesa de Ciência Criminal*, 5, nº 1 (Jan.-Mar. 1995), pp. 107-121.

– "Algumas reflexões sobre estatuto do assistente e seu representante no direito processual penal português", in *Revista Portuguesa de Ciência Criminal*, 5, nº 2 (Abr.-Jun. 1995), pp. 153-171.

– "O regime processual de leitura de declarações na audiência de julgamento: arts. 356º e 357º do CPP – algumas reflexões à luz de uma recente evolução jurisprudencial", in *Revista Portuguesa de Ciência Criminal*, 7, nº 3 (Jul.-Set. 1997), pp. 403-443.

– *O caso julgado parcial: questão da culpabilidade e questão da sanção num processo de estrutura acusatória*, Porto: Universidade Católica, 2002.

– "Uma leitura crítica do art. 309º do CPP: nulidade da decisão instrutória – para uma (re-)interpretação actualista", in *Direito e Justiça*, 18, 1 (2004), pp. 231-236.

– "O relacionamento entre a autoridade judiciária e polícias no processo penal", in *I Congresso de processo penal: memórias* (coord. MANUEL MONTEIRO GUEDES VALENTE), Coimbra: Almedina, 2005, pp. 99-112.

– "Breves notas acerca do regime de impugnação de decisões sobre medidas de coacção", in *Revista Portuguesa de Ciência Criminal*, 19, nº 2 (Abr.-Jun. 2009), pp. 313-327.

– "Julgamento à revelia", in *III Congresso de processo penal* (coord. MANUEL MONTEIRO GUEDES VALENTE), Coimbra: Almedina, 2010, pp. 243-258.

– "Prazos de encerramento do inquérito, segredo de justiça e publicidade do processo", in *As alterações de 2010 ao Código Penal e ao Código de Processo Penal* (coord. RUI DO CARMO e HELENA LEITÃO), Coimbra: Coimbra Editora, 2011, pp. 119-152.

– "Aspetos da revisão de 2013 do CPP", in *Revista Portuguesa de Ciência Criminal*, 23, nº 2 (Abr.-Jun. 2013), pp. 237-278.

– "Sobre a adesão em processo penal", in *Liber amicorum: Manuel Simas Santos* (coord. ANDRÉ PAULINO PITON *et al.*), Lisboa: Rei dos Livros, 2016, pp. 763-781.

– "Comentário ao Acórdão do Supremo Tribunal de Justiça de Fixação de Jurisprudência nº 1/2016, P. 769/12.0GAMMV.C1-A. S1, de 12 de novembro: auto/ata – princípio da concentração temporal – Recuperação de auto ou de parte de auto", in *RMP*, 149 (Jan.-Mar. 2017), pp. 183-199.

– "*Habeas corpus* (e direito de petição «judicial») – Uma «Burla Legal» ou uma «Invenção Jurídica»?", in *Homenagem ao Professor Doutor Germano Marques da Silva* (coord. JOSÉ LOBO MOUTINHO *et al.*), vol. 2, Lisboa: Universidade Católica Editora, 2020, pp. 1361-1378.

– "Da inadmissibilidade da constituição (imediata) de arguido por atos processuais de particulares: uma reflexão sobre atos processuais", in *Estudos em homenagem ao Professor Doutor Américo Taipa de Carvalho* (org. PAULO PINTO DE ALBUQUERQUE *et al.*), Porto: Universidade Católica Editora, 2022, pp. 103-119.

Dias, Augusto Silva, "A tutela do ofendido e a posição do assistente no processo penal português", in *Jornadas de Direito Processual Penal e direitos fundamentais* (org. Maria Fernanda Palma), Coimbra: Almedina, 2004, pp. 55-65.

– "A prisão preventiva após a revisão de 2007 do Código de Processo Penal foi superada a crise?", in *Estudos em honra do Professor Doutor José de Oliveira Ascensão*, vol. II (org. António Menezes Cordeiro *et al.*), Coimbra: Almedina, 2008, pp. 1379-1394.

Dias, Augusto Silva/Pereira, Rui Soares, *Sobre a Validade de Procedimentos Administrativos Prévios ao Inquérito e de Fases Administrativas – Preliminares no Processo Penal*, Coimbra: Almedina, 2018.

Dias, Augusto Silva/Ramos, Vânia Costa, *Direito à não auto-inculpação (nemo tenetur se ipsum accusare) no processo penal e contra-ordenacional português*, Coimbra: Coimbra Editora, 2009.

Dias, Jorge de Figueiredo, *Direito Processual Penal*, I, Coimbra: Coimbra Editora, 1974 (reimpressão, 2004).

– "A Revisão Constitucional e o Processo Penal", in *A Revisão Constitucional, o Processo Penal e os Tribunais*, Lisboa, 1981, pp. 53 e ss. e 83 e ss.

– "Sobre os sujeitos processuais no novo código de processo penal", in *Jornadas de direito processual penal: o novo código de processo penal* (org. CEJ), Coimbra: Almedina, 1988, pp. 1-34.

– "Por onde vai o processo penal português: por estradas ou por veredas?", in *As conferências do Centro de Estudos Judiciários* (coord. António Pedro Barbas Homem), Coimbra: Almedina, 2014, pp. 49-88.

Dias, Jorge de Figueiredo/Brandão, Nuno, "Uma instrução inadmissível", in *Revista Portuguesa de Ciência Criminal*, 19, nº 4 (Out.-Dez. 2009), pp. 643-668.

– *Sujeitos Processuais Penais: O Tribunal*, Coimbra, 2015 (disponível em https://apps.uc.pt/mypage/fi les/nbrandao/1083).

– *Direito Processual Penal – Os sujeitos processuais*, Coimbra: Gestlegal, 2022.

Dias, Jorge de Figueiredo/Andrade, Manuel da Costa, *Criminologia – O Homem Delinquente e a Sociedade Criminógena*, Coimbra: Coimbra Editora, 1997.

Dias, Maria do Carmo da Silva, *Comentário Judiciário do Código de Processo Penal*, Tomo I, Coimbra: Almedina, 2019, anotação ao art. 13º.

– *Comentário Judiciário do Código de Processo Penal*, Tomo III, 2ª ed., Coimbra: Almedina, 2022, anotação ao art. 256º.

– *Comentário Judiciário do Código de Processo Penal*, Tomo IV, Coimbra: Almedina, 2022, anotação ao art. 344º.

Faria, Maria Paula Ribeiro de, "A reparação punitiva: uma terceira via na efectivação da responsabilidade penal?", in *Liber Discipulorum para Jorge de Figueiredo Dias* (org. Manuel da Costa Andrade *et al.*), Coimbra: Coimbra Editora, 2003, pp. 259-291.

Fernandes, Vanessa, *A Necessidade de desencriptação de smartphones para obtenção de prova no processo penal: restrições ao princípio de não auto-incriminação na era digital*, Dissertação de mestrado em ciências jurídico-criminais, FDUL, 2017.

Ferreira, Manuel Cavaleiro de, *Curso de Processo Penal*, 1º vol., Lisboa: Danubio, 1986.

– *Curso de Processo Penal*, 2º vol., Lisboa: Danubio, 1986.

FIDALGO, SÓNIA, "O consenso no processo penal: reflexões sobre a suspensão provisória do processo e o processo sumaríssimo", in *Revista Portuguesa de Ciência Criminal*, 18, nºs 2-3 (Abr.-Set. 2008), pp. 277-315.

– "O processo sumaríssimo na revisão do Código de Processo Penal", in *Revista do CEJ*, 9 (1º Semestre 2008), pp. 297-319.

– "Medidas de coacção: aplicação e impugnação – breves notas sobre a revisão da revisão", in *RMP*, 123 (Jul.-Set. 2010), pp. 247-262.

GAMA, ANTÓNIO, *Comentário Judiciário do Código de Processo Penal*, Tomo III, 2ª ed., Coimbra: Almedina, 2022, anotação aos arts. 191º, 192º, 193º e 194º.

GASPAR, HENRIQUES, "Aplicação da lei no tempo, caducidade do direito de queixa", in *RMP*, 28 (Out. Dez. 1986), pp. 61-82.

– *Código de Processo Penal Comentado* (coord. ANTÓNIO DA SILVA HENRIQUES GASPAR *et al.*), 3ª ed., Coimbra: Almedina), Coimbra: Almedina, 2022, anotação aos arts. 5º e 16º.

GODINHO, INÊS FERNANDES, "Legalidade e oportunidade no processo penal: modelos de convivência possível ou a necessidade de uma escolha no combate à criminalidade organizada, em especial, a corrupção", in *Jurismat*, 14 (2021), pp. 245-259.

GONÇALVES, MARCO CARVALHO, *Prazos Processuais*, 3ª ed., Almedina, 2022.

LATAS, ANTÓNIO JOÃO, "A reconfiguração da fase de instrução no Código de Processo Penal e a estratégia nacional anticorrupção", in *Corrupção em Portugal: avaliação legislativa e propostas de reforma* (org. PAULO PINTO DE ALBUQUERQUE *et al.*), Lisboa: Universidade Católica Editora, 2021, pp. 643-654.

– *Comentário Judiciário do Código de Processo Penal*, Tomo III, 2ª ed., Coimbra: Almedina, 2022, anotação ao art. 250º.

– *Comentário Judiciário do Código de Processo Penal*, Tomo IV, Coimbra: Almedina, 2022, anotação ao art. 311º.

LEITE, ANDRÉ LAMAS, *A mediação penal de adultos: um novo "paradigma" de justiça? – análise crítica da Lei nº 21/2007, de 12 de Junho*, Coimbra: Coimbra Editora, 2008.

LEITE, INÊS FERREIRA, "Segredo ou publicidade? – a tentação de Kafka na investigação criminal portuguesa", in *RMP*, 124 (Out.-Dez. 2010), pp. 5-87.

– "As linhas gerais da reforma do CPP de 2010", in *Direito da investigação criminal e da prova* (coord. MARIA FERNANDA PALMA *et al.*), Coimbra: Almedina, 2014, pp. 81-93.

– *Direito processual penal: guião das aulas de orientação*, Lisboa: AAFDL, 2022.

LOBO, FERNANDO GAMA, *Código de Processo Penal Anotado*, 4ª ed., Coimbra: Almedina, 2022.

LOPES, JOSÉ MOURAZ, *Comentário Judiciário do Código de Processo Penal*, Tomo III, 2ª ed., Coimbra: Almedina, 2022, anotação ao art. 225º.

– *Comentário Judiciário do Código de Processo Penal*, Tomo IV, Coimbra: Almedina, 2022, anotação ao art. 379º.

LOUREIRO, FLÁVIA NOVERSA, "A indeterminabilidade da vítima e a posição de assistente nos processos-crime de natureza económico-financeira", in *IV Congresso de Processo Penal* (coord. MANUEL MONTEIRO GUEDES VALENTE), Coimbra: Almedina, 2016, pp. 187-207.

– "A justiça restaurativa e a criminalidade económica: reforço ou afastamento do direito penal?", in *Diálogos em torno da justiça restaurativa: garantismo, ativismo e legali-*

dade como pretextos (coord. MÁRIO FERREIRA MONTE *et al.*), Braga: Escola de Direito da Universidade do Minho, 2018, pp. 63-86.

– "Direitos do detido", in *Comentário da Convenção Europeia dos Direitos Humanos e dos Protocolos Adicionais* (org. PAULO PINTO DE ALBUQUERQUE), vol. 1, Lisboa: Universidade Católica Editora, 2019, pp. 854-876.

– "A insustentável ausência de normas processuais penais para pessoas coletivas", in *Homenagem ao Professor Doutor Germano Marques da Silva* (coord. JOSÉ LOBO MOUTINHO *et al.*), vol. 2, Lisboa: Universidade Católica Editora, 2020, pp. 893-923.

MARTINS, JOANA BOAVENTURA, *Da Valoração das Declarações de Arguido Prestadas em Fase Anterior ao Julgamento – Contributo Para uma Mudança de Paradigma*, Coimbra: Coimbra Editora, 2014.

MELIM, MAFALDA MOURA, *O recurso da decisão que aplica medida de coacção: que tutela para o assistente? – Contributo para o estudo deste sujeito processual*, Dissertação de Mestrado em Ciências Jurídico-Criminais, FDUL, 2017.

MENDES, JOÃO DE CASTRO/SOUSA, MIGUEL TEIXEIRA DE, *Manual de Processo Civil*, vol. I, Lisboa: AAFDL, 2022.

MENDES, PAULO DE SOUSA, "Estatuto de arguido e posição processual da vítima", in *Revista Portuguesa de Ciência Criminal*, 17, nº 4 (Out.-Dez. 2007), pp. 601-612.

– "Os direitos e deveres do arguido", in *Estudos em memória do Prof. Doutor J. L. Saldanha Sanches* (org. PAULO OTERO *et al.*), vol. II, Coimbra: Coimbra Editora, 2011, pp. 819-828.

– *Lições de Direito Processual Penal*, Coimbra: Almedina, 2013.

– "A questão do aproveitamento probatório das declarações processuais do arguido anteriores ao julgamento", in *Estudos em Homenagem ao Prof. José Lebre de Freitas*, vol. II (coord. MARIA HELENA BRITO, MARIANA FRANÇA GOUVEIA, ARMANDO MARQUES GUEDES, RUI PINTO DUARTE), Coimbra: Coimbra Editora, 2013, pp. 1363-1387.

– "O processo penal entre a eficácia e as garantias", in *Direito da investigação criminal e da prova* (coord. MARIA FERNANDA PALMA *et al.*), Coimbra: Almedina, 2014, pp. 67-80.

– "Investigação, prevenção e informação de segurança", in *IV Congresso de processo penal/I Congresso Luso-brasileiro de criminalidade económico-financeira: memórias* (coord. MANUEL MONTEIRO GUEDES VALENTE), Coimbra: Almedina, 2016, pp. 67-76.

– "O princípio do processo equitativo na jurisprudência do TEDH", in *Homenagem ao Professor Doutor Germano Marques da Silva* (coord. JOSÉ LOBO MOUTINHO *et al.*), vol. 4, Lisboa: Universidade Católica Editora, 2020, pp. 2363-2377.

– "A privacidade digital posta à prova no processo penal", in *RMP*, 165 (Jan.-Mar. 2021), pp. 109-143.

– "Uma nota sobre Inteligência Artificial aplicada ao Direito e sua regulação", in *RFDUL*, 63, nºs 1 e 2 (2022), pp. 791-813.

MESQUITA, PAULO DÁ, *Direcção do Inquérito Penal e Garantia Judiciária*, Coimbra: Coimbra Editora, 2003.

– "Polícia Judiciária e Ministério Público – Notas para o Enquadramento das suas Relações e Funções no Sistema Português", in *Processo Penal, Prova e Sistema Judiciário*, Coimbra: Coimbra Editora, 2010, pp. 379-402.

– "Prazos da ação penal e procedimento para acusação", in *Julgar*, 34 (Jan.-Abr. 2018), pp. 165-190.

– *Comentário Judiciário do Código de Processo Penal*, Tomo I, Coimbra: Almedina, 2019, anotação ao art. 55º.

– *Comentário Judiciário do Código de Processo Penal*, Tomo IV, Coimbra: Almedina, 2022, anotação aos arts. 355º e 357º.

Milheiro, Tiago Caiado, *Comentário Judiciário do Código de Processo Penal*, Tomo I, Coimbra: Almedina, 2019, anotação aos arts. 5º e 7º.

– *Comentário Judiciário do Código de Processo Penal*, Tomo III, 2ª ed., Coimbra: Almedina, 2022, anotação ao art. 196º.

Militão, Renato Lopes, *A Liberdade de Imprensa e o Segredo de Justiça do Processo Penal – À Luz da Constituição da República Portuguesa e da Convenção Europeia dos Direitos Humanos*, Lisboa: Nova Causa, 2021.

Monte, Mário Ferreira, "Da reparação penal como consequência jurídica autónoma do crime", in *Liber Discipulorum para Jorge de Figueiredo Dias* (org. Manuel da Costa Andrade *et al.*), Coimbra: Coimbra Editora, 2003, pp. 129-155.

– "O resultado da análise de saliva colhida através de zaragatoa bucal é prova proibida?", in *RMP*, 108 (Out.-Dez. 2006), pp. 239-262.

– "Um balanço provisório sobre a Lei de Mediação Penal de Adultos", in *Homenagem de Viseu a Jorge de Figueiredo Dias* (coord. Paulo Pinto de Albuquerque), Coimbra: Coimbra Editora, 2011, pp. 113-127.

– "Justiça penal e comunicação social: conflito e convergência de interesses", in *Estudos de Homenagem ao Prof. Doutor Jorge Miranda* (coord. Marcelo Rebelo de Sousa *et al.*), vol. 2, Coimbra: Coimbra Editora, 2012, pp. 771-797.

– "Multiculturalismo e tutela penal: uma proposta de justiça restaurativa", in *Multiculturalismo e direito penal: I encontro Nova-Direito, Lisboa 2012* (org. Teresa Pizarro Beleza, Pedro Caeiro, Frederico de Lacerda da Costa Pinto), Coimbra: Almedina, 2014, pp. 97-113.

– *Segredo e publicidade na justiça penal*, Coimbra: Almedina, 2018.

– "Justiça restaurativa: porquê e porque não", in *Diálogos em torno da justiça restaurativa: garantismo, ativismo e legalidade como pretextos* (coord. Mário Ferreira Monte *et al.*), Braga: Escola de Direito da Universidade do Minho, 2018, pp. 159-170.

Morão, Helena, "Justiça restaurativa e crimes patrimoniais na Reforma Penal de 2007", in *Estudos em homenagem ao Professor Doutor Jorge de Figueiredo Dias* (org. Manuel da Costa Andrade *et al.*), vol. 3, Coimbra: Coimbra Editora, 2010, pp. 527-544.

– "Dever de acusar ou não acusar do Ministério Público em casos de justificação e desculpa?", in *Revista Portuguesa de Ciência Criminal*, 22, nº 1 (Jan.-Mar. 2012), pp. 61-77.

– "Início da tentativa e detenção em flagrante delito", in *Direito da investigação criminal e da prova* (coord. Maria Fernanda Palma *et al.*), Coimbra: Almedina, 2014, pp. 37-49.

– "O fundamento constitucional do poder funcional de recurso e a legitimidade para recorrer do Ministério Público em processo penal: a propósito do acórdão nº 361/2016 do Tribunal Constitucional", in *RMP*, 147 (Jul.-Set. 2016), pp. 177-190.

– "Da delimitação subjectiva do direito ao recurso em matéria penal: fundamento e legitimidade para recorrer", in *Anatomia do Crime*, 5 (Jan.-Jun. 2017), pp. 9-32.
– ""Whenever yet was your appeal denied"? – sobre o direito do arguido ao recurso de decisões de recurso", in *RMP*, 158 (Abr.-Jun. 2019), pp. 37-50.
– "Sem apelo nem agravo: sobre o direito ao recurso em matéria de facto em caso de primeira condenação em segunda instância", in *RMP*, 159 (Jul.-Set. 2019), pp. 155-167.
– "Reformando o recurso em processo penal", in *Corrupção em Portugal: avaliação legislativa e propostas de reforma* (org. Paulo Pinto de Albuquerque *et al.*), Lisboa: Universidade Católica Editora, 2021, pp. 655-663.

Morão, Helena/Melim, Mafalda Moura, *Direito Processual penal dos Recursos: jurisprudência seleccionada* (org. Helena Morão e Mafalda Moura Melim), 2ª ed., Lisboa: AAFDL, 2022.

Moura, José Souto de, "Inquérito e Instrução", in *Jornadas de direito processual penal: o novo código de processo penal* (org. CEJ) Coimbra: Almedina, 1988, pp. 83-145.

Moutinho, José Lobo, "A competência por conexão no novo Código de Processo Penal", Lisboa: Universidade Católica Editora (Separata de *Direito e Justiça*), 1992.

Neves, António Brito, "A valoração do silêncio do arguido na formação da convicção do juiz", in *Liber amicorum: Manuel Simas Santos* (coord. André Paulino Piton *et al.*), Lisboa: Rei dos Livros, 2016, pp. 205-233.

Neves, António Castanheira, *Sumários de Processo Criminal – 1967-1968*, Coimbra, 1968.

Palma, Maria Fernanda, "Acusação e pronúncia num direito processual penal de conflito entre a presunção de inocência e a realização da justiça punitiva", in *I Congresso de processo penal: memórias* (coord. Manuel Monteiro Guedes Valente), Coimbra: Almedina, 2005, pp. 113-129.
– "Linhas estruturais da reforma penal: problemas de aplicação da lei processual penal no tempo", in *O Direito*, 140, nº 1 (2008), pp. 9-21.

Pereira, Filipa, *O papel da vítima no processo penal português: reflexões críticas em torno do estatuto de vítima especialmente vulnerável e da sua proteção jurídico-penal*, Lisboa: Universidade Católica Editora, 2019.

Pereira, Rui Soares, "Acerca do valor probatório da confissão do arguido", in *Direito da investigação criminal e da prova* (coord. Maria Fernanda Palma *et al.*), Coimbra: Almedina, 2014, pp. 183-222.
– "A transmissibilidade por morte do direito à constituição como assistente", in *O Direito*, 148, nº 3 (2016), pp. 603-638.
– "Sobre o uso de sistemas de identificação biométrica (e de tecnologias de reconhecimento facial) para fins de segurança pública e de aplicação coerciva da lei: reflexões a propósito da proposta de regulamento europeu sobre a inteligência artificial", in *RFDUL*, 63, nºs 1 e 2 (2022), pp. 839-865.

Pereira, Rui Soares/Caires, João Gouveia de, "Decisão de isolamento profilático como privação da liberdade passível de habeas corpus? – breve comentário ao acórdão do Tribunal da Relação de Lisboa de 11.11.2020", in *RFDUL*, 61, nº 2 (2020), pp. 709-728.

Pereira, Rui Soares/Ramalho, David Silva, "Os processos especiais no direito processual penal português", in *O Direito*, 147, nº 4 (2015), pp. 823-852.

PINHEIRO, RUI/MAURÍCIO, ARTUR, *A Constituição e o Processo Penal*, Coimbra: Coimbra Editora, 1976 (reimpressão, 2007).

PINTO, ANA SOARES, "Da influência do direito da União Europeia no direito das contraordenações no domínio da concorrência", in *O Direito das Contraordenações nos tempos atuais – III Jornadas Tribunal da Concorrência, Regulação e Supervisão*, Caderno Especial, CEJ, 2022, pp. 141-158.

PINTO, FREDERICO DA COSTA, *Direito Processual Penal – Curso semestral*, Lisboa: AAFDL, 1998.

– "O estatuto do lesado no processo penal", in *Estudos em Homenagem a Cunha Rodrigues*, Coimbra: Coimbra Editora, 2001, pp. 687-708.

RAMOS, VÂNIA COSTA, "Corpus Juris 2000: imposição ao arguido de entrega de documentos para prova e *nemo tenetur se ipsum accusare*", in *RMP*, 27, nº 108 (Out.-Dez. 2006), pp. 125-149, e 28, nº 109 (Jan.-Mar. 2007), pp. 57-96.

RAMOS, VÂNIA COSTA/ABREU, CARLOS PINTO DE/CORDEIRO, JOÃO VALENTE, "Confidencialidade da comunicação com o defensor como exigência de um processo penal justo e equitativo", in *Estudos em homenagem ao Juiz Conselheiro António Henriques Gaspar* (coord. ARMANDO DIAS RAMOS e ANTÓNIO AMARO ROSA), Coimbra: Almedina, 2019, 181-231.

REIS, CÉLIA, "Dúvidas acerca da transmissão por morte do direito à constituição como assistente no processo penal", in *Questões avulsas de processo penal*, Lisboa: AAFDL, 2000, pp. 9-18.

ROCHA, ANTÓNIO, "O pedido de indemnização formulado pelo ofendido fundado na prática de um crime dependente de queixa", in *Questões avulsas de processo penal*, Lisboa: AAFDL, 2000, pp. 19-35.

ROCHA, LÍGIA NORONHA, *O Regime da Obtenção de Provas Através de Intervenção Corporal Não Consentida*, Lisboa: Nova Causa, 2020.

RODRIGUES, ANABELA MIRANDA, "O Inquérito no Novo Código de Processo Penal", in *Jornadas de direito processual penal: o novo código de processo penal* (org. CEJ), Coimbra: Almedina, 1988, pp. 59-79.

– "A fase preparatória do processo penal – Tendências na Europa: o caso Português", in *RBCC*, 2002, 10, 39, pp. 9-27.

SANTANA, CECÍLIA, "Dos limites do requerimento para abertura da instrução", in *Questões avulsas de processo penal*, Lisboa: AAFDL, 2000, pp. 47-73.

SANTANA, SELMA PEREIRA DE, "A reparação como consequência jurídico–penal autónoma do delito, o projeto alternativo de reparação: algumas objeções", in *Estudos em homenagem ao Professor Doutor Jorge de Figueiredo Dias* (org. MANUEL DA COSTA ANDRADE *et al.*), vol. 2, Coimbra: Coimbra Editora, 2010, pp. 889-930.

SANTOS, CLÁUDIA CRUZ, "A "redescoberta" da vítima e o direito processual penal português", in *Estudos em homenagem ao Professor Doutor Jorge de Figueiredo Dias* (org. MANUEL DA COSTA ANDRADE *et al.*), vol. 3, Coimbra: Coimbra Editora, 2010, pp. 1133-1153.

– *A Justiça Restaurativa – um modelo de reação ao crime diferente da justiça penal: porquê, para quê e como?*, Coimbra: Coimbra Editora, 2014.

– "Prazos de duração máxima do inquérito: as consequências para a sua violação – acórdão do Tribunal da Relação de Lisboa de 09-07-2015", in *Revista Portuguesa de Ciência Criminal*, 26, nºs 1-4 (Jan.-Dez. 2016), pp. 549-583.

– "O controlo judicial da violação dos prazos de duração máxima do inquérito", in *Julgar*, 32 (Maio-Ago. 2017), pp. 233-254.

– "A vítima no direito processual penal português: sujeito ou mero participante?", in *Revista Portuguesa de Ciência Criminal*, 29, nº 1 (Jan.-Abr. 2019), pp. 173-194.

– *O Direito Processual Penal Português em Mudança: rupturas e continuidades*, Coimbra: Almedina, 2020.

Santos, Inês Vieira, "o consentimento nas intervenções corporais invasivas probatórias na jurisprudência do Tribunal Europeu dos Direitos Humanos: dizer "sim" sem limites? – considerações à luz de uma ilicitude qualificada", in *Novos Desafios da Prova Penal* (coord. Paulo de Sousa Mendes e Rui Soares Pereira), vol. 2, Coimbra: Almedina, 2023, pp. 465-530.

Santos, Gil Moreira dos, *Princípios e prática processual penal*, Coimbra: Coimbra Editora, 2014.

Santos, José Beleza dos, "Partes particularmente ofendidas em processo criminal", in *RLJ*, 2248, ano 57, 1924-1925, pp. 2-4.

– "Parte acusadora em processo crime por testemunho falso em matéria cível", in *RLJ*, 2588, ano 70, 1937, pp. 17-20.

Santos, Manuel Simas/Leal-Henriques, Manuel, *Noções de Direito Penal*, 7ª ed., Lisboa: Rei dos Livros, 2020.

Santos, Manuel Simas/Leal-Henriques, Manuel/Santos, João Simas, *Noções de Processo Penal*, 3ª ed., Lisboa: Rei dos Livros, 2020.

Sequeira, Carolina dos Santos, *Do Arresto como meio de conservação da garantia patrimonial*, Coimbra: Almedina, 2020.

Serra, Adriano Vaz, "Tribunal competente para apreciação da responsabilidade civil conexa com a criminal", in *BMJ* 91, 1959, pp. 147-206.

Silva, Germano Marques da, *Direito Processual Penal Português*, vol. 1, 2ª ed., Lisboa: Universidade Católica Editora, 2017.

– *Curso de Processo Penal*, vol. II, Lisboa: Verbo, 2011.

– *Direito Processual Penal Português*, vol. 3, Lisboa: Universidade Católica Editora, 2015.

– "Processo contra pessoas coletivas", in *Corrupção em Portugal: avaliação legislativa e propostas de reforma* (org. Paulo Pinto de Albuquerque *et al.*), Lisboa: Universidade Católica Editora, 2021, pp. 465-476.

Silva, Manuel Gomes da, *O Dever de Prestar e o Dever de Indemnizar*, Lisboa, 1944.

Silva, Sandra Oliveira e, *O arguido como meio de prova contra si mesmo: considerações em torno do princípio nemo tenetur se ipsum accusare*, Coimbra: Almedina, 2018.

– "*Nemo Tenetur se Ipsum Accusare* e Deveres de Colaboração em Matéria Tributária", in *Prova Penal Teórica e Prática* (coord. Paulo de Sousa Mendes e Rui Soares Pereira), Coimbra: Almedina, 2019, pp. 77-113.

Silveira, Jorge Noronha e, "O conceito de indícios suficientes no processo penal português", in *Jornadas de Direito Processual Penal e Direitos Fundamentais* (coord. Maria Fernanda Palma), Coimbra: Almedina, 2004, pp. 155-181.

SIMÕES, FREDERICO MACHADO, "O assistente enquanto cotitular da ação penal", in *Prof. Doutor Augusto Silva Dias in Memoriam*, vol. II, Lisboa: AAFDL, 2022, pp. 325-345.

SOARES, CARLOS, "Em que casos se não pode recorrer da decisão instrutória?", in *Questões avulsas de processo penal*, Lisboa: AAFDL, 2000, pp. 75-83.

SOUSA, MIGUEL TEIXEIRA DE, *Introdução ao Direito*, Coimbra: Almedina, 2012.

SOUSA, SUSANA AIRES DE, "Prova indireta e dever acrescido de fundamentação da sentença penal", in *Homenagem ao Professor Doutor Germano Marques da Silva* (coord. JOSÉ LOBO MOUTINHO *et al.*), vol. 4, Lisboa: Universidade Católica Editora, 2020, pp. 2753-2775.

TORRÃO, FERNANDO, *A relevância político-criminal da suspensão provisória do processo*, Coimbra: Almedina, 2000.

VALENTE, MANUEL MONTEIRO GUEDES, *Cadeia de Custódia da Prova*, Coimbra: Almedina, 2021.

VELOSO, JOSÉ ANTÓNIO, "*Prior probability*, presunção de inocência, imparcialidade", in *Homenagem ao Professor Doutor Germano Marques da Silva* (coord. JOSÉ LOBO MOUTINHO *et al.*), vol. 2, Lisboa: Universidade Católica Editora, 2020, pp. 1315-1359.

ÍNDICE